LA

CHARITÉ PRIVÉE

A PARIS

10836. — PARIS, IMPRIMERIE A. LAHURE

9, Rue de Fleurus, 9

MAXIME DU CAMP

DE L'ACADÉMIE FRANÇAISE

LA

CHARITÉ PRIVÉE

A PARIS

PARIS

LIBRAIRIE HACHETTE ET Cie

79, BOULEVARD SAINT-GERMAIN, 79

1885

DÉDICACE

A MADAME JULIE DANJAN

Madame,

J'ai cherché un nom qui pût symboliser à la fois le dévouement et la souffrance; le vôtre s'est naturellement présenté à ma mémoire et je vous prie de me permettre de l'inscrire en tête de ce volume, où il n'est question que de souffrance et de dévouement. Bien souvent dans les salles où la charité est à l'œuvre auprès de l'infortune, j'ai évoqué votre souvenir; je revoyais la petite maison que vous habitez loin de votre famille et du pays natal, je croyais entendre le frôlement de votre robe noire, je me rappelais le triste regard que vous levez vers Dieu lorsque vous lui parlez d'une enfant bien-aimée. L'amour maternel fécondé par la foi accepte tous les sacrifices, s'y complaît et s'offre en holocauste dans un élan perpétuel. L'exaltation des grands cœurs est permanente, je le sais depuis que je vous ai regardée vivre; l'immolation de soi-même est une volupté pour l'âme des mères, vous me l'avez appris, sans me le dire.

La croyance en des destinées futures vous a fait apercevoir, au delà de nos misères, l'éternelle justice réunissant dans le repos et dans la clarté ceux qui se sont aimés ici-bas à travers les larmes. Sans cette vision toujours présente à vos yeux, sans cette promesse, sans cette certitude, n'auriez-vous pas sombré dans le désastre? auriez-vous, à chaque heure, retrouvé des forces pour la lutte dont vous sortirez victorieuse?

C'est la foi qui vous a soutenue, cette foi qui complète les meilleurs d'entre nous en leur donnant ce je ne sais quoi où ils trouvent plus de perfection, une grâce attendrie et un désintéressement que vainement peut-être on chercherait ailleurs. C'est par elle que vous êtes fortifiée d'une espérance qui ne sera pas déçue, qui bientôt sera la réalité, apportant, avec l'oubli des angoisses passées, la récompense de ce dévouement que je ne cesse d'admirer et qui a fait de moi,

Madame,

le plus respectueux de vos serviteurs.

M. D.

Janvier 1885.

AVANT-PROPOS

Les lecteurs se rappelleront peut-être que j'ai parlé de l'Assistance publique à Paris[1]; j'en ai décrit l'organisation, démontré le mécanisme, raconté les bonnes œuvres; je ne lui ai pas ménagé la vérité, — les éloges, — et j'ai expliqué comment elle parvient à atténuer en partie les maux qu'elle a mission de soulager. L'Assistance publique est une institution sociale; elle fait œuvre de charité, nul n'en doute; mais elle fait surtout œuvre de salut public en recueillant les malades, en internant les fous, en accordant l'hospitalité aux infirmes, en adoptant les enfants abandonnés, en distribuant des subsides aux indigents que la misère ou la paresse poussent à la mendicité dans les rues. Que sont les millions qu'elle dépense en regard des périls que créeraient à la sécurité de Paris les trois cent cinquante mille individus qu'elle secourt

---

1. Voir *Paris, ses organes, ses fonctions et sa vie dans la seconde moitié du dix-neuvième siècle*; 6 vol. Hachette. T. IV : *l'Assistance publique, les Hôpitaux, les Enfants trouvés, la Vieillesse, les Aliénés.*

1

tous les ans? Le jour où l'Assistance publique disparaîtrait, les trottoirs seraient envahis par les infirmes, les maladies épidémiques s'empareraient de la ville, l'enfanticide étranglerait les nouveau-nés illégitimes, et l'émeute enfoncerait la porte des boulangers. En ne marchandant pas trop les ressources de sa bienfaisance, la ville de Paris protège les misérables et se protège elle-même. L'acte est bon, mais il est imposé par la prudence et par le souci de la conservation personnelle. Le budget de l'Assistance publique, qui paraît considérable, est modique et insuffisant, quand on le compare à la multiplicité des besoins auxquels il doit répondre. Tel qu'il est néanmoins, il représente un instrument de préservation; c'est le gâteau de miel : il ne rassasie pas Cerbère, il l'apaise[1].

L'assistance publique est habile; elle a pratiqué les hommes, elle les connaît, elle a pu apprécier leurs bonnes et leurs mauvaises qualités; elle utilise les unes et les autres; aux dons qu'elle reçoit, elle met une étiquette qui n'a rien de platonique. Elle sait que la vertu abstraite est rare et que l'on aime à jouir du bénéfice de ses belles actions. Cela est naturel; Dieu me garde de blâmer les personnes généreuses que leur générosité rend célèbre! Il y a bien des asiles, bien

---

1. Pour l'exercice de 1881, la dépense de l'Assistance publique s'est élevée à 56,674,915 fr. 59. Le nombre des administrés traités dans les établissements a été de 150,699; celui des individus secourus à domicile de 213,900. Soit un total de 354,599.

des maisons de refuge, bien des retraites hospitalières,
bien des hôpitaux même qui n'existeraient pas si le
nom des fondateurs, gravé sur le marbre en lettres
d'or, ne resplendissait au fronton des édifices et n'apprenait à tous qu'un personnage charitable a consacré,
par testament, ses richesses posthumes au soulagement
des malheureux. Ceux-ci en profitent; que le bienfaiteur soit béni!

Peut-on dire d'une façon absolue que la vraie bienfaisance est la bienfaisance anonyme? Je ne sais; en
tout cas, elle est plus méritoire, elle ne trouve qu'une
récompense intime et dont nul n'est témoin. Il me
semble que l'ombre qui enveloppe une bonne action
la rend meilleure et lui donne une chaleur dont les
cœurs sont réconfortés. Il y a des femmes du monde,
jeunes, jolies, faites pour tous les plaisirs, habituées
à tous les luxes, sollicitées par tous les enivrements,
qui visitent les pauvres, soignent les malades, bercent
les enfants sans mère et ne s'en vantent pas. On dirait
qu'elles sont fortifiées par le mystère même de leur
dévouement; au milieu des tentations qui les assaillent,
elles traversent la vie sans faillir, soutenues par
l'énergie intérieure qui les a faites charitables et discrètes. Au temps de ma jeunesse, il en est que j'ai surprises cheminant dans la voie douloureuse où chacune
de leurs stations était marquée par un bienfait. De loin,
me dissimulant, je les ai suivies; j'ai pénétré après
elles dans les bouges où elles étaient entrées comme

un rayonnement et j'y retrouvais quelque chose de la lumière qui les environnait. Plus d'une fois, il m'est arrivé de les rencontrer le soir, dans un salon, sous la clarté des lustres, enjouées, spirituelles, plaisantes, aimant à plaire, conservant dans le regard, dans le sourire, cette sérénité qui est le parfum de l'âme satisfaite d'elle-même. Elles gardaient si bien leur secret que, pour plus d'une, nul ne l'a jamais soupçonné.

Ces actes de charité individuelle sont très nombreux à Paris; on les ignore; la multitude n'a point le loisir de s'arrêter et de regarder de quelles mains tombe l'aumône; à peine sait-elle qu'il existe des œuvres de charité collective où les grandes misères sont pansées et où chaque jour la foi renouvelle le miracle de la multiplication des pains. Ces œuvres appartiennent essentiellement à ce que j'appelle la bienfaisance anonyme; les personnes qui l'exercent, — hommes et femmes, — ont abandonné leur nom du monde pour adopter un nom de vocation. D'où viennent les dons, les largesses, — ce mot n'a rien d'excessif, — qui permettent de recueillir les vieillards, de soigner les incurables, de ramasser les enfants perdus? Nul ne le sait; le nom d'aucun bienfaiteur n'est jamais prononcé. Tout ce que je puis dire, à l'éternel honneur de ce Paris futile, vaniteux, prévaricateur, c'est qu'en matière de charité il est admirable. Un seul journal, *le Figaro*, a, dans l'espace de dix ans, reçu par souscription et distribué en bonnes œuvres la somme de 3,541,063 francs[1].

Instituts de bienfaisance anonyme, œuvres de la charité privée, c'est ce que je voudrais étudier aujourd'hui, sans parti pris d'opinion, sans esprit de propagande, je me hâte de le dire, afin que le lecteur ne se méprenne point sur mes intentions : je ne suis pas de ceux que la foi a touchés. Il n'est pas accordé à tout le monde d'avoir la foi, mais il est imposé à chacun de ne point troubler la foi d'autrui. L'homme qui veut me forcer d'aller à la messe, celui qui veut m'empêcher d'y aller, me sont également odieux. La vie conventuelle, la vie de régiment, la vie solitaire est un besoin pour certaines âmes. Ce besoin est respectable et ce n'est mettre ni les lois ni la sécurité sociale en péril que de le laisser s'exercer en toute liberté; y porter atteinte, c'est faire acte de tyrannie et, — j'en suis fâché pour les fauteurs de la libre pensée, — c'est faire acte d'inquisition. Lorsque les girondins voulurent contraindre Louis XVI à renvoyer son confesseur et que Guadet écrivit à ce sujet une lettre que les ministres devaient signer, Dumouriez déclara que le roi pouvait prendre un iman, un rabbin, un papiste ou un calviniste pour diriger sa conscience sans que personne eût le droit d'y faire objection[2]. Si j'avais été présent à la délibération, je me serais associé à la déclaration du Dumouriez.

1. Voir *Pièces justificatives*, n° 1.
2. O. de Vallée, *André Chénier et les Girondins*, p. 158.

J'étudierai les œuvres dont j'ai à parler, avec respect, mais avec une indépendance absolue; je ne leur demanderai pas compte de leurs croyances, mais je regarderai leurs actions, et si leurs actions sont louables, je les louerai. Je recherche comment on fait le bien, quel bien l'on fait : rien de plus. On dit que cette charité est inspirée par une foi aveugle, que cette foi s'appuie sur des textes prétendus révélés qui fourmillent de contradictions : qu'importe? je ne m'en inquiète guère; ceux qui croient sont heureux et j'envie leur bonheur. Si leur croyance est une erreur, que cette erreur soit glorifiée, puisqu'elle les sollicite à secourir les misérables, à calmer la souffrance, à rendre l'espoir aux désespérés. La foi n'est pas justifiée par la science; c'est trop heureux, car la vérité scientifique d'hier est l'erreur d'aujourd'hui; la science ne console pas, c'est la religion qui console. Railler Dieu, nier Dieu, c'est facile et même un peu suranné. Il ne faut point demander à un homme quel Dieu il sert, mais quelles actions lui impose son Dieu. Si ces actions sont irréprochables, si elles sont désintéressées, si elles sont hautes, je m'incline devant cet homme, je ne pense pas à le plaisanter de son Dieu et je le lui envie.

Qui me pousse à entreprendre ce nouveau travail, à rompre avec ma vie sédentaire, à rassembler des chiffres, à faire encore des enquêtes? L'esprit de justice, l'esprit de contradiction? je n'ai pu le définir : l'un et l'autre sans doute. Il me semble que l'heure est propice; l'inquisition s'est faite « laïque et obligatoire », comme l'enseignement, qui, en invoquant le principe de liberté, démontre qu'il n'aime point la concurrence. On s'est donné le luxe d'un peu de persécution, persécution sans effusion de sang, je le reconnais : on n'a convié personne au chemin de ronde de la Grande-Roquette, ni à la rue Haxo ; mais persécution cruelle, car on a frappé des âmes qui en restent désorientées ; on a dispersé des hommes qui se plaisaient à vivre les uns près des autres, chassé loin des hôpitaux la consolation qui apaisait la souffrance, on a enlevé des écoles l'image du Juste injustement condamné ; on a été brutal ; on a été bête. Des congrégations contemplatives et enseignantes ont été expulsées ; il subsiste encore des congrégations charitables ; dépêchons-nous de les faire connaître, avant qu'elles ne soient dispersées à leur tour et qu'elles ne soient contraintes d'abandonner les épaves sociales qu'elles ont recueillies et devant le nombre desquelles l'Assistance publique se sentirait impuissante.

Une parole mauvaise a été prononcée qui sert de mot d'ordre dans cette campagne entreprise contre les œuvres de la foi ; on a dit : « Le cléricalisme, c'est l'ennemi. » On se paye de mots, comme toutes les fois que l'ignorance gouverne. C'est là une phrase à effet, une phrase de rhéteur qui veut donner quelque pâture à la crédulité publique et qui, pour diriger l'attention

loin de ses actes personnels, désigne à la haine des badauds les hommes auxquels il est interdit de se défendre :
« Pierre, remets ton glaive au fourreau ! » On a triomphé ; on a vaincu des jésuites, des oblats, des domini-
cains ; on a conquis quelques écoles où des Sœurs de
Charité enseignaient ténébreusement à des petites filles
qu'il faut être docile, laborieux et véridique. Celui qui
a prononcé le mot néfaste que tant de commentaires
ont dénaturé, est mort à l'âge même de la pleine possession de soi-même et de la maturité. Ses obsèques
ont démontré comment il fallait interpréter sa parole :
nul prêtre n'a prié sur sa dépouille, toutes les superstitions étaient derrière le char funèbre, mais la religion
en avait été éloignée. Je scandaliserai peut-être ses
amis, en leur disant qu'une messe perpétuelle a été
fondée pour le repos de son âme. L'intention est bonne ;
qu'elle soit excusée !

Le cléricalisme est-il vraiment l'ennemi ? Je suis un
trop pauvre sire pour décider la question ; mais ce
que j'affirme, c'est que, pour les nations comme pour
l'homme, le spiritualisme, c'est la vie, et que le matérialisme, c'est la mort. Donner à l'âme une existence
transitoire, la réduire aux luttes, aux déceptions de la
vie actuelle, la faire périr en même temps que la matière qui l'enveloppe et qu'elle illumine, lui défendre
d'espérer une récompense, lui interdire de redouter
un châtiment, lui promettre le néant, la rendre inférieure aux molécules du monde physique qui se

transforment et ne disparaissent jamais, c'est chasser
de l'homme le souffle inspirateur et c'est le condamner à la bestialité. Dieu est une hypothèse; soit!
mais le néant aussi est une hypothèse; qu'il me soit
permis de choisir, de croire que j'emporterai au delà
du tombeau la responsabilité de ma vie et de chercher
à entrevoir les clartés éternelles. Il ne faut point les
éteindre; lorsque le phare n'est pas allumé pendant
la nuit, les vaisseaux font naufrage. On a mené grand
bruit, je ne l'ignore pas, autour de la parole de Broussais : « J'ai disséqué bien des cerveaux, et je n'y ai jamais trouvé d'âme. » Le mot est sans portée. Broussais
n'a point trouvé d'âme en disséquant des cerveaux, pas
plus qu'il n'a trouvé de regard dans l'orbite des cadavres que son scalpel a interrogés. George Sand a
écrit : « Je ne connais qu'une croyance et qu'un
refuge : la foi en Dieu et en notre immortalité; mon
secret n'est pas neuf, il n'y a rien autre[1]. » Non,
certes, le secret n'est pas neuf; si vieux qu'il soit, il
peut servir encore et l'on n'a pas trouvé mieux.

Il est étrange, il est presque douloureux d'avoir à
défendre ces doctrines. Le spiritualisme a fait la gloire
de l'humanité; c'est la lumière dont sont éclairées les
âmes les plus hautes et les plus généreuses; c'est de
lui que sont nées les trois vertus théologales, la foi,
l'espérance et la charité, qui sont aussi les trois vertus

1. George Sand, *Correspondance*, t. II, p. 22.

sociales, sans lesquelles les peuples ne sont plus que
des troupeaux combattant pour l'existence, selon la
formule de Darwin, se dévorant les uns les autres,
mangeant, jouissant et crevant, au lieu de mourir.
« Rien dans le monde moral n'est perdu, a dit Joubert,
comme dans le monde matériel rien n'est anéanti.
Toutes nos pensées et tous nos sentiments ne sont,
ici-bas, que le commencement de sentiments et de
pensées qui seront achevés ailleurs. » C'est sur de tels
principes que s'appuient ceux qui font du bien sans
autre préoccupation que de faire le bien.

Les âmes mystiques, emportées par un amour surhumain, s'échappent du monde, s'enferment dans une
cellule; à force d'adoration, elles arrivent à l'extase et
presque à la contemplation du Dieu auquel elles brûlent de s'unir; leur joie est ineffable. Elles ont quitté
la terre dont les misères leur deviennent invisibles,
elles planent parmi les espaces et semblent perdues
dans un éther divin où fleurissent les voluptés de
l'esprit. Celles-là sont heureuses, elles ont atteint
ici-bas une sorte d'immatérialité que nulle souffrance
ne peut détruire et qui n'est plus touchée par les réalités de l'existence. Il n'en est pas de même des êtres
charitables qui, renonçant par libre volonté à ce que
la vie contient ou promet, recherchent la caducité, la
maladie, l'infortune, afin de leur porter secours. Loin
de fuir les misères humaines, ils y plongent avec
ardeur, ne reculant devant aucun dégoût, devant

aucune fatigue, devant aucune humiliation, pour
les mieux soulager. Dans l'homme, ils ne s'enquiè-
rent que du malade, dans le malade ils ne recherchent que l'incurable et vivent en contact avec le rebut
de tous les maux, de toutes les impuissances, de
toutes les infirmités. Quel sentiment les pousse à tant
d'abnégation, au labeur incessant dans les maladreries,
à l'adoption des abandonnés, à cette sorte de maternité
intarissable dont le dévouement ne se lasse jamais et
qui semble retrouver des forces dans son exercice
même? Le désir de plaire à Dieu en aimant le prochain; le besoin de spiritualiser sa vie en la sacrifiant
aux malheurs d'autrui. C'est là un spectacle admirable,
et je l'ai admiré.

Dans ce Paris tumultueux qui, plus que jamais, plus
que sous le règne de Louis-Philippe, plus que sous le
second Empire, semble devenir le mauvais lieu du
monde entier; dans ce Paris où les libertés publiques
se transforment en licence, où les étrangers apportent
leur argent, leur immoralité, leurs curiosités dépra-
vées, pour mieux médire ensuite de nos mœurs faciles,
il faut parfois s'éloigner des boulevards, des Champs-
Élysées, des cafés empoisonnés d'absinthe, de ces théâtres, de ces Édens, de ces Folies que l'on prendrait
pour un étal de chair à vendre, et s'en aller dans les
quartiers lointains, anciennes zones suburbaines que
la grande ville a absorbées, et frapper à une de ces
maisons d'apparence un peu triste, que nul emblème

ne signale et qui paraissent discrètes comme un bienfait anonyme. A toute heure de jour et de nuit la porte s'ouvre, car l'hospitalité ne dort jamais. Aux murailles des corridors est appendu un crucifix que l'édilité n'a point encore décroché; dans les dortoirs, les lits sont pressés les uns contre les autres; tout emplacement a été utilisé, car c'est sans relâche que l'on heurte à la porte; dans les salles communes les pensionnaires sont réunis, la buanderie fume, la cuisine mijote; on souffre à l'infirmerie; s'il y a un rayon de soleil, on s'assoit au jardinet; tout est lavé, fourbi, reluisant; à force de soin et de propreté, on écarte les épidémies. L'asile est calme, c'est à peine si les bruits du dehors y parviennent. La vie individuelle est libre, mais, par esprit d'ordre, la vie commune est réglée : on se lève, on mange, on se couche à heure fixe. Les pensionnaires sont-ils heureux? Je ne sais; ils sont paisibles et en repos sur eux-mêmes, car la maison ne rejette plus ceux qu'elle a recueillis.

Ces pensionnaires, qui sont-ils? Hélas! ceux dont la civilisation frivole se détourne, car ils lui font horreur; les Lazares qui n'ont point attendri le mauvais riche. Ici les vieillards, les caducs, les gâteux, que les familles repoussent, que les asiles publics n'ont pu accepter; là les incurables, ceux que dévorent les cancers, que le lupus ronge comme une proie certaine. Pourquoi ne sont-ils pas à Bicêtre ou à la Salpêtrière, au quartier des grands infirmes? Parce qu'il n'y a plus de place à la Salpêtrière, parce que Bicêtre est plein, et aussi, je dois le dire, parce que les malheureux atteints de ces maux horribles savent que la science n'a que des remèdes, tandis que la religion a des paroles qui fortifient les cœurs et ouvrent l'âme à l'espérance. Ailleurs, ce sont des enfants, lèpre vivante, engendrée par la pourriture de la promiscuité, ramassée sur le fumier du vice et de la dépravation : lèpre morale plus difficile à guérir, plus pénible à soigner que la lèpre physique. Pour arracher ces pauvres petits au mal qui les sollicite, pour les débarrasser des corruptions qui les ont pénétrés, il faut une ardeur de charité, une puissance de dévouement que rien ne doit décourager. Il est impossible de voir à l'œuvre les hommes qui ont entrepris cette tâche sans se rappeler la fable de Sisyphe : on a beau repousser le rocher, il retombe; rien ne les lasse cependant ni n'affaiblit leur vaillance; ne parviendraient-ils à sauver qu'un pupille sur cent, sur mille, la semence du bon vouloir n'a pas été perdue.

Ceux qui se sont sacrifiés à ces travaux appartiennent ou se rattachent à des congrégations religieuses; robe de bure ou robe d'étamine, tête rasée ou béguin blanc; l'œuvre de charité n'interrompt point l'œuvre de la prière; on prie pour ceux que l'on sauve, on prie pour qui maudit et pour qui persécute; dans l'être humain, on voit l'infirmité physique et l'infirmité morale; on cherche à panser l'une et l'autre. Leur

nom? ils n'en ont plus : ils s'appellent frère Gaétan
ou sœur Madeleine de la Rédemption; la charité se
refermant sur eux les a forclos du monde, où ils ne
retournent que pour chercher des malheureux à secourir et de quoi secourir les malheureux. Abnégation,
fatigue, soins répugnants, à la maison; dans la rue,
les quolibets des polissons; tout autour un vent
d'athéisme qui souffle et menace de détruire les
refuges, d'abattre les asiles, de disperser les misères
aux hasards de la tempête. D'où viennent ces héros de
la charité? De partout, de la ville et de la campagne;
parmi les hommes, je vois des prêtres, des soldats,
des paysans, des avocats, des professeurs; au milieu
des femmes, je compte des servantes, des ouvrières,
des filles de la petite bourgeoisie, des filles de la haute
bourgeoisie, des filles de la noblesse qui gardent peut-
être le souvenir des fêtes profanes où elles ont brillé
avant d'appliquer l'eau phéniquée sur les dartres per-
sistantes ou de laver le linge des gâteux; il en est plus
d'une que je pourrais nommer.

Sœur Marie, je vous ai reconnue; lorsque devant
vous la supérieure a prononcé mon nom, vous avez
tressailli et votre tête s'est abaissée, comme si elle eût
voulu disparaître sous les ailes blanches de votre coiffe.
Votre aïeul maternel, le général.... était mon proche
parent; lorsque j'étais enfant, j'ai souvent joué avec
votre mère, car nous étions à peu près du même âge.
Je vous ai vue toute petite, je vous ai vue jeune fille;

vous souvenez-vous qu'un soir vous m'avez chanté l'*Adieu* de Schubert? Vous aviez un cou charmant que je prenais plaisir à regarder. Votre frère est comte et suit son chemin dans la vie. L'existence avait bien des séductions pour vous. Quand vous avez été majeure, on vous a dit : « Il est temps de te marier. » Vous avez répondu : « Je serai l'épouse mystique de Celui qui est et je soignerai ses pauvres. » Vous avez revêtu la lourde robe, vous avez coupé vos cheveux blonds, — ont-ils blanchi? je n'ai pu les voir, — et vous êtes devenue la mère de ceux qui gémissent. La pâleur du cloître est sur votre visage, qui n'a rien perdu de sa placidité enfantine; votre main fine, qui avait de si jolis ongles en amande, s'est durcie, s'est ridée à retourner les paillasses, à panser les ulcères, à égrener le chapelet d'ébène. Les malheureux vous contemplent avec tendresse quand vous passez dans le dortoir en leur adressant une bonne parole. Lorsque vous étiez jeune, près de votre mère, dans la maison qui regardait un grand jardin, vous étiez triste et songeuse, comme si vous aviez porté la lassitude des jours trop longs; quand je vous ai rencontrée, après plus de vingt ans, dans votre infirmerie, vous m'avez semblé alerte, enjouée, prête à rire et cherchant à égayer vos malades. Est-ce donc que la sérénité se trouve là où vous êtes? Sœur Marie, ma cousine et ma sœur, ces lignes ne tomberont jamais sous vos yeux, ce qui me permet de vous dire que vous êtes une sainte.

Est-ce l'âme de Paris qui s'est réfugiée dans ces maisons? Parfois je l'ai cru; âme bénigne, adjuvante, apte au bien, désireuse de la perfection qu'elle atteint parce qu'elle est parvenue à s'isoler du Paris sensuel dont elle ramasse les débris et recueille les rebuts. Il est consolant de savoir que pendant que l'oisiveté parisienne mène le branle des bacchanales, la charité humblement vêtue, la main ouverte, veille, prie, se prodigue et brille au-dessus de nos sottises, comme un fanal au-dessus d'un abîme. Les maisons où l'œuvre de salut et d'hospitalité est poursuivie avec une persévérance que seule peut-être la foi sait soutenir, sont nombreuses à Paris, car là, plus que partout ailleurs, la misère est active, les chutes sont fréquentes et les secours sont urgents. Je ne puis étudier toutes ces maisons bénies où nul n'a frappé en vain; j'en choisirai quelques-unes qui peuvent servir de type et d'exemple. Je dirai comment elles ont été fondées, à quel genre spécial d'infortune elles portent secours, à l'aide de quelles ressources elles réussissent à remplir la mission qu'elles se sont imposée et, tout en conservant la discrétion, qui n'est que correcte dans un pareil sujet, je dirai par quels efforts souvent pénibles, parfois rebutants, elles parviennent, non seulement à subsister, mais à prospérer, pour le plus grand bien des malheureux.

LA CHARITÉ PRIVÉE

A PARIS

CHAPITRE PREMIER

LES PETITES SOEURS DES PAUVRES

I. — A SAINT-SERVAN.

La mer brutale. — La commisération des malheureux. — Jeanne Jugan.
La vie bretonne. — Servante. — Les économies. — La première pension-
naire. — Déménagement. — Mendiante pour les mendiants. — La première
maison. — Le matelot. — Les enfants égarés. — Prix Montyon. — Le
petit sou. — Fanchon Aubert. — Les fondatrices réelles. — Marie-Catherine
Jamet. — Virginie Trédaniel. — La première supérieure générale. — Le
directeur. — L'abbé Le Pailleur. — La bonté. — Foi en l'humanité. —
Les sacrifices. — Les Sœurs maçons. — L'abbé Le Pailleur limite l'œuvre.
— La mendicité en Bretagne. — Fondation à Rennes. — Fondation à
Dinan. — La prison abandonnée. — Fondation à Nantes. — Vingt francs.
— La dilatation de l'œuvre.

Qui ne se souvient de la parabole du grain de
sénevé, si petit qu'on ne l'aperçoit pas lorsqu'il
tombe en terre, et d'où sort une plante si touffue, que
les oiseaux du ciel peuvent dormir à son ombre? C'est

2

l'image de l'œuvre des Petites Sœurs des Pauvres, si
humble au début, qu'elle en semblait honteuse, et qui
a pris les proportions d'un bienfait public. Elle est
née dans un pays pauvre, accoutumé à lutter contre
les éléments et souvent visité par le malheur. Comme
un arbre de bénédiction, elle a germé dans la petite
ville de Saint-Servan, la sœur jumelle de Saint-Malo.
Les deux villes se touchent ; le flot les sépare, le
jusant les réunit ; entre les maisons de l'une et les
murailles de l'autre s'évase le port marchand, où le
chevalier François de Chateaubriand faisait ses esca-
pades avec son ami Gesril. Malgré les mollesses de la
Rance, la mer est dure en ces parages ; profonde,
coupée d'écueils, brutale en ses marées, elle n'est
point la mer sauvage qui bat les côtes de Belle-Isle,
mais elle est la mer perfide, « fertile en naufrages, »
périlleuse et sans merci.

A regarder le costume des femmes, on comprend
combien elle est redoutable : la robe, le manteau, le
capuchon sont en laine noire ; jours de labeur ou
jours de fête, le vêtement est le vêtement de deuil ;
c'est la livrée de la mort et du regret ; la mer l'impose : incessamment elle fait des veuves et des orphelins ; l'inscription entaillée sur la grosse tour du
château de Saint-Malo : — Qui qu'en grogne ? tel est
mon plaisir — pourrait être sa devise. Elle prend les
marins, qu'elle ne rend jamais ; elle brise les bar-
ques, qu'elle disperse au gré de ses courants ; elle crée

la misère ; en emportant le chef de la famille, elle
jette l'enfant à la faim, et réduit le vieillard à l'aumône. Deux fois dans ma vie — au temps de mon
enfance, au temps de ma jeunesse — j'ai visité
Saint-Servan ; à l'angle de chaque rue il y avait un
mendiant qui remuait son chapelet et implorait la
charité des passants.

C'est un lieu commun de dire que la misère engendre la compassion ; mais le plus souvent cette compassion est diffuse, et elle se tient quitte de ce qu'elle
se doit lorsqu'elle a glissé son aumône, un peu au
hasard, dans la main tendue vers elle. La compassion
raisonnée est rare, j'entends celle qui est sévère avec
elle-même, qui cherche à ne point s'égarer et veut
réellement faire le bien. Il ne suffit pas de donner,
il faut savoir donner : art difficile, qui s'apprend par
la pratique et qui permet de ne pas accueillir les qué-
mandeurs au détriment des malheureux. Peut-être
faut-il avoir pâti pour posséder la science de la charité, pour connaître les secrets à l'aide desquels on
apaise la souffrance physique qui est la misère, et
la souffrance morale qui est la honte de la mendicité ;
aussi la plupart des œuvres secourables — je parle de
celles qui ne reculent devant aucun sacrifice pour
combattre la misère d'autrui — ont-elles été créées
par des gens auxquels l'existence n'a point ménagé
les peines.

En général, ce sont les pauvres qui s'efforcent à

soulager les pauvres; mais la volonté ne leur suffit
pas; ils ne sont que des instruments; derrière eux,
à côté d'eux, pour les diriger, il faut une intelligence
amoureuse du bien, forgée par le discernement et
trouvant en soi-même les ressources morales qui
s'appuient sur une conviction profonde et donnent à
la charité un caractère où rien n'est transitoire. Ces
conditions se rencontrèrent le jour où naquit l'œuvre
des Petites Sœurs; elle trouva à la même heure son
corps et son âme, si l'on peut ainsi parler, et il en
résulta une organisation d'une vitalité extraordinaire.
Deux jeunes ouvrières, une ancienne servante reçurent l'impulsion d'un humble vicaire, et ont fondé une
des plus vastes institutions de bienfaisance qui existent. Parlons d'abord de la servante : je le dois à l'Académie française, qui a récompensé son dévouement.

Elle se nommait Jeanne Jugan; elle était née le
28 octobre 1792, à Cancale, au bord des grèves qui
vont jusqu'à Saint-Michel-en-péril-de-la-mer; elle a
pu y voir passer la Fée aux miettes dont Charles
Nodier a raconté l'histoire. La famille était nombreuse; la vie était pénible en ces temps de guerre
et de blocus; on allait en mer draguer les huîtres ;
à l'époque de la remonte des saumons, on essayait
d'en prendre à l'embouchure du Couësnon ; on ramassait la tangue pour engraisser la terre; on soignait quelque culture que brûlait le vent du large;
aux côtes de Bretagne le pain était rare, et souvent

dans les chaumières on ne mangeait que des racines ;
en 1847 je l'ai encore vu à Plougoff, auprès de la
pointe du Raz, « que nul n'a franchie sans peur ou
malheur ».

Jeanne Jugan était une grande fille sèche, de
mouvements brusques, un peu masculine, à laquelle
déplaisait la besogne du jardinage ; les « coques »
qu'elle recueillait à marée basse, le chanvre qu'elle
filait le soir, à la clarté grésillante de l'oribus, ne
payaient pas la galette en blé noir qui la nourrissait.
Elle résolut de quitter sa famille et de « se louer »
comme servante. En 1817, alors qu'elle venait d'avoir
vingt-cinq ans, elle partit pour Saint-Servan, les
sabots aux pieds, le petit paquet sous le bras, le chapelet en poche et le cœur triste. En l'Ille-et-Vilaine
les gages n'étaient point excessifs : à Pâques, six petits
écus de trois livres, et c'était tout ; les maîtres généreux donnaient parfois une paire de chaussures à
la Chandeleur, en l'honneur de la purification de la
Vierge ; Jeanne Jugan trouva facilement à se placer.

Elle fit successivement plusieurs maisons et entra
au service d'une vieille demoiselle qui aimait les
pauvres et les secourait. Ce fut là qu'elle fit l'apprentissage de la charité. Jeanne était bonne servante et
bonne ouvrière ; dans les loisirs de la journée et le
soir, avant le couvre-feu, elle s'était appris à manier
l'aiguille et y était devenue habile. Aussi, lorsque sa
maîtresse mourut, en 1838, Jeanne, qui avait alors

quarante-six ans, loua une mansarde dans la maisonnette d'un faubourg de la petite ville de Saint-
Servan, qui elle-même n'était alors qu'un faubourg
de Saint-Malo « la bien fermée ». Elle prenait de
l'ouvrage à domicile, allait en journée et, vaille que
vaille, bien petitement gagnait sa vie. Elle avait
quelques économies : six cents francs ramassés en
vingt ans de labeur. A Saint-Servan, nul hospice, nul
lieu de refuge ouvert à la vieillesse indigente; les
malheureux mouraient sans secours sur leur grabat,
ou se traînaient au long des rues, s'agenouillaient
devant le porche de l'église et mendiaient.

L'hiver de 1839 fut dur; la mer avait englouti
plus d'un bateau; il faisait froid, il faisait faim. Une
vieille femme infirme, impotente, aveugle, vivait de
la charité des passants, que sa sœur sollicitait pour
elle. La sœur mourut, les aumônes furent taries.
Abandonnée de tous, perdue dans la nuit de sa cécité,
la pauvre vieille s'en allait d'inanition, murmurant
quelques prières que nul n'entendait, misérable et
couchée, sans pouvoir remuer, sur son propre fumier. Jeanne Jugan courut chez la malheureuse, qui
s'appelait Anne Chauvin, veuve Hanaux; elle la fit
transporter chez elle, dressa un lit à côté du sien et
lui dit : « Vous me servirez de mère. » Elle se trom-
pait, elle aurait dû dire : « Je vous servirai de fille. »
Elle soigna l'infirme, la tint propre et la nourrit.
Pour sa pauvreté, c'était une grande dépense : l'ai-

guille y pourvut, en travaillant quelques heures de
plus pendant la nuit. Peu de temps après qu'elle eut
recueilli la veuve Hanaux, Jeanne Jugan apprend
qu'Isabelle Quéru, qui mendiait près du port, est
devenue tellement infirme, qu'elle ne peut plus sortir
pour aller à l'aumône. Cette Isabelle était une servante
qui, restée près de ses maîtres ruinés, les avait servis
sans gages jusqu'à leur mort. Jeanne va la chercher,
l'installe dans sa mansarde ; les trois lits se touchent ; faute de place, Jeanne travaille sur le palier.
La situation n'est plus tenable ; Jeanne se dit que Dieu
n'abandonne pas ceux qui se confient en lui ; elle loue
une maison et s'y établit. Là elle était à l'aise avec
ses deux pensionnaires ; mais elle avait compté sans
l'indigence qui se tournait vers elle, et surtout elle
avait compté sans la passion, sans la frénésie du
bien qui emporte les grandes âmes.

Le 1er octobre 1841, elle avait pris possession de
son nouveau domicile ; dès le 1er novembre, elle y a
recueilli vingt vieilles femmes sans ressources, en
guenilles, brisées par l'âge ou grabataires. Si coura-
geux que fût le travail, si prolongées que fussent les
veilles, Jeanne se trouvait impuissante à subvenir à
tant de nécessités ; les économies étaient épuisées ;
tout objet qui avait une valeur avait été vendu, et cependant il fallait pourvoir à l'urgence des besoins,
car on ne pouvait renvoyer ou laisser mourir de faim
les pauvres créatures que l'on avait adoptées. Ce fut

alors que Jeanne Jugan prit une initiative dont les
conséquences devaient être incalculables. Les infirmes
qu'elle avait « hospitalisés » étaient depuis longtemps
réduits à vivre de charité : elle se résolut à mendier
pour ses mendiants ; elle s'informa des personnes
charitables qui leur faisaient l'aumône, et elle partit
en quête. Vêtue de bure noire, la cornette plissée au
front, le panier au bras, elle s'en alla frapper aux
portes et demanda pour ses pauvres. Elle était connue,
elle était respectée, on ne lui refusa guère ; elle rap-
portait la provende à la maison ; les moins invalides
aidaient à la préparation et à la distribution des aliments. Lorsque toute cette *povera gente* avait mangé,
Jeanne mangeait à son tour, s'il restait quelque chose.
Elle ne refusait rien, ni la croûte de pain, ni la croûte
de fromage, ni le vêtement usé, ni le soulier éculé ;
de tout elle savait tirer parti pour le plus grand bien
de ses vieillards. A Saint-Servan, à Saint-Malo, aux
environs des deux ports, elle était presque célèbre ;
on ne l'appelait que de son surnom en patois du pays
malouin : Jeanne d'un *érat ;* Jeanne tout d'une pièce ;
car elle était si maigre, elle était si plate, qu'elle semblait faite comme un homme.

Une telle action ne pouvait rester isolée. Bon ou
mauvais, l'exemple est contagieux. Des personnes
émues du dévouement de Jeanne se cotisèrent, achetèrent et lui donnèrent une maison spacieuse, où ses
infirmes seraient moins tassés les uns près des autres ;

mais en même temps on lui signifia que c'était tout
ce que l'on ferait pour elle, et que si elle recueillait
plus de pensionnaires qu'elle n'en pouvait héberger,
ce serait à ses risques et périls. Jeanne Jugan promit
d'être « plus sage », accepta la maison nouvelle et y
établit ses vieilles femmes au mois d'octobre 1842.
On dirait que la bénédiction de Dieu est sur les bonnes
œuvres. La maison est plus grande, l'indigence se
multiplie; à la fin de 1842, je compte trente pension-
sionnaires; en novembre 1843, cinquante; au 31
décembre 1844, soixante-cinq. Saint-Servan n'a plus
de mendiants; les infirmes ont un asile; non seulement
Jeanne les accueille, mais elle les recherche, elle les
découvre, elle fait apporter ceux qui ne peuvent marcher; la maison semble s'élargir pour abriter la caducité indigente : frappez, et l'on vous ouvrira.

Il y avait à Saint-Servan un ancien marin, non
pensionné, nommé Rodolphe Lainé, âgé de soixante-
douze ans, immobilisé par un rhumatisme articulaire,
incapable de gagner sa vie, incapable même de se
mouvoir, et qui, depuis dix-huit mois, retiré dans un
cul de basse-fosse, couché sur de la paille pourrie, la
tête appuyée contre une pierre, subsistait de quelques
morceaux de pain que des pauvres lui jetaient en passant; pour tout vêtement, il avait une vieille voile de
canot dont il couvrait sa nudité. Jeanne alla vers
cette misère comme vers une bonne fortune. Rodolphe
Lainé fut lavé, habillé, emporté, couché dans un lit,

nourri, et surtout fut grondé de n'avoir pas fait connaître sa détresse. Une fille de mauvaise vie, une fille
à matelots, lasse de loger sa mère, la veuve Colinet,
qui est vieille, malade, atteinte d'une dartre rongeante
à la jambe, la charge sur ses épaules et va la jeter au
milieu de la rue, en face de la demeure de Jeanne
Jugan ; celle-ci ouvre sa porte et dit : « Soyez la bienvenue ! » Un jour, dans une de ses courses de quête,
Jeanne aperçut une petite fille de cinq ans, Thérèse
Poinsa, orpheline, estropiée, « nouée », qui se traînait vers Saint-Malo, à marée basse, pour y mendier. « Qui prend soin de toi? — Personne. — Où
sont tes parents? — Ils sont morts. » Jeanne enleva la
petite fille dans ses bras, la porta à sa maison et se
dépêcha de retourner à ses fonctions de collecteur
d'aumônes. Une autre fois, elle rencontre deux enfants
du pays de Penmarc'h, deux « Bas-Brets » à longs cheveux, qui se sont sauvés parce qu'il n'y avait plus de
pain en leur maison, et qui depuis bien des jours
marchent devant eux sans savoir où ils vont. Quelle
aubaine ! Elle les conduit au milieu de ses vieillards :
deux pauvres petits, tout petits, cela tient si peu de
place.

Le curé, le maire, les membres du conseil municipal de Saint-Servan comprirent qu'une telle abnégation, sans défaillance ni relais, méritait d'être signalée
et récompensée. Un mémoire, accompagné de pièces
à l'appui, fut adressé à l'Académie française. La com-

mission des prix de vertu proposa d'attribuer à Jeanne
Jugan une somme de 5,000 francs, prise sur « la fondation Montyon »; après avoir entendu la lecture du
rapport, l'Académie ratifia la décision de la commission (1845)[1]. Le sous-préfet de Saint-Malo fit appeler
Jeanne Jugan, lui adressa un petit discours, poussa
la familiarité administrative jusqu'à l'embrasser, et
lui remit les 5,000 francs. Trois mille francs; six
cents pièces de cent sous empilées, alignées, son-
nantes et trébuchantes; jamais Jeanne Jugan n'avait
possédé, n'avait aperçu une pareille somme; elle rêva
des phalanstères sans limite où tous les pauvres,
tous les infirmes, tous les déshérités de ce bas monde
trouveraient bon souper et bon gîte : vision d'avenir
qui peu à peu se réalise et que la pauvre fille a dû
avoir plus d'une fois, lorsque par le vent, la pluie,
le soleil ou la neige, elle s'en allait quêtant de porte
en porte, ne se rebutant jamais, ne demandant rien
pour elle, sollicitant avec énergie pour les autres et
parfois éclatant en sanglots lorsqu'elle racontait les
misères en faveur desquelles elle tendait la main : Un
petit sou, s'il vous plaît! — Ah! quels prodiges on
obtient avec le petit sou, lorsqu'on sait l'employer!

Dans le récit qui précède j'ai suivi pas à pas le
mémoire certifié véridique, apostillé, légalisé, qui en
décembre 1844 fut transmis à l'Académie française.
Tous les faits relatés sont exclusivement attribués à

1. Voir *Pièces justificatives*, n° 2.

Jeanne Jugan; elle n'était pas seule cependant, et peut-être son courage aurait-il oscillé, si elle n'eût obéi à une direction morale et à des conseils qui la guidaient dans la voie du bien. Nulle force humaine n'aurait pu résister au labeur qu'elle avait accepté; elle avait beau se faire aider par ses pensionnaires encore valides, leur distribuer le travail et utiliser ce qui leur restait d'activité, elle eût fléchi sous le poids si, à Saint-Servan même, elle n'eût été soutenue par des âmes aimantes qui, elles aussi, voulaient se consacrer à Dieu en portant secours à ceux que les hommes délaissent. Dès le début, dans les jours de la mansarde, une vieille fille, Fanchon Aubert, s'était associée à elle et, malgré ses soixante ans, balayait la chambre et battait les paillasses. Elle avait quelques épargnes en réserve, un mobilier chétif, un peu de linge; elle donna tout, et ce fut elle qui se porta caution pour Jeanne Jugan lorsque celle-ci, trop à l'étroit dans son logis, loua un local plus vaste, qui était un ancien cabaret. C'est là ce que l'histoire a dit, ce que les rapports officiels ont raconté à l'Académie française. La vérité n'enlève rien au mérite de Jeanne Jugan, mais la vérité est autre. Dans son testament mystique dicté le 3 juillet 1874, Jeanne Jugan a dit : « Quant aux 3,000 francs qui provenaient du prix Montyon et qui m'ont été donnés parce qu'étant sœur quêteuse j'étais connue davantage, ils ont été entièrement employés aux besoins des pauvres. » — En effet,

« étant connue davantage », Jeanne a été mise en
avant et on lui a attribué l'initiative d'une impulsion
qu'elle recevait. Elle était bonne, elle était secourable,
elle ne se laissait pas invoquer en vain, mais elle était
incapable de concevoir et de mettre à exécution l'œuvre
de salut qui est devenue l'œuvre des Petites Sœurs
des Pauvres. Elle allait chercher les vieillards infirmes,
cela est certain, mais d'autres les découvraient et les
lui indiquaient.

Deux jeunes filles éprises de Dieu, aspirant vers la
vie des communautés religieuses, liées par des idées
semblables et par la même foi, dirigeaient, en réalité, l'asile où Jeanne Jugan était la première quêteuse et, en quelque sorte, le *factotum*. En religion
l'une s'est appelée Marie-Augustine et l'autre Marie-
Thérèse ; le nom qu'elles ont porté dans le monde, je
puis le dire. Marie-Thérèse se nommait Virginie Trédaniel ; elle est morte aujourd'hui et son souvenir n'est
pas près de s'éteindre dans les maisons qu'elle a tant
concouru à développer. Marie-Augustine s'appelait
— et pourrait s'appeler encore — Marie-Catherine
Jamet ; à cette heure (1884), elle a soixante-quatre
ans et elle est supérieure générale des Petites Sœurs
des Pauvres. A regarder son portrait, on voit qu'elle a
été très jolie, son visage est d'une douceur ineffable ;
on sent en elle je ne sais quelle ardeur maternelle
qui voudrait embrasser toutes les souffrances. L'amour
du bien qui la dévorait a pénétré l'œuvre dont elle

est la principale ouvrière. Ce qu'il y a d'admirable dans la vie de cette pauvre fille, c'est que nulle lassitude n'atteignit sa volonté. Elle s'est précipitée vers les infirmités et la misère, comme d'autres se précipitent vers le bonheur et la richesse. Depuis le premier jour de son apostolat de bienfaisance, elle a été inflexible dans la ligne de son dévouement; rien ne l'en put détourner. Elle a aimé les pauvres et les misérables, parce que son Dieu a été pauvre et misérable, parce qu'il n'a pas eu une pierre pour reposer sa tête, parce que l'image de ceux qu'elle a secourus lui rappelait une image adorée, en un mot parce qu'elle a la foi, la foi militante, dont l'infortune est soulagée et dont l'humanité profite.

A côté de Jeanne Jugan et au-dessus d'elle, Catherine Jamet et Virginie Trédaniel apportaient une sorte de règle monastique. La journée, divisée en heures de prière et de travail, ne laissait place à aucun loisir. L'emploi de chaque minute semblait déterminé d'avance; l'habitude est une force : on en fit l'expérience dans cette petite congrégation volontaire composée de quatre pauvres filles qui n'avaient pour ressource, pour principe et pour soutien que leur confiance en Dieu. On eût dit qu'elles étaient disciplinées, qu'elles étaient soumises à une obéissance imposée; elles agissaient comme si elles eussent eu un maître : elles en avaient un.

Vers 1858, un jeune prêtre, élevé au séminaire de

Rennes, avait été envoyé en qualité de septième vicaire
à la paroisse de Saint-Servan. Il avait alors vingt-six
ou vingt-sept ans, se nommait Le Pailleur et était né
à Saint-Malo. Issu de cette forte race malouine à
laquelle nous devons Duguay-Trouin, Chateaubriand,
Surcouf, Broussais, Lamennais, race entêtée, passionnée, sous des dehors un peu abrupts, il avait la
qualité maîtresse du Breton, la persistance[1]. Il fut
l'âme de l'œuvre et la régularisa. « Plus j'avance en
âge, écrivait George Sand à la date du 10 juillet 1836,
plus je me prosterne devant la bonté, parce que je
vois que c'est le bienfait dont Dieu nous est le plus
avare. » Cette bonté, « ce bienfait de Dieu, » l'abbé
Le Pailleur la possédait au plus haut degré; il l'a répandue sur son œuvre qu'il en a imprégnée; il en a
fait une institution d'une douceur infinie.

A-t-il compris, à l'heure des premiers efforts, a-t-il
entrevu l'accroissement réservé à la petite communauté
dont il était le créateur et le chef? a-t-il aperçu, dans
l'avenir, toutes ces maisons, tous ces établissements qui
devaient sortir de la mansarde de Saint-Servan? On en
peut douter. L'ambition n'était point si haute, la visée

1. J'ai reçu au sujet du lieu de naissance de l'abbé Le Pailleur une
lettre non signée, dans laquelle on me dit : « Je tiens à vous faire
remarquer que la persistance dans la volonté n'appartient pas exclusivement à la race bretonne, puisque M. l'abbé Le Pailleur est de race bas-
normande. S'il est né à Saint-Malo, son père ou son grand-père était
originaire d'Annay-sur-Odon, arrondissement de Vire, Calvados, où l'ancien vicaire de Saint-Servan possède encore des parents. »

avait moins d'ampleur; ce que l'on voulait, c'était faire le bien sans autre résultat que le résultat immédiat du bien obtenu, de la misère soulagée, de la souffrance apaisée, de la vieillesse soustraite à la mendicité et au vagabondage. Pour le reste, il fallait s'en fier à la Providence : c'est ce que l'on faisait au début, c'est ce que l'on fait encore. Dans la chambrette de Jeanne Jugan, on vivait au jour le jour; à l'heure qu'il est, c'est au jour le jour que l'on vit dans les maisons des Petites Sœurs. Comment mangera-t-on demain? On ne le sait; Dieu y pourvoira, et Dieu y pourvoit. C'est là ce qu'il y a de beau dans l'œuvre que l'abbé Le Pailleur anima de son souffle; il ne chercha ni les fondations ni les revenus; il ne chercha que l'aumône, l'aumône quotidienne; il se fia à elle et n'eut point tort; elle a abrité, nourri, vêtu des milliers et des milliers de vieillards indigents, qui, sans elle, seraient morts de faim au coin des bornes ou d'alcoolisme sous la table des cabarets. Il faut que sa ferveur ait été grande; il n'a point douté de Dieu : je le comprends, il était prêtre; mais il n'a point douté des hommes, car c'est à eux que, chaque jour, à chaque heure, pour ainsi dire, il a demandé de quoi subvenir à des nécessités qui jamais ne se reposent, et c'est d'eux qu'il l'a obtenu. Là est le miracle : la manne qui nourrit les affamés perdus dans le désert de la vie ne tombe point du ciel ; elle tombe de la main des hommes, et c'est la foi dans l'humanité, dans sa charité inépuisable, dans sa commisération qui a permis de secourir tant d'infortunes.

J'imagine, sans le savoir, que l'abbé Le Pailleur eut à lutter souvent contre ses supérieurs ecclésiastiques, effrayés de sa hardiesse et de cette infatigable imprévoyance que ne rebutaient ni les difficultés ni les prévisions du plus simple bon sens. Le bon sens avait tort et l'imprudence eut raison. La charité sembla se multiplier à mesure que se multipliaient les exigences de la misère, et plus d'une fois le pauvre vicaire de Saint-Servan a dû s'applaudir d'avoir compté sur la bienfaisance humaine. L'abbé Le Pailleur existe encore ; je ne le connais pas, mais j'ai vu son portrait. La bienveillance des yeux et des lèvres est remarquable, le front est intelligent ; ce qui domine dans la physionomie, c'est la placidité ; dans cette tête sereine on sent la persistance des doux entêtés que rien ne décourage, qui savent plier à l'heure opportune, mais dont la pensée dominante ne fait de concession à personne, ni aux autres, ni à eux-mêmes.

Il participait à l'œuvre qui tentait de naître, vivait misérablement pour alimenter les vieux indigents, renouvelait peu ses soutanes et jeûnait plus souvent que l'Église ne l'ordonne. Lorsque l'on quitta la mansarde pour s'établir dans l'ancien cabaret, il fallut quelque argent ; les économies de Fanchon Aubert ne suffisaient pas, l'abbé vendit sa montre en or et, — ce qui fut un sacrifice, — sa chapelle d'argent ; le calice avec

lequel on avait dit la première messe, les burettes
qui avaient versé le vin près d'être consacré, s'en allèrent chez le brocanteur et aidèrent à acheter des
matelas pour coucher les infirmes. On ne mangeait
pas toujours à sa faim en ce temps-là, et plus d'une
fois les quatre pauvres filles qui prenaient soin des
pensionnaires se mirent au lit à jeûn et n'ayant qu'une
prière pour se réconforter. Un soir d'hiver, les vieillards avaient soupé et étaient couchés ; les quatre servantes des pauvres voulurent manger à leur tour ; on
fouilla dans les armoires, on regarda sur chaque
planche des buffets et l'on ne découvrit que cent
grammes de pain ; on en plaisanta et l'on se disposait
à aller dormir, lorsque l'on entendit heurter à la
porte : c'était une aumône d'aliments que l'on apportait du presbytère.

La maison de Saint-Servan était pleine ; les sœurs
gîtaient où elles pouvaient, au grenier, au galetas, sur
le palier ; la place manquait pour recevoir les malheureux qui demandaient un abri ; à côté de la maison
on possédait un terrain ; mais comment bâtir ? avec
quoi acheter les matériaux et payer les ouvriers ? Pour
toute fortune, la communauté avait cinquante centimes en caisse ; les sœurs se mirent à creuser la terre
et s'en allèrent dans les champs ramasser des pierres
pour établir les fondations de l'annexe qu'elles voulaient ajouter à leur asile. Les ouvriers de Saint-Servan
s'émurent de les voir manier la pioche et ruisseler de

sueur sous la fatigue ; ils s'offrirent au travail, un entrepreneur fit les charrois gratuitement, les offrandes
affluèrent et une maison fut construite, où l'on put
recueillir encore une quarantaine d'indigents.

Ce fut l'abbé Le Pailleur qui détermina le but de
l'œuvre et lui traça la mission dont elle ne peut s'é-
carter : il l'a limitée aux vieillards indigents. Les premières Petites Sœurs recueillaient tout ce qui souffrait,
les enfants perdus, les enfants orphelins, les enfants
infirmes, aussi bien que les malheureux accablés par
l'âge. L'abbé Le Pailleur restreignit cette commisération, qui risquait de s'affaiblir à force de se répandre ;
il la catégorisa, pour ainsi dire, et la renferma dans les
soins à donner à la caducité retournée vers l'enfance.
Je me figure que, dans ses promenades d'écolier et
de séminariste, au long des murailles de Saint-Malo,
sur la route qui va vers Cancale, au bord des chemins
creux des environs de Rennes, il avait rencontré souvent des vieillards déguenillés, ivres ou mendiants, la
lèvre abêtie, l'œil éteint, grattant leur vermine et offrant le spectacle d'une abjection d'autant plus pénible
que le respect dû au grand âge est presque inné dans
le cœur de l'homme. Le vieux mendiant est ivrogne et
vagabond ; tous les vices ont fondu sur lui ; il en est la
proie et n'essaye guère de leur échapper. Je ne sais ce
qu'est devenue la Bretagne depuis que je l'ai parcourue
à pied (1847) ; à cette époque, la mendicité y était une
sorte d'institution agressive, presque menaçante, con-

tre laquelle on avait quelque peine à se protéger. Plus d'une fois, Gustave Flaubert et moi nous avons été bloqués par des bandes de malingreux que nulle aumône ne parvenait à satisfaire. Dans le Morbihan, à Baud, comme nous revenions du château de Quinipilly, où nous avions été voir la statue de *la vieille couarde*, il fallut l'intervention des gendarmes pour nous dégager. Ces scènes désagréables, l'abbé Le Pailleur a dû les avoir sous les yeux ; homme, il eut pitié de tant de misère ; prêtre, il eut horreur de tant de dépravation ; son intelligence, sa bonté lui firent comprendre que, pour sauver l'âme, il faut bien souvent commencer par soigner le corps, et c'est alors sans doute qu'il conçut le projet d'où tant de bonnes actions devaient découler et que les pauvres filles de Saint-Servan, menées par leur grand cœur, mirent à exécution malgré les difficultés que j'ai dites.

Les soins donnés aux vieillards attiraient les vieillards, mais le dévouement des sœurs attira de nouvelles infirmières ; la petite communauté s'accrut ; de jeunes femmes, des ouvrières vinrent prendre leur part des travaux ; le nombre des quêteuses fut augmenté, en même temps que fut diminué le nombre d'indigents attribué à chacune des sœurs. L'œuvre prospérait ; selon l'expression d'un mémoire que j'ai eu en mains, « la maison s'était dilatée. » Il n'y a pas de malheureux qu'à Saint-Servan, il n'y a pas de vieux abandonnés que sur les bords de la Rance ; sans sortir du

département même, on peut trouver des misères à secourir et du bien à faire : il faut le tenter. L'abbé Le
Pailleur se souvint de la ville où il avait fait ses études
sacrées : il se rappela les mendiants qui pullulent à
Rennes. Ancienne capitale de la duché de Bretagne,
vieille ville de parlement, de privilèges et de noblesse,
on y trouvera la bienfaisance active, demeurée vivante
au milieu des ruines du passé, comme une tradition
de famille que l'on n'invoquera pas en vain. Il fit
partir Marie-Augustine, que l'on nommait déjà la
Bonne-Mère. Ceci se passait en 1846 ; en moins de six
ans, l'institution était déjà assez forte pour essayer de
fonder une colonie de charité. Marie-Augustine s'en
alla seule à Rennes, qu'elle ne connaissait pas. Son premier soin fut d'y chercher des pauvres; il n'en manquait pas. Dans un faubourg où il y avait plus de cabarets
et de guinguettes que d'honnêtes maisons, elle loua un
local, sorte de hangar où l'on s'accommoda comme l'on
put et qui bientôt fut rempli de vieilles femmes. Pour
les soigner, on fit venir quatre sœurs de Saint-Servan.

L'œuvre parut intéressante, les aumônes furent larges, et l'on put s'établir dans une maison située au milieu d'un quartier moins tapageur. Il se produisit alors
un fait touchant : les soldats, les désœuvrés, les ivrognes qui fréquentaient les tripots près desquels Marie-
Augustine avait installé son premier asile, voulurent
faire eux-mêmes le déménagement ; ils emportèrent
les paillasses, les bois de lit, la batterie de cuisine, les

vieilles femmes et les vieux hommes, et plus d'un, en disant adieu aux Petites Sœurs, laissa entre leurs mains le sou, — le petit sou, — réservé pour le cabaret. La maison de Rennes était ouverte; elle fonctionnait et trouvait dans la charité bretonne de quoi subvenir aux besoins les plus aigus. Marie-Augustine partit pour Dinan, où elle était appelée par un maire ingénieux qui rêvait de doter sa ville d'un hospice de vieillards sans bourse délier. Il n'avait pas trop mal raisonné en s'adressant aux Petites Sœurs des Pauvres, qui acceptèrent sans hésiter (1846). La ville de Dinan fit cependant les choses avec quelque largesse : elle leur abandonna, à titre gratuit, un local dont elle ne savait que faire. C'était une ancienne prison, sous laquelle passaient les égouts, prison si malsaine que l'on avait dû renoncer à y loger les détenus. Les Petites Sœurs furent moins difficiles que les criminels ; elles logèrent les vieillards dans la chambre la moins délabrée, prirent l'autre pour elles et attendirent des jours meilleurs. La prison avait naturellement été disposée pour une destination pénitentiaire; par conséquent, les portes ouvraient de l'extérieur, et il était impossible de les fermer de l'intérieur. Or on n'avait pas d'argent pour modifier les serrures, et pendant bien des nuits, pendant bien des mois, on dormit derrière des portes « poussées tout contre », mais qui n'étaient point closes. Durant près d'une année on vécut dans cette geôle; mais Dinan, dont les anciens seigneurs furent les

aïeux de Du Guesclin, eut quelque honte d'une situation pareille et la fit cesser par l'abondance de ses
aumônes. La maison que l'on ouvrit alors fut outillée
en vue de l'hospitalité que l'on avait à exercer.

Les personnes qui, entraînées par leur zèle religieux
et illuminées par leur foi, se jettent à cœur perdu dans
une bonne œuvre, sans même s'inquiéter si elles pourront réussir et qui réussissent, croient que la Providence veille sur elles, les dirige, les protège et assure
leur succès. Elles n'ont pas tort, car si jamais le proverbe :
« Aide-toi, le Ciel t'aidera » a trouvé son application,
c'est dans l'institution des Petites Sœurs des Pauvres, où
tout semblerait miraculeux si l'on ne savait ce que peut
produire l'élévation des sentiments servie par une
volonté infatigable. La force d'une idée fixe est invincible lorsqu'elle ne vise que le bien et dédaigne les
pauvretés des conventions sociales et du respect humain. Dans l'histoire de la fondation des diverses
maisons où les Petites Sœurs des Pauvres mettent en
pratique le grand principe : « Aimez-vous les uns les
autres », je rencontre un fait qui fera comprendre la
foi dont ces créatures exquises sont animées. En 1849,
l'abbé Le Pailleur était à Nantes avec la mère Marie-
Thérèse (Virginie Trédaniel), première assistante de la
supérieure générale. Il s'agissait, bien entendu, de
créer un asile pour les vieillards dans le chef-lieu du
département de la Loire-Inférieure. Je ne sais quelles
difficultés ou quelles lenteurs bureaucratiques retar-

daient l'autorisation que l'on avait demandée aux vicaires capitulaires pendant la vacance du siège épiscopal, dont le titulaire, Mgr de Hercé, était mort récemment. Le temps passait; l'abbé Le Pailleur ne pouvait attendre; il remit vingt francs à la mère Marie-Thérèse et lui dit : « Ma chère enfant, je reviendrai dans trois mois; je désire trouver beaucoup de vieillards autour de vous. » Vingt jours après, l'autorisation attendue fut enfin expédiée; il n'était que temps : la mère Marie-Thérèse n'avait plus que quatre francs. C'est avec de telles ressources que, seule, elle entra en campagne. Trois mois plus tard, l'abbé Le Pailleur tint parole et revint. Il avait sa chambrette réservée dans une maison où la mère Marie-Thérèse nourrissait et soignait quarante vieillards. L'abbé Le Pailleur, en guise de félicitations, lui dit : « Il faut continuer. »

Jeanne Jugan, — Marie de la Croix, — « la première quêteuse, » est morte le 29 août 1879; la première infirme, recueillie chez elle, est devenue légion; l'abbé Le Pailleur, âgé, mais dirigeant toujours l'œuvre dont il est le père spirituel, doit éprouver un sentiment de gratitude infinie lorsqu'il se rappelle la mansarde de Saint-Servan et qu'il voit ce qu'est devenue l'institution qu'il a créée. La date de la naissance de l'œuvre est reportée (un peu arbitrairement peut-être) à l'année 1840; je crois plus juste de dire qu'elle n'acquiert une apparence sérieuse que vers 1842. Qu'importe, du reste; elle est conçue par un

septième vicaire qui prend pour auxiliaires deux jeunes
filles, une servante et une vieille femme ; elle est mise
au jour dans des conditions d'humilité qui font douter
qu'elle soit viable : elle sort du grabat d'une paralytique
et de la sébile d'un mendiant.

L'œuvre des Petites Sœurs des Pauvres a aujourd'hui
(1ᵉʳ janvier 1883) un noviciat, où l'on enseigne aux
postulantes l'art de panser les infirmes et d'aimer les
vieillards : elle compte, tant en France qu'à l'étranger,
deux cent dix-sept maisons, donnant asile à plus de
25,000 malheureux servis par 3,400 religieuses. Que
ces chiffres n'attirent pas sur ces saintes filles les
foudres des jupins administratifs ; elles ont leurs
papiers en règle, comme disent les gendarmes : leur
congrégation a été autorisée le 9 janvier 1859 et
le 21 avril 1869 [1].

---

1. Le noviciat et la maison mère sont à la Tour Saint-Joseph, commune de Saint-Pern (Ille-et-Vilaine). — Au 1ᵉʳ janvier 1884, le nombre
des maisons s'élève à deux cent trente-deux.

II. — A PARIS.

Cinq maisons. — Le costume. — Servantes de la caducité. — La maternité persistante. — Les vieux enfants. — La quête. — Les quêteuses. — La desserte. — Les mauvais mois. — Le pain. — Les lycées vendent les débris de pain. — Un vieux pédagogue. — La voiture. — M. Maurice Bixio. — Les marchés. — L'hôtel du Louvre. — Brébant. — Le marc de café. — La cuisine. — La basse-cour. — Les détritus. — Les échantillons. — Vieilles chaussures. — Les gâteaux. — Naufrages. — Les petites vieilles. — L'eau-de-vie. — A quoi l'on peut reconnaître qu'un homme est ivre. — Ces messieurs et ces dames. — La messe. — Les admissions. — La fête de la Bonne Petite Mère. — Orchestre, danse et couplets. — Les paralytiques. — Le jardin. — Le dortoir des sœurs. — Abdication. — Propreté. — Rue Saint-Jacques. — Vieille maison. — La lingerie. — Les draps manquent. — La toile. — Les vieillards abandonnés. — Il faudrait vingt maisons à Paris. — La part la meilleure.

Les Petites Sœurs des Pauvres ont successivement ouvert cinq maisons à Paris, cinq hospices pour les vieillards indigents : en 1849, rue Saint-Jacques ; en 1851, rue du Regard, actuellement transféré avenue de Breteuil ; en 1853, rue Picpus ; en 1854, rue Notre-Dame-des-Champs ; en 1864, rue Philippe-de-Girard. Ces cinq maisons renferment une population moyenne de douze cents pensionnaires, qui sont surveillés et soignés par une centaine de sœurs. Dans chacune de ces maisons, l'organisation est identique ; la communauté est placée sous la direction d'une supérieure, que rien ne distingue extérieurement des autres religieuses, sinon qu'on l'appelle La Bonne Mère. Comme les sœurs qui lui obéissent, elle porte la jupe de laine noire, le manteau noir à capuchon, la coiffe blanche plissée, la forte chaussure, souvenir des origines et qui reproduit le costume des femmes de Saint-Servan.

La règle, sévère pour les religieuses, est indulgente aux pensionnaires; en réalité, ceux-ci sont les maîtres et les sœurs sont leurs servantes, servantes blanchisseuses, servantes cuisinières, servantes infirmières, servantes quêteuses, servantes en toute occasion et pour tout office, si répugnant qu'il soit. On ne demande aux vieillards que d'achever de mourir en paix, à l'abri de la faim, de la misère et du froid. C'est aux sœurs à les nourrir, à les coucher, à les vêtir, à les chausser, à panser leurs plaies, à changer leur linge maculé, à les veiller pendant leurs maladies, à les encourager à la minute suprême, à les ensevelir dans le drap funèbre, à les mettre au cercueil, à prier sur leur dépouille et à les accompagner jusqu'à la porte de la maison hospitalière lorsqu'on les mène à leur dernière demeure. Les sœurs reçoivent de leurs pensionnaires tous les services qu'ils peuvent rendre encore, mais ne les leur imposent pas : elles prient quelquefois, elles n'ordonnent jamais; car dans ces refuges la discipline n'est pas seulement douce, elle est maternelle.

La femme a beau faire des vœux et jurer les serments irrévocables, elle ne peut rien contre les fatalités de la nature : elle est créée pour être mère; sa volonté ou l'empire des circonstances peuvent briser la loi physique de son sexe, mais rien ne prévaut contre la loi

morale qui lui est assignée : elle est née mère et elle
reste mère; petite fille, elle l'est avec sa poupée; vieille
femme stérile, elle l'est avec les nourrissons; sœur de
charité, sœur Augustine, sœur de Sainte-Marthe, elle
l'est avec les malades; sœur de Marie-Joseph, elle l'est
avec les pestiférées de Saint-Lazare; sœur de Saint-
Thomas de Villeneuve, elle l'est pour les repenties du
Bon-Pasteur; sœur de la Présentation de Tours, elle
l'est pour les vagabonds de Villers-Cotterets. La religieuse est d'autant plus mère dans ses fonctions d'hospitalité que la vraie maternité lui fait défaut; c'est ce
que n'ont pas compris ces bons libres penseurs qui
veulent infliger aux hôpitaux ce qu'ils appellent *la laïcisation*. — Quel mot et quel acte barbares! — Ah!
je les connais, les infirmières laïques, je les ai vues à
l'œuvre et je sais ce que leurs poches peuvent recéler
de flacons d'absinthe et de cervelas.

Dans leurs maisons, avec leurs infirmes, les Petites
Sœurs des Pauvres sont des mères; si elles l'ignorent,
je le leur apprends; mères tendres, mères câlines,
accortes, toujours souriantes, comme il convient d'être
pour amuser des enfants. J'ai vu là des béguines
jeunes et fraîches sous la coiffe blanche qui marchent
entourées d'une bande de fils dont le plus jeune a
soixante-quinze ans. C'est un spectacle dont il est difficile de n'être pas ému. On ne m'en donnait pas la
représentation : j'ai regardé par des lucarnes, par des
portes entre-bâillées, j'ai vu sans être vu et j'ai surpris

la vie de famille dans l'expansion de ses habitudes quotidiennes. Ce qui m'a frappé chez les Petites Sœurs des Pauvres, c'est leur gaieté. Le rire s'épanouit sur leurs lèvres comme s'il faisait partie de la règle imposée. L'âme est sereine et la conscience du devoir accompli donne à tout leur être une sorte de placidité satisfaite qui se traduit par un épanouissement intérieur dont le visage est illuminé.

Rien ne les trouble, du reste, et quand même les bruits du monde n'expireraient pas au seuil de leur retraite, les occupations sont si multipliées et se succèdent dans un ordre si régulier, qu'elles n'ont point le temps de donner une pensée aux choses d'ici-bas. Que leur importent le souci des événements, la déception des efforts, l'incohérence des faits, la chute des grands hommes et l'avènement des petits? ont-elles le loisir de s'occuper de ces misères, lorsqu'il faut pourvoir aux besoins de la famille mal vêtue, affamée, impotente, qui sans cesse les implore? C'est là le problème qui se renouvelle chaque jour et que chaque jour il faut résoudre; aussi, lorsqu'on l'a résolu, on rend grâce à Dieu et l'on est en repos. Les vieillards ont mangé, ils ont du feu dans le poêle, de bons lits les attendent; la Providence a fait son œuvre : de quoi pourrait-on s'inquiéter encore? Et l'on ne s'inquiète de rien.

Pour subvenir aux besoins de tant de pensionnaires, infirmes pour la plupart, un seul moyen : la quête. Nulle maison n'a de revenus, nulle n'a de pen-

sion[1] ; on dit : Donnez-nous aujourd'hui notre pain quotidien ; rien de plus. Le jour doit suffire à la journée. La
veille on ne sait pas comment on mangera le lendemain,
mais on sait que l'on mangera, et l'on mange. Aumône
en nature, aumône en argent, on accepte tout avec gratitude. Je crois, sans pouvoir l'affirmer, — car ce sont
là des matières délicates sur lesquelles l'investigation
approfondie doit être réservée, — je crois que les
instructions interdisent aux supérieures de garder en
caisse plus d'une somme déterminée ; tout ce qui dans
la récolte d'un jour dépasserait cette somme, doit
être expédié à la maison mère, qui en use pour le
plus grand bien de l'œuvre générale. Cette règle est-
elle absolue ? ne souffre-t-elle pas d'exception dans une
ville aussi populeuse, aussi « chère » que Paris ? Je
l'ignore. Je répète ce que j'ai entendu dire et ce
que je n'ai pas contrôlé.

Tous les jours, de chacune des cinq maisons parisiennes deux sœurs partent en quête ; côte à côte, le
capuchon rabattu sur la coiffe, elles glissent au long
des trottoirs, munies de la liste des personnes qu'elles

1. « Un jour, des Petites Sœurs des Pauvres allèrent frapper à la porte
du n° 61 de l'avenue de l'Impératrice. M. de Villemessant les reçut, et
sur-le-champ leur proposa d'assurer une rente importante à leur maison. Les sœurs se récusèrent. Le règlement leur imposait la nécessité
de vivre d'aumônes, au jour le jour. Mais venez donc tous les matins,
leur dit M. de Villemessant, fort ému, en prenant congé de ces anges de
la charité. » (Auguste Marcade, supplément du *Figaro*, 10 mai 1884.)

doivent visiter. L'itinéraire a été fixé d'avance ; elles n'ont d'autre initiative que celle qui leur a été imposée. Métier pénible que celui-là ; ce n'est rien de marcher dans les rues pendant cinq à six heures de suite ; mais les maisons sont hautes à Paris, et la charité ne loge pas toujours à l'entresol ; parfois telle quêteuse rentre au logis après avoir gravi et descendu cent cinquante étages au cours de sa journée. Une d'elles me disait en souriant : « Ce ne serait rien si l'on avait des genoux de rechange. » On les accueille bien ; on connaît leur œuvre et l'on se plaît à y aider ; il est rare qu'elles sortent sans avoir recueilli pièce blanche ou pièce jaune. Je sais une vaste librairie où l'on ouvre les portes à deux battants lorsqu'on les voit paraître.

A notre époque, volontairement irrespectueuse pour ce qui est respectable, tout individu qui porte un costume religieux est exposé aux insultes ; la libre pensée sortant du cabaret et cuvant son vin crie volontiers : « Au prêtre ! » comme on crie : « Au loup ! » Je crois que les oreilles des Petites Sœurs ont dû entendre plus d'un quolibet. Parfois, quelque ivrogne débraillé, les voyant trotter menu et la tête baissée, a éclaté de rire et leur a lancé une injure. Puis il les a reconnues : les Petites Sœurs des Pauvres ! Il a ôté sa casquette, a fouillé dans sa poche et leur a dit : « Tenez, voilà deux sous ; c'est pour vos vieux ! » Cette aumône-là n'est peut-être pas celle qui leur est la moins douce. Combien récoltent-elles dans les quêtes

à domicile? quelle somme totale peuvent composer au
bout d'un an toutes les sommes partielles qu'elles ont
reçues? Je l'ignore. C'est le secret de la charité : je
n'ai pas demandé à le connaître, on ne me l'aurait
pas révélé; mais je puis dire que sans les aumônes en
argent on ne pourrait faire face aux nécessités de
l'œuvre, car les aumônes en nature sont insuffisantes
à vêtir, à coucher et même à nourrir les pensionnaires.

On ne s'épargne pas cependant à aller solliciter les
dons en nature partout où l'on croit pouvoir en recueillir; ces dons sont considérables, mais tellement irré-
guliers, que l'on ne sait s'ils amèneront la disette ou
l'abondance. La desserte des grands restaurants et des
hôtels, que l'on va chercher dès les premières heures
du jour, ne représente jamais que la consommation
de la veille : il suffit de quelques repas de corps, de
quelques noces pour que les vieux indigents fassent bom-
bance; de même, en temps de crise politique ou financière, lorsque le capital prend peur, les dîners luxueux
sont moins fréquents dans les cafés à la mode, les
étrangers sont moins nombreux aux tables d'hôte et
l'on en pâtit dans la maison des Petites Sœurs. Il y a
donc toujours un *alea* auquel il faut parer et auquel
l'argent de l'aumône est indispensable. On peut dire,
je crois, que les dons en nature entrent pour moitié
dans l'alimentation des vieillards en hospitalité.

Ceci n'est qu'une appréciation moyenne, car les
mois se suivent et ne se ressemblent pas. Les mois

d'hiver et de printemps sont fructueux; Paris est à Paris et Lucullus soupe chez Lucullus. Il y a des fêtes, des réunions, de grands dîners dont les indigents profitent. Aux mois d'été, en août et septembre, lorsque l'on est à la campagne, à la chasse, aux bains de mer, en voyage, toutes les sources tarissent à la fois : les dons en nature font défaut, les personnes charitables sont absentes; c'est un temps de disette, et comme il est interdit d'avoir des réserves, de faire des économies, il y a parfois de mauvais jours où la viande est rare et où les légumes sont plus abondants qu'il ne convient à de vieux estomacs. On attend octobre et novembre avec impatience : c'est la rentrée des classes, la rentrée des tribunaux, la rentrée des chambres légis-latives; c'est le retour de la dépense, en un mot, et quand Paris ne dépense pas, la table des Petites Sœurs des Pauvres est bien frugale.

La grande préoccupation, c'est de ne pas manquer de pain, de ce pain qui en France est la base même de l'alimentation. Dans presque toutes les maisons il faut en acheter; à Picpus, j'ai compté une trentaine de miches qui sortaient de chez le boulanger; Notre-Dame-des-Champs est fournie par le séminaire de Saint-Sul-pice, par le collège Stanislas, par divers pensionnats du quartier; l'avenue de Breteuil est bien dépourvue : autrefois elle avait l'École Militaire et le collège Chap-tal, elle ne les a plus; quand on apprit que le collège Chaptal supprimait sa desserte, la petite sœur cuisi-

nière en a pleuré ; on a redoublé de zèle, et les vieux
pensionnaires ne se sont aperçus de rien. Je m'étais
figuré que la maison de la rue Saint-Jacques, située
en lisière du Val-de-Grâce, au milieu du quartier des
Écoles, avait abondance de pain et pouvait en expédier
aux autres maisons. Je m'étais trompé. Le pain y
manque, ou peu s'en faut ; sauf l'École normale supérieure, l'école Bossuet de la rue Madame, l'école
Sainte-Geneviève de la rue Lhomond, les autres établissements scolaires ne donnent rien.

Lorsque je me rappelle ce que nous gâchions de pain
et de nourriture au collège, lorsque je sais que, sous ce
rapport et sous tant d'autres, rien n'a été changé dans
les casernes universitaires, je me dis qu'avec ce que
l'on pourrait recueillir dans les cours et dans les réfectoires de deux ou trois lycées on aurait de quoi nourrir bien des indigents et bien des infirmes. Les lycées
tirent parti de leurs débris alimentaires. Louis-le-Grand
et Saint-Louis vendent leurs croûtes de pain au sieur
Goubeyre, marchand d'eaux grasses au marché des
Patriarches ; le lycée Henri IV vend les siennes au sieur
Dareau, également marchand d'eaux grasses à Châ-
tillon. Quand le traité passé, il y a dix-huit ans, je
crois, entre les collèges et ces industriels sera devenu
caduc, on fera bien de ne pas le renouveler. L'enfance
est généreuse, il faut lui laisser la satisfaction de savoir
que le pain que ne respecte pas son insouciance
apaisera la faim de la vieillesse et de la pauvreté. Sait-

elle à quelle destination le croûton qu'elle a jeté au long des murs pourrait être réservé? Dans ma visite à l'une des maisons tenues par les Petites Sœurs des Pauvres, j'ai avisé un vieillard vêtu d'une grande houppelande rapiécée : maigre, hâve et triste comme s'il eût été frappé de déchéance, il était assis près du poêle, fuyant les regards et rassurant d'un geste machinal les lourdes lunettes à branches de fer à l'aide desquelles il lisait. J'ai pris le volume qu'il avait en mains : Horace, avec les commentaires de Jean Bond. Le pauvre homme était un ancien pédagogue pour lequel l'existence et l'Université semblent avoir eu peu de sourires. Les morceaux de pain qui vont aux « marchands d'eaux grasses » ne lui auraient point été inutiles.

De même que chaque jour deux quêteuses font leur tournée dans Paris, de même chaque matin une voiture s'en va récolter les dons en nature. Ainsi tous les jours les Petites Sœurs des Pauvres mettent en mouvement dix quêteuses et cinq voitures. Ce serait une grosse dépense, car cinq voitures nécessitent cinq chevaux, qu'il faut nourrir et harnacher. Grâce à la générosité de M. Maurice Bixio, directeur de la compagnie des Petites Voitures, cette charge ne pèse pas sur le budget des pauvres : à chacune des cinq maisons il fournit un cheval harnaché et nourri; de plus, une fois par an, il fait repeindre la voiture à ses frais. L'action est bonne et mérite d'être signalée. La voiture est outillée en vue de sa destination; elle est munie

de grands récipients en fer battu et de quelques sacs.
Elle a ses étapes, étapes de la bienfaisance, où l'on
n'est jamais repoussé. Les halles, les marchés publics
d'abord, où les Petites Sœurs sont vénérées, où elles
sont saluées d'un mot aimable, où toujours elles ont
été accueillies avec respect, même pendant la Commune. Ce que l'on récolte là, ce sont les légumes,
de gros choux qui font de bonne soupe, des pommes
de terre, une bottelée de carottes, une brassée de
salsifis, parfois une motte de beurre; mais c'est là une
aubaine rare. Les bonnes affaires ouvrent le cœur aux
bons sentiments : un marchand qui aura, sur une opération, réalisé un sérieux bénéfice, fait jeter dans la
voiture un sac de riz ou un sac de haricots; pendant
que je visitais une de ces maisons, j'y ai vu apporter
une couffe de cassonade; quelle joie! Les marchés
donnent rarement de la viande ou du poisson, denrées chères, que l'on ne réserve pas pour soi-même;
en revanche, les fruits communs, pommes et poires,
sont offerts presque avec prodigalité.

Si l'on n'avait que cette ressource, on mourrait de
faim chez les Petites Sœurs; les marchandes ne sont
point riches, leur métier est pénible, et leurs dons,
insuffisants si on les compare aux besoins à satisfaire,
sont un acte de largesse, lorsque l'on considère la
condition de celui qui les fait. La meilleure part de
la récolte et la plus étrange vient des grands restaurants, qui réservent, avec sollicitude, la desserte de

leurs tables pour le réfectoire des indigents. Ce que
le langage des halles appelle « arlequins ou bijou-
terie » est mis de côté et gardé pour la voiture des
Petites Sœurs. On sépare ces rogatons, on les assemble
autant que possible selon leur nature; on a soin de
ne pas mêler les croque-en-bouche avec les homards,
ni les asperges avec les compotes, et l'on donne ainsi
« des restes » auxquels un coup de feu rendra la
saveur. Ces grands établissements de nourriture raffinée
alimentent la cuisine des Petites Sœurs, qui se les sont
répartis. Picpus a l'hôtel du Louvre; Notre-Dame-des-
Champs va chez Brébant. Je cite ces deux maisons, qui
sont admirables de charité; j'en pourrais citer bien
d'autres. Le Louvre — hôtel et magasin — ne se
lasse pas de donner. Brébant nourrit tout un monde
d'affamés. J'ai vu sortir du fond des récipients en fer
battu des filets de bœuf à peine « entamés », des pou-
lardes auxquelles il ne manquait qu'une aile, et des
cuissots de chevreuil qu'avec un peu de bonne volonté
on aurait pu croire intacts. Ce sont là, on le pense bien,
des bonnes fortunes culinaires qui ne se renouvellent
pas tous les jours; ces morceaux de choix sont gardés
pour les malades alités à l'infirmerie, auxquels ils
sont un régal et un réconfortant.

Ce que l'on recherche le plus dans ces restaurants,
c'est moins peut-être les débris d'aliments que le marc
de café. C'est ce que l'on demande avec insistance,
c'est ce que l'on surveille avec le plus de soin, c'est ce

que les pensionnaires, et peut-être bien aussi les Petites
Sœurs, attendent avec le plus d'anxiété. Je ne sais
qui a eu cette idée, cette idée de génie, de recueillir
le marc que l'on jetait à la borne et d'en tirer un
brouet qui offre encore l'illusion du café. Le café au
lait semble être une nécessité pour le vieillard parisien ; j'avais déjà remarqué ce fait autrefois lorsque
j'étudiais la Salpêtrière et les hospices ouverts à la
vieillesse ; il n'est pas de sacrifices que l'on ne s'impose
pour avoir, chaque matin, cette bienheureuse tasse
de café au lait, dont l'habitude est devenue tyrannique. Les Petites Sœurs l'ont compris et elles s'en
vont quêtant le marc épuisé, dont elles parviennent
à extraire encore une boisson qui a plus d'apparence que de réalité, mais dont les pauvres vieux sont
très friands. Je regardais une petite vieille ratatinée
qui buvait lentement et semblait déguster chaque
gorgée ; je lui dis : « Eh bien ! la mère, est-il bon,
votre café ? » Elle tourna vers moi ses yeux futés, et,
soulevant l'épaule avec un geste de résignation, elle
répondit : « A parler franchement, c'est un peu
« lavasse » ; mais vous connaissez la chanson :

> Quand on n'a pas ce que l'on aime,
> Il faut aimer ce que l'on a ! »

Et elle ajouta, comme une vieille Parisienne qu'elle
est : « Il n'y a que cela qui me soutient. »

Lorsque la voiture de quête rentre à la maison, les

dons en nature sont portés à la cuisine, visités, triés avec soin et utilisés jusqu'au dernier rogaton. Il faut pourvoir à trois repas : le déjeuner du matin, le dîner à midi, le souper à cinq heures du soir : nul ne doit quitter la table ayant encore faim. Comme aux premiers jours de Saint-Servan, les Petites Sœurs ne mangent que lorsque les vieillards qu'elles servent ont mangé. Le pain recueilli dans les restaurants et dans les établissements scolaires qui n'ont point de traité avec les « marchands d'eaux grasses » arrive souillé, rassis, bien dur pour des gencives octogénaires. On le nettoie, on enlève toute partie maculée et on le met au four, afin de l'attendrir et de le rendre acceptable; les morceaux trop racornis sont hachés et entrent dans la composition de la soupe. J'ai goûté aux plats déjà disposés sur la table du réfectoire, et j'ai pensé qu'au temps de mes voyages j'aurais été souvent heureux d'en trouver de pareils. Une fois par an il y a gala chez les Petites Sœurs : c'est le 19 mars, jour de la fête de saint Joseph. L'archevêque de Paris, accompagné de ses vicaires, se rend dans une des cinq maisons et, aidé par quelques bienfaiteurs, revêtus comme lui d'un tablier blanc, il sert lui-même les vieux et les vieilles attablés, qui se confondent en remerciements et comprennent, par cet exemple, que la fraternité n'est pas un vain mot.

Les débris des tables parisiennes nourrissent les pensionnaires des Petites Sœurs des Pauvres, mais la

table des pensionnaires a elle-même des débris qui
ne doivent pas être perdus. Ce que l'homme n'accepte
plus est bon pour les animaux; aussi chaque maison
a sa basse-cour, que l'on montre avec quelque satisfaction et qui se repaît du rebut des réfectoires et
des cuisines. A la rue de Picpus, j'ai vu un régiment
de poulets qui vivaient en bonne intelligence avec une
bande de canards; à la rue Saint-Jacques, j'ai con-
templé cinq porcs gras et reluisants, prêts pour le couteau du charcutier; à l'avenue de Breteuil, il y a
toute une garenne de lapins de clapier : lorsque la
tribu devient trop nombreuse, on la décime et on la
transforme en gibelote, à la joie générale des gour-
mets de la maison. Une supérieure me disait, non
sans un sentiment d'orgueil : « Une fois tout le monde
a pu manger du canard! » Ces jours-là comptent dans
la vie des pensionnaires, on en garde le souvenir et
l'on en parle avec complaisance.

Les dons en nature ne sont pas seulement des aliments; il n'est rien dans la maison des Petites Sœurs
qui ne provienne de l'aumône, elles disent « de la Providence ». Elles acceptent tout; j'ai vu apporter des
fragments de boîtes en bois blanc : « Eh! bon Dieu!
que ferez-vous de cela? — Monsieur! c'est très utile et
nous sommes bien heureuses de l'avoir : ça nous sert à
allumer le feu. » Dans un grenier de la maison de la
rue Saint-Jacques, j'ai vu une sœur et deux vieilles
occupées à examiner des détritus de bougies; non pas

des bouts de bougies ayant encore quelque mèche et quelque cire, mais des gouttelettes tombées sur la bobèche, enlevées du flambeau où elles s'étaient figées, grenaille de stéarine que l'on secoue avec les tapis, que l'on balaye avec les ordures. Les Petites Sœurs ne les dédaignent point ; elles les conservent, et quand elles en ont une quantité suffisante, elles en refont des bougies, qui brûlent comme si elles n'avaient pas déjà brûlé. Dans la même maison, des fragments de vieilles passementeries qui avaient bordé des fauteuils de fabrique, étaient détordus avec précaution ; on en retirait la laine, que l'on tricotait : « Ça fait de bien bons bas d'hiver, » me disait une sœur.

C'est là le secret, c'est là le miracle de l'existence des Petites Sœurs des Pauvres ; elles tirent parti de tout et développent dans l'emploi des débris les plus inutiles en apparence une ingéniosité que rien ne déroute. Il est impossible de passer dans un dortoir sans reconnaître à quel degré d'habileté elles sont parvenues. Chaque lit est muni d'une coulte-pointe qui cache les draps et protège le traversin. Arlequin, dans ses rêves les plus dévergondés, n'a jamais imaginé de telles bigarrures. Ces couvre-pieds sont composés d'échantillons cousus les uns aux autres, assemblés autant que possible de façon à former des dessins qui ne soient pas trop baroques ; on sent qu'un certain goût a présidé à leur disposition. A voir l'étoffe, on reconnaît la provenance : les satins, les gros de Naples, les failles ont

été ramassés chez une couturière en renom; les damas,
les lampas, les brocatelles, les moquettes sortent de
chez le tapissier; à la maison de Picpus, voilà des
échantillons de tailleur, draps de fantaisie, draps d'été,
draps de demi-saison, élasticotine d'Elbeuf, côtelé de
Sedan, satin-cuir de Louviers; les étiquettes indiquant
les prix y adhèrent encore; j'ai demandé pourquoi;
on m'a répondu sans sourire : « Ça garantit l'étoffe. »

Ce n'est pas seulement à composer des couvre-pieds
que l'on emploie ces carrés d'étoffes diverses : on prend
les échantillons en draps de nuances analogues et
l'on en fabrique des vestes que les pensionnaires
portent à la maison; ce n'est point élégant, mais c'est
chaud et les vieilles épaules s'en accommodent. Tous
ces objets, coultes-pointes, taies d'oreillers, rideaux,
vêtements, sont confectionnés par les pensionnaires
eux-mêmes : parmi eux, il y a d'anciennes couturières,
d'anciens tailleurs; on leur distribue la besogne; ils
mettent quelque coquetterie à prouver qu'ils peuvent
travailler encore, et tout le jour ils tirent l'aiguille au
grand bénéfice de l'association. Les vieilles chaussures
demandées, recueillies par les Petites Sœurs, sont ressemelées, rapiécées par les anciens cordonniers; les
chaises sont rempaillées, les buffets sont raccommodés,
les bancs sont remis d'aplomb par d'anciens rempail-
leurs, d'anciens ébénistes, d'anciens menuisiers. Tous
ceux qui ont exercé un état et qui peuvent encore
l'exercer sont utilisés. En les occupant, on les désen-

nuie et on les fait participer au bien de l'œuvre commune. A la cuisine, à la buanderie, les pensionnaires
font de leur mieux pour aider les Petites Sœurs et leur
donner un « coup de main ». Avenue de Breteuil et
rue de Picpus, il y a des escouades de jardiniers qui
travaillent sous la direction d'un jardinier en chef; le
maître et les ouvriers ont tous de soixante-dix à quatre-
vingts ans; ils sont de la maison et cultivent les
légumes qu'ils retrouveront plus tard au réfectoire.
Chez tous les pensionnaires il y a une sorte d'émulation
à faire acte de bon vouloir et à donner preuve d'activité. On ne les tourmente pas, on n'exige rien d'eux,
mais ils s'empressent eux-mêmes à demander du travail, à offrir leurs services pour tromper le désœuvre-
ment et alléger le poids des heures.

Il y en a plus d'un parmi ces malheureux auxquels
toute besogne est interdite. L'enfance les a ressaisis; à
peine peuvent-ils comprendre une idée simple, à peine
peuvent-ils exprimer un désir; la parole même leur est
rebelle; ils ont des yeux sans regard et des mots sans
suite; ceux-là sont arrivés au dernier degré de l'échelle
humaine; d'autres sont descendus plus bas encore et
sont entrés dans la vie végétative; il faut les soigner,
les changer comme de petits enfants; ils n'ont plus
conscience de rien, pas même des exigences de la
nature; on les réunit dans une salle à part, près de
l'infirmerie, — ce qui est un tort; — ils vivent, c'est-
à-dire ils subsistent, sous la surveillance d'une sœur

qui souvent doit regretter le temps où, jeune et menant ses troupeaux paître, elle aspirait à pleins poumons l'air pur de la campagne. On a beau brûler de l'encens, l'odeur nauséabonde est à peine atténuée. Là aussi il y a des paralytiques, des aveugles, des malheureux frappés d'épilepsie; il y a des fous que l'on garde tant qu'ils ne deviennent pas dangereux; on dirait que l'on a fait une sélection au milieu des misères humaines et qu'on les a rassemblées pour inspirer quelque modestie au roi de la création. Misères physiques, on les voit, on les touche, on en est attendri; misères morales, on les devine, et l'on en est accablé. Certes, la maison des Petites Sœurs des Pauvres est un port, un port de refuge et de salut; mais à travers quels écueils, après quels naufrages y aborde-t-on? Là viennent s'échouer des existences qui défient l'imagination des romanciers les plus inventifs. Si, comme sur le tillac du navire monté par Candide, chaque personnage racontait son histoire, on serait surpris de la quantité d'infortunes, de la quantité de vices qui peuvent peser sur l'homme. D'où sont-ils partis, ces pauvres pensionnaires? quelle route ont-ils parcourue, à quelles étapes se sont-ils arrêtés, de quelles fondrières les a-t-on retirés avant d'ouvrir devant eux les portes de la maison hospitalière? C'est leur secret, et ils ne le divulguent pas volontiers; les Petites Sœurs en savent long à cet égard, elles se taisent, et si l'on m'a fait des confidences, je n'ai pas à les répéter. Un aumônier me disait, en parlant des vieillards : « Ils reviennent vite à de bons sentiments. » Ils reviennent? Je n'en crois rien ; la plupart y arrivent pour la première fois.

Il y a là des gens qui ont eu pignon sur rue, qui ont mené la vie élégante; il y en a qu'un métier mal choisi, mal exercé, a conduits à la misère ; il y en a qui ont traversé les tribunaux et les geôles; il y en a qui ont été de pauvres êtres sans défense, qui n'ont point su lutter contre la vie et que la vie a vaincus; il y a surtout des malheureux qui ont abandonné leur petit avoir à leurs enfants et que leurs enfants ont maltraités, chassés et réduits à implorer la charité. Il y a des vagabonds que nulle loi n'a pu dompter, que nulle fonction n'a pu retenir, qui, pareils aux oiseaux voyageurs, semblent avoir obéi aux instincts invincibles de leur nature ; ceux-là on ne les peut garder; ils s'efforcent de rester au gîte, de s'accoutumer à l'existence régulière, de plier leur inflexible indépendance aux nécessités de la vie en commun; peine perdue : quelque chose les pousse dehors et ils s'en vont coucher sous les ponts, se glisser près des fours à plâtre, dormir au soleil sur le talus des fortifications; on les arrête, on les mène au poste de police, on les envoie en hospitalité aux dépôts de Saint-Denis ou de Villers-Cotterets ; là non plus ils ne peuvent rester; ils s'évadent et reprennent la vie errante qui leur est chère, jusqu'à ce que la mort les saisisse au rebord d'un fossé, sur le grabat d'un hôpital ou dans la cellule d'une prison.

Les femmes n'ont point eu d'existences aussi acci-
dentées ; plus d'une a eu ses jours de gloriole et a
entendu les étudiants battre des mains après un *brin-
disi* bien enlevé ou un accès de chorégraphie peu ortho-
doxe ; celles-là, malgré les rides, les cheveux blancs et
la décrépitude, on les reconnaît ; dans le port de la
tête, dans la façon de couler le regard, elles ont conservé quelque chose qui rappelle les provocations
d'autrefois ; comme la princesse de Palestrina, elles
semblent près de dire : « Je n'ai pas toujours eu
les yeux éraillés et bordés d'écarlate. » Chez plus
d'une j'ai surpris des airs d'impudence que l'âge
n'avait guère affaiblis : pauvres vieux flacons vides et
brisés qui gardent encore quelque arome du parfum
qu'ils ont jadis contenu. A la saillie des tendons du
cou, on reconnaît celles qui, poussant la charrette de
la marchande des quatre-saisons, ont crié : « A la
barque ! à la barque ! » ou « Trois de six blancs les
rouges et les blancs ! » Au premier coup d'œil, on voit
celles qui ont été mariées : l'alliance d'or brille à leur
doigt. Si malheureuse, si menacée de la faim que soit
une femme, il n'y a pas d'exemple qu'elle ait engagé
son anneau de mariage : on le sait bien au mont-de-
piété.

Les femmes sont moins faciles à mener que les
hommes ; ceux-ci, sauf de très rares exceptions, sont
doux et s'inclinent avec une sorte de déférence devant

la maternité des Petites Sœurs; les femmes, plus ner-
veuses, tourmentées par leurs souvenirs, se vantant de
leur existence passée, dont elles exagèrent l'ampleur,
ne subissent pas, comme les hommes, l'influence d'un
sexe sur l'autre; elles regimbent parfois, « elles rai-
sonnent, » comme disent les maîtres d'étude; elles
grommellent dans leur coin, pleurent et accusent la
destinée. A force de bons procédés, on les calme, et
parfois on ne parvient à les apaiser qu'avec une tasse
de café supplémentaire; c'est là un dictame auquel
leur colère ne résiste pas.

Pour les sœurs, ces pensionnaires soumis et ces
pensionnaires récalcitrantes sont « les bons petits
vieux » et « les bonnes petites vieilles »; elles-mêmes
sont « les bonnes petites sœurs »; la supérieure est
« la bonne petite mère ». Là, tout est bon, tout est
petit; appellations puériles, mais touchantes, qui
seules prouveraient combien dans ces maisons la discipline est amène et appropriée à la faiblesse de ceux
qu'il faut conduire. Parfois on détourne la tête pour
ne point voir, afin de n'être pas obligé de réprimander.
Deux fois par semaine, les portes s'ouvrent et les
pensionnaires ont congé depuis le matin jusqu'à cinq
heures du soir. Bien souvent, trop souvent, un bon petit
vieux ou une bonne petite vieille rentre avec les yeux
brillants, la démarche indécise et la parole épaisse.
On s'arrange de façon à ne pas s'en apercevoir : « Il
leur en faut si peu pour être gris! » me disait une

supérieure. Mais si, dans les escaliers ou dans le dortoir, quelque souvenir du cabaret s'échappe en chanson grivoise ou en gestes peu convenables, la petite
sœur intervient et prononce une privation de sortie :
punition très redoutée et qui est rarement appliquée.

Ces pauvres êtres n'ont plus d'autres plaisirs que
d'oublier; le vin y aide; on n'est pas trop sévère, et
quand il n'y a pas « scandale », on ferme les yeux. Ils
se défendent lorsqu'on les accuse d'intempérance; ils
disent : « J'ai un petit plumet, voilà tout; on me
gronde comme si j'avais un panache. » Panache, plumet, ce sont là des distinctions subtiles; les Petites
Sœurs s'y perdent un peu. Pour être certaines de ne
point commettre d'injustice, elles ont consulté le père
général, l'abbé Le Pailleur, et lui ont demandé : « A
quoi reconnaît-on avec certitude qu'un homme est
ivre? » L'abbé Le Pailleur a répondu : « Quand un
bon petit vieux ne parvient pas à distinguer un âne
d'une charrette de foin attelée de quatre chevaux, on
doit en inférer qu'il a peut-être trop bu. »

Dans la maison, les sexes sont isolés l'un de l'autre :
quartier des hommes, quartier des femmes; à voir les
pensionnaires contre lesquels la pudeur prend de telles
précautions, à regarder leur caducité, la destruction
de leurs formes, leur débilité, il est difficile de ne
point sourire, et cependant il paraît que cela est indispensable. Les ménages, — il y en a chez les Petites
Sœurs, — peuvent se réunir un instant, le soir, après

souper. On se traite du reste avec quelque cérémonie ; les petits vieux disent : « Ces dames, » les petites vieilles disent : « Ces messieurs. » Quand par hasard on se rencontre dans un couloir, lorsque l'on s'aperçoit au jardin, on échange de grands saluts et de belles révérences. — « Ah ! mon président, disait un octogénaire que j'ai vu en police correctionnelle, le cœur ne vieillit pas ! » Chaque maison est donc divisée en deux parties distinctes : bons petits vieux et bonnes petites vieilles ont leurs salles, leurs réfectoires, leurs dortoirs, leur infirmerie séparés ; dans les maisons spacieuses, les hommes ont un fumoir ; le jardin même n'est pas en commun : les hommes ont leur jardinet, les femmes ont le leur ; on ne se rassemble qu'à la chapelle, où chaque matin on dit la messe. Les pensionnaires s'imaginent qu'ils la chantent ; en réalité, ils la chevrotent ; mais là aussi les sexes sont tenus à part : les hommes sont d'un côté de la nef, les femmes de l'autre. Dans l'ambon qui communique de plain-pied avec l'infirmerie, on a roulé le fauteuil des paralytiques et des gâteux ; ceux-là assistent, c'est tout ce que l'on peut en dire.

La supérieure est maîtresse en sa maison, comme e capitaine de vaisseau est maître à son bord. Elle admet ou repousse péremptoirement les demandes d'admission. Elle ne tient compte que de l'âge, des infirmités, de la misère des postulants et des places dont elle dispose. Les places sont rares ; à vrai dire,

il n'en existe pas; les maisons sont pleines; on y frappe
jour et nuit; pour une vacance qui se produit, cinquante
malheureux se présentent. Les maisons ont beau « se
dilater », elles ne parviennent pas à donner abri à tous
ceux qui sollicitent. La liste est longue des pauvres
gens que l'on n'a pu recueillir encore et qu'on recueil-
lera dès qu'un lit sera libre. Là, pour recevoir les
pensionnaires, on n'exige rien d'eux, sinon qu'ils soient
vieux et incapables de gagner leur vie. On ne rejette
personne et l'on s'ingénie, comme au temps de Jeanne
Jugan et de Marie-Augustine, à recevoir d'abord les
misérables, quitte à s'enquérir comment on les casera.
On ne s'inquiète même pas de la nationalité de ceux
qui implorent un asile. Dans la salle commune d'une
des maisons de Paris, j'ai vu une vieille femme écroulée
près du poêle; c'est une Allemande, elle ne comprend
pas un mot de français; non loin d'elle, une Italienne
myope, presque aveugle, appuyée contre une fenêtre
pour y mieux voir, s'entêtait à coudre et manœuvrait
l'aiguille si près de son visage, qu'elle se piquait le nez
à chaque point; elle disait : « *Accidente!* » et recom-
mençait. Je pourrais aller plus loin : si je voulais
toucher à la question même de la religion, j'aurais
peut-être de singulières révélations à faire; plus encore
que la justice, la vraie charité porte un bandeau sur
les yeux.

Ces maisons sont très calmes; les Petites Sœurs ne
réclament que le droit de faire le bien, les pension-

naires ne demandent qu'à mourir en paix. A certains
jours cependant, la maison s'anime; les bons petits
vieux et les bonnes petites vieilles se mettent à fré-
tiller. Le 16 janvier 1883, j'ai été visiter la maison de
l'avenue de Breteuil, qui fut fondée en 1849 par la
dixième légion de la garde nationale. Toute la mai-
sonnée était en rumeur; j'étais, sans m'en douter,
arrivé au moment où l'on célébrait la fête de la supérieure; les bonnes mères des autres maisons étaient
là, c'était une réunion de famille. Tout le monde était
en gaieté. J'entrai au réfectoire des hommes, le repas
allait finir; on avait fait largement les choses : chaque
pensionnaire avait eu un verre de vin, une tasse de
café noir, une orange et une tartelette. La muraille
était décorée; autour de la statue de la Vierge brillaient des lumières et pendaient des guirlandes.

La supérieure, jeune encore, petite, proprette,
alerte, heureuse de la joie de ses vieux enfants, avait
pris place sur un vieux fauteuil couvert d'une housse
blanche. Sur sa coiffe, le plus vieux — le doyen —
des pensionnaires avait déposé une couronne de fleu-
rettes. Un vieillard de près de six pieds de haut et qui
n'en était pas moins « un bon petit vieux », armé
d'un manche à balai peinturluré de rouge et de bleu,
faisait office de tambour-major et dirigeait l'orchestre,
— car il y avait un orchestre — composé d'un triangle,
d'un tambour de basque, de deux tambours et d'un
accordéon tenu par un homme dont le nom étonne-

rait bien ses anciens camarades de plaisir. On chanta
des couplets de circonstance, que l'accordéon accompagnait, que scandait le triangle et dont le tambourin
faisait la basse continue. Après chaque couplet, les
tambours battaient un ban. Les vers n'étaient point
mauvais ; quelque vieux poète tombé en misère, selon
l'usage, les avait composés ; il s'est souvenu des débuts
de l'œuvre :

> Aidé par une sainte fille,
> L'humble prêtre de Saint-Servan
> Fonda la petite famille ;
> Pour eux, tambours, battez un ban !

J'imagine qu'aux jours de fête, dans chacune des
maisons desservies par les Petites Sœurs des Pauvres,
on célèbre ainsi le nom de l'abbé Le Pailleur ; vingt
mille indigents lui doivent un asile, et il est juste que
leur gratitude remonte vers lui.

Lorsque l'on eut chanté les couplets, on dansa ; les
tambours battirent une sorte de contredanse : deux
ou trois vieux moins ankylosés que les autres esquis-
sèrent quelques entrechats et semblaient fiers. L'un
d'eux criait : « J'ai quatre-vingt-deux ans ! » et faisait
des ronds de jambes. Au bruit des tambours et de
l'accordéon qui gémissait, on se mit en marche, et
l'on se rendit dans le quartier des femmes ; les bonnes
petites vieilles avaient revêtu leurs affiquets du dimanche et attendaient la supérieure dans leur réfectoire.
Là encore on chanta ; une vieille, maigrelette et gesti-

culant, sauta une bourréc auvergnate qu'elle rythmait
en poussant des petits cris qui eussent voulu être une
chanson. Quelques femmes dansèrent avec des airs de
tête apprêtés et des sourires prétentieux. Les tambours
ne se ménageaient pas. La cadence retentissante surex-
citait les nerfs des pauvres vieilles; l'une d'elles,
indiquant la mesure avec sa tête, avec ses bras, répétait : « Plan! plan! plan! » sur l'air du rappel; ses
yeux brillaient, ses lèvres étaient humides; elle était
secouée par une sorte de trépidation intérieure. Elle
semblait hors d'elle, comme si le bruit qui l'agitait
avait réveillé des souvenirs de jeunesse, de joie violente
et d'enivrement.

Tous les pensionnaires s'amusaient, et les Petites
Sœurs ne s'amusaient pas moins. L'une d'elles avait
saisi le tambourin et frappait dessus à grands coups
de tampon, énergiquement et le visage rouge de plaisir.
Pour ces êtres silencieux, parlant bas et méditant sur
eux-mêmes, le bruit est une distraction qui les sort
de leur milieu et semble réparer leurs forces épuisées
par le labeur de la charité. J'ai remarqué, du reste,
je le répète, que les Petites Sœurs sont volontiers
rieuses; on dirait que la gaieté est une qualité fonc-
tionnelle de leur état. Elles semblent avoir besoin
d'égayer leurs pensionnaires et de s'égayer elles-mêmes,
comme si elles voulaient s'arracher et les arracher au
spectacle incessant de tant de misères. Celles dont le
caractère est naturellement triste ne peuvent suivre la

profession jusqu'au bout; elles abandonnent l'ordre
secourable et le plus souvent vont se réfugier dans un
ordre contemplatif.

J'ai quitté le réfectoire plein de rumeurs, j'ai gravi
les escaliers, j'ai traversé l'infirmerie, où quelques
moribonds étaient étendus et j'ai pénétré dans la salle
des « grands infirmes ». Les paralytiques, les gâteux
insensibles et puants, dormant ou absorbés dans des
rêves intérieurs que leur volonté ne peut traduire,
n'entendaient même pas les éclats de gaieté, les cris,
les chants, les roulements de tambour qui retentis-
saient au-dessous d'eux à l'étage inférieur. Eux aussi
ont eu leur part de la fête : une orange qu'ils retournent machinalement dans leurs mains et dont ils ne
savent que faire. Elle ne manque pas de besogne, la
sœur qui les surveille; il faut les relever quand ils
tombent, les empêcher de glisser de leur fauteuil,
deviner la pensée qu'ils ne savent plus exprimer, les
moucher, essuyer leurs lèvres et renouveler les langes
dont on les enveloppe comme des enfants à la mamelle.
Parfois ils se mettent à pleurer sans motif apparent;
on les dorlote, on leur tapote les joues pour les consoler; ils essayent de prendre leur prise de tabac, ils
n'y parviennent pas, on les y aide; on les dodeline, on
les berce, on les endort. — Petites Sœurs des Pauvres,
vous êtes admirables!

Le jardin est vaste; on l'appelle « la Ferme »; il y
y a de belles gloriettes où les clématites desséchées par

l'hiver étalent les boucles de leur perruque ; il faudrait des annexes : une buanderie moins glaciale, un corps de bâtiment pour y installer des dortoirs qui permettraient une hospitalité plus large. Il est si pénible, quand on entend la misère heurter à la porte, de savoir que l'on est trop à l'étroit pour lui faire place à la table et au feu ! On rêve de s'agrandir, mais les bâtisses coûtent cher à Paris, et l'aumône du jour suffit à peine aux besoins quotidiens. Infatigables autour de leurs pensionnaires, aimant à « les gâter », les Petites Sœurs suivent une règle sévère et ne s'épargnent pas les austérités. Dans une des maisons, j'avais été surpris de la richesse de la literie ; chaque pensionnaire a un sommier, deux matelas, un traversin, un oreiller, un édredon : un homme charitable n'a point reculé devant cette largesse. J'ai poussé la porte du dortoir des sœurs ; la pièce est carrelée ; nul tapis, pas même un paillasson devant les lits ; sur chaque lit, une paillasse, un simple sac à peu près plein de feuilles de maïs ; le lit de la supérieure est placé près de la fenêtre ; cela seul le distingue des autres.

Si le repos de l'âme fait le bon sommeil, on doit bien dormir sur ce « paillot ». On ne s'y attarde pas du reste : à dix heures, coucher ; lever, à quatre heures et demie du matin ; la règle n'a point d'exception : elle est absolue en hiver comme en été. Pendant la nuit, deux Petites Sœurs couchent près de l'infirmerie et restent debout si quelque malade exige leurs soins

Cette vie est dure; nul repos dans le jour, nulle sécurité pendant la nuit, car à toute minute on peut être appelé. Les exercices religieux n'ont rien d'excessif; là, plus que partout ailleurs, l'action même est une prière; mais le labeur est incessant, il est pénible pour la faiblesse féminine et dépasse souvent les forces. On meurt jeune dans la congrégation des Petites Sœurs; on dirait que la vieillesse pénètre celles qui la soignent et fait son œuvre avant le temps. Il n'y a pas de dignités, il n'y a que des devoirs; la supérieure ne reste en exercice que pendant un temps déterminé; au bout de six années révolues, elle est dépossédée; on lui enlève son sceptre éphémère et on l'envoie dans une maison autre que celle qu'elle a gouvernée. Elle a commandé, elle va obéir, car on la place au dernier rang. On lui rappelle ainsi qu'elle est la servante des vieillards infirmes et que cette fonction est la plus glorieuse qu'elle puisse exercer ici-bas.

Toutes les maisons sont tenues avec cette propreté méticuleuse à laquelle excellent les congrégations de femmes et qui souvent a permis aux sœurs des hôpitaux de chasser l'épidémie loin du lit des patients. Dans les maisons de construction récente, — Notre-Dame-des-Champs, Philippe-de-Girard, Picpus, — il est facile, grâce à la dimension des salles, à l'ample aération, aux couloirs de dégagement, de lutter contre la saleté que les vieux pensionnaires traînent derrière eux, comme la lèpre de l'âge et de l'indigence.

Dans les anciennes maisons cela exige un travail
assidu et les pauvres sœurs ont fort à faire. Dans l'asile
de la rue Saint-Jacques, la bataille est incessante; la
maison est vieille; tant bien que mal, on l'a rendue
apte à sa destination hospitalière; elle date de la fin
du dix-septième siècle, et je ne serais pas surpris que
jadis elle eût été rattachée par quelque servitude au
Val-de-Grâce, dont une simple muraille la sépare.
Au fond d'une longue cour banale où je lis les
enseignes d'un hôtel garni, d'une école maternelle et
de quelques industries, un perron de trois marches
donne accès dans la maison. L'escalier en pierres,
très large, est orné d'une rampe en belle ferronnerie,
— l'escalier est menteur; ses promesses ne sont que
des déceptions; il conduit à des salles basses et obscures, à des dortoirs en brisis, à des recoins inutiles que l'on a pourtant utilisés, à une cuisine trop
étroite, à une infirmerie qui ressemble à un grenier,
à des chambres qui sont des mansardes. Les hommes
n'ont pas de fumoir, la place manque, pas même un
hangar pour s'abriter quand ils vont fumer leur pipe,
dernier plaisir que la vieillesse leur a laissé. Dans la
petite cour, à côté du tect à porcs, deux ou trois
échoppes contrefaites et disjointes, composées de
planches assemblées au hasard, forment les ateliers
où travaillent les cordonniers et les menuisiers.

Le jardin est si resserré, que l'on en fait le tour en
vingt pas. Autrefois il était mitoyen d'un vaste terrain

que l'on a proposé de vendre aux Petites Sœurs. Elles auraient bien voulu faire cette folie; la dépense était lourde, elles s'en seraient fiées à la grâce de Dieu qui ne leur a jamais manqué; elles n'ont pas osé, car nulle sécurité ne leur est offerte, elles ont eu peur d'être dépossédées et de rester avec une dette de plus à payer. Dans ce terrain où elles auraient pu développer à l'aise l'ampleur de leur charité, on a construit des maisons à cinq étages dont chaque fenêtre regarde dans le jardinet. Les pauvres sœurs, qui avaient l'habitude de prendre après le repas de midi une demi-heure de récréation dans leur jardin, en ont été chassées par les yeux indiscrets et sont réduites à rester au logis.

Cet immeuble qui s'affaisse sous l'âge a de la valeur dans le quartier populeux où il est situé; il faudrait le vendre et aller s'établir ailleurs, aux environs des anciennes barrières. Mais on redoute l'heure actuelle, on craint que l'on ne remplace « les lois existantes » par des lois qui n'existent pas encore, et l'on reste dans une maladrerie qui menace ruine, au grand détriment des vieillards, des indigents et des infirmes. Comment n'a-t-on pas compris qu'en essayant de se dresser contre l'existence conventuelle, c'est surtout aux malheureux que l'on portait préjudice? Pendant la Commune, lorsqu'une maison religieuse était fermée, lorsque la communauté était conduite à Mazas, le lendemain on voyait des bandes de vieillards, d'estropiés, d'affamés qui se lamentaient devant les portes scellées, et disaient : « Qui nous donnera du pain désormais ? » La Commune leur offrit un verre d'absinthe et un bidon de pétrole. C'est tout ce que sa charité avait au cœur.

Dans la maison de la rue Saint-Jacques et dans les autres maisons des Petites Sœurs des Pauvres, il est difficile de se défendre d'une impression de tristesse lorsque l'on pénètre dans la lingerie. Trop de casiers y sont vides, et les plus importants, ceux qui devraient contenir les draps. Les vêtements, le linge de corps, le linge de toilette, les taies d'oreillers sont là en quantité à peu près suffisante; mais les draps de literie — ce rêve de toute bonne ménagère — manquent, ou peu s'en faut. Je ne sais par quels prodiges d'activité et de buanderie on arrive à parer aux besoins toujours urgents, imposés par des vieillards dont beaucoup sont infirmes, dans la plus laide acception du mot. Dans une maison qui renferme deux cents pensionnaires, il serait indispensable de posséder au moins quatre cents paires de draps; c'est tout au plus si l'on en a deux cent cinquante; et pour ces vieillards, pour de tels malades — on me comprend, sans que je m'explique davantage, — le drap de coton est mauvais et d'une durée illusoire. Ce qu'il faudrait, c'est le drap en bonne toile de Vimoutiers, solide, de long usage et résistant aux lessives multipliées. C'est le désidératum des supérieures : « Si au moins nous avions des draps! » Avant 1870, le linge était envoyé avec quelque

abondance aux maisons des Petites Sœurs ; la guerre est
survenue qui a fait naître des obligations foudroyantes
auxquelles il a fallu pourvoir. Tout ce que l'on gardait
dans les armoires, tout ce qui s'en serait allé aux dortoirs des vieux pensionnaires a été découpé en bandes,
façonné en compresses fenêtrées, effiloché en charpie,
et la lingerie des Petites Sœurs s'en est aperçue. Toutes
les sœurs lingères m'ont dit : « Depuis la guerre on ne
nous donne plus de linge. »

A Paris, du reste, le linge est rare ; la place est si
restreinte dans les appartements, on déménage si souvent, on sacrifie tellement au luxe extérieur, que l'on
achète la lingerie au fur et à mesure des besoins, presque au jour le jour, et que les grandes provisions qui
sont l'orgueil des femmes de province, qui permettent de ne faire la lessive qu'une fois par an, sont
inconnues dans notre ville, où les magasins de confec-
tions fournissent à bas prix des toiles et des calicots
d'apparence que détruit rapidement le sel de soude
des blanchisseuses. La toile, la vraie toile, coûte trop
cher, l'aumône n'est pas assez fructueuse pour que
l'on puisse en acheter autant qu'il serait nécessaire ;
mais lorsque les draps manquent pour les lits des
« bons petits vieux », « les bonnes Petites Sœurs » couchent toutes vêtues sur leur sac de maïs, et ne se plaignent pas. Au début de l'œuvre, et plus d'une fois, Marie-
Augustine et Marie-Thérèse ont donné leur lit à des
pauvres et ont dormi sur des bottes de paille quand elles

en avaient. Elles se souvenaient de la crèche de Bethléem et remerciaient Dieu.

Cinq maisons dans Paris pour une population de
deux millions d'habitants, c'est beaucoup si l'on considère les sacrifices exigés; c'est bien peu si l'on
regarde du côté des misères qu'il faut secourir. Le
peuple parisien n'est pas doux aux grands-pères. Parcourant un jour la cité Doré avec les visiteurs de l'Assistance publique, je trouvai au fond d'un galetas
occupé par un ménage d'indigents de profession un
pauvre homme âgé de plus de soixante-quinze ans,
couché par terre, le dos appuyé contre la muraille, à
peine couvert d'une souquenille, geignant et découvrant
une dartre vive qui lui rongeait la jambe. Je fis une
observation à son fils, qui me répondit : « Bah! ces
vieux-là, ça n'est plus bon à rien, ça consomme et
ça ne produit pas. » Il y en a des milliers semblables
à ce malheureux dans les soupentes de nos maisons.
Malgré la Salpêtrière, malgré Bicêtre, malgré les
700 000 francs que l'Assistance publique distribue
annuellement aux vieux infirmes[1], malgré les hospices,
les refuges, les asiles, malgré l'inépuisable aumône, il
reste bien des caducités qui crient à l'aide et que l'on
n'entend pas. Si les Petites Sœurs des Pauvres, dont le
dévouement ne demande qu'à se multiplier, possédaient
vingt maisons à Paris, une par arrondissement, bien

---

1. 687 281 francs sur l'exercice de 1881 (secours à domicile).

des pauvres vieillards pourraient manger à leur faim, et mourraient en paix, réconciliés avec eux-mêmes, sans colère et croyant à une vie meilleure. Les niais crieraient à l'envahissement du cléricalisme; je le sais bien; il faudrait les laisser crier et ne voir là qu'une expansion de charité, le soulagement de la souffrance et le bienfait répandu sur des êtres affaiblis par l'âge. Le vœu que j'exprime ici sera-t-il réalisé? Pourquoi pas? Lorsque l'on voit la multiplication des premiers lits de la mansarde de Saint-Servan, on doit ne désespérer de rien.

L'œuvre est féconde, on l'a vu; si des lois impies ne viennent pas en arrêter le développement, elle croîtra encore et s'élargira de plus en plus devant les affres de la vieillesse; elle voudrait être assez vaste pour faire place à ceux qui l'invoquent, être assez nombreuse pour aller chercher ceux qui l'ignorent; elle voudrait recueillir tous les infirmes, tous les impotents, tous les abandonnés. L'esprit qui l'anime, qui l'a soutenue d'une force invincible est le seul qui accomplit des prodiges, parce qu'il ne doute jamais de soi-même, et puise sa vigueur dans sa propre substance : c'est l'esprit de sacrifice. S'oublier pour ne songer qu'aux autres, trouver dans l'action même la récompense de l'action, ne rien demander aux hommes, tout leur donner, et, quant au reste, s'en fier à la Providence; vivre dans la pauvreté, ne reculer devant aucune souffrance pour soulager celle d'autrui; prendre soin des malheureux pour leur être utile, et non pour qu'ils en soient reconnaissants ; pousser l'abnégation jusqu'au dédain des conventions sociales, c'est faire acte de vertu abstraite et c'est peut-être, après tout, le moyen de trouver le bonheur ici-bas.

Je voyais une Petite Sœur des Pauvres se fatiguer à une besogne rebutante ; elle lut sur mon visage l'impression que j'éprouvais et elle me dit : « Ne nous plaignez pas, monsieur, notre part est la meilleure ! »

CHAPITRE II

LES FRÈRES DE SAINT-JEAN-DE-DIEU

———

I. — JEAN CIUDAD.

Naissance de Jean. — Esprit d'aventure. — Berger. — État de l'Espagne. — La fin du moyen âge. — François Ier et Charles-Quint. — Ignace de Loyola. — Jean se fait soldat. — La guerre. — Le vol. — La potence. — Le siège de Vienne. — Enrôlé. — Les pirates barbaresques. — Le rachat des captifs. — A Ceuta. — Libraire à Grenade. — L'accès de folie. — Le traitement des aliénés. — A l'hôpital. — Le pèlerinage. — La vision. — La mission. — La foi. — Première maison. — Mendicité. — Révolution hospitalière. — Changement de nom. — Les aumônes. — Créateur de l'hôpital moderne. — Jean de Dieu et Philippe II. — Épuisement. — Mort de Jean. — Ses funérailles. — Canonisé. — Développement de l'œuvre. — *Fate bene, fratelli*. — L'hôpital de la Charité.

Que fut le fondateur de cette institution secourable ? Un saint, selon l'Église ; un fou, d'après les aliénistes ; pour le philosophe, un homme auquel nulle faiblesse, nulle vertu n'a été refusée et que la vue des misères dont il fut le témoin et souvent la victime entraîna vers le bien. Il s'appelait Jean Ciudad et naquit le 8 mars 1495 en Portugal, dans la petite ville de Montemor-o-Novo. Il grandit dans un milieu obscur et

6

pauvre; l'esprit d'aventure le tourmentait sans doute déjà, car, dès l'âge de huit ans, il déserta la maison paternelle. Un prêtre, qui se rendait à Madrid, l'emmena et l'abandonna à moitié route, dans la Nouvelle-Castille, à Oropesa. Jean se fit berger et entra au service d'un certain François, qui était intendant des troupeaux d'un propriétaire nommé Ferrus-e-Navas. Il montra de l'intelligence dans ses fonctions et semble avoir pendant bien des années vécu de la vie nomade des pâtres espagnols. Un de ses biographes dit qu'il était de haute taille et vigoureux; l'existence en plein air avait développé ses forces. Son humble métier lui déplut; de tous côtés, on entendait un bruissement d'armes; il se sentit sollicité par l'attrait de l'imprévu, qui exerça toujours de l'influence sur lui; il laissa les troupeaux, jeta sa houlette et se fit soldat.

L'heure était propice; l'Espagne inaugurait la grande période de son histoire; pour la première fois, depuis la trahison du comte Julien, elle s'appartenait. Les Maures avaient retraversé la Méditerranée, qu'ils ne devaient plus franchir. En 1492, Mohammed Abou Abd'Allah, ce Boabdil qui pleurait comme une femme, parce qu'il ne s'était point battu comme un homme, avait abandonné Grenade « la bien fleurie » à Gonzalve de Cordoue; Christophe Colomb a découvert le continent qu'Améric Vespuce doit baptiser; Cortez va prendre le Mexique; Pizarre, le fils de la prostituée, l'ancien gardien de pourceaux, égorgera le Pérou; les musulmans sont à peine tolérés en Espagne, les juifs y sont brûlés; le saint-office, introduit en 1481, sous le règne de Ferdinand et d'Isabelle, est pour les âmes un maître sans merci; Gutenberg avait inventé l'imprimerie, dont Martin Luther se servait; la face du monde se modifiait, l'esprit humain avait des ailes; l'Europe, prête aux dévastations, était sur le point d'entrer en lutte au nom du même Dieu que des principes opposés comprennent d'une façon différente.

Qui exercera la prépotence? Charles-Quint ou François Ier? Ces batailleurs ne laissent point de repos à leurs peuples. La Nouvelle-Castille s'était soulevée; le roi de France, profitant de l'occurrence, avait poussé deux armées contre l'Espagne : l'une, dirigée par l'amiral Bonnivet, s'était emparée de Fontarabie; l'autre, sous les ordres d'André de Foix, occupait la Haute-Navarre, que la prise de Pampelune lui avait livrée. En défendant cette dernière ville, Ignace de Loyola fut blessé. Pendant sa convalescence, il médita sur les périls dont l'Église catholique était menacée et conçut l'organisation de la Compagnie de Jésus, qui devait être la milice d'initiative et de résistance que le saint-siège armerait contre les progrès luthériens. Ce fut à ce moment, lorsque l'Espagne étaient envahie par la France, que Jean Ciudad endossa la casaque du soldat et partit pour la guerre. Il avait alors vingt-cinq ou vingt-six ans.

Moralement la guerre était alors ce qu'elle est
aujourd'hui : l'expansion encouragée, glorifiée des
instincts pervers que l'éducation, la civilisation, la
morale refrènent et punissent chez l'homme vivant
dans une société qui ne peut, sous peine de mort,
tolérer ni le meurtre ni le vol. Matériellement elle
était abominable : nul service de vivres, nul service
médical ; le soldat ne subsistait que de rapines, les
blessés mouraient faute de soins ; point de règlement
de discipline générale ; partout la maraude, le viol,
le pillage ; un pays traversé par une armée nationale
ou une armée ennemie était un pays ravagé ; on abandonnait les cadavres aux oiseaux du ciel ; la peste
suivait les troupes en campagne et les dévorait ; guerre
et brigandage, c'était tout un ; la vie que menait Jean
Ciudad au milieu des bandes où il était enrôlé ne se
peut imaginer.

Les chefs payaient d'exemple et faisaient leur main
comme des ribauds. L'un d'eux confia sa part de butin
en garde à Jean Ciudad, qui la déroba, la perdit ou
la laissa voler. Jean fut condamné à être pendu ; on
lui glissait déjà la corde au cou, lorsqu'un officier
supérieur passa, lui fit grâce, mais le chassa de
l'armée. Jean quitta ses compagnons, qui ne valaient
pas mieux que lui, revint à Oropesa, rentra au service
de son ancien maître et reprit la garde des troupeaux.
On dit que c'est à cette heure que les premiers sentiments de repentir et de piété s'emparèrent de lui ;

cela est possible; il avait vu de près une mort igno-
minieuse, il n'y avait échappé que par hasard, et cela
put suffire à faire naître en lui des pensées qu'il ignorait encore.

L'apaisement ne fut pas de longue durée, et dans
la vie contemplative du berger il regrettait sans
doute les aubaines de l'existence militaire, car, vers
1528, il s'engagea de nouveau et partit sous les
ordres du comte d'Oropesa. Cette fois, il ne s'agit
plus de guerroyer sur le sol natal et de chasser les
Français de la Haute-Navarre ; l'expédition est plus
lointaine, la religion y convie, le souvenir de l'oppression musulmane l'impose; le Turc menace la chré-
tienté ; le conquérant de Rhodes, Soliman le Magni-
fique, a traversé la Hongrie, il est aux portes de
Vienne, qu'il bat en brèche. Vingt assauts furent
repoussés, mais la ville eût succombé peut-être si des
pluies torrentielles et les inondations du Danube
n'avaient rendu la campagne intenable pour les troupes ottomanes que les janissaires, las de combattre,
poussaient à la révolte.

Jean Ciudad, après la levée du siège, revint en
Espagne. Il opéra son retour par mer et débarqua en
Galice au port de la Corogne. On dit qu'il se rendit
alors à Montemor-o-Novo, où il était né, dans l'intention de revoir ses parents, et que, subitement frappé
d'amnésie, il ne put se rappeler le nom de son père.
Si le fait est vrai, il est l'avant-coureur de l'accès de

folie dont il devait bientôt être atteint. Ceux qu'il cherchait étaient morts depuis longtemps; il quitta son pays et s'en alla à Ayamonte, en Andalousie, où il reprit, une fois encore, son métier de berger au service d'une femme riche nommée Éléonore y Zuniga. C'est là qu'il me semble avoir, pour la première fois, rêvé de se consacrer au soulagement des misérables.

C'était le beau temps des pirates barbaresques; montés sur leurs chébèques, ils couraient au long des côtes d'Espagne, de Provence et d'Italie, se jetant sur les villages mal protégés, enlevant les femmes et les hommes sans défense, pillant les maisons, ravageant les églises, et s'en allaient vendre leur proie sur les marchés de Fez, d'Alger et de Tunis,

> Où l'on voit, tant ces Turcs ont des façons accortes,
> Force gens empaillés accrochés sur les portes.

On se souvient que longtemps après l'époque dont je parle, Vincent de Paul, se rendant sur un bateau marchand de Marseille à Narbonne, fut enlevé par des corsaires arabes et fut esclave à Tunis sous trois maîtres différents. L'Église ne pouvait combattre elle-même et aller brûler ces nids de vautours abrités derrière les criques de la Barbarie; mais, de tous ses efforts et par tous les moyens, elle encourageait la rédemption des captifs.

Deux ordres religieux, celui des Mathurins, fondé en 1199 par Jean de Matha, celui des Frères de la

Merci, institué en 1223 à Barcelone par un Français nommé Pierre de Nolasque, avaient pour mission de recueillir des aumônes et de parcourir les marchés d'esclaves ouverts dans les États musulmans, afin d'y racheter les chrétiens. Jean Ciudad paraît avoir eu l'intention de se consacrer à cette œuvre de salut; il s'embarqua pour Ceuta, qui appartenait au Portugal. Il y fut domestique dans une famille portugaise exilée et ruinée, qu'il nourrit, dit-on, en s'engageant comme manœuvre pour travailler aux fortifications de la ville. Cette vie le fatigua promptement; il y renonça, dit adieu à ses maîtres et partit pour Gibraltar. Il s'y fit libraire ou plutôt marchand d'images : depuis qu'il a été canonisé, les libraires et les imprimeurs d'Espagne et d'Italie l'ont adopté pour patron. La vente des catéchismes et des estampes de piété lui rapporta quelque argent. Il quitta Gibraltar et vint s'établir à Grenade, qui avait encore un renom de capitale; il y ouvrit une boutique pour continuer son commerce; il avait alors quarante-trois ans et allait subir la commotion mentale d'où sa vocation devait naître.

Un jour, — on fixe la date, le 20 juin 1539, — après avoir entendu à l'église de Saint-Sébastien un sermon prêché par Jean d'Avila, qui avait alors grande réputation, Jean Ciudad fut saisi d'un transport de pénitence. Il confessa ses péchés à haute voix, se roula dans la poussière, s'arracha la barbe, déchira ses vêtements, courut à travers les rues de Grenade, implorant la miséricorde de Dieu, suivi des enfants, qui criaient : « Au fou! » Il entra dans sa librairie, lacéra les livres profanes qu'il possédait, distribua gratuitement les livres de piété, donna à qui en voulut son argent, ses meubles, ses vêtements et resta en chemise, se frappant la poitrine, s'accusant et demandant à tous de prier pour lui. La foule s'était amassée et l'escorta de ses rumeurs jusqu'à la cathédrale, où, à demi nu, il recommença ses vociférations et ses éclats de désespoir. Le prédicateur Jean d'Avila, prévenu de la conversion éclatante que sa parole avait provoquée, écouta la confession du pauvre homme, le réconforta, ne lui épargna pas les conseils, qui paraissent avoir obtenu peu de résultat, car, en le quittant, Jean Ciudad alla se vautrer dans un bourbier sur la place publique, et, souillé de fange, il se reprit de plus belle à proclamer ses péchés. On lui jetait des pierres, on le huait; la populace s'en amusait, et comme toute populace est cruelle, elle le maltraitait. Quelques personnes en eurent pitié et le conduisirent à l'hôpital royal, dans le quartier des fous.

La thérapeutique des aliénistes de ce temps-là était peu avancée. Croyait-on à la folie? Je ne sais; mais, à coup sûr, on croyait au diable. Ce n'est pas la maladie qui agite le malade, c'est le démon qui s'agite dans le possédé; donc chassons le démon, et le possédé sera dépossédé. Quel moyen? Frapper le démon jusqu'à ce qu'il abandonne le corps dont il s'est emparé

On battait le corps à tour de bras et l'on était surpris qu'un démon pût résister à tant de souffrances. C'est que le démon n'est jamais seul, il est légion. Au xvie siècle, Jean Weïer les dénombrera et en comptera plusieurs millions; au xviie siècle, Michaëlis, exorciste employé dans l'affaire Gaufridi, reconnaît en avoir chassé six mille cinq cents et plus du corps de Madeleine Mandols.

On soumit Jean Ciudad au traitement « à la mode »; on le lia pour qu'il ne pût se soustraire aux coups de fouet à l'aide desquels on essayait de le débarrasser de l'esprit impur dont il était tourmenté. L'esprit tint bon et l'on ne se lassa pas de lui administrer le médicament qui devait l'expulser. Les gens qui agissaient ainsi étaient de bonne foi, et il fallut des siècles pour dissiper une erreur dont le principe était dans la ferveur même des croyances religieuses. L'accès de Jean Ciudad paraît avoir été d'une extrême violence. Or, en matière d'aliénation mentale, on peut dire d'une façon presque absolue que plus la folie est excessive, plus elle cesse vite; un absorbé guérit moins facilement qu'un agité. On prétend qu'au milieu des tortures dont il fut accablé par ceux qui cherchaient à lui rendre la raison, il exprima le vœu d'avoir plus tard un hôpital à lui « afin d'y recevoir les pauvres aliénés et de les traiter comme il convient [1] ». Je le crois, et je crois

---

1. *Vie de saint Jean de Dieu*, par l'abbé Saglier, page 97.

aussi que son séjour à l'hôpital de Grenade, que le
souvenir du supplice qui lui y fut infligé a, plus que
tout autre motif, déterminé sa vocation hospitalière.
Quand l'exacerbation nerveuse dont il avait souffert
fut calmée, il s'employa auprès des malades; puis il
obtint la liberté et sortit, emportant un certificat qui
constatait qu'il avait été fou, mais qu'il ne l'était plus.

Jean Ciudad avait fait vœu d'aller en pèlerinage à
Notre-Dame-de-Guadalupe; il partit pieds nus, sans
un réal, en hiver. La saison était rude; il fallait vivre
et trouver asile pendant la nuit. La misère est ingénieuse; elle lui inspira un moyen simple de pourvoir
à ses besoins et dont plus tard il devait user pour
venir en aide aux malheureux. Au cours de son chemin, le long des landes et à travers les forêts, il ramassait les branches mortes, en faisait un fagot, le
chargeait sur ses épaules, et, arrivé dans un endroit
habité, ville ou bourgade, le vendait en échange d'un
peu de nourriture et d'un abri pour dormir.

On dit que, parvenu à Notre-Dame-de-Guadalupe, il
eut une vision — hallucination du sens de la vue ou
rêve? — qui exerça sur lui une influence décisive. La
Vierge lui apparut et lui remit l'Enfant Jésus tout nu,
avec des vêtements pour le couvrir. C'était lui indiquer
qu'il devait avoir pitié des faibles, recueillir les abandonnés et vêtir la nudité des pauvres. Du moins il le
comprit ainsi. S'il a été dupe de son imagination,
l'erreur fut féconde, car elle a engendré des actes ad-

mirables qui se renouvellent de nos jours et qui ont
sauvé des milliers de malheureux. Il est certain que
l'homme qui croit que les lois de la nature ont été
renversées pour lui, qui se persuade qu'il a été l'objet
d'une intervention miraculeuse, puise dans cette
croyance une force et une persistance d'où peuvent
naître des œuvres extraordinaires. C'est de cette heure
que date sa mission ; il l'a remplie avec d'autant plus
de zèle qu'il était convaincu qu'elle lui avait été imposée par la Mère de son Dieu.

Vêtu d'une robe blanche qu'un hiéronymite lui
avait donnée, la besace à l'épaule et le bâton en main,
il revint à Oropesa, où il était arrivé enfant, où il
avait passé une partie de sa jeunesse. Il alla prendre
logement à l'hôpital des pauvres, qui, en ces temps
encore pénétrés des coutumes arabes, s'ouvrait sans
rétribution devant les voyageurs et devant les pèlerins.
Le dénuement des malheureux près desquels il vivait
l'émut ; il sortit dans la ville, mendia pour eux et rapporta les aumônes qu'il avait récoltées. Il prélude
ainsi à cette vaillante mendicité qui créera des hôpitaux
et offrira un refuge à tant d'infortunes. Je me le figure
d'aspect inculte, indifférent aux railleries que provoque son costume dépenaillé, maigre et vigoureux
malgré sa maigreur, illuminé par une sorte d'extase
permanente qui le maintient au-dessus des choses
terrestres, s'efforçant de s'abaisser devant les hommes
afin de s'élever jusqu'à plaire à Dieu et rêvant d'assu-

mer sur lui l'universalité de la souffrance humaine pour en délivrer l'humanité.

Toute religion profondément sentie produit des êtres semblables. Dans le désert, sur les routes qui vont vers la Mecque, j'ai vu des santons nus, rugueux, dévorés de vermine, courir au-devant des caravanes, pour porter leur dernière goutte d'eau aux pèlerins altérés et donner aux dromadaires la poignée de paille sur laquelle ils couchaient. La foi est une dans son principe et dans ses effets : le dieu qu'elle sert revêt des formes différentes, les actions qu'elle inspire sont identiques et grandes sous toute latitude, près de tous les temples. J'ai beaucoup voyagé, je me suis mêlé à bien des peuples, j'ai regardé vivre bien des nations, j'ai entendu prier bien des sectes; quelle est la race la plus bienfaisante, la plus secourable que j'aie rencontrée sur le chemin de ma vie? — La race Juive, dont la foi a résisté à toutes les haines et à toutes les persécutions.

Cette foi abstraite, Jean Ciudad la possédait. Lorsqu'il revint à Grenade, là même où sa folie avait ameuté la populace contre lui, il était résolu à consacrer sa vie aux malheureux. Il se fit marchand de fagots, étalait ses brindilles de bois sur la place publique, les vendait et s'en allait dans les rues, donnant aux pauvres, aux infirmes l'argent qu'il avait reçu. Il couchait un peu au hasard, chez des gens charitables qui le laissaient dormir sous l'escalier ou dans les écuries. On raconte que, traversant un jour une place de Grenade, il vit sur une maison un écriteau : « Maison à louer pour les pauvres. » Il alla trouver des personnes pieuses qui avaient l'habitude de lui faire l'aumône, en obtint la première somme indispensable à l'accomplissement de ses projets et loua la maison. Grâce à la libéralité d'un prêtre, il put acheter des nattes, des couvertures et quelques ustensiles. Puis il parcourut la ville, y ramassa quarante-six mendiants estropiés, à demi moribonds et les installa dans ce premier hôpital. Ceci se passait en 1540 ; Jean Ciudad avait quarante-cinq ans. Il avait été fou : en voyant les dépenses dont il s'imposait la charge, on crut qu'il l'était encore.

Il fallait nourrir ces malades recherchés avec tant d'imprévoyance. Le soir, lorsque les soins de l'hôpital ne le réclamaient plus, Jean Ciudad, le dos chargé d'une hotte, une marmite dans chaque main, allait de maison en maison, s'arrêtait devant les portes et criait : « Pour l'amour de Dieu, faites-vous du bien, mes frères! » Il s'expliquait et disait : « Faire du bien à ceux qui souffrent, c'est faire du bien à soi-même. » C'était l'heure du souper ; on donnait la desserte, parfois quelques réaux, et Jean rentrait à l'hôpital, dont il s'était constitué le pourvoyeur, le cuisinier, l'infirmier et le médecin. La besogne ne chômait pas pour lui ; on a prétendu qu'il ne dormait pas et qu'il passait les nuits en prière : je n'en crois rien ; quelque ardente que soit une âme, elle est enveloppée d'une matière qui a des exigences auxquelles, sous peine de mort, on ne peut se soustraire : vivre sans dormir, vivre sans manger, c'est impossible. — « Si le corps ne repose, l'esprit succombe, » écrivait Urbain Grandier à sa mère. — J'estime que, sa journée faite, Jean Ciudad trouvait sur sa natte de paille un bon sommeil, qui lui permettait de ne pas faillir le lendemain aux fatigues des jours précédents.

L'œuvre qu'il avait entreprise, il la conduisait avec une telle persistance d'abnégation, que l'on crut qu'il était aidé par des interventions surnaturelles. Les gens riches de Grenade comprirent que « ce fou » était un homme de grande volonté dont la bienfaisance méritait d'être encouragée. Les aumônes devinrent plus abondantes; elles furent larges à ce point que Jean Ciudad put agrandir sa maison, doubler ses salles hospitalières et remplacer les nattes par des lits. Un fait digne de remarque, c'est qu'en matière d'hospitalité pour les malades, Jean fut un réformateur : chez lui, dans sa maison, dans les maisons relevant de l'ordre qu'il a fondé, chaque malade eut son lit, un lit ne contint jamais qu'un malade. Ce fait, qui nous paraît simple aujourd'hui, constituait alors une amélioration extraordinaire. La promiscuité des malades dans le même lit, dont la seule pensée nous fait reculer d'horreur, était d'usage dans les hôpitaux d'autrefois. Il ne fallut rien de moins à Paris que la Révolution française pour modifier un tel état de choses, pour que chaque moribond pût mourir seul sur son grabat. Lorsque en 1785 Tenon visita l'Hôtel-Dieu, il constata que 1,219 lits contenaient 3418 malades [1]. A l'époque où Jean Ciudad opérait une si profonde modification dans les habitudes hospitalières, sa perspicacité chrétienne était en avance de deux siècles et demi sur « les amis de l'humanité ». Il avait souffert à l'hôpital royal, lorsqu'il était fouetté dans la salle des aliénés, il s'en est souvenu et les malades ont été traités comme des hommes. C'est alors qu'il adopta le nom de Jean de Dieu. Ce nom, il l'a rendu immortel en lui donnant la plus enviable des illustrations, celle de la charité.

Faire du bien dans ce monde et assurer son salut dans l'autre, c'est de quoi tenter les cœurs animés par la foi. L'exemple de Jean de Dieu provoqua l'émulation : des hommes de bon vouloir s'offrirent pour le soulager dans son œuvre de miséricorde. Il les façonna à leurs fonctions nouvelles et devint ainsi le directeur d'un groupe qui, en se multipliant, devait être la grande congrégation hospitalière où tant de misères physiques et morales ont été secourues. Les nouveaux compagnons de Jean faisaient comme lui,

---

1. Dans *Paris, ses organes*, t. IV, ch. xx, *les Hôpitaux*, je trouve la note suivante : Sur les 1219 lits (Hôtel-Dieu), il y en avait 733 grands, ayant cinquante-deux pouces de largeur, et 486 petits, ayant trois pieds. Lors des moments de presse, on mettait ordinairement six malades dans les premiers et quatre dans les seconds.

recueillaient les infirmes, soignaient les malades, pansaient les blessés, servaient la grande famille des délaissés, la nourissaient et mendiaient pour elle. Les aumônes ne faisaient plus défaut ; souvent elles étaient magnifiques : deux cents écus d'or en une seule fois.

Jean de Dieu, confiant en partie le gouvernement de son hôpital aux nouveaux infirmiers qui l'assistaient, semble dès lors s'être consacré à la quête, qu'il commençait chaque jour à dix heures du matin et prolongeait souvent jusqu'à onze heures du soir. Il avait étendu son champ d'action ; non seulement il sortait de Grenade pour parcourir l'Andalousie, mais il allait jusqu'en Castille. Les grands seigneurs, les gens riches, se faisaient un honneur de remplir son escarcelle, de concourir à ses fondations et de s'associer aux œuvres qui, pour les âmes ferventes, ouvrent l'espoir des récompenses futures. La populace, qui l'avait conspué jadis, le regardait avec admiration ; on se signait quand il passait et l'on disait : Voici le saint !

Les ressources mises à sa disposition lui permirent de réaliser son rêve d'autrefois et de construire un hôpital pour y soigner les malades « comme il convient ». Là encore il fut un précurseur et, le premier, bien avant la science expérimentale, il comprit que l'on doit catégoriser les malades et les diviser selon le genre d'affection dont ils sont atteints. Séparer les maladies sporadiques des maladies contagieuses, dans un temps où les fébricitants, les pestiférés, les amputés, les varioleux, les fous vivaient dans un pêle-mêle épidémique et empoisonné, quelle innovation! On peut dire en termes absolus que Jean de Dieu a été le créateur de l'hôpital moderne, de l'hôpital méthodique et spécialisé; que ceci lui vaille l'indulgence de ceux qui ne lui pardonnent pas la robe qu'il a portée, sa foi catholique et sa canonisation. Bien avant l'Angleterre, il fonde le workhouse, en ouvrant dans son nouvel hospice une salle où les mendiants sans asile, les voyageurs sans argent peuvent venir dormir. La salle est vaste ; au milieu brûle le brasero, et le long des murs des nattes peuvent recevoir deux cents personnes; c'est « l'hospitalité de nuit » établie au milieu du seizième siècle[1].

Tant de bienfaits ne pouvaient rester ignorés; le nom de Jean de Dieu, du « père des pauvres », s'était répandu en Espagne. L'ancien fou était vénéré; on disait qu'il faisait des miracles et que les anges l'aidaient dans son œuvre. Jean profita de la rumeur d'admiration qui s'élevait autour de lui, se mit en route et quêta partout pour les malheureux. Il alla jusque dans la Vieille-Castille, à Valladolid, où résidait la cour. Charles-Quint était en Allemagne; l'infant don Philippe reçut Jean de Dieu. Celui qui devait être Philippe II, le plus implacable, le plus étroit des bigots, qui s'imaginait racheter ses péchés par

1. La France l'avait précédé; voir plus loin, chap. VIII, l'*Hospitalité de nuit*.

des sacrifices humains, accueillit avec bienveillance
l'homme dont la charité, dont la foi débordaient sur
toutes les misères, ne leur demandant rien que de
les adoucir et de les arracher au désespoir. L'Église a
canonisé le frère mendiant, l'histoire a damné le sou-
verain : bonne justice a été faite.

Jean revint à Grenade ; il avait reçu des aumônes
magnifiques, dont les malheureux profitèrent. Les
fatigues plus que l'âge l'avaient épuisé. Il était sans
douceur pour lui-même et se traitait avec une sévérité
qui n'ajoute rien à ses mérites. Sans linge, vêtu de la
robe de bure, tête nue sous le soleil, pieds nus sur les
chemins pierreux, toujours voyageant à pied, jeûnant
sans cesse, se flagellant et s'ingéniant à s'imposer les
besognes les plus pénibles, se jetant à travers les in-
cendies pour enlever les malades, se précipitant au
milieu des inondations pour sauver des enfants à
demi noyés, il avait accumulé sur lui tant d'austérités
et tellement brutalisé sa chair, que celle-ci défaillit e;
que la vie s'en retira. Jean de Dieu fit appeler Antonio
Martin, son premier disciple, et lui recommanda de
poursuivre l'œuvre commencée. Lorsqu'il sentit que
la mort approchait, il put encore quitter la natte qui
lui servait de lit et se mit en prière ; il est mort à
genoux, comme plus tard, au centre de l'Afrique, devait
mourir Livingstone. Né le 8 mars 1495, il s'en alla
le 8 mars 1550, un samedi, au moment où l'on chantait matines à la chapelle de son hôpital. On lui fit

des funérailles souveraines. Des estropiés touchaient son cercueil pour être guéris ; le linceul qui enveloppait ses restes fut déchiré, on en fit des reliques.

L'Église honore ceux qui se sont consacrés à la servir et qui ont fait le bien en son nom ; elle avait été trop glorifiée par Jean Ciudad pour ne pas l'élever au plus haut rang de ceux qu'elle vénère. Une enquête fut ouverte sur les faits relatifs à l'ancien berger d'Oropesa ; l'imagination populaire put les environner d'une auréole merveilleuse, ils n'en restent pas moins merveilleux par eux-mêmes et de prodigieux résultats. La foi fait des miracles ; « le fou » de Grenade l'a démontré, cela suffisait. Il fut béatifié le 21 septembre 1630 par Urbain VIII ; la bulle de sa canonisation fut expédiée le 15 juillet 1691 par Innocent XII. Jean Ciudad est aujourd'hui saint Jean de Dieu.

La mort ne nuisit pas à son œuvre ; la légende s'était vite formée ; pour la foule, le pauvre homme qui avait tant besogné afin de secourir les malheureux était une créature privilégiée que la Providence avait favorisée d'une protection particulière ; c'était donc faire acte agréable à Dieu que d'aider au développement des instituts de bienfaisance que Jean Ciudad avait fondés. La charité royale, la charité privée, la charité publique, furent inépuisables ; on bâtit un hôpital à Madrid, que la cour commençait à habiter ; on en éleva un second à Grenade ; la réputation des nouveaux frères hospitaliers avait franchi la mer et les montagnes ; on en parlait en Italie et en France ; partout le nom de Jean de Dieu était répété ; Lope de Véga devait composer un poème sur son existence, Murillo peindre un des faits miraculeux de sa vie.

L'ordre s'était multiplié et était devenu une congrégation. Par une bulle du 1er janvier 1571, le pape Pie V détermina le costume des frères de Saint-Jean-de-Dieu, les rattacha à la règle augustine ; aux vœux de chasteté, de pauvreté et d'obéissance, ils furent tenus d'ajouter celui de se consacrer au soulagement des malades. Grégoire XIII en attira un certain nombre à Rome, il leur abandonna l'église de Saint-Jean Cabylite et fit construire un hôpital dont il leur confia la direction. De là ils rayonnèrent sur l'Italie, répétant sans cesse la phrase que leur fondateur avait coutume de prononcer : « Faites le bien, mes frères ! *Fate bene, fratelli !* » Cette phrase devint leur surnom populaire ; je me souviens de les avoir entendu appeler ainsi à Rome en 1844.

Ils avaient à Florence une maison qui prospérait. Lorsque Marie de Médicis s'assit, aux côtés de Henri IV, sur le trône de France, elle se souvint des frères hospitaliers qu'elle avait vus mendier aux portes pour nourrir les malades ; elle en fit venir cinq à Paris en 1602. Ils s'établirent d'abord rue des Petits-Augustins, qu'ils furent forcés de quitter en 1607 pour céder la place à Marguerite — la reine Margot — qui voulait élever un hôtel sur le terrain qu'ils occupaient. Ils s'installèrent alors près de la chapelle de Saint-Pierre, que le langage du peuple appelait la petite chapelle des Saints-Pères. Il y avait là de vastes jardins; ils purent y bâtir une maison d'hospitalité, où l'on recevait les pauvres, où l'on soignait les malades. Cette maison existe encore sur l'emplacement primitif : c'est l'hôpital de la Charité.

II. — LA MAISON DE SANTÉ.

Le décret du 15 février 1790. — Dispersion. — Un déserteur. — Le capitaine de Magalon. — Un remords. — Reconstitution. — A Marseille. — Maison d'aliénés. — Maison de santé. — La rue Plumet. — Le Père provincial. — Le jardin. — Le frère François. — « L'homme à la fourchette. » — Le sculpteur Paul Cabet. — Les chemins de fer. — Les pensionnaires de la maison. — Le général Félix Douay. — Matelot. — Infanterie de marine. — États de service. — La Crimée. — En Italie. — Au Mexique. — La reprise de Paris sur la Commune. — Le coup mortel. — Botanique. — La mort du brave. — Souvenir.

Un décret de l'Assemblée nationale, en date du 15 février 1790, prononça l'abolition des vœux religieux. La Révolution française ouvrit la porte des couvents; elle en laissa sortir ceux auxquels on avait imposé la vie monastique, elle eut raison ; mais elle en chassa ceux qui voulaient y rester, et elle eut tort. Elle manquait au principe de liberté qu'elle avait inscrit en tête de ses lois; elle faisait acte de despotisme en empêchant des créatures humaines, douées de libre arbitre, de vivre à leur guise et selon leurs apti-

tudes. La mesure qui frappait les congrégations attei-
gnait surtout les indigents, les orphelins et les
malades. Les frères de Saint-Jean-de-Dieu ne furent
point épargnés, ils durent abandonner les maisons
qu'ils desservaient en France et les cinq mille lits
qu'ils y possédaient. L'ordre fut dispersé et l'on peut
dire qu'il disparut de notre pays. On le ressuscita en
1819.

Un souvenir, un remords qui datait du temps des
dernières guerres de l'Empire fut le point de départ de la restauration de l'hospitalité des frères de
Saint-Jean-de-Dieu en France. Entre le mois de mai
et le mois de novembre 1813, c'est-à-dire entre les
batailles de Lutzen et de Leipzig, les troupes auxiliaires des petits États allemands étaient maintenues
avec difficulté sous les drapeaux français. Malgré la
surveillance, malgré la sévérité de la discipline, les
désertions étaient fréquentes, et chaque jour des Saxons,
des Badois se dérobaient pour aller rejoindre l'armée
prussienne, qui marchait en chantant les chansons de
Kœrner. Un soldat allemand, dont j'ignore le nom et
la nationalité précise, fut arrêté au moment où il passait à l'ennemi. Il fut traduit devant un conseil de
guerre, condamné et fusillé ; un capitaine d'état-major
nommé de Magalon fit office de ministère public ; le
fait était flagrant, le code militaire édictait d'inéluc-
tables lois : le capitaine ne put que requérir la peine
de mort. Le déserteur fut très ferme et très simple :

« Je dois avant tout le service à mon pays ; vous faites
la guerre à l'Allemagne, il ne m'est pas possible de ne
pas combattre contre vous. Au-dessus de votre justice,
il y a une justice souveraine qui m'approuve et dans
laquelle j'ai confiance. » Cet homme mourut sans for-
fanterie, avec le courage de ceux qui ont accompli
leur devoir.

Le capitaine de Magalon continua la guerre jusqu'au
bout, jusqu'aux Buttes Chaumont, jusqu'à Waterloo.
Licencié comme « brigand de Loire », rejeté dans la
vie civile, se rappelant ses campagnes et se remémo-
rant ses hauts faits, il eut une sorte d'obsession dont il
ne pouvait se délivrer. Le souvenir du soldat déserteur
qu'il avait fait condamner à mort le poursuivait ; il
était hanté par ce fantôme ; il s'imaginait que le sang
était retombé sur lui et qu'il avait un crime à expier.
Il résolut de consacrer aux malheureux les jours qui
lui restaient à vivre. Il avait sans doute traversé les
hôpitaux de Mayence, empoisonnés par le typhus, par
la peste de guerre ; sur les champs de bataille, il avait
vu les blessés abandonnés, il les avait entendus crier
dans les ambulances, il avait compté les ravages que la
maladie, plus que le fer et le plomb, fait dans les
armées en campagne ; il se souvint de l'œuvre de
Jean de Dieu et voulut la reconstruire : il y réussit[1].

1. Ce fait m'a été raconté par M. le marquis de Quinsonas, qui a per-
sonnellement connu le capitaine de Magalon. Celui-ci était homme d'esprit. Pendant un séjour qu'il fit à Paris sous la Restauration, il passa

Il parla de son projet à deux hommes d'une foi ardente comme la sienne, et dont je ne sais pas les noms; tous les trois voulurent faire revivre en France les vertus hospitalières où, pendant trois siècles, les infortunés avaient trouvé tant de secours. La vie religieuse les attirait; pour se rendre aptes aux fonctions qu'ils comptaient exercer près des malades, ils firent un noviciat et entrèrent à l'hôpital de Marseille en qualité d'infirmiers. Des marins, des soldats noyés de déceptions par nos défaites, par le double écroulement de l'Empire, par les difficultés mêmes de leur existence soupçonnée et surveillée, se groupèrent autour d'eux. La petite communauté fut bientôt composée de douze infirmiers volontaires, qui, le 8 avril 1819, reprirent le costume des anciens frères de Saint-Jean-de-Dieu. Leur nombre s'accrut rapidement et bientôt ils furent préposés aux salles des hommes dans les trois Hôpitaux de Marseille.

L'œuvre renaissait, petitement, faiblement, comme à ses débuts, mais elle n'allait pas tarder à s'accroître. Les nouveaux frères prennent le service de l'hôpital de Salon, ouvrent un asile aux aliénés pauvres dans le département de la Lozère et dirigent l'infirmerie d'une

---

dans la rue de la Harpe vêtu de son costume de moine hospitalier; des étudiants l'entourèrent et le suivirent en l'accablant de quolibets; il monta sur une borne et dit : « J'ai fait vœu de me consacrer au service des fous; messieurs, je suis prêt à vous donner mes soins. » On se mit à rire, on applaudit et il continua son chemin.

des prisons de Lyon. Ils reçurent de Rome, en date du 20 août 1823, l'autorisation de se rétablir dans la « province de France » et fixèrent le centre de leur congrégation à Lyon, où ils fondèrent une maison pour le traitement des aliénés. On peut croire que le souvenir des souffrances que Jean Ciudad a endurées à l'hôpital royal de Grenade a déterminé leur résolution de se consacrer d'abord aux fous; après la maison de Lyon, ils en ouvrent une à Lommelet, près de Lille, en 1826, et une autre à Dinan, en 1833, non loin de Saint-Servan, où l'œuvre des Petites Sœurs des Pauvres allait germer.

Ils ne sont venus que tard à Paris; on dirait qu'ils ont reculé devant les tracasseries administratives qui pourraient les atteindre et entraver leur action. Sans nul doute, ils eussent voulu avoir un véritable hôpital, l'organiser, l'outiller et, selon la tradition de leur ordre, y recevoir tous les malades; mais les terrains, les constructions sont chers à Paris, la trop peuplée; il fallait d'abord se faire accepter de nouveau par une population volontiers oublieuse des bienfaits reçus et commencer par « une opération » qui, en assurant quelques ressources, permettrait de tenter une œuvre de charité pure. En 1842, on fonda une maison de santé. Elle existe toujours et elle a du renom dans le monde médical.

A proximité du boulevard des Invalides, non loin de de la maison mère des frères de la Doctrine chrétienne, les frères de Saint-Jean-de-Dieu se sont installés dans la rue Oudinot, qui, avant d'être baptisée de ce nom glorieux, fut d'abord le chemin de Blomet, puis la rue Plumel et enfin la rue Plumet. La maison est de chétive apparence et, malgré son revêtement en pierres de taille, on s'aperçoit qu'elle n'est pas jeune : porte bâtarde, couloir étroit, petit parloir luisant, maigrement meublé, obscur, décoré de quelques estampes de sainteté et d'une pendule de bronze en forme de cathédrale. C'est là que le révérend père provincial reçoit les personnes qui ont à lui parler. La tête est intelligente et calme, la voix est très douce et le geste a une certaine fermeté résignée qui semble, pour toutes choses, s'en remettre à la volonté de Dieu. Le costume est simple, tous les frères le portent indistinctement : robe de bure noire serrée par une ceinture en cuir, le scapulaire et le capuce; c'est l'habit d'intérieur ; au dehors, on revêt la soutane.

Les chambres sont spacieuses et aérées, munies de tous les meubles qui peuvent être utiles à un malade ; c'est assez gai, lumineux et moins « sec » que les chambres de la Maison municipale de santé. L'attrait de la maison, c'est le jardin [1], qui est admirable, avec

1. M. de Raynal, dans son très intéressant volume *les Correspondants de Joubert* (in-16, 1884), parlant de l'hôtel habité par le comte de Montmorin, père de Mme de Beaumont, dit, en note : « Cet hôtel, situé au n° 15 de la rue Plumet, et ses dépendances, occupaient alors (1791) tout l'emplacement compris aujourd'hui dans les établissements des

des quinconces, de larges plates-bandes et un immense
promenoir en forme de gloriette assombrie de vigne
vierge, qui permet aux convalescents de respirer à l'ombre pendant les jours de soleil. Ce jardin n'est séparé
que par un mur de la rue Rousselet, dont il occupe tout
un côté. La place ne manque pas pour s'agrandir, pour
construire des annexes qui deviennent indispensables ;
mais on n'ose pas : il passe des bourrasques dans l'air
et l'on attend que les nuages soient dissipés. Tout en
espérant des jours d'une sécurité moins incertaine, on
profite du jardin, qui verse des effluves de vie dans
toute la maison ; sur le plan Turgot, on voit que l'emplacement occupé par les frères de Saint-Jean-de-Dieu
était alors en cultures maraîchères[1]. C'est un survivant
des jardins du vieux Paris ; il n'en reste plus guère aujourd'hui ; la spéculation s'en empare, la cognée les
jette à bas et les moellons s'y entassent les uns sur les
autres, au détriment de la santé publique, à laquelle
les plantations de nos boulevards et de nos squares ne
peuvent plus suffire.

Aux malades qui viennent se faire soigner dans la
maison de la rue Oudinot on ne demande pas d'extrait
de baptême ; on ne s'inquiète que de leurs maux, que

frères de Saint-Jean-de-Dieu et des frères de la Doctrine chrétienne,
rue Oudinot. »

1. État général des maisons et des hauteurs du bourg et du faubourg
Saint-Germain, d'après le texte annexé au plan Lacaille : rue Blomet ou
Plumet : maisons, 2 ; lanterne, 0.

l'on tâche de guérir. Il sont libres d'appeler près d'eux
le médecin qui leur convient ; auprès d'eux, les frères
n'ont office que d'infirmiers. Plus d'un malade cependant qui s'est fié à eux n'a pas eu à s'en repentir. Il y
a là un frère François, de tenue modeste et ne disant
mot, qui, mieux que Grosjean, en remontrerait à son
curé. Un grand chirurgien, un de ceux que l'on appelle
volontiers « un prince de la science », me disait : « Il
en sait long, le frère François, si long que dans bien
des cas il en sait plus long que nous. » L'esprit d'observation, l'intelligence, l'étude, la volonté de soulager
ceux qui souffrent, ont parfois plus de valeur qu'un
diplôme sur parchemin.

On cite des cures extraordinaires obtenues par le
frère François, et le blessé qu'il a pansé ne veut plus
être touché par d'autres mains que les siennes. Les
chirurgiens le connaissent, l'ont apprécié, et l'appellent
lorsqu'ils ont quelque opération délicate ou périlleuse
à faire dans la maison. Je suis certain qu'il était là
lorsque le docteur Labbé a ouvert et délivré M. Laus-
seur, qui restera célèbre sous le nom de « l'homme à
la fourchette ». C'est lui qui prit soin de Cabet, le
sculpteur, quand il alla chez les frères de Saint-Jean-
de-Dieu demander au bistouri d'arrêter la marche du
cancer dont il était dévoré. Le frère François ne s'é-
pargna pas ; le mal était invincible et l'on ne put le
vaincre ; l'auteur de tant de statues charmantes, de la
décoration de l'église de Saint-Isaac à Pétersbourg,

de cette *Résistance* que l'on abattit et que l'on releva à Dijon, ne put être sauvé, malgré la science, malgré le dévouement, malgré des soins de toute minute. Il voulut mourir chez lui, on l'y reporta : le mal acheva son œuvre le 22 octobre 1876 [1].

Dans le principe, la maison avait été fondée en vue d'accueillir les étudiants et les jeunes gens que les nécessités de l'école maintiennent à Paris, loin de leur famille. Un règlement d'une extrême douceur où la main de l'administration ne se fait pas sentir, une certaine tendresse dans les soins prodigués aux malades, remplaçaient à peu près les dorloteries que l'on trouve auprès du foyer natal. Quoique j'aie vu des convalescents jeunes et chevelus causer entre eux dans le jardin, pendant que je me promenais sous le berceau de vigne vierge avec le père provincial, je doute que la maison soit fréquentée par les « escholiers » d'aujourd'hui. Lorsque la maison fut ouverte en 1842, les chemins de fer étaient rares et les diligences s'en allaient lentement au long des routes. A cette heure, il n'en est plus ainsi : dès que l'on se sent un peu souffrant, on monte en wagon, et l'on retourne au pays chercher les gâteries maternelles ; si l'accident est subit, le télégraphe a vite fait d'en porter la nouvelle ; la mère, les sœurs accourent et l'étudiant ne reste plus isolé comme autrefois dans la chambrette de son auberge. Je n'ai point

---

1. J.-B.-Paul Cabet était né à Nuits (Côte-d'Or), le 2 février 1815.

parcouru la liste des pensionnaires, je ne puis donc
savoir à quelle catégorie de monde appartiennent les
malades qui demandent secours aux descendants de
Jean de Dieu, mais j'imagine que ce sont des rentiers
vivant seuls, des hommes veufs et sans enfants, des
fonctionnaires en retraite, des prêtres, des officiers de
marine, des soldats qui respectent le dévouement des
frères hospitaliers, parce que leur vie à eux-mêmes n'a
été qu'une expansion de devouement. Le champ de bataille est différent, mais la lutte est pareille et l'abnégation est la même.

C'est dans la petite maison de la rue Oudinot qu'est
venu mourir un homme que j'ai connu, que j'ai aimé
et pour la mémoire duquel je conserve une vénération
sans alliage. Je parle du général Félix Douay. Ce fut
un homme de guerre dans la haute acception du mot;
il eut pour la France un amour passionné, et il envia
le sort de son frère qui, tombant à Wœrth, ne vit pas
jusqu'où pouvaient descendre nos désastres. Il était de
race militaire et avait écouté souvent le récit des campagnes de son père, ancien officier de l'Empire, qui
commandait la compagnie des sous-officiers-vétérans
auxquels la garde du palais du Luxembourg était alors
confiée. Il rêvait de voyages et d'expéditions lointaines.
Né à Paris le 14 août 1816, il se présenta en 1832 aux
examens pour l'école navale; il échoua et s'engagea
comme novice au port de Brest. Il naviqua sur l'*Orion*,
sur le *Lutin*, employé à la timonerie, travaillant en

ses heures de loisir, et ne voyait pas s'approcher le moment où les aiguillettes d'aspirant flotteraient à son épaule.

On venait de créer le corps de l'infanterie de marine ; il put y entrer en qualité de fourrier. En prenant terre, il mit le pied sur son véritable élément. Il tenait désormais son avenir en mains, en bonnes mains. Il fut en garnison à la Guadeloupe, puis à la Martinique ; en 1838, il est nommé sous-lieutenant ; il n'avait que vingt-deux ans. S'il fût sorti de l'École de Saint-Cyr, il n'eût pas été plus avancé. En 1843, il était capitaine et revint en France, ramené par le général de Fitte de Soucy, inspecteur permanent de l'infanterie de marine, qui en avait fait son aide de camp. La position était enviée et pleine de promesses ; elle ne retint pas le capitaine Douay, qui abandonna Paris, quitta son général et, dès 1844, réussit à passer au 32ᵉ de ligne, en guerre dans la province d'Oran. De ce jour, il ne se tira pas un coup de fusil contre la France que Félix Douay ne fût au premier rang pour riposter. En 1848, il est à l'armée des Alpes ; en 1849, il est devant Rome ; dans la nuit du 29 au 30 juin, il monte le premier à l'assaut et reçoit un coup de baïonnette qui ne l'empêche pas de se jeter dans la place à la tête de ses voltigeurs. Le séjour de Rome n'était point pour lui plaire ; se promener au Corso, aller au café Grec, bâiller au Théâtre Argentina, c'étaient là de médiocres plaisirs pour un homme ac-

coutumé à la vie active ; il avait été nommé chef de
bataillon, il obtint d'être envoyé dans la province
d'Oran, au 68ᵉ de ligne.

En 1854, il rejoignait l'armée d'Orient, faisait l'expédition de Crimée et rentrait en France avec les épaulettes de colonel. On peut convenir qu'il les avait mé-
ritées : il est à l'attaque de nuit du 1ᵉʳ mai 1855, qui
fut une des plus meurtrières de la campagne ; à la bataille de Traktir, il défend la tête du pont et ne permet
pas aux colonnes russes de débucher; à l'assaut du
8 septembre, il attaque la grande courtine et, quoique
blessé, se porte au secours du général Vinoy, qui se
maintenait avec peine dans la gorge de Malakoff. En
1859, il est en Italie et bat les Autrichiens à Turbigo.
Général de brigade à Solférino, il est, dès le début de
l'action, devant le cimetière, qui est la clef de la position ; il y est et il y reste jusqu'à ce que le mouvement
de la garde permette d'enlever l'obstacle et de pousser
en avant. Ce jour-là, les trois frères Douay étaient en-
gagés ; Abel fut grièvement blessé au pied ; Félix reçut
une balle et eut deux chevaux tués sous lui ; Gustave
fut tué. La digression n'est point inutile qui évoque
de tels souvenirs.

En 1862, le général Douay, qui commandait la sub-
division d'Amiens, fut appelé à diriger la brigade du
corps expéditionnaire du Mexique, placé sous les ordres
du général Lorencez. Au siège et dans les rues de Pué-
bla, en campagne, en corps détaché, partout où on

l'envoya, il fut héroïque, donnant l'exemple d'une obéissance irréprochable, mais qui devait lui être douloureuse, car il blâmait les opérations de Bazaine, le commandant en chef, dont il ne comprenait ni la tactique ni les intentions. Il fut rappelé en France, eut plusieurs entrevues avec Napoléon III, et repartit pour le Mexique. Lorsque tout fut perdu, lorsque nul espoir ne subsista, on voulut lui infliger la responsabilité suprême de l'expédition; il refusa et écrivit à l'empereur : « Je ne veux pas me faire l'instrument de la ruine de mes camarades. »

Il revint en France; lorsque la guerre éclata en 1870, il reçut le commandement du 7ᵉ corps d'armée, qu'il organisa à Belfort, où bien peu d'approvisionnements furent mis à sa disposition et dont il fit augmenter les travaux de défense. Après la défaite de Wœrth, il fut dirigé en hâte sur Reims pour rejoindre les débris de l'armée du maréchal Mac-Mahon. Il était à Sedan et fut interné à Bonn pendant sa captivité. Il rentra en France au moment où l'insurrection du 18 mars 1871, assassinant des généraux, massacrant des gendarmes, épouvantant le monde par sa violence et sa bêtise, complétait le désastre que nous supportions et le rendait insupportable. Le général Douay eut horreur de tant d'impiété envers la patrie; il accourut se mettre aux ordres du gouvernement réfugié à Versailles et reçut le commandement du 4ᵉ corps, qui devait opérer entre la rive droite de la Seine et l'avenue de Neuilly.

Mieux que personne, je puis dire quelle énergie il déploya en cette circonstance, d'où le salut du pays dépendait, car j'ai eu « ses papiers » en mains et j'ai pu suivre, jour par jour, les progrès de cette marche en avant qui devait le conduire le premier jusqu'aux murailles derrière lesquelles on préparait le meurtre des otages et l'incendie. Renseigné d'une façon précise par Ducatel, qui était son « éclaireur volontaire », il força l'entrée de Paris soixante-douze heures avant le moment fixé par l'autorité militaire supérieure ; grâce à lui, grâce à son initiative, une large portion de Paris put échapper au pétrole : cette action seule suffirait à la gloire d'un homme.

Appelé en 1873 à la tête du 6e corps cantonné au camp de Châlons, il fit procéder sur les feux de guerre à des expériences qui, au dire des hommes compétents, constituent une notable amélioration sur les anciennes méthodes. Il eût voulu rester au milieu des troupes qu'il aimait et auxquelles il avait consacré sa vie ; la politique ne le permit pas. Au commencement de 1879, il fut relevé de son commandement et nommé inspecteur-général d'armée : compensation illusoire, qui l'enlevait à ses occupations favorites, qui brisait des habitudes devenues une nécessité et qui le condamnait à une oisiveté peu faite pour cette nature ambitieuse de bien faire. Le coup fut dur, si dur qu'il en a été mortel. La vie lui parut inutile et il la quitta.

L'existence ne lui avait pas été clémente ; ces hommes

d'airain ont parfois le cœur tendre, et je crois que le
général Douay a souffert. Très réservé, vivant seul, d'apparence froide, parfois même un peu rude, on comprenait, à le regarder attentivement, qu'il se donnait
une attitude et redoutait d'être pénétré. Derrière ce
personnage imposé qui ne parlait pas dans la crainte
de trop dire, il y avait un homme d'une douceur
exquise, d'une rare générosité de sentiments, d'une
pitié intarissable pour la souffrance d'autrui et qui fut
adoré par ceux dont il ne repoussa pas l'intimité. Un
jour que j'avais surpris en lui une émotion qu'il ne put
réprimer, je lui dis : « Vous êtes comme les noix de
coco ; l'enveloppe est résistante, mais la pulpe est sa-
voureuse. » Ses yeux devinrent humides, et il me répondit en essayant de sourire : « Ne parlons pas botanique. »

La mort n'avait pas voulu de lui sur les champs de
bataille, elle le guettait au coin d'une maladie vulgaire.
Il avait été blessé assez souvent pour comprendre, dès
la première atteinte, que le mal était grave ; il se fit
transporter rue Oudinot, dans la maison des frères de
Saint-Jean-de-Dieu ; le vieux soldat qui n'avait pas
quitté le harnais fut soigné par les infirmiers à scapulaire. J'imagine que sur le lit d'où il ne devait plus
se relever, le général Douay a eu des larmes intérieures
dont nul n'a été le confident ; il s'est rappelé son frère
Gustave tué devant Cavriana, il s'est rappelé son
frère Abel tué à Wœrth ; il a pensé au « beau trépas »

qu'a chanté Béranger et il s'est senti humilié, il a pleuré de mourir dans une chambre close, sous un édredon comme un « péquin ».

Il n'en est pas moins mort héroïquement. Au lendemain d'un des grands combats devant Sébastopol, Bosquet écrivait à sa mère : « Avant de monter à cheval, j'ai baisé la croix de mon épée. » Le général Douay, avant de recevoir le dernier assaut de celle qui n'est jamais vaincue, fit appeler l'aumônier de la maison et lui dit : « Mon père, il est temps de mettre ma conscience en règle avec Dieu. » Lui qui jamais ne s'était ménagé, qui avait ri au péril, qui toujours avait été de bon vouloir et de grand cœur, dont le sacrifice avait été permanent et l'holocauste toujours prêt, il savait bien qu'il y a pour l'âme des destinées auxquelles les hautes intelligences aiment à se préparer. Il se prépara et mourut en paix, comme un bon soldat qu'il avait été. Le 4 mai 1879, cinq mois après avoir été forcé d'abandonner le commandement du camp de Châlons, il entrait dans le repos. Ce jour-là l'armée française a fait une perte cruelle ; l'homme qui, sorti des rangs les plus humbles, était arrivé, sans protection ni faveur, au grade de général de division, eût été un ministre de la guerre incomparable. Lorsque le cercueil, suivi des frères en prière, escorté des compagnons d'armes, glissa hors de la maison pour être placé sur la voiture funèbre, la France put dire : Une vertu est sortie de moi.

Le souvenir de Félix Douay est resté vivant chez les frères de Saint-Jean-de-Dieu; on en parle, on dit : Il était si bon! On montre la chambre où il est mort; là, dans cette maison, on garde volontiers la mémoire de ceux que l'on y a guéris, et il est rare que des relations ne se nouent pas entre les frères et leurs anciens malades. Ce n'est qu'une maison de santé cependant et les soins n'y sont point gratuits. Aussi n'en aurais-je point parlé si les frères de Saint-Jean-de-Dieu n'avaient eu que cet établissement à Paris. Ils en possèdent un autre, où ils pratiquent les œuvres de charité auxquelles leur fondation les a consacrés.

III. — LES ENFANTS SCROFULEUX.

Vaugirard. — Rendez-vous de chasse. — Hygiène. — La masure. — Les quêtes. — Frère architecte. — Conseil d'administration. — Gratitude. — Au Conseil municipal. — Pendant la Commune. — Le délégué au XVe arrondissement. — La guerre civile. — Séparation. — Admissions. — Minimum. — Abandon. — Dons en argent et dons en nature. — Difformités. — Le gouverneur des Invalides. — Crime des ascendants. — Les produits du vice. — Le parloir. — Augustin Cochin. — Bonne distribution. — L'alimentation. — L'école. — Les bossus. — Aspect lamentable des classes. — Les costumes. — Discipline. — De douze à quatorze ans l'enfant est un malade. — Insouciance universitaire. — Ceux qui ne peuvent vivre. — Les aveugles. — L'harmonie. — Instruments de cuivre. — Les métiers. — Hospitalité prolongée. — Les bains. — L'infirmerie. — Coxalgie. — Les livres. — Autodafé. — Le quartier des paralytiques. — Larves et embryons. — Choréique. — Frère Simon. — Fête de saint Jean de Dieu. — Le salut. — Trop de fanfares. — La cellule des frères. — La parole du fondateur.

Le village de Vaugirard est annexé à Paris depuis la loi du 16 juin 1859; si l'on s'engage dans la rue de

Sèvres au delà du boulevard de Grenelle, on pénètre dans une interminable rue qui s'en va jusqu'aux fortifications : c'est la rue Lecourbe ; elle a plus de 2250 mètres de parcours. Pour un Parisien du centre, c'est le bout du monde. On a beau avoir construit dans ce quartier une mairie monumentale, on n'en a pas modifié l'aspect provincial et suranné ; des maisons basses, des vacheries, des poules sur le trottoir, des jardins maraîchers mamelonnés de cloches de verre, des cabarets à fenêtres ternes, le turlututu d'une voiture de tramway presque vide, du linge séchant aux croisées ; c'est gris, triste, et cela paraît trop grand.

C'était bien loin de Paris jadis ; au siècle dernier, Louis XV y possédait un rendez-vous de chasse ; le temps et l'abandon en avaient fait une masure ; le terrain qui l'entourait était vaste, vêtu de folles herbes, protégé par une muraille que verdissait la mousse et que fleurissaient les ravenelles. Si délabrée que fût l'habitation, elle offrait un avantage considérable : elle était en « bon air ». C'était là une condition faite pour tenter les frères de Saint-Jean-de-Dieu, qui ne sont pas infirmiers pour rien et font preuve de discernement hygiénique lorsqu'ils créent un établissement d'hospitalité. Il ne leur suffisait pas d'avoir ouvert en province des asiles pour les aliénés, de soigner à Paris des malades payants, ils rêvaient de faire l'œuvre de charité par excellence, en recueillant l'enfance abandonnée, infirme, rachitique, impotente. Elle ne manque

pas à Paris; le cabaret et le reste en sont les infatigables producteurs.

On parla de ce projet à l'archevêque qui l'approuva,
au directeur de l'Assistance publique qui l'encouragea,
et l'on se mit en devoir de le réaliser. Il y a dans le
monde parisien bien des gens riches qui recherchent
les bonnes actions; on s'adressa à eux, ils donnèrent et
promirent leur concours; on fit une quête, on emprunta
et on put acquérir l'enclos où se lézardait la maison en
ruines. Cinq frères de Jean-de-Dieu en prirent possession le 19 mars 1858; tant bien que mal ils l'appro-
prièrent eux-mêmes, bouchèrent les crevasses, répa-
rèrent la toiture, collèrent du papier sur les vitres
brisées et, le 2 juillet, y reçurent le premier enfant
infirme. La maison en comptait déjà dix au 1er janvier 1859 et vingt-sept en 1860; mais c'était tout ce
qu'elle pouvait contenir. Il fallait ou s'agrandir ou
fermer la porte et renvoyer au pavé, à la misère, à la
dépravation, les avortons chétifs qui criaient merci.
On se souvint des commencements de Jean Ciudad et
l'on n'hésita pas.

On fit de nouvelles quêtes, on contracta un nouvel
emprunt; on construisit une annexe, et l'on put donner
asile à cent cinquante enfants. On espérait vivre ainsi,
au jour le jour, profitant des ressources offertes par la
charité pour augmenter le nombre des pensionnaires
et la place qu'on pouvait leur consacrer; mais on avait
compté sans la guerre et sans la Commune. Dès le

début des hostilités, les frères de Saint-Jean-de-Dieu ne faillirent pas à leur mission, ils devinrent infirmiers militaires et ouvrirent une ambulance dans leur maison. On s'appauvrit, car l'on distribua aux blessés les provisions destinées aux enfants. Ce n'était que demi-mal, en ce temps de jeûne forcé ; on en fut quitte pour diminuer un peu les rations ; mais l'inconvénient fut plus préjudiciable et de conséquences graves.

Les bombardements sont mauvais pour les vieilles bâtisses ; les ondes sonores ne les frappent pas en vain, la trépidation les ébranle ; elles oscillent, s'entr'ouvrent et semblent se pencher pour choisir la place où elles vont se laisser tomber. Les murailles disjointes, les fondations tassées sur elles-mêmes n'offraient plus de sécurité ; on avait beau appliquer des étais, soutenir les angles affaiblis et les pignons chancelants, la maison menaçait ruine, elle s'effondrait ; dans les grands vents d'ouest, elle tremblait. Il fallait prendre un parti ou risquer de se réveiller un matin englouti sous les décombres. Après bien des hésitations, bien des calculs, on se mit à l'œuvre : à la grâce de Dieu ! La grâce de Dieu ne fit pas défaut.

Les bienfaiteurs de l'asile ne reculèrent point devant un sacrifice ; un des frères s'improvisa architecte ; comme Renaud de Montauban, à qui la légende fabuleuse attribue en partie la construction de la cathédrale de Cologne, il traçait les lignes, jetait les fondements, portait les pierres et s'ingéniait à utiliser les vieux matériaux. L'effort fut considérable; lentement, économiquement, on travailla pendant deux années consécutives, et à la fin de 1875 la maison était ce que nous la voyons aujourd'hui, rue Lecourbe, n° 223, solide, spacieuse, accrue dans des proportions secourables et pouvant abriter deux cent dix enfants. Que ne peut-elle être doublée, triplée! Ce ne sont pas les postulants qui manqueraient, ce n'est pas le dévouement des frères hospitaliers qui serait en défaillance.

Seuls, les frères de Saint-Jean-de-Dieu ne seraient peut-être point parvenus à un tel résultat; ils ont trouvé des secours et des encouragements, que l'on ne saurait trop louer, dans le conseil d'administration, — exclusivement laïque, — qui surveille leur œuvre et qui est actuellement composé du comte de Mortemart, du comte Le Pelletier d'Aunay et du comte Paul de Thury. Ces hommes de bon vouloir, représentant l'ensemble des bienfaiteurs de l'asile, sont associés de cœur et d'action au travail de cette foi que rien ne lasse, de cette espérance que rien n'atténue, de cette charité que rien ne décourage. L'un d'eux me disait : « J'ai six enfants, d'intelligence et de santé irréprochables; j'ai cru que le meilleur moyen d'en remercier Dieu était de consacrer une partie de mon temps et quelque argent au soulagement d'enfants pauvres et infirmes; de cette façon, ma gratitude n'est point stérile. »

La pensée est haute et fait comprendre pourquoi nulle déception ne peut fatiguer ces pourvoyeurs de bonnes œuvres. Celle dont je parle est exceptionnelle : elle est connue, elle est appréciée de la population parisienne, à laquelle on enseigne cependant à vilipender les hommes de paix et de consolation. Nulle injure n'est adressée aux frères lorsqu'ils sortent dans les rues; quand ils accompagnent pas à pas les petits infirmes qu'ils conduisent à la promenade, on les salue. Le Conseil municipal, maître et distributeur des finances de la ville, et que l'on ne peut guère accuser de favoriser le développement des ordres religieux, n'a point cru devoir supprimer la subvention de 1,500 francs que reçoit l'asile de la rue Lecourbe. La question a été discutée, et, à ce sujet, un mot a été dit que l'on doit répéter : « Nul laïque, ni pour or ni pour argent, ne consentirait à faire un métier pareil. » Cela n'est que vrai; pour payer un tel labeur, il faut une monnaie qui n'est point de ce monde.

On pourra juger du respect que les frères de Saint-Jean-de-Dieu inspirent dans le quartier témoin de leur dévouement par un fait que je regrette de n'avoir pas connu plus tôt, car je me serais empressé de le mettre en lumière. Pendant la Commune, l'approvisionnement de l'asile offrit des difficultés presque insurmontables; « les bienfaiteurs » n'étaient point à Paris, la quête était plus que restreinte au milieu des bandes alcoolisées qui titubaient à travers la ville; les frères et les pensionnaires risquaient d'être soumis à un jeûne voisin de la famine. La mairie du XVe arrondissement, sans

en être sollicitée, nourrit l'asile, lui envoya des viandes
salées, du pain et des légumes secs. Le délégué, membre
de la Commune, était un teinturier nommé Victor
Clément, homme débonnaire, dont la conduite, en ces
jours de furie, démontra la mansuétude. Sa bienfaisance envers les enfants soignés à la rue Lecourbe ne
fut entravée par aucun de ses deux collègues de Vaugirard, ni par Camille Langevin, ni par Jules Vallès.
Grâce à eux, les petits infirmes ne sont pas morts de
faim.

Si la charité de la Commune se souvint d'eux, la
guerre civile ne les oublia pas; les obus écornaient les
murs de la maison; les balles sifflaient dans le jardin;
on pouvait dire : « Il y a péril en la demeure. » Les
frères furent obligés de se séparer de leurs élèves, pour
lesquels nulle sécurité n'existait plus. Tout le monde
pleurait; les pauvres petits se pendaient à la robe de
leurs maîtres, les maîtres les exhortaient à la résignation. Dès que le calme fut un peu rétabli dans la ville
incendiée, on se hâta de rouvrir l'asile. Les enfants y
furent rapportés et reprirent cette existence à la fois
douce et disciplinée qui, dans la maison hospitalière,
remplace pour eux, et trop souvent avec avantage, les
soins de la famille.

L'admission dans la maison n'est pas gratuite; le prix
de la pension est des plus modiques, car le maximum
est fixé à cinquante centimes par jour, maximum théo-
rique pour ainsi dire et qui souvent s'abaisse à n'être

que de dix sous par mois. A quoi bon exiger une si faible somme? On y tient cependant et on l'impose autant que possible, même aux familles les plus pauvres, car l'expérience a démontré ce fait extraordinaire que les parents auxquels nulle rémunération n'est réclamée abandonnent leurs enfants, disparaissent et ne s'en occupent plus ; on dirait que ce petit sacrifice raffermit le lien de la famille et empêche qu'il ne soit brisé. Quand des parents cessent de payer l'obole qui assure à leur fils l'abri, la nourriture, le vêtement, l'instruction, les soins moraux et les soins hygiéniques, on sait ce que cela veut dire : on aura désormais à garder un orphelin dont le père et la mère vivent encore. Ils ont déménagé sans laisser d'indication sur leur nouvelle demeure ; où les retrouver dans l'immense Paris? La maison ne rejette pas l'enfant ; au contraire, elle se referme sur lui et l'adopte. C'est le révérend père directeur de l'asile qui prononce les admissions ; sa règle lui prescrit avec raison de repousser les épileptiques et les idiots, toujours dangereux en communauté ; sans être resserré dans des limites trop absolues, l'âge est fixé entre cinq et douze ans. Toute place libre est immédiatement occupée, car elle est toujours promise et les postulants sont nombreux qui attendent que la mort ou un départ ait rendu un lit vacant.

Les charges de la maison pèsent sur les frères hospitaliers ; chaque jour, il faut nourrir cette marmaille impotente : la charité y pourvoit. Comme les Petites

Sœurs des Pauvres, les frères de Saint-Jean-de-Dieu sont un ordre mendiant ; ils tendent la main pour secourir les petits enfants qui souffrent ; ils vont quêter et reçoivent l'argent ; eux aussi, ils ramassent le vieux linge, les meubles brisés, les ustensiles hors d'usage, qu'ils font servir encore, les vêtements dépiécés, dans lesquels ils taillent des costumes pour leurs bambins ; lorsque l'on quitte un appartement et qu'ils sont prévenus, ils arrivent et, après les locataires, après les déménageurs, ils recueillent ces mille débris de ménage que l'on croit inutiles et qu'ils savent utiliser. Leur industrie est ingénieuse et il n'est si misérable objet qu'ils dédaignent. Ils acceptent les dons en argent et les dons en nature ; mais ils ne demandent jamais ce que l'on pourrait appeler les dons alimentaires : la nourriture consommée dans la maison est achetée. Tous les deux jours, dès l'aube, la voiture part pour les Halles et fait les provisions nécessaires à l'asile, qui possède, en outre, un bon poulailler, une étable de quatre vaches et un jardin potager. Pour des enfants rachitiques que dévorent les scrofules, l'alimentation doit être substantielle et de choix ; on boit de la bière qui se brasse dans la maison même et qui est forte en houblon ; on cherche à réagir contre la débilité matérielle des pensionnaires, et le premier « repas » est invariablement un verre d'huile de foie de morue.

On a beau faire, on ne peut que les rendre moins faibles, mais on ne les guérit pas, et l'on n'en sera pas surpris si l'on considère que les frères de Saint-Jean-de-Dieu choisissent parmi les enfants ceux qui ne sont point nés viables et qui néanmoins sont condamnés à vivre. La mort s'est trompée; elle les avait marqués au jour de leur naissance, elle a oublié de les prendre; elle a déçu les craintes et peut-être l'espoir des parents. C'est un spectacle lamentable de les voir réunis. A les regarder, de vieux soldats se sont mis à pleurer. En 1866, on avait organisé une loterie pour venir en aide à l'asile de la rue Lecourbe, qui luttait à grand'-peine contre la pauvreté. Les lots avaient été exposés dans une des salles de l'hôtel des Invalides. Le frère supérieur voulut aller remercier le gouverneur de la courtoisie dont il avait fait preuve. On partit avec les pensionnaires, les uns à pied sur leurs béquilles, les impotents dans des voitures. Arrivés à l'hôtel, les frères prirent les infirmes dans leurs bras et on se rendit en corps auprès du gouverneur, qui était le marquis de Lawœstyne. Il vivait au milieu des mutilés de la guerre, il avait traversé plus d'un combat et affronté bien des périls; quand il aperçut les pauvres petits invalides dès l'enfance, il voulut leur parler et éclata en sanglots.

Les uns s'attristent en les voyant, les autres se révoltent : je suis de ceux-là; ma colère ne remonte pas à la nature, qui suit ses immuables lois et ne peut qu'employer les éléments que l'on offre à ses métamorphoses. Du champignon vénéneux elle ne

tirera jamais qu'un champignon empoisonné. Ces enfants condamnés à la souffrance perpétuelle sont innocents, ils sont punis pour un péché qu'ils n'ont pas
commis, ils sont responsables du crime de leurs parents, et j'en reste indigné contre ceux-ci. Quand
l'alcoolisme et le mal provenant de débauche ne s'éloi-
gnent pas l'un de l'autre, la scrofule vient au monde
et s'épanouit dans toutes ses horreurs. Les épileptiques, les idiots, les aveugles-nés, les ataxiques, — les
monstres, pour tout dire en un mot, — doivent le
plus souvent leurs maux à ces rencontres impies. Sans
s'expliquer davantage sur ce sujet, on peut dire, je
crois, que dans un homme ivre tout est ivre et que
l'ivresse se prolonge sous forme implacable chez les
infortunés qui en résultent. Ni le père ni la mère ne
font un retour sur eux-mêmes et ne s'accusent, ils ne
se dévouent pas au pauvre être que leur vice a créé.
S'il n'est que ridicule et hideux, ils l'envoient mendier à leur profit au long des rues; quelle fortune
qu'un enfant difforme! Si le mal est plus intense, si
l'enfant est un cul-de-jatte incapable de se mouvoir,
on en a honte, on le prend en haine, car il est coûteux à nourrir. La mère dit : « Ah! si le bon Dieu
voulait le reprendre! » L'homme, plus brutal ou plus
franc, dit : « Il ne crèvera donc pas, ce crapaud-là! »
Les frères de Saint-Jean-de-Dieu accourent alors, ils
arrachent ce malheureux à la faim, aux mauvais traitements, à l'immoralité et l'emportent dans leur maison.

Il faut la visiter, cette maison, où l'on ne devrait entrer que tête nue, comme dans le temple de la charité. Nulle apparence : c'est triste et pauvre ; on pénètre dans un avant-corps ; à gauche, une loge de portier occupée par un pensionnaire qui a encore assez de bras pour tirer le cordon et assez de jambes pour guider les visiteurs ; à droite, un parloir ; aux murailles, un tableau représentant des frères de Saint-Jean-de-Dieu accueillant des enfants infirmes et l'arbre généalogique du refuge primitif de Grenade d'où sont sorties tant de maisons hospitalières. Près de la cheminée s'élève le buste d'Augustin Cochin. L'image de ce grand homme de bien est à sa place, là, au seuil de l'asile où l'oubli de soi-même et le dévouement aux autres sont de règle commune. Il n'est pas une œuvre de bienfaisance à laquelle A. Cochin ne se soit associé, pas un effort vers une amélioration matérielle et morale qu'il n'ait encouragé, pas un rêve d'élévation intellectuelle, de soulagement de la souffrance, de combat contre la misère et le vice, qu'il n'ait caressé et souvent réalisé. Tant qu'il vécut, il fut l'âme de la charité de Paris ; il était aux Petites Sœurs des Pauvres, aux frères de Saint-Jean-de-Dieu, aux fourneaux économiques, aux maisons de secours, à l'hôpital que construisit et que nomma son oncle ; il portait le pain aux affamés, les consolations aux affligés, l'apaisement aux exaspérés ; sa vie a été une expansion de commisération ; ce fut un saint laïque

que la foi conduisit aux actes qui sont la gloire même
de l'humanité. Il aima les malheureux : Jean Ciudad
peut le reconnaître pour un des siens.

Au delà de ce pavillon d'entrée s'étend le jardin,
bien cultivé ; il y a plus de légumes que de fleurs,
plus d'arbres fruitiers que d'arbres d'agrément : bien
des bouches sont à nourrir dans l'asile et les plates-
bandes font office de pourvoyeurs. La maison proprement dite est grande et forte; on s'est souvenu des
effets produits par le bombardement et l'on a choisi
un solide appareil. Elle a été construite en vue même
de sa destination, ce qui est rare à Paris, et elle a été
aménagée dans d'excellentes conditions. A la parcourir,
on comprend que l'architecte qui a dressé le plan
avait des notions d'hygiène et qu'il savait que les enfants ont besoin d'air, de soleil et d'espace. Lorsque
je me rappelle les salles sordides où mon enfance a
traîné sur les bancs universitaires, j'estime que les
petits infirmes admis dans l'asile de la rue Lecourbe
sont mieux logés qu'on ne l'était de mon temps dans
les collèges de Paris. De vastes couloirs de dégagement,
d'amples escaliers, de larges dortoirs prenant jour
par de hautes fenêtres sur le jardin, des parquets
passés à l'encaustique et cirés, une salle de bain bétonnée, un promenoir abrité contre la pluie, prouvent
le souci hospitalier dont on fut animé en commençant
les constructions. Le régime alimentaire est abondant;
quatre repas par jour : à déjeuner, de la soupe ; à

dîner, de la viande et des légumes ; à goûter, du pain ; à souper, de la soupe et des légumes. Ceci, c'est l'ordinaire, comme l'on dit dans les casernes ; mais dès qu'un enfant exige une diète plus fortifiante, il mange de la viande à chaque repas, car la maison est avant tout une infirmerie.

Ce sont des malades que l'on soigne, mais ce sont aussi des enfants que l'on élève ; si l'on s'essaye, le plus souvent en vain, à redresser leurs membres, on tâche aussi de développer leur intelligence et même de leur apprendre un métier dont peut-être ils réussiront plus tard à tirer le pain quotidien. Les pensionnaires qui sont en état de recevoir quelque instruction sont séparés en deux divisions : les petits et les grands ; on leur enseigne la sténographie, qu'ils traduisent en écriture vulgaire, ce qui, dit-on, les oblige à une réflexion plus attentive ; on leur donne des notions de grammaire, de géographie, de calcul et d'histoire, notions élémentaires appropriées à des cerveaux qu'une matière incomplète a parfois déprimés. Quelques-uns de ces enfants ont néanmoins une intelligence ouverte et apte à profiter de l'étude ; j'ai aperçu là des bossus ricaneurs et madrés qui ne font point mentir le vieux dicton et qui semblent prêts à toutes les saillies de l'esprit ; on le devine à leur physionomie, à l'expression de leurs regards, à leurs gestes ironiques, car, en présence des frères, ils se taisent et ne s'épanchent qu'avec leurs camarades.

L'aspect des classes est lamentable ; lorsque l'on entre, tous les pensionnaires se lèvent ; pas un n'a la taille normale, tous sont de travers, appuyés sur des béquilles, la tête rejetée de côté par un cou difforme, soulevés de gibbosités, cagneux, bancroches, avec des fronts trop aplatis, des mains trop longues, des moignons au lieu de pieds, des jambes arquées, des nez démolis, des oreilles saillantes comme des ailes. Callot eût trouvé là des modèles pour ses assemblées de gnomes, grimaçant derrière un ermite agenouillé. Ces pauvres enfants sont vêtus un peu à la diable, de toutes pièces ; on leur a taillé une veste dans une vieille redingote, on leur a fait endosser l'ancienne tunique d'un collégien délivré, on leur a mis aux épaules le sarrau abandonné avec des défroques épuisées ; les manches sont trop longues, les pantalons sont trop courts, les souliers sont trop larges ; enfants de troupe de l'armée misérable et maladive, trop heureux encore d'être couverts avec décence et d'être garantis contre le froid. C'est là le costume de la semaine, le costume ouvrier, que l'on peut, sans trop de précaution, déchirer en jouant et salir sur le sable du jardin ; le dimanche et les jours fériés, le costume est uniforme et bien compris pour des enfants : un pantalon et une blouse de drap léger par-dessus un tricot de laine.

La discipline est d'une extrême mansuétude; les enfants s'y soumettent sans difficulté; il est rare que l'on ait à punir, car si dans le frère de Saint-Jean-de-Dieu le pédagogue doit parfois être sévère, l'infirmier est toujours indulgent. Dans cet asile comme dans tous les établissements scolaires, le même phénomène se produit. Le petit écolier et le grand écolier ne regimbent point contre la direction qu'on leur impose ; avant douze ans, après seize ans, il faut être maladroit pour ne pas maintenir les enfants dans une conduite raisonnable. Entre ces deux âges, cela est plus malaisé. L'écolier n'est plus un enfant, ce n'est pas encore un adolescent ; la nature accomplit en lui un travail de transformation ; son être souffre et s'efforce, sans qu'il en ait conscience ; bien souvent, presque toujours, il en résulte des incohérences qui n'étonnent point les médecins, mais auxquelles la plupart des maîtres ne comprennent rien.

C'est l'âge des « lubies », des violences, des colères sans motif, des désespoirs sans cause ; c'est l'âge nerveux, et l'enfant qui le traverse est bien peu responsable. Les proviseurs de lycée disent volontiers et sans plus réfléchir : « La quatrième est une mauvaise classe. » C'est précisément la classe qui correspond à l'âge des éclosions ; les pensums n'y font rien, ni les arrêts non plus, ni les consignes. De l'enfant qui se débat contre un malaise vague, sans forme définie, sans siège déterminé, les maîtres d'étude disent : C'est un raisonneur ; les bonnes disent : Comme il est obstiné ! les mères disent : Il est bien difficile ! En

effet, le pauvre petit est difficile, obstiné et raisonneur; cela tient simplement à ce que c'est un malade;
il faut le soigner et non pas le punir. Cette condition
très pénible de l'enfance, résolument méconnue ou
ignorée dans toutes les maisons d'instruction où j'ai
regardé, elle a été étudiée chez les frères de Saint-
Jean-de-Dieu. Ce n'est pas pour rien qu'ils ont fait
vœu de s'intéresser aux malades. Ils n'iraient peut-
être pas aussi loin qu'un aliéniste qui me disait :
« Pendant deux ans tous les enfants sont fous; »
mais l'expérience leur a appris que l'inévitable
perturbation subie par l'enfance exige les plus sérieux
égards et une extrême modération disciplinaire. Aussi,
dans ces heures critiques, ils redoublent de soins
pour leurs élèves, ils les adoucissent, ils les attendrissent par de bons procédés et ne négligent point
l'hygiène, qui a son utilité en pareil cas.

Si cet âge est douloureux pour des enfants sains et
bien bâtis, on peut se figurer quelles souffrances,
parfois intolérables, il détermine chez ces pauvres
êtres qui, comme le Triboulet du *Roi s'amuse*, peuvent
dire :

> Triste et l'humeur mauvaise,
> Pris dans un corps mal fait, où je suis mal à l'aise,
> Tout rempli de dégoût de ma difformité,

et dont la famille s'est débarrassée au préjudice, —
au profit — de la charité chrétienne. C'est à ce moment que meurent ceux pour qui la vie n'est point

de force à supporter leur infirmité. L'embryon qu'ils
étaient ne peut atteindre un plus grand développement.
L'effort l'épuise, il s'en va et laisse tomber sans regret
cette guenille incomplète qui revêtait une âme. Ceux
dont la mort fait élection partent le cœur radieux et
les yeux fixés vers les splendeurs immortelles que les
frères hospitaliers leur ont fait apercevoir. « Le ciel
est pour ceux qui y pensent, » disait Joubert. On y
pense dans l'asile de la rue Lecourbe.

On ne prend pas que les infirmes dans cette maison
du bon Dieu ; on y prend aussi les aveugles-nés que
leurs maladies excluent de l'institut dont Valentin Haüy
fut le fondateur. Avec leurs gros yeux laiteux, saillant
hors de la tête, ils sont horribles à contempler ces
malheureux pour lesquels il a été nécessaire d'organiser une classe spéciale, car ils exigent un enseignement particulier. Je suis entré dans la classe de musique ; cinq de ces enfants voués à l'obscurité perpétuelle, assis devant cinq pianos, jouaient cinq airs
différents, au milieu desquels ne s'égarait pas leur
professeur, vivant comme eux dans la nuit, sorti de
l'Institut des Jeunes-Aveugles, marchant à grands pas
dans la chambre, jetant ses bras en avant, s'arrêtant tout
à coup et faisant taire les élèves, dès qu'il m'entendit parler. Il toucha légèrement la manche de mon vêtement et
parut surpris ; il frôla des doigts la robe du supérieur
qui m'accompagnait et dit : « Bonjour, révérend père
Gaétan. » Il l'avait reconnu : son toucher avait vu clair.

Depuis une année environ les frères de Saint-Jean-
de-Dieu ont organisé dans leur asile ce qu'ils nomment
une harmonie, c'est-à-dire un orchestre. Sous la direction de M. Alfred Josset, on tâche de donner aux
pensionnaires « un talent d'agrément » qui sera peut-
être un gagne-pain. Les enfants prennent plaisir à la
classe de musique et l'orchestre est nombreux. Pour
des motifs que j'ignore, je n'y ai vu aucun instrument à cordes ; l'instrument spiritualiste par excellence, l'instrument qui seul a « une âme », est remplacé par les clarinettes, les cornets à piston, les
ophicléides et les tambours. Si Marsyas venait là pour
défier Apollon joueur de viole, il ne le trouverait pas.
C'est de la musique de chambre qui a besoin de plein
air pour ne pas être assourdissante. Les enfants arrivent, se traînant comme des crabes blessés ; on leur
distribue leurs instruments, ils se rangent selon un
ordre déterminé, le professeur donne le signal et la
tempête éclate. Jamais orchestre militaire n'a produit
telle rumeur. Qu'importe? Plus d'un de ces malheureux
pourra sans doute, un jour, faire sa partie dans quelque théâtre ou dans quelque guinguette, et, en
échange, il ramassera de quoi subvenir à ses besoins.

Les métiers dont ils font l'apprentissage à l'asile
sont très restreints, car ceux qui exigent un peu de
force leur sont interdits par leur faiblesse même; il
leur faut des métiers sédentaires, — ils ne peuvent
marcher, — des métiers assis, — ils ne peuvent rester

debout; — on prend les plus valides pour en faire
des tailleurs, des cordonniers et des brossiers. Parmi
ceux-ci j'ai vu un petit bonhomme biscornu qui bou-
clait lestement le fil d'archal sur la « patte », assem-
blait le pinceau de soies et troussait une vergette avec
la rapidité et l'aplomb d'un vieil ouvrier. Celui-là a
son pain assuré. Les tailleurs et les cordonniers travaillent pour leurs camarades : ils rapiècent les uns,
rapetassent les autres. L'atelier de brosserie est af-
fermé à un entrepreneur qui fournit la matière première; il produit par année un millier de francs, qui
sont versés et dépensés à la maison.

Autrefois, on ne conservait les pensionnaires à
l'asile de la rue Lecourbe que jusqu'à l'âge de dix-
huit ans; ils avaient alors atteint leur développement
possible. Ils avaient reçu quelque instruction, ils
étaient dégrossis; l'Assistance publique les acceptait
et les admettait à l'hospice des Incurables. Par suite
de mesures récemment adoptées et qu'il me paraît difficile de justifier, l'Assistance publique leur a fermé
ses portes. On ne peut rejeter ces malheureux sur le
pavé et les réduire à étaler leurs difformités dans les
rues pour exciter la compassion des passants; on les
garde; on continue à les soigner, à les héberger, à
les nourrir, au grand détriment des petits enfants
rongés de maux dont ils occupent la place. L'asile a
déjà été agrandi, il faudrait l'agrandir encore. Hélas!
on ne peut visiter une maison hospitalière sans for-

mer le même vœu. Quel que soit le nombre, quelle
que soit la dimension des asiles, quel que soit le genre
d'infortunes que l'on y recueille, il y aura toujours des
malheureux qui attendront à la porte.

Les jeunes gens qui restent en hospitalité se rendent
utiles dans la maison autant que le permet leur infirmité : ils aident à surveiller les petits ; à la cuisine,
ils épluchent les légumes ; clopin-clopant, trébuchant
à chaque pas, ils essayent de ratisser les allées du jardin, et ils tendent les cordes au-dessus de la piscine
quand vient la saison des bains. Dans un coin du jardin,
non loin de la vacherie, dans un endroit bien choisi que
nulle construction ne domine, un grand bassin en ciment
de Portland est alimenté par l'eau que vend la préfecture de la Seine. Tous les jours, pendant les heures
chaudes, on y mène les enfants, ils mettent à nu leurs
gibbosités, leurs déformations, leurs ankyloses et, sous
la surveillance d'un frère, ils barbotent dans cette cau
fraîche qui les fortifie et les amuse. Être privé de
bain, c'est une punition grave ; mais, comme elle est
contraire à l'hygiène, on ne l'applique que dans les
cas exceptionnels. En hiver, ces bains, qui sont aussi
des bains d'air et de soleil, sont remplacés par des
bains d'eau de Barèges, administrés dans une immense
salle bien aménagée.

La maison est disposée de telle sorte que la surveillance peut y être incessante : il est facile de voir ce
qui se passe dans les quartiers d'étude et dans les dor-

toirs. La précaution n'est pas superflue, car il n'y a pas que des difformités physiques à l'asile ; on y soigne les corps et l'on tâche d'y nettoyer les âmes. L'infirmerie même n'échappe point à cette inspection permanente. Elle contient beaucoup de lits ; quatre ou cinq seulement étaient occupés lorsque je l'ai visitée. Deux ou trois petits enfants atteints de coxalgie semblent condamnés à l'horizontalité perpétuelle. J'en ai avisé un dont les mains et les ongles très propres indiquaient l'oisiveté ; je lui ai dit : « Depuis combien de temps es-tu couché ? » Il m'a répondu : « Depuis trois ans. » Un autre, un blondin, presque transparent à force d'être pâle, tenait à bras-le-corps un frère hospitalier qui lui peignait la tête. Près de lui, sur une chaise, était assis ou plutôt écroulé un grand garçon d'une jolie figure, qui me regarda avec une indéfinissable tristesse ; le cou, troué d'ulcères sanguinolents, a repoussé la tête presque sur l'épaule ; la poitrine est étroite ; la main noueuse a des ongles bombés, de cette forme à laquelle Hippocrate a donné son nom : encore un peu, et il sera délivré. On venait d'apporter et de déposer sur un lit un enfant qu'une attaque avait abattu : la névrose s'ajoute aux scrofules ; le visage est convulsé, il y a de la bave visqueuse et rosée aux bords des lèvres : c'est un épileptique ; on le rendra à ses parents, qui le conduiront à la maladrerie de Bicêtre ; il y regrettera la maison des frères de Saint-Jean-de-Dieu.

Les petits malades s'occupent dans leur lit et tâchent de tuer le temps avant que le temps ne les tue; ils découpent des cartonnages, ils assemblent des jeux de patience, ils lisent des historiettes qui les enlèvent du milieu où ils sont immobilisés et les font rêver à des choses merveilleuses. Il faudrait envoyer là des livres, beaucoup de livres où ces petits trouveraient quelque pâture pour leur intelligence, quelque distraction à l'ennui qui pèse sur eux dans le lit qu'ils ne peuvent quitter. Mais ces livres, il est indispensable de les bien choisir; le révérend père supérieur se souvient que Jean Ciudad, libraire à Grenade, a lacéré ses livres profanes; il l'imite et jette au feu tout volume dont l'orthodoxie ne lui semble pas irréprochable. Je note le fait en guise d'avertissement aux donateurs, car je suis de ceux qui ne croient pas aux dangers du livre : malgré tout ce que j'ai entendu dire à ce sujet, je n'ai jamais pu me figurer que l'imprimerie fût d'invention diabolique; j'ai même quelque propension à m'imaginer le contraire. J'en demande pardon à Omar qui prescrivit à Amr' ben Alas d'incendier la bibliothèque d'Alexandrie; à Jean de Mathiesen, premier prophète suprême des Anabaptistes, qui fit brûler les livres trouvés dans la cathédrale de Munster, à l'exception de l'Ancien et du Nouveau Testament; j'en demande pardon aux censeurs de tous les pays et de toutes les sectes : détruire ne prouve rien, et c'est avouer peu de foi en sa cause que d'imposer silence aux doctrines adverses.

Quoi qu'il en soit, ce serait un grand bienfait si les pensionnaires de l'asile, réduits à vivre étendus sur leurs matelas, avaient à leur disposition une bibliothèque qui renouvellerait leurs pensées et les sortirait du marasme qui les étreint. Je me rappelle, lorsque j'ai étudié les prisons, avoir été frappé de ce fait que les détenus lisaient de préférence les récits de voyages. Les infirmes dont je parle sont aussi des prisonniers, prisonniers de leur corps, qui les condamne à la réclusion forcée, dont la mort seule leur fera grâce ; eux aussi, pour échapper à eux-mêmes, ils doivent aimer les aventures en pays lointains, les histoires des Robinsons naufragés, que Dieu n'abandonne pas dans la détresse, et je voudrais les voir pourvus de ces livres qui endorment les angoisses de l'esprit et sont bons pour la santé morale.

Les élèves grands et petits que j'ai montrés au lecteur sont presque des valides ; parmi ces infirmes, il y a les plus infirmes qui vivent — cela s'appelle-t-il vivre ? — dans un quartier séparé. En vertu de cette figure de rhétorique que l'on appelle la synecdoque et qui prend la partie pour le tout, on les nomme les paralytiques. C'est le monde des cauchemars. Pas un sourire qui ne soit une grimace, pas un mouvement qui ne soit une contorsion. La salle où ils rampent est vaste, elle aboutit de plain-pied à une large terrasse exposée au midi, où ils passent presque toute la journée au soleil, baignés de lumière, oxydés par le grand air, gloussant, se traînant comme des larves qui seraient la caricature de l'enfance.

La nature est inépuisable dans ses débauches et dans ses inventions monstrueuses : elle semble se plaire à démontrer que, si elle est la mère de toute beauté, elle est inimitable dans son art de créer la hideur. L'enveloppe est horrible : on dirait que, pour ne pas la voir, l'intelligence y sommeille. Là, dans ce quartier, nul travail ; l'a, b, c, d peut passer devant les yeux, ce n'est qu'une image sans signification ; il est possible qu'on la regarde ; la voit-on ? j'en doute ; à coup sûr on ne la comprend pas. Sont-ce réellement des enfants issus de l'homme et de la femme ? En les voyant, on pense aux mandragores qui chantent et aux lutins qui, pendant les ténèbres, crient : La lune est morte ! Accroupis le long des murs, s'étayant, pour marcher, d'un tabouret qu'ils font pivoter, s'aidant de deux béquilles, assis sur le fauteuil, d'où ils se laisseraient tomber s'ils n'y étaient retenus par une sangle, éclatant de rire sans prétexte, pleurant sans motif, grouillant sur le parquet avec les ondulations maladroites d'un amphibie qui chemine sur le rivage, ils ressemblent aux ébauches d'une humanité antédiluvienne faite pour vivre sur les bords des marécages, à l'abri des forêts de cryptogames, au milieu des plésiosaures et des crapauds gigantesques.

J'ai senti quelque chose qui remuait sur mes pieds, j'ai baissé les yeux et j'ai vu un marmot qui paraissait avoir trois ans. Je l'ai pris dans mes bras et je lui ai dit : « Quel âge as-tu ? » Il a ouvert la bouche, j'ai failli le laisser tomber ; il a une dentition d'adulte ; entre ses petites lèvres les dents étaient tellement démesurées, qu'elles m'ont fait peur. D'une voix rauque et forte il a répondu : « Quinze ans, des bonbons ! des bonbons ! » L'un est choréique, la danse de Saint-Guy ne lui laisse pas une seconde de repos ; en lui tout s'agite ; la trépidation nerveuse le secoue ; le mouvement de la tête est perpétuel, l'étoffe du coussin sur lequel il s'appuie est usée, ses cheveux sont usés ; une ceinture de cuir l'attache à son lourd fauteuil que le poids seul empêche de chavirer ; les genoux ont des détentes subites, on s'écarte de lui, car il lance des coups de pied dont il ne s'aperçoit même pas. Un autre, aphasique et contourné, ne pouvant articuler une parole, ne pouvant marcher, car ses membres sont presque à l'envers, est enfoncé sur son siège ; la tête est retombée sur la poitrine ; de ses mains, dont la longueur est extravagante, il tient un morceau de sucre qu'il tourne et retourne avec les gestes lents et pénibles d'une machine près de s'arrêter ; l'attention de tout son être est concentrée sur son morceau de sucre, qu'il lèche par un geste animal ; quand on l'approche, il pousse des cris de détresse, cache son sucre et recommence à le lécher lorsque l'on s'éloigne de lui.

Quelques-uns d'apparence un peu moins bestiale

que les autres ne quittent point le frère, — frère Simon, — qui les garde : *Immanis pecoris custos.* Ils le suivent et semblent s'attacher à sa robe comme s'il en émanait quelque chose de maternel qui leur manque et dont ils ont besoin. Pour soigner ces pauvres êtres, les tenir propres, supporter leurs incohérences, calmer leurs accès de colère inconsciente, les amuser, les coucher, les lever, les faire manger, pour ne point répudier cette tâche qui rebuterait bien des mères, il faut avoir la foi et croire à la parole de Celui qui a dit : « Le bien que vous ferez au plus petit des miens, c'est à moi que vous l'aurez fait ! »

Le 8 mars 1883, j'étais à l'asile : c'était la fête de saint Jean de Dieu, jour anniversaire de sa naissance et de sa mort. La maison était en rumeur, le nonce du pape y devait venir ; les enfants avaient revêtu leur costume des dimanches ; les bienfaiteurs, les bienfaitrices étaient là, pouvant se féliciter de tant de misères soulagées, de tant de bien accompli ; sans eux, deux cent dix enfants croupiraient sur leur paillasse, entre la dépravation et la brutalité. Je suis entré à la chapelle, j'ai entendu le bruit des béquilles sonnant sur les parquets ; c'étaient les pensionnaires qui venaient prendre place. Lorsque le nonce apostolique a élevé le saint sacrement pour donner la bénédiction, l'orchestre a éclaté, les tambours ont battu aux champs, les clairons ont retenti : trop de fanfares dans l'église e saint Jean de Dieu, qui eut tant de douceur ; cela m'a choqué. Quand le salut a été terminé, on s'est réuni dans la grande salle, où les frères ont apporté sur leurs bras les impotents qui ne peuvent marcher. « L'harmonie » nous a donné un concert très bien dirigé par M. Josset. La fonction de chef d'orchestre n'est point facile : il faut battre la mesure par les gestes pour les voyants, en faisant claquer les doigts pour les aveugles. Tout a été à souhait, et c'est avec sincérité que l'on a pu applaudir.

Pendant que l'on était en joie, je me suis esquivé ; j'ai gravi l'escalier jusqu'au dernier étage, j'ai pénétré dans la communauté, c'est-à-dire dans le quartier exclusivement réservé aux frères. Au-dessus de la porte, un seul mot : Silence ! Au mur du corridor étroit qui sépare les cellules placées vis-à-vis l'une de l'autre, je vois une pancarte, et je lis le nom des frères de Saint-Jean-de-Dieu qui sont morts en profession ; la liste est longue : trop de fatigues accablent ces infirmiers de la charité ; ils meurent rapidement, comme ils ont vécu, pleins de foi et sous le scapulaire.

Les chambres sont petites ; une couchette maigrelette, un buffet-armoire, une table de bois blanc, une terrine, un pot pour la toilette ; à la muraille quelque image de piété, qui est un souvenir de la famille ou l'indice d'une dévotion particulière. L'on a fait vœu de pauvreté, cela se voit, vœu de ne rien conserver et de tout donner aux infirmes. A quatre heures du matin, on se lève, et l'on se couche à dix heures du soir après avoir besogné tout le jour. Chaque nuit, un frère veille et porte secours aux enfants qui peuvent réclamer ses soins. « La journée passe vite, me disait un frère ; nous n'avons pas le temps de nous ennuyer. » Jean de Dieu avait coutume de répéter : « Faites le bien ! » Cette parole n'a pas été prononcée en vain ; elle vibre dans le cœur de ses disciples, on s'en aperçoit à leurs œuvres.

CHAPITRE III

L'ORPHELINAT DES APPRENTIS

I. — L'ABBÉ ROUSSEL.

Enfants pauvres. — Filles de la Charité. — Scrofules morales. — La Petite-Roquette. — Antichambre de la Grande-Roquette. — Un petit vagabond. — Est-ce là votre justice? — Les petites filles. — Bestialité. — Le refuge des enfants. — Dom Bosco. — Le tas d'ordures. — Le premier pupille. — Dans la Sarthe. — La vocation. — La villa. — L'œuvre de la première communion. — Les ankyloses de l'esprit. — Modification. — Le premier atelier. — La guerre. — Les orphelins de la Commune adoptés par l'archevêque de Paris. — Les apprentis devenus ouvriers. — Prix Montyon. — Dettes. — H. de Villemessant. — Saint-Genest. — 331,167 francs en une semaine.

Il existe à Paris cent vingt-six maisons charitables où 10,180 enfants pauvres sont recueillis, reçoivent quelque instruction et acquièrent les premières notions d'un métier. Parmi ces maisons, qui sont des refuges aussi bien que des écoles et des ateliers, trente et une appartiennent aux Sœurs de Saint-Vincent-de-Paul, et, sur les trente et une, il y en a dix-huit pour lesquelles les recettes sont inférieures aux dépenses[1]. Cela n'ar-

1. Voir *Enquête sur les Orphelinats et autres établissements de*

rête pas les saintes filles, qui, malgré l'insuffisance de leurs ressources, continuent l'œuvre d'adoption à laquelle elles se sont vouées. L'esprit du fondateur, de leur premier maître, ne s'est pas éteint. Elles se souviennent qu'il s'en allait à travers les rues, ramassant au coin des bornes les enfants abandonnés sur la neige, les réchauffant contre sa poitrine, les enveloppant d'un coin de sa soutane et les arrachant à la mort qui déjà les avait saisis. Elles s'appellent les Filles de la Charité et ne mentent pas à leur nom. Les misères de leur pays ne leur suffisent pas, elles émigrent comme des oiseaux de bienfaisance, portant avec elles le génie du sacrifice et l'amour de ce qui souffre. Dans toutes les contrées que j'ai parcourues, au milieu des sectes les plus hostiles à la religion qu'elles professent, je les ai vues à l'œuvre, proprettes, actives, cachant leur visage sous la vaste coiffe qui ressemble aux ailes d'un cygne blanc, instruisant les petites filles, visitant les malades, secourant les pestiférés et bénies par nos marins, qu'elles soignent dans les hôpitaux que la France possède sur les rivages étrangers. A Paris, elles se multiplient et ne reculent devant aucun labeur; elles maintenaient la gaîté dans l'école, elles apportaient l'espérance à l'hôpital : on les en a chassées. Elles y reviendront.

<hr/>

charité consacrés à l'enfance. Annexes au rapport de M. Théophile Roussel, 2ᵉ partie (Sénat); *dép. de la Seine*, notes complémentaires, p. 581 et suiv.

Si ample que soit leur action, elles ne peuvent suffire à toutes les infortunes qu'elles voudraient apaiser ; il faut qu'elles en laissent à d'autres qui glanent derrière elles dans le sillon trop fertile des misères humaines et se baissent pieusement pour relever les rebuts d'une société que rongent les maux et les vices. Je viens de parler du dévouement des frères hospitaliers de Saint-Jean-de-Dieu ; infirmiers, sinon médecins, ils rassemblent autour de leur robe de bure les enfants que les scrofules ont détruits ; mais il n'y a pas que les scrofules physiques que l'on badigeonne de teinture d'iode et que l'on cache sous des bandelettes : il y a les scrofules morales, issues comme les autres de la dépravation et du délaissement de soi-même. L'enfant qui en est frappé pourra être robuste et éviter le lit des hôpitaux publics, mais il s'assoira sur la sellette devant des juges ; il connaîtra les geôles, il dormira sur le grabat cellulaire ; il grandit pour le bagne et peut-être pour l'échafaud. Combien en ai-je vus qui ont débuté par le vagabondage, ont glissé dans l'ivrognerie, sont tombés dans le vol et ont fini par l'assassinat ! La société réprime et ne prévient pas ; elle punit le délit et ne l'empêche point de se produire. La justice condamne un enfant errant, l'administration s'en saisit, l'enferme et le garde pendant un temps déterminé par la loi ; si elle l'isole, elle le laisse avec lui-même, c'est-à-dire avec son propre vice ; si elle le place près de ses congénères, elle le mêle aux vices d'autrui, qui le

pénètrent. Dans le premier cas, méditation périlleuse ;
dans le second, émulation vers le mal ; danger des
deux parts : on a reçu un vaurien, on rend un criminel.

A Paris, la prison qui enclôt les enfants condamnés
et la prison où l'on est momentanément déposé avant
de partir pour les pénitenciers, se font vis-à-vis, presque
sous les ombrages du cimetière de l'Est. L'une est l'antichambre de l'autre. Un surveillant de « la correction
paternelle » me le disait en termes qui m'ont frappé :
« Ici, à la Petite-Roquette, nous semons et nous plan-
tons ; c'est la Grande-Roquette qui récolte. » Ce brave
homme avait raison ; je lui demandai : « Si votre fils
était un mauvais sujet, le feriez-vous enfermer ici ? »
Il me répondit brusquement, comme un homme dont
l'expérience a formé la conviction : « Ici ? pour en faire
un galérien, jamais ! J'aimerais mieux l'étrangler ! »
J'ai visité plusieurs fois ce bagne de l'enfance, j'ai
ouvert la porte des cellules, j'ai causé avec les pauvres
petits, j'ai demandé la grâce de ceux que l'on ficelait
dans la camisole de force parce qu'ils étaient récalcitrants ; j'ai pu constater à l'infirmerie leur périlleuse
précocité ; je les ai vus bâiller dans les box de la chapelle pendant les offices ; je les ai regardés travailler
sans courage, se promener avec ennui dans leur étroit
préau, et j'ai trouvé que, moralement et physiquement, cette maison était impitoyable ; elle emmure
l'enfant et ne fait rien pour lui. Elle m'a paru être le

contraire d'un instrument de préservation sociale. Tant
que la prison ne sera pas un hospice moral, la réforme
pénitentiaire ne sera pas ébauchée.

Traiter un enfant vagabond, d'âge irresponsable,
échappé de la maison paternelle et le plus souvent
abandonné, sinon chassé par sa famille, comme on
traite un voleur, c'est lui apprendre à voler. J'ai vu
juger un gamin d'une douzaine d'années, maigre,
à peine vêtu, à la fois ironique et respectueux dans
ses réponses. On l'avait rencontré vaguant autour
des Halles et cherchant un abri pour y dormir. On
l'avait arrêté, mené au poste, transféré au Dépôt
et traduit devant le tribunal de police correctionnelle. Il raconta son histoire, qui était simple et
commune à plus d'un. Son père s'en était allé on
ne sait où ; sa mère s'était accouplée avec un ouvrier
qui, estimant que l'enfant était onéreux à nourrir, l'avait mis à la porte en lui disant qu'un
« homme » doit gagner sa vie. L'enfant errait depuis
deux mois, attrapant par-ci par-là une pièce de deux
sous à ouvrir la portière des fiacres à la sortie
des théâtres, mangeant on ne sait comme, couchant
partout excepté dans un lit, restant probe et se défendant contre la tentation. Manifestement, les juges
avaient de la sympathie pour lui ; mais le délit était
moins que douteux, il était avoué ; l'article 271 du
Code pénal est précis : « Les vagabonds âgés de moins
de seize ans ne pourront être condamnés à la peine

d'emprisonnement; mais, sur la preuve des faits de vagabondage, ils seront renvoyés sous la surveillance de la haute police jusqu'à l'âge de vingt ans accomplis. » Or, en l'espèce, la surveillance de la haute police s'exerce dans une des cellules de la Petite-Roquette.

A quelques mots dits par le substitut, l'enfant comprit ce qui l'attendait. De cette voix grasseyante qui est familière aux gamins de Paris, il parla. Ce qu'il dit, je ne l'ai point oublié : « Pendant deux mois, j'ai vécu avec des trognons de choux et dormi en plein air afin de ne pas voler, et vous allez me faire enfermer comme un voleur! Est-ce là votre justice? » L'impression fut vive au tribunal; on ajourna le prononcé du jugement à huitaine, en sollicitant l'intérêt des personnes bienfaisantes sur cet enfant qui n'avait commis d'autre délit que de n'être pas en âge de pouvoir travailler. L'appel fut entendu; ce vagabond malgré lui fut mis en apprentissage et est devenu un bon ouvrier. Celui-là du moins fut sauvé; mais combien ont été perdus, perdus à jamais, pour n'avoir pas rencontré au bord de l'abîme la main qui tire en arrière et remet dans le bon chemin! Si avec les 100,000 petits vagabonds qui errent en France on établissait dans nos possessions algériennes une colonie d'enfants de troupe, on formerait sans peine ni dépense un corps de soldats dont la vigueur et la résistance ne seraient pas superflues en certains cas.

A Paris cent vingt-six maisons, pour le département

de la Seine cent soixante-trois, sur lesquelles dix-huit seulement recueillent des garçons; toutes les autres sont réservées aux petites filles et aux jeunes filles. On dirait que la charité, dédaignant le premier-né de la création humaine, ne veut s'occuper que de sa compagne, de l'être fragile et curieux auquel les traditions bibliques attribuent la déchéance de notre race. La foi s'ingénie à sauver la femme; elle la prend au berceau, lui ouvre la crèche, la salle d'asile, l'école, l'atelier professionnel. C'est la femme qui exerce la charité; elle s'adresse de préférence à la femme, dont sa réserve n'a rien à redouter et vis-à-vis de laquelle elle reste en confiance; l'occasion de pécher ne naîtra point pour elle. L'œuvre de chair est une œuvre maudite; le diable est mâle ou femelle, selon qu'il apparaît aux femmes ou aux hommes. En réalité, il n'est qu'un instinct naturel et on le combat par l'isolement.

Dans les instituts de charité, sauf de très rares exceptions, dont la congrégation des Petites Sœurs des Pauvres est le plus mémorable exemple, les hommes s'occupent des garçons, les femmes ne se consacrent qu'aux petites filles, et comme l'homme n'a pas la bienfaisance active et persistante de la femme, il en résulte qu'un des sexes est presque abandonné, tandis que l'autre est incessamment secouru. C'est un tort; l'homme est aussi faillible, aussi vicieux que la femme; tous deux sont frappés de la tache originelle, c'est-à-dire de cette bestialité qui subsiste en nous, comme le mal héréditaire transmis par les ancêtres de la première heure. L'animal, le bipède luxurieux et féroce que nous avons été dans les temps préhistoriques, n'est point mort; les civilisations, les religions, les philosophies se sont efforcées de l'humaniser et n'ont pas complètement réussi ; la bête est domptée plutôt qu'apprivoisée ; souvent elle échappe au belluaire ; les tribunaux le démontrent tous les jours.

On dirait qu'en ceci la question de moralité, au sens étroit du mot, domine toutes les autres ; prendre la petite fille, la pénétrer de bons conseils, la revêtir de sagesse, c'est enlever des auxiliaires à la débauche, je le sais ; mais saisir le petit garçon, le forger pour le combat de la vie, le détourner de l'improbité, lui mettre en main l'outil rémunérateur, c'est diminuer l'armée du crime. Qui peuple l'école dépeuple le bagne. De même que tout soldat a dans sa giberne un bâton de maréchal, de même tout enfant errant porte le bonnet vert dans son bagage. L'État a charge d'âmes, il ne paraît pas s'en douter; devant ce danger, il reste inerte ou se perd dans de vaines logomachies. L'auteur de l'enquête que j'ai citée a pu dire sans commettre d'erreur : « Les maisons d'éducation correctionnelle et la prison sont encore, pour les garçons, le grand refuge ouvert par la société. »

Aussi doit-on approuver, doit-on encourager par tous moyens les hommes qui réunissent autour d'eux les pauvres petits que la précocité du vice ou l'abandon

a jetés, comme des chiens perdus, dans le désert de
notre grande ville. C'est la foi qui les émeut et leur
enjoint de courir après les déserteurs de la vie régulière pour les ramener dans le rang. Œuvre de charité, œuvre sociale, c'est tout un. Recueillir les vieillards, les abriter, les nourrir, éveiller en eux l'espérance de la minute suprême, c'est bien ; ramasser les
enfants, les soustraire au mal, au méfait, aux répressions obligées, c'est mieux. Dans le premier cas, on
soulage une infortune et souvent on répare une injustice ; dans le second, on cicatrise une plaie morale, on
conjure un péril qui est à la fois individuel et collectif. En neutralisant un futur malfaiteur, on lui rend
service et l'on rend service à la société.

Un fait accidentel détermine le plus souvent la vocation des hommes de bienfaisance. Un jour, par hasard,
ils rencontrent une brebis malade, ils l'emportent, la
réchauffent et la nourrissent ; puis une autre vient rejoindre la première, puis encore une autre, et bientôt
le troupeau est si nombreux qu'il faut lui bâtir des
bergeries. L'œuvre que dom Bosco a créée à Turin et
qui rayonne sur l'Italie possède maintenant des établissements spacieux où les enfants délaissés forment de
véritables corporations de métiers. Avant de tels établissements, on avait une simple maison ; avant la
maison, un hangar ; avant le hangar, un pré : pendant le jour on y travaillait, pendant la nuit on y
dormait sur l'herbe, à la belle étoile. Au mois de dé-

cembre 1841, dom Bosco allait dire la messe et le sacristain cherchait un enfant qui pût la servir. Un vagabond âgé de seize ans, nommé Barthélemy Garelli, se promenait dans l'église, regardant les tableaux et bayant aux statues. Le sacristain le requit, l'enfant refusa; on en vint aux gros mots et aux gourmades. Dom Bosco intervint, calma l'enfant, le garda près de lui, l'interrogea et constata qu'il ne savait même pas faire le signe de la croix. De cette minute, il se promit de se vouer à la jeunesse abandonnée. Il s'est tenu parole: plus de 80,000 enfants lui doivent aujourd'hui d'être des hommes probes, travailleurs et de n'avoir point trébuché.

L'Orphelinat des Apprentis dont je vais parler est né d'une illumination pareille. Dans la nuit, il suffit d'un éclair pour découvrir les points les plus éloignés de l'horizon. Un fait isolé révèle parfois des profondeurs de misère que nul n'aurait soupçonnées. Comme dom Bosco, l'abbé Roussel s'est trouvé inopinément en face d'un enfant vagabond et il en est résulté l'Orphelinat d'Auteuil. Les documents concernant cette fondation bienfaisante sont entre mes mains; pour les consulter, je n'ai eu qu'à ouvrir les archives de l'Académie française, qui, grâce aux largesses de M. de Montyon, a le devoir de s'enquérir des actes de vertu. Un soir, à la fin de l'hiver de 1865, l'abbé Roussel aperçut un enfant qui fouillait un tas d'ordures : « Qu'est-ce que tu fais là ? — Je cherche de quoi manger. » L'abbé prit l'enfant, l'emmena, le fit dîner et le coucha. L'œuvre venait de naître. Le lendemain, l'abbé Roussel se mit en quête et rentra avec un autre vagabond ; huit jours après sa première trouvaille, il hébergeait six enfants, qui encombraient sa chambre. On y campait comme à la veille d'une bataille, un peu pêle-mêle. L'abbé nourrissait son petit monde de son mieux, mais ses ressources étaient limitées ; souvent on ne vivait que de pain sec trempé d'eau claire et parfois on se couchait sans souper. L'abbé Roussel n'était point homme à se décourager ; on doit s'attendre à d'autres difficultés lorsque l'on a sérieusement revêtu la soutane, lorsque l'on a compris que la prêtrise est une mission et non pas un métier. Il a une chaleur de générosité qui ne lui laisse guère de répit et ne lui permet pas de reculer. Saint Martin coupait son manteau en deux pour couvrir la nudité d'un mendiant ; j'imagine que l'abbé trouverait que c'est perdre du temps et qu'il est plus expéditif de donner toute la soutane.

Il est né en 1825, dans le département de la Sarthe, à Saint-Paterne, mince bourgade où Henri IV séjourna jadis. A portée d'horizon, verdoie la forêt de Perseigne, que fréquentent les loups, et dans laquelle j'ai vu, il y a quelque cinquante ans, des bandes de bûcherons, de charbonniers et de sabotiers vivre comme des tribus nomades, tribus sylvestres qui dormaient sur la mousse et dont les huttes me faisaient envie. La nature y a des soubresauts : là, sèche, plate et dure; ailleurs, à quelques enjambées plus loin, humide, frissonnante de feuillées et délicate. Au long de la Sarthe, à Saint-Cénery, à Saint-Léonard-des-Bois, à Fresnay-le-Vicomte, il y a des paysages charmants. C'est la contrée des belles filles et des beaux gars ; le soir, dans la plaine, l'odeur des chanvres monte comme un parfum enivrant. La race est forte, ergoteuse, méfiante ; d'opinions profondes et parfois passionnées, elle a fourni plus d'une recrue aux Chouans qui tenaient la campagne et faisaient la chasse aux Bleus. La femme tisse la toile et rêve; l'homme, penché vers la terre, laboure et cache, dans le sillon, un fusil de braconnier. Là, le paysan est lent à se mouvoir, mais lorsqu'il a reçu l'impulsion et qu'il s'est mis en marche, rien ne l'arrête. Il est tenace. Cette qualité du terroir, l'abbé Roussel la possède ; mais, à l'inverse de ses compatriotes, il y joint l'activité, l'éloquence et une confiance en Dieu qui ressemblerait à un défaut de prévision, s'il n'avait la foi, cette foi par laquelle les montagnes sont soulevées.

Dans sa petite chambre, avec les six gamins qu'il avait recueillis en marge du ruisseau, il se trouvait fort empêché de subvenir aux nécessités quotidiennes; il s'en ouvrit à quelques amis, qui lui vinrent en aide ; on vécut, ou du moins on ne mourut pas de faim. L'abbé Roussel a l'imagination vive, son cœur l'échauffe, et il est emporté par des rêves dont son énergie fait des

réalités. Tout en dégrossissant les matériaux humains
qu'il avait récoltés, il se demandait avec angoisse combien d'enfants, évadés ou chassés de la maison paternelle, échappent à l'école, échappent à la paroisse et
grandissent dans la vie, incultes, sans lecture, sans religion, sans morale. Que fait-on pour eux? Rien. Ne
pourrait-on, du moins, leur donner quelques notions
élémentaires, clarifier leur âme, y déposer un germe
de bien et leur enseigner les premiers principes d'une
religion dont le Dieu a dit : « Ne fais pas à autrui ce
que tu ne veux pas que l'on te fasse! »

Il était séduit et ne raisonnait plus. Un marinier se
jette à l'eau pour sauver un homme qui se noie ; un
prêtre convaincu se jette dans l'impossible pour sauver
une âme qui se perd : l'un et l'autre croient ne faire
que leur devoir ; l'un joue son existence, l'autre joue
son repos. Le projet fut conçu : mais comment l'exécuter? Pas de maison pour donner asile aux enfants
perdus ; pas d'argent pour acheter la maison. Un
homme d'affaires n'eût point hésité, il eût renoncé à
un dessein dont la réalisation offrait toutes les apparences de l'insuccès ; grâce au ciel, l'abbé n'était point
un homme d'affaires, il n'hésita pas non plus et il se
précipita tête baissée dans l'œuvre entrevue à la lueur
de la charité.

Il apprit qu'une « villa » abandonnée était à vendre,
rue de La Fontaine, à Auteuil. Une villa! voilà bien le
langage emphatique du Parisien, qui ne peut plus dé-

signer les choses par leur nom, qui appelle les portiers
des concierges, les rhumes des bronchites, et le mérinos du cachemire. La villa était une masure, je pourrais aussi bien dire une baraque, située au bout d'une
allée de vieux peupliers, dans un terrain que les char-
dons, les chicorées sauvages et la folle-avoine avaient envahi. A la rigueur, on pouvait loger dans la maison, à
la condition d'y être mouillé les jours de pluie, de
remplacer par du papier les vitres absentes et de dormir avec les portes ouvertes, parce que les portes ne
fermaient pas. L'abbé marchait au milieu des hautes
herbes, faisait le tour de la maison, la jaugeait du
regard, la réparait, l'agrandissait, la meublait par
l'imagination. « Il faut l'avoir, je l'aurai ! » Alors,
comme Jeanne Jugan à Saint-Servan, comme Jean de
Dieu à Grenade, comme ces illuminés frappés de la
« folie de la croix », il se constitua mendiant pour le
rachat des petits vagabonds, et il alla mendier. Les
frères de la Merci délivraient les chrétiens captifs de
l'islamisme ; l'abbé Roussel a entrepris son pèlerinage
afin de délivrer les enfants de la captivité du vice.

L'œuvre était de choix et digne d'être savourée par
les raffinés de la bienfaisance. L'abbé Roussel a de la
verve ; il plaidait une cause sacrée, celle de l'enfance
misérable et délaissée ; il émut les cœurs ; on lui donna,
non point partout : il rencontra des accueils revêches,
il subit des rebuffades ; il lui fallut compter avec les
révoltes de son amour-propre ; il eut l'orgueil d'éteindre

toute vanité en lui et de se faire humble pour secourir les petits. Il put acheter la maison et l'on s'y installa le 19 mars 1866 : l'*Œuvre de la première communion* était logée, elle était fondée. Cette dénomination détermine le but que l'abbé Roussel visait alors et qui aujourd'hui a été singulièrement dépassé : prendre les enfants vagabonds, leur enseigner la lecture, l'écriture, un peu de calcul, les mettre à même de comprendre le catéchisme et en état de faire leur première communion ; puis s'adresser aux sociétés de patronage, aux personnes charitables et placer ces enfants en apprentissage dans des ateliers où ils pourraient acquérir la pratique d'un métier. Ainsi limitée, l'œuvre était déjà considérable et produisit de bons résultats ; on la soutenait avec des quêtes, quelques loteries et l'aumône anonyme, qui en France ne manque jamais aux entreprises de commisération.

La fonction que l'abbé Roussel s'était imposée n'était point une sinécure. Ils sont parfois récalcitrants, les voyous de Paris, et leur maître en fit l'épreuve ; il fallait calmer par de bonnes paroles, et même autrement, les plus indomptés, plier à la discipline, à la vie régulière ces petits êtres malfaisants qui, dans la liberté sans limites de leur vie errante, avaient acquis une force de résistance extraordinaire. Ils avaient toutes les élasticités du corps et toutes les ankyloses de l'esprit ; ils excellaient à marcher sur les mains, à grimper aux arbres, à faire le saut périlleux ; mais

quand on leur enseignait la règle des possessifs ou que
l'on cherchait à leur faire comprendre un dogme religieux, ils tombaient en rêverie et regrettaient les
heures où, vagues, morveux, affamés, ils jouaient à
« la pigoche » sur les berges de la Seine. Ce n'est qu'à
force de patience que l'on parvenait à fixer leur attention ; bien souvent la toile de Pénélope, que l'on avait
eu tant de peine à tisser, se défaisait d'elle-même, et il
fallait recommencer le lendemain la besogne de la
veille.

L'abbé Roussel, fort heureusement, a été doué par
la nature d'une rare énergie ; il a le privilège de ne se
jamais lasser ; un de ses amis me disait : « Il est infatigable ; depuis trente ans que je le connais, je ne l'ai
jamais vu en repos. » Levé le premier, couché longtemps après ses élèves, il leur donnait l'exemple de
l'activité. Il ne les quittait guère, les instruisait, parta-
geait leurs repas et, retroussant bravement sa soutane,
jouait avec eux ; il était à la fois leur directeur, leur
professeur et leur camarade. L'expansion, qui est une
de ses forces, séduisait les enfants et adoucissait les
plus rebelles. L'abbé pouvait être content de son œuvre,
et cependant il n'en était point satisfait. Dès qu'il
avait dégrossi ses petits vagabonds, qu'il les avait
appelés à une croyance féconde et initiés au bien, ils
lui échappaient, car on les plaçait, en qualité d'apprentis, dans la périlleuse promiscuité des ateliers ;
plus d'un s'en est échappé, a repris la vie d'aventures

et, harassé, est venu demander à l'abbé Roussel un
asile qui ne lui a pas été refusé.

Vers 1869, l'abbé comprit que l'œuvre de la première communion n'était, en quelque sorte, qu'une
œuvre préparatoire, qui devait être complétée et prolongée pour devenir matériellement et socialement
utile aux enfants. Il mettait ses pupilles en état d'être
apprentis, c'était beaucoup ; mais s'il réussissait à les
mettre en état d'être ouvriers, il assurait leur salut et
les munissait d'un gagne-pain définitif. A l'école, où
les enfants apprenaient à lire et à écrire, il se décida à
joindre une école professionnelle, où ils apprendraient
un métier ; au lieu de confier l'apprentissage de ses
élèves à des patrons étrangers, il ferait faire cet apprentissage, sous ses yeux, par des contre-maîtres qu'il
surveillerait. Pour installer des ateliers, il faut de la
place, et l'on n'en avait pas ; toute la maison était occupée par les dortoirs, le réfectoire et les classes ;
restait un hangar extérieur qui servait de débarras : on
le déblaya et l'on y établit un atelier de cordonnerie
avec un patron et deux élèves. L'âme de Henri-Michel
Buch, qui en 1664 donna les statuts de la communauté des frères cordonniers de Saint-Crépin et de
Saint-Crépinien, a dû en tressaillir de joie.

Au moment où l'abbé Roussel s'occupait de modifier
l'œuvre de la première communion en y annexant l'Orphelinat des Apprentis, il fut brusquement arrêté. La
guerre venait d'éclater, temps peu propice pour les

instituts de bienfaisance : lorsque les hommes s'entre-
tuent, on ne pense pas aux vagabonds. Après la guerre,
ce fut la Commune; après le désastre, le crime. Les obus
des batteries de Montretout n'épargnaient point Auteuil,
dont les fédérés déménageaient les maisons particulières. Les orphelins, les enfants abandonnés ne manquaient pas dans nos rues ; nos soldats les nourrissaient ;
le matin, aux portes des casernes, on apercevait des
bandes de petits affamés qui regardaient du côté des
gamelles. Le cardinal Guibert, récemment nommé archevêque de Paris, poussa une clameur de détresse.
Son prédécesseur arrêté, transféré au Dépôt, du Dépôt à
Mazas, de Mazas à la Grande-Roquette, avait été mas-
sacré et était mort en bénissant ses meurtriers. Les
meurtriers, leurs complices et leurs congénères, tués
en combattant, fusillés, en fuite ou déportés, avaient
laissé derrière eux des enfants que la faim menaçait et
que le vice allait prendre. L'archevêque s'émut et par
une lettre pastorale invita la charité à venir en aide à
ces orphelins rouges qu'il adoptait[1]. Si c'est là ce que
l'on nomme le « cléricalisme », il faut reconnaître que
le cléricalisme a du bon.

L'abbé Roussel, non plus, ne pouvait rester indifférent ; les événements avaient triplé le nombre de ses
élèves. Les orphelins refluaient vers lui ; on lui en
amenait, il en ramassait ; quelques-uns bien avisés

---

1. Voir *Pièces justificatives*, n° 3.

venaient d'eux-mêmes. La plupart des ateliers de
Paris étaient en chômage ; dans beaucoup de corps
d'état, il fallait, avant de fabriquer de nouvelles mar-
chandises, écouler le stock que la guerre et la rupture
des relations commerciales avaient immobilisé. Le
placement des apprentis devenait presque impossible ;
les circonstances étaient tellement urgentes, que la
création d'une école professionnelle, essayée dans de
très étroites proportions avant la guerre, s'imposait à
la charité de l'abbé Roussel. Successivement, avec plus
d'espérances que de ressources, des ateliers pour des
menuisiers, des serruriers, des mouleurs, des tailleurs,
des feuillagistes se groupèrent autour du premier atelier de cordonnerie, qui lui-même avait reçu un développement considérable.

Au lieu de quitter l'œuvre à douze ou treize ans,
après leur première communion, les enfants y pouvaient
rester jusqu'à dix-huit, jusqu'à vingt ans et ne s'en aller
que nantis du bon outil qui fait vivre. Dieu seul saura
jamais ce qu'il a fallu de persistance dans le dévoûment,
de foi dans la charité humaine et de fatigues pour ne
pas succomber à la tâche ! L'abbé Roussel sut ne point
faiblir ; il avait accepté, il avait recherché de subvenir
aux besoins, à l'instruction, à l'apprentissage des enfants qui lui demandaient asile ; pour parer à tant
d'exigences, il n'avait que son bon vouloir. Là aussi
on vécut au jour le jour ; plus d'une fois on fut aux
expédients ; avec une admirable imprudence, l'abbé

Roussel empruntait; sans regarder devant lui, il engageait sa signature, persuadé qu'aux jours d'échéance Dieu ne laisserait pas protester le sort des orphelins.

En 1878, un dossier signalant la conduite de l'abbé Roussel fut adressé à l'Académie française, qui le transmit à la commission chargée d'apprécier les actes dignes de figurer sur les tables d'or de la vertu[1]. M. de Montyon n'a pas voulu seulement que la vertu fût récompensée, il a voulu surtout qu'elle fût signalée, et c'est pourquoi le soin de la découvrir et de la mettre en lumière a été confié à la Compagnie qui parle dans des assises solennelles et dont la voix éveille les échos de la publicité. L'Académie apprécia tant d'efforts vers le bien, tant de sacrifices accomplis pour soulager des infortunes, pour préserver le corps social d'un péril futur, et elle accorda à l'abbé Roussel la plus forte récompense dont son budget lui permettait alors de disposer : elle lui décerna un prix de 2,500 francs.

La somme réservée aux actes de vertu n'est jamais en rapport avec ces actes mêmes, je le sais; l'Académie française en souffre, mais elle est limitée par les legs qu'elle a acceptés. L'effet moral dépasse singulièrement la valeur matérielle; mais hélas! ce n'est point avec un effet moral que l'on paye des dettes; l'abbé Roussel en fit l'expérience. A l'heure où l'Académie française le

---

1. Voir *Pièces justificatives*, n° 4.

« couronnait » et désignait son œuvre à la reconnaissance publique, il devait environ 200,000 francs, empruntés de toutes mains pour nourrir ses enfants et ne
s'en point séparer. La situation était grave et ne pouvait se prolonger sans péril. On était arrivé au bord
du fossé, il fallait y tomber ou le franchir ; on le franchit, grâce à une intervention que l'on ne saurait trop
louer. Il est de mode de médire de la presse périodique
et de la charger des méfaits du monde ; et le bien
qu'elle fait, n'en peut-on parler ?

H. de Villemessant dirigeait alors le journal le Figaro, qu'il avait fondé. Comme tous les hommes qui
ont combattu pour une cause et qui sont de tempérament agressif, il eut bien des adversaires et plus
d'un ennemi, mais aucun d'eux n'a pu lui reprocher
de n'avoir pas une bienfaisance inépuisable et de ne
pas mettre au service de la charité la forte publicité dont il disposait. Ce qu'il secourut d'infortunes
est considérable ; il connaissait bien le public français ; il savait l'émouvoir et l'entraînait à sa suite
vers les bonnes actions qui sauvent les malheureux. Il
apprit, je ne sais comment, la position où se trouvait
l'abbé Roussel. Habitué « aux affaires », il vit d'un
coup d'œil le dilemme qui s'imposait : — ou payer les
dettes d'une bienfaisance imprévoyante comme la foi
qui l'avait inspirée, ou voir rejeter aux hasards de la
démoralisation les enfants auxquels on avait promis du
pain et de l'instruction. Il n'hésita pas.

M. Bucheron, qui signe ses articles du nom de
Saint-Genest, fit un article et raconta ce qu'il savait
de l'œuvre de l'abbé Roussel. Au nom du dévoûment
d'un prêtre et de l'avenir des orphelins, il remua les
âmes ; c'est presque la paraphrase de l'allocution de
saint Vincent de Paul : « Ils seront tous morts demain
si vous les délaissez! » La souscription est ouverte : *le
Figaro* s'inscrit pour 10,000 ; Villemessant pour 5,000 ;
la rédaction du *Figaro* pour 1,000 ; Alexandre Dumas
fils pour 500 ; la baronne S. de Rotschild pour 1,000.
Le premier jour on récolte plus de 41,000 francs ; à
la fin de la semaine, la souscription est close sur un
total de 331,167 fr. 35 centimes.

Je viens de revoir les listes, rien n'est plus touchant ;
de toutes parts on s'empresse, on vient du salon, de la
mansarde et de l'antichambre ; de pauvres gens envoient quelques sous en timbres-poste, des invalides
déposent leur obole qui figure glorieusement à côté des
grosses sommes versées par les banquiers ; dans les
écoles on a quêté ; des petites filles se sont cotisées, de
simples soldats ont donné leur prêt ; des athées, des
protestants, des israélites ont couru au prêtre catholique
et ont ouvert leur bourse dans sa main. Pour sauver un
homme de bien, assurer l'existence des orphelins qu'il
avait recueillis, développer l'œuvre de préservation qu'il
avait créée, neutraliser le vice et féconder l'intelligence,
il avait suffi qu'un écrivain fît appel au bon cœur de
notre pays. — O France! sois bénie pour ta charité!

II. — LA MAISON D'AUTEUIL.

Auteuil il y a cinquante ans. — Rue La Fontaine. — Le parloir. — La récréa-
tion. — Le costume. — Exubérance. — Les haltères. — Énergie physique.
— Les anciens. — Les nouveaux. — Dépaysés. — Les évasions. — Atten-
tion limitée. — De tous pays. — Le voyou. — L'atavisme. — L'influence.
— Un exemple. — Au spectacle. — Évadé. — Voleur. — Un volontaire. —
Le moucheron. — Les juges du petit parquet. — Sortis de la Petite-
Roquette. — Intervention de la préfecture de police. — Exclusion des con-
damnés. — Les révoltés. — Appel aux bons sentiments. — Les bienfaiteurs.
— Le marchand de mouron. — Le jeune anthropophage. — « Papa
Roussel. »

Aller à Auteuil, c'était presque un voyage au temps
de mon enfance; des coucous, stationnant à l'angle
des Champs-Élysées et de la place de la Concorde, qui
alors s'appelait la place Louis XV, y conduisaient; des
gondoles, dont le bureau était situé au coin de la rue
de Rivoli et de la rue Neuve-du-Rempart, y menaient
le matin et en revenaient le soir; il y avait des parcs,
des jardins, de véritables châteaux, des maisonnettes,
des prairies où paissaient les bestiaux, des champs où
travaillaient les moissonneurs, des chaumières de
paysans, des rues non pavées, des sentiers circulant à
travers les herbes et des guinguettes où, le dimanche,
on dansait sous les grands arbres. Les fortifications
ont englobé le village et l'ont soudé à Paris, dont il

forme aujourd'hui une partie du xvi⁰ arrondissement
et le soixante et unième quartier. Encore un peu et ce
qui reste des ombrages d'autrefois aura disparu ; le
moellon a pris possession des vieilles allées, l'ardoise a
remplacé la cime fleurie des acacias ; où le crin-crin
des ménétriers a grincé, il y a des magasins de con-
fections pour dames et dans les clos que labourait la
charrue on a élevé des établissements hydrothérapiques
qui parfois servent de prison d'État.

Au numéro 40 de la rue La Fontaine s'ouvre la
maison fondée par l'abbé Roussel ; une porte latérale,
appuyée à la loge du portier, côtoie la grille par où
l'on pénètre dans une longue allée que rétrécissent des
bâtiments de construction récente. Au premier aspect,
ça ressemble à une usine ; c'en est une, en effet : la
blanchisserie de l'enfance contaminée. Là tout est
simple et d'apparence, pour ainsi dire, provisoire ; on
sent que l'on a été à l'économie, que l'on a ménagé les
matériaux et que l'on n'a demandé au plâtre, au pisé et
aux lattes que d'abriter ceux dont les arches de pont
étaient le toit, dont les bancs de nos promenades
étaient le lit, dont les tas d'ordures étaient le garde-
manger.

Pour les petits vagabonds qui sont venus là chercher
un asile contre la misère et un refuge contre eux-
mêmes, c'est un palais ; pour nous, pour notre espérance, ce n'est que le campement d'une étape, le bara-
quement transitoire que remplacera un édifice définitif.

Je me rappelle la mansarde de Jeanne Jugan, et je me
dis qu'il y aura des prodiges de charité pour les
enfants, comme il y a en pour les vieillards. La
maison d'administration est des plus modestes; le
parloir fait ce qu'il peut pour ressembler à un salon
et n'y parvient guère; à la muraille, je vois un bon
portrait de l'abbé Roussel entre deux de ses élèves;
sur un socle, le buste de Villemessant, ce n'est que
justice; sur des étagères, de gros albums contenant le
nom des protecteurs et des bienfaiteurs de l'œuvre.
L'enfant qui est entré là nu-pieds, décharné, dissolu
et qui sort instruit, solide, moralisé, n'a qu'à feuilleter
ces volumes pour savoir vers qui il doit diriger sa
gratitude. Beaucoup s'en inquiètent-ils? J'en doute; la
reconnaissance est une fleur qui se fane vite dans le cœur
de l'homme; elle ressemble peu à la rose des quatre-
saisons, elle n'est pas remontante.

Lorsque j'ai visité l'Orphelinat d'Auteuil pour la
première fois, les écoliers étaient en récréation après le
repas de midi. Je me suis mêlé à eux et je les ai regardés. Ils n'ont rien de commun avec les « fils de famille »
tirés à quatre épingles, bouclés, roses, vêtus de soie,
un tantinet ridicules, servant de poupées à leur mère,
sachant déjà choisir leurs relations et parlant anglais
avec leur gouvernante. Ce sont des enfants rudes et
dont le visage semble avoir été modelé par une main
brutale qui a laissé son empreinte. En pantalons de
toile où j'ai vu bien des pièces, en fortes chemises,

les cheveux coupés ras, les pieds chaussés de souliers ferrés, ils ne se ménagent guère et se roulent
sur le sable, sans souci de leur costume. A ce sujet,
nulle observation ne leur est faite : il faut que l'enfant soit libre dans ses jeux; à cette seule condition,
il obtiendra tout son développement physique; le
costume de l'enfant aux jeux doit être un costume
absolument sacrifié. Le «prends garde, tu vas déchirer
ta veste! » est d'une bonne ménagère, mais c'est la
parole d'une mère qui ne comprend rien à l'éducation
corporelle de son fils.

On serait mal venu, je crois, de morigéner les élèves
de l'Orphelinat d'Auteuil et de vouloir modérer leur
impétuosité. L'abbé Roussel, du reste, ne le tolérerait
pas; j'ai assez causé avec lui pour reconnaître que
l'homme de religion et de charité se double d'un pédagogue pour qui l'enfant, cet être inconsistant et multiple, a peu de mystères. Il sait qu'il est sage de laisser
l'écolier éteindre et mater la précocité de ses instincts
par l'exubérance de ses jeux; la fatigue, sinon l'épuisement qui succède à des exercices exagérés, est une
sorte de sécurité morale où le repos s'appuie sans
trouble et sans lutte. Il est hygiénique de harasser
l'enfant, on le sait à Auteuil, et je m'en suis aperçu.
La violence des jeux de ces gamins est extraordinaire.
J'assistais à la récréation de ceux qui ont déjà fait leur
première communion et sont considérés comme des
« anciens »; je pouvais donc constater chez eux le

résultat du système d'éducation qui leur est appliqué. On est obligé de n'en admettre qu'un nombre limité dans l'enceinte de la gymnastique; le trapèze, le tremplin, la poutre fixe, la poutre mouvante, la corde à nœuds, la corde lisse, le portique, exercent sur eux une véritable fascination.

Vestes bas et bras nus, s'encourageant, s'applaudissent, se huant, stimulant leur émulation, ils développent une intrépidité et une adresse que j'ai admirées et dont plus d'un gymnasiarque serait fier. Ils y mettent de la passion et cette vanité innée du voyou de Paris, qui, en rien, ne consent à se laisser surpasser. La force et l'agilité sont des qualités respectées dans le peuple; comme au temps d'Homère, on est parmi les premiers lorsque l'on ne fléchit pas sous un fardeau trop lourd; dans un monde où le coup de poing est l'argument suprême, la vigueur est une vertu. Les élèves de l'abbé Roussel font ce qu'ils peuvent pour être vertueux, et ils y réussissent.

Leur divertissement le plus cher, après la gymnastique, leur fait des bras infatigables et des mains aptes aux durs labeurs : ils soulèvent des haltères de fonte, ils ramassent des poids de vingt kilogrammes, et, le corps penché en arrière, les jarrets fléchis, la face congestionnée, ils les dressent jusqu'à la hauteur des épaules. J'ai vu là des enfants de quinze à seize ans se dépiter et devenir rouges de honte, parce qu'ils ne pouvaient porter une telle masse à bras tendu; les

plus âgés, ceux qui ont été recueillis aux premières
heures et qui d'apprentis sont devenus contre-maîtres,
ne dédaignent point cet exercice; ils le compliquent
et y déploient une force surprenante; ils saisissent les
poids, se les lancent mutuellement, les attrapent au
vol et restent immobiles, fermes sur les reins, malgré
la pesanteur du choc augmentée par la projection.

J'ai admiré la vigueur musculaire de ces petits
athlètes et j'estime que l'on fait bien de la développer.
Le soir, après une journée où les récréations ont été
employées à de tels tours de force, l'enfant ne rêvasse
pas, il ne songe qu'à dormir et il dort. En outre, l'abbé
Roussel, qui est un sage auquel la vie et la réflexion
ont enseigné l'expérience, ne cherche pas à faire de
ses pupilles des bacheliers, des savantasses, des « à-
peu-près »; il veut qu'ils soient des ouvriers vaillants,
façonnés aux pénibles besognes, résistant à la fatigue
et peu gênés pour manier le marteau du forgeron ou
virer une pièce d'artillerie. La violence de leurs jeux
est aussi une éducation professionnelle : ils y trouvent
l'énergie physique; quant à l'énergie morale, c'est le
prêtre qui la donne.

J'ai pu reconnaître combien les enfants qui résident
depuis quelque temps à l'Orphelinat d'Auteuil diffèrent
de ceux que l'on y a récemment admis. Autant les
premiers sont vivaces, bruyants, élastiques, autant les
autres sont mornes, silencieux et veules. A une heure
et demie, un coup de cloche annonça la fin de la

récréation; on reprit les vestes, on s'ébroua, on rangea les appareils mobiles du gymnase, et deux par deux on se rendit aux ateliers. Lorsque la cour fut libre, j'y vis entrer une cinquantaine d'enfants; ce sont les « nouveaux », ceux qui viennent d'être reçus dans l'asile et qui doivent vivre séparés de leurs aînés jusqu'à ce qu'ils aient fait leur première communion. Ils jouent peu; ils s'en vont les bras ballants, ne sachant trop que faire de leur liberté, sans entrain, comme en méfiance contre le mode d'existence qu'on leur offre. Appuyés contre un mur, les mains derrière le dos, le regard perdu, ils ont l'air de se bouder eux-mêmes et de n'oser remuer. Moment de transition qui ne durera pas; avant quinze jours on galopera sur la poutre fixe et on fera la culbute entre les barres transversales.

Parmi les nouveaux, les évasions ne sont pas rares; la régularité de la vie les déroute; se lever, manger, jouer, travailler, se coucher à des heures invariables, c'est pénible pour ces natures que le vagabondage a ballottées dans tous les hasards de l'imprévu; ce qu'ils ont fui, la veille, avec horreur, les sollicite aujourd'hui d'un attrait irrésistible; c'est un rêve qu'il faut ressaisir; une porte est entre-bâillée, ils décampent. L'équipée ne se prolonge guère; ils reviennent l'oreille basse, la mine déconfite, le ventre creux, ou ils sont ramenés par un sergent de ville qui les a découverts grelottant et pleurant sous une porte cochère. On les

sermonne un peu, pas bien fort, et l'on s'empresse de
leur donner à manger avant de les reconduire à la
classe ou au catéchisme. « Nul n'est gardé de force
dans la maison; » c'est là le premier principe de l'abbé
Roussel, principe excellent que les élèves n'ignorent
pas et qui les retient près de leur maître mieux que
les consignes, les portiers et les grilles. Lorsqu'un
enfant a passé seulement six semaines dans l'orphelinat, il est extrêmement rare qu'il cherche à se sauver.
La discipline, du reste, n'a rien d'excessif. Je deman-
dais à l'abbé Roussel de me montrer « les arrêts »; il
me rit au nez et me répondit : « Des arrêts! A quoi
bon? Je n'en ai pas besoin, nous ne sommes pas ici à
la Petite-Roquette. » — Bon abbé, je sais plus d'un
ancien collégien qui voudrait vous avoir eu pour
maître!

Dans la maison d'Auteuil, les récréations sont fréquentes; l'hygiène s'en trouve bien et l'intelligence en
profite. L'abbé Roussel a remarqué ce que les pédagogues ignorent ou feignent d'ignorer : la puissance
d'attention est très restreinte chez les enfants, surtout
lorsqu'elle est retenue sur le même objet. Une heure
de classe ou une heure d'étude, c'est à peu près ce
que supporte avec fruit une jeune cervelle; dépasser
cette limite, c'est fatiguer l'écolier en pure perte;
l'esprit est saturé, il n'accepte plus rien et exige du
repos. Or, pour l'enfant, le repos c'est le jeu et c'est
le mouvement. Qui ne se souvient des longues classes

du collège où, même pour les plus disciplinés, les plus ambitieux de récompenses, les plus ardents au travail, la voix du professeur n'arrivait aux oreilles que comme un bourdonnement indistinct et monotone sur lequel l'imagination brodait ses fantaisies? Cet inconvénient me semble évité, en partie, pour les élèves de l'abbé Roussel, auxquels la gymnastique permanente et la fréquence des jeux apportent un délassement intellectuel qui leur permet de reprendre le travail avec une attention soutenue. Cette méthode qui consiste à renouveler souvent les récréations serait bonne pour tous les écoliers, mais pour les pupilles d'Auteuil elle est indispensable; des enfants qui ont vécu comme des chats sauvages ne peuvent, du jour au lendemain, être doués de qualités de réflexion et de raisonnement que l'éducation la plus judicieuse est parfois incapable de donner. Le milieu dans lequel ils ont grandi, où ils ont développé les premiers instincts, leur a fait une nature spéciale qui exige des soins exceptionnels.

Ils arrivent de partout, les pauvres petits. Le vent a enlevé ces mauvaises graines sur des terrains en friche, les a portées jusque dans le jardin de l'abbé Roussel, et on les y cultive. Paris est le rendez-vous des déshérités de l'univers; ils viennent y tenter la fortune et s'y débarrassent de ce qui les gêne, surtout de leurs enfants. L'abbé Roussel le sait bien, lui qui les recueille et qui n'est pas difficile dans ses choix. Il y a là des Belges, des Brésiliens, des Nègres, des Russes; les pro-

vinces de France semblent avoir envoyé un spécimen
de leurs marmots; si chacun ne parlait que son patois,
ce serait la tour de Babel. Au milieu de cette foule, le
Parisien se distingue au premier coup d'œil; « le pâle
voyou » qu'a chanté Auguste Barbier se fait reconnaître; la bouche est ironique, le regard est impudent,
les membres sont grêles, mais agiles; il a « du son »
sur le visage et une manière de hausser les épaules qui
dénote un fonds d'imperturbable philosophie. On a
essayé de le poétiser et l'on a eu tort; c'est la fleur du
ruisseau et il en garde le parfum. J'ai examiné ces petites
frimousses : beaucoup sont spirituelles, quelques-unes
indiquent de l'intelligence; pas une n'est jolie, pas une
n'est régulière; plusieurs sont absolument laides et
quelques-unes ont été ravagées par la variole. La plupart de ces gamins portent des cicatrices à la tête,
souvenirs de la vie errante, blessures du vagabondage
qui, comme l'image tatouée sur le bras du malfaiteur,
constituent une preuve d'identité dont la trace sera
persistante.

Sous l'influence de l'abbé Roussel, les natures
abruptes ou déjà coudées s'adoucissent et se redressent;
quelque chose d'inconnu jusqu'alors — la tendresse
— les pénètre et les émeut; mais tous ne sont pas
immédiatement accessibles aux bons sentiments; ce
sont les sauvageons de la pépinière humaine : on a beau
les greffer, la puissance agreste subsiste et parfois
reste la plus forte. Impérieuse pour les animaux, la

loi de l'atavisme s'impose aussi à l'homme et dans des proportions considérables dont le moraliste doit tenir compte. Il y a là des enfants issus de générations mortes au bagne, car dans le monde du méfait on est voleur de père en fils; comment exiger qu'un tel « produit » ne soit pas empoisonné, dès la conception, de toutes les maladies morales dont ses ascendants ont été affectés? L'aliéniste regarde toujours vers l'héré- dité; le pédagogue doit imiter l'aliéniste [1].

« Où est ta mère? — Elle est en centrale. — Où est ton père? — Il est à la Nouvelle. » Le lecteur a-t-il compris? La mère a été condamnée à la réclusion : elle est à Clermont; le père est parmi les Canaques, dans nos bagnes, au delà des océans. L'abbé Roussel se trouve en face d'une double influence; il la neutra- lisera doucement, sans sévérité inutile, avec la bon- homie patriarcale qui est une de ses forces, et, de ce pauvre petiot issu de deux criminels, il fera un ouvrier alerte, joyeux à la besogne, passant devant les cabarets sans s'y arrêter. Pour entreprendre une œuvre pareille, ne s'en point décourager et la pour- suivre, il faut prodigieusement aimer les enfants. Réussit-on toujours à effacer la tache originelle et à baigner l'enfant dans une moralité si salutaire qu'il y perde les tares qui lui ont été léguées? Je voudrais

1. Voir dans *Le délire des persécutions*, par le docteur Legrand du Saulle (p. 77), l'observation du fils de Pépin, aliéné, frère d'aliénée, fils de régicide (attentat Fieschi).

l'affirmer, mais l'expérience me démentirait. Il en est parfois de ces malheureux comme des loups apprivoisés; on les croit adoucis pour toujours, on les conduit en laisse, on les mêle aux hardes de chiens; un cavalier tombe, ils se jettent dessus et l'attaquent à la gorge.

Parmi quelques exemples que je pourrais citer, il en est un que je ne veux point taire. Un enfant, un Parisien, avait vu son père assassiner son frère à coups de couteau. Il avait été saisi de peur et s'était sauvé. Il avait alors huit ans; pendant dix mois, il vagua à travers les rues; il ne manquait point de courage et s'efforçait de vivre : il rôdait autour des marchés, portait le panier des cuisinières, ramassait des bouts de cigares, et parvenait, avec toute sorte de métiers improvisés, à gagner vingt ou vingt-cinq sous par jour. Le soir, il s'en allait aux environs des petits théâtres, et, au dernier entr'acte, achetait une contremarque qui lui coûtait cinq sous. Il grimpait vers ces hautes régions que le langage populaire a surnommées le paradis, se glissait sous une banquette au moment de la sortie des spectateurs et y passait la nuit. A l'aube, il courait chercher provende aux environs du carreau des Halles.

Un soir de pluie, qu'il n'avait pas mis en réserve ce qu'il appelait « son spectacle », il pénétra dans une maison en construction et se coucha sur un tas de sacs de plâtre garantis par une bâche. Malgré le soin qu'il avait pris de se dissimuler, il se déplaça en dor-

mant et découvrit un de ses pieds. Une ronde de police
l'aperçut, l'arrêta et le fit conduire au Dépôt près de la
préfecture de police. Le juge d'instruction fut touché
du sort de cet enfant qu'un crime avait chassé de la
maison paternelle et auquel, en somme, on n'avait rien
de grave à reprocher. Au lieu de l'envoyer à la Petite-
Roquette, il le confia à l'abbé Roussel. Peut-être le
changement fut-il trop brusque. L'écolier ne se pliait
guère, la classe l'ennuyait, la vie vagabonde le sollicitait; cinq fois il s'évada et cinq fois il revint de lui-
même. L'abbé Roussel lui disait : « Tu as bien fait de
rentrer au bercail; tu verras que tu finiras par t'y
accoutumer. » Il s'y accoutuma, en effet, et l'on crut
qu'il était sauvé.

Il était intelligent, de vive allure et bien découplé.
Un homme charitable, qui, je crois, est un des protecteurs de l'orphelinat, prit cet enfant à son service et
en fit un groom. Sa conduite fut bonne et tellement
régulière que toute défiance s'évanouit. Un jour que
son maître lui avait donné un bijou de prix à porter
chez un bijoutier, il disparut. La loi de l'hérédité a été,
cette fois, plus forte que le bon vouloir de l'abbé Roussel.
L'âme du père, endormie chez l'enfant, s'est réveillée
chez le jeune homme et l'a poussé au vol. On ne l'a
jamais revu; la police le saisira tôt ou tard et la prison
se refermera sur lui. Si, dans ses courses, il a passé
devant la maison de l'abbé Roussel, s'il a regardé la
longue allée où il courait avec ses camarades, s'il a

reconnu le clocher de la petite chapelle où il a com-
munié, soyez certain que son cœur a battu et qu'il s'est
détourné en pleurant. Si criminel que soit un homme,
le souvenir des heures innocentes ne le laisse jamais
impassible; j'ai vu plus d'un assassin sangloter en
parlant de son enfance.

Quelques enfants ont une raison extraordinaire et
donnent des preuves de virilité que l'on n'aurait pas
attendues de leur âge. Un ouvrier veuf vivait avec son
fils âgé de neuf ans au fond du vieux Vaugirard; chaque
matin, le père, au moment de partir pour l'atelier, remettait à son enfant huit sous et lui disait : « Voilà
pour ta journée. » Quarante centimes pour subvenir
aux repas, c'est peu. Le pauvre petit ne savait que
faire; il se promenait dans les rues, faisait une partie de billes avec des camarades de rencontre, n'apprenait rien, ne savait ni A ni B et s'ennuyait. Le hasard
de son vagabondage le mit en rapport avec un évadé de
l'Orphelinat d'Auteuil; il entendit parler d'un asile où
l'on mangeait à sa faim, où l'on était « éduqué », où
l'on devenait apprenti. Sa résolution fut subite; il alla
trouver l'abbé Roussel et lui dit : « Voulez-vous me
prendre? » Tout de suite on lui fit sa place; il l'a bien
occupée et fut de bon exemple. Le père y trouva son
compte : un fils de moins et huit sous de plus, c'est
tout bénéfice.

Les enfants qui se présentent d'eux-mêmes et demandent un asile que l'abbé Roussel ne refuse jamais sont

rares. On ne peut s'en étonner ; il est bien difficile
qu'un petit être de douze ans comprenne le danger de
la vie errante, l'avantage de la vie disciplinée, la moralité de la vie laborieuse. « Singes laids et étiolés, a
dit Chateaubriand, libertins avant d'avoir le pouvoir de
l'être, cruels et pervers, » presque tous ces enfants,
abandonnés ou perdus, sont racolés par des vauriens
habiles au vol qui les initient à leurs débauches, les
abrutissent d'absinthe, les dépravent et en font leurs
« moucherons », c'est-à-dire des sentinelles avancées,
veillant à ce qu'ils ne soient pas surpris pendant l'exécution de leurs méfaits. Souple comme une anguille,
rusé, hardi jusqu'à la témérité, le gamin de Paris est
un redoutable auxiliaire pour les voleurs adultes, qui
le recherchent, le choient, excitent sa vanité et le manient, à l'heure du crime, comme un instrument de
précision.

Quand un enfant s'est mêlé à ces bandes néfastes,
quand il s'est enorgueilli de sa première mauvaise action, il fait partie de l'armée de la révolte ; il ne la
quittera plus. Pour qu'il aborde au refuge de l'abbé
Roussel, il faut qu'il y soit envoyé par un magistrat
compatissant qui espère qu'un traitement d'orthopédie
morale pourra redresser une nature déjà bossuée par
le vice. Beaucoup d'enfants sont dirigés sur l'Orphelinat
d'Auteuil par les juges du petit parquet, qui ont à prononcer sur les délits de droit commun, tels que faits de
vagabondage, de tapage nocturne ou de gaminerie

ayant troublé le repos public. Les archives de l'abbé Roussel gardent les lettres des magistrats qui demandent l'admission d'un enfant. Le nombre en est considérable, et plus d'une serait à citer à l'honneur de ceux qui les ont écrites. Ai-je besoin de dire que la porte de l'orphelinat est hospitalière et qu'en pareil cas elle est toujours ouverte? « Ce diable d'homme, me disait-on, porte préjudice à la Petite-Roquette. » Heureusement! Le jour où cette sinistre prison sera détruite pour n'être pas remplacée, il y aura du soulagement au cœur de ceux qui l'ont visitée. Les enfants qui l'ont traversée sont reconnaissables; ils en ont gardé quelque chose de farouche; ils ressemblent à des loups captifs qui se blottissent au fond de leur cage; pour eux, l'abbé est le *meg* et Dieu est le *grand dab;* ils ont appris le langage des chiourmes, et il leur faut du temps pour l'oublier.

Ils ne sont point nombreux à l'orphelinat; leurs parents avaient obtenu contre eux, du président du tribunal de première instance, une ordonnance de correction paternelle; ils ont séjourné dans les mornes cellules, glaciales en hiver; on les en a tirés et on les a conduits chez l'abbé Roussel, où rien ne ressemble à la geôle qu'il ont habitée. Là, sous l'influence des bons traitements, de la gaîté de leurs camarades, des récréations bruyantes et du travail approprié, leur récalcitrance s'éteint, leur émulation s'éveille et l'ancien petit détenu devient parfois un excellent ouvrier. Ceux-là

doivent à l'abbé Roussel une inviolable gratitude; il
les a repêchés du milieu du cloaque, il les a nettoyés,
purifiés, outillés, sauvés; il a fermé pour eux la porte
des répressions et leur a ouvert celle de la vie honorable; c'est là un acte de paternité active qu'ils feront
bien de garder en mémoire.

La préfecture de police, dont l'action est la plus sérieuse, pour ne pas dire la seule sauvegarde de Paris,
surveille le vagabondage et, autant qu'il lui est permis
par les lois, le refrène et cherche à le diminuer. Elle a
des dépôts pour la mendicité impotente et caduque,
elle n'en a point pour l'enfance abandonnée; elle n'a
même pas la maison de correction de la Petite-Roquette,
qui ne reçoit que l'enfant condamné en vertu d'un jugement ou enfermé par ordre du président du tribunal. Elle n'a donc d'autre ressource que de traduire
le délinquant devant les magistrats; elle hésite, car,
suivant la formule des lettres de grâce, « elle préfère
miséricorde à rigueur de loi. » Elle sait bien qu'à
moins d'un miracle, l'enfant qu'elle envoie en police
correctionnelle et qui de là s'en va à la Petite-Roquette
est un être à jamais perdu pour les bonnes mœurs et
pour la probité. Elle écrit à l'abbé Roussel : « L'enfant
a douze ans, il est errant depuis six semaines, le père
est mort, la mère a disparu : des agents l'ont arrêté
hier aux Halles, en voulez-vous ? » L'abbé Roussel répond : « Expédiez-le-moi tout de suite; » et voilà un
pensionnaire de plus, un peu ahuri et désorienté pen-

dant les premiers jours, mais surpris de manger régulièrement et de dormir sans crainte d'être réveillé par
un sergent de ville. Jamais un enfant, si jeune qu'il
soit, qui a subi un jugement et a été frappé d'une con-
damnation, n'est adressé à l'abbé Roussel, car on sait
qu'il refusera de le recevoir. Sous ce rapport, il est inflexible; il accueille avec empressement le vagabond,
le vaurien, l'égaré; il rejette le voleur, et fait bien. Ce
médecin soigne les maladies sporadiques et ne peut les
guérir qu'à la condition de les tenir en quarantaine,
loin des maladies contagieuses.

Des parents plus avisés que bien d'autres, ne sachant
plus comment se rendre maîtres de leurs enfants cou-
reurs et brutaux, les amènent à l'abbé Roussel, qui les
reçoit gratuitement lorsque la pauvreté est manifeste
et qui, dans le cas contraire, exige une rétribution va-
riant entre dix et trente francs par mois, rétribution
aléatoire et qu'il n'est pas rare de voir promptement
cesser. Ces enfants-là sont les plus durs à manier.
L'existence disciplinée leur pèse, ils regrettent la maison maternelle et cette liberté qu'ils savaient y con-
quérir pour en faire de la licence et même du dévergon-
dage. Quand leurs parents viennent les voir, ils pleurent, ils trépignent, ils veulent quitter l'école, qui les
« embête ». L'un d'eux disait à sa mère : « Vieille vache!
je te crèverai si tu ne me fais pas sortir de la boîte! »
La mère pleurait : « Ah! monsieur l'abbé, ne le ren-
voyez pas, il est capable de m'assassiner. » L'abbé

Roussel ne renvoie jamais ses élèves, et quand il les reconnaît atteints de bestialité, il redouble de soins, parvient à les amollir, à réveiller la vie de leurs sentiments atrophiés et les rend à l'humanité.

Quand un évadé revient ou est ramené, il lui dit : « Ah! te voilà, toi! Je parie que tu n'as pas déjeuné; va à la crédence, tu demanderas un morceau de pain et du fromage. » Le lendemain il l'envoie porter une lettre à la poste d'Auteuil; il n'est pas d'exemple que l'enfant ne soit rentré à l'orphelinat après avoir fait la commission. Il en est fier, il dit à l'abbé : « Me voilà ! » L'abbé lui tire doucement l'oreille : « Je sais bien que tu es un honnête garçon. » Parmi ses pupilles, l'abbé Roussel en avait un qui avait la manie de s'enfuir; six fois il s'était sauvé, six fois il avait été repris ou, chassé par la misère, était revenu volontairement. L'abbé lui confia la garde de la grille, avec consigne de s'opposer aux évasions : « Je connais ça, personne ne filera ! » En effet, personne ne « fila », lui moins que les autres. Faire appel aux instincts droits, aux sentiments chevaleresques de l'enfance, c'est bien souvent lui inspirer le respect de soi-même et le goût du devoir.

Les personnes charitables qui, moyennant un capital versé ou un revenu déterminé, ont concouru à la création de l'orphelinat et y ont « fondé des lits », ont le droit d'y faire élever les enfants qu'elles protègent. Ces enfants sont ordinairement des fils de gens de service morts sans laisser d'économies. Ils sont, en géné-

ral, bons sujets et semblent avoir reçu de leurs parents
une soumission native qui se façonne aisément à la
discipline. Leurs bienfaiteurs ne se croient pas quittes
envers eux parce qu'ils les ont placés chez l'abbé Roussel; ils les suivent, les encouragent, les font sortir
pendant les congés et interviennent souvent, lorsque
l'apprentissage est terminé, pour les aider à s'établir et
rendre productif l'outil qu'on leur a mis en main. Ces
provenances diverses que je viens d'énumérer sont
comme des sources qui coulent vers la maison d'Auteuil et la remplissent; elle est pleine, car le vagabondage et l'abandon ne chôment jamais. Cela n'arrête
guère l'abbé; il y a dans son cœur place pour tous les
petits qui n'ont pas d'asile.

Dans ses courses, il cherche de l'œil les enfants qui
peuvent avoir besoin de lui. On crie : « Mouron pour
les petits oiseaux! » L'abbé aperçoit un gamin d'une
dizaine d'années. « Combien gagnes-tu dans ta journée?
— Cinq ou six sous. — Où est ton père? — Je ne sais
pas. — Où est ta mère? — Je ne sais pas. — Veux-tu
faire quatre repas tous les jours, dormir dans un lit,
avoir des camarades, apprendre à lire et savoir un métier qui te fera gagner de l'argent? — Oui. — Donne-
moi la main et viens avec moi. » L'abbé rentre à l'orphelinat avec une nouvelle recrue; on est déjà bien
serré; bath! on se pressera davantage, on trouvera
place à la table, place au dortoir, et voilà encore un
petit qui sera sauvé! Il sera sauvé aussi celui que j'ai

vu me regardant d'un air narquois pendant qu'il jon-
glait avec trois balles. On l'a trouvé au milieu d'une
troupe de saltimbanques qu'il avait suivie; demi-nu, le
corps peinturluré, la tête empanachée de plumes, il
jouait bien son rôle, mangeait des pigeons crus, avalait
des étoupes enflammées, hurlait des vocables inconnus
et représentait « le jeune anthropophage des rives de
l'Amazone ! »

L'œuvre de salut entreprise par l'abbé Roussel est
de toutes les minutes, il n'y a jamais failli. Il a en lui
quelque chose d'infatigable qui est toujours en quête
de labeur. Il faut qu'il aille en avant, poussé par son
amour des enfants, par sa pitié pour les jeunes souffrances. Instinctivement ces petits comprennent ou du
moins devinent le dévouement qui les enveloppe, étaye
leur nature chancelante, leur donne le pain du corps
et celui de l'esprit, veille pendant qu'ils dorment, jeûne
lorsqu'ils mangent et s'en va, frappant de porte en
porte, pour leur assurer l'indispensable. Aussi ils
aiment leur maître; quand il paraît au milieu d'eux
dans les cours de récréation, ils quittent leur jeu, s'en
approchent, lui prennent la main, l'entourent, se frot-
tent à lui comme de jeunes animaux nouvellement
apprivoisés. Ils ont un mot : « Bonjour, papa Roussel ! »
qui est un aveu d'affection, car l'abbé n'a rien du papa,
au sens familier du mot, rien de vieux, rien de rebondi,
rien de « ganache » ; tant s'en faut, il est robuste
comme un chêne; ses cheveux bruns, son regard bleu

plein d'éclairs de tendresse, son sourire sans banalité,
lui gardent plus de jeunesse que son âge ne le comporte;
sa carrure et ses larges épaules me font penser qu'il
ne serait point en peine, si on lui lançait un poids de
vingt kilos, de le saisir, lui aussi, à la volée, et de le
porter à la force du poignet. J'imagine que cette apparence vigoureuse n'est pas sans influence sur le prestige
qu'il exerce et que sa bonhomie a fortifié dans le cœur
de ses élèves. Il les tutoie tous, vit près d'eux, avec eux,
pour eux ; il les mène paternellement, gaîment et se
moque de ceux qui se plaignent. Si l'un de ces galo-
pins refuse d'avaler sa soupe, sous prétexte qu'elle est
mauvaise, l'abbé la prend, la mange, fait claquer sa
langue et dit : « Ma foi, je l'ai trouvée fort bonne ! »
Avec un tel maître, il est difficile de bouder longtemps.

III. — LES ATELIERS.

Malpropreté. — Six mille enfants. — Le décret du 19 janvier 1811. — Le jardin. — Le raccommodage. — Les cordonniers. — Les menuisiers. — La forge. — Les mouleurs. — L'imprimerie. — Les journaux. — Les travaux faciles. — Les bons métiers. — Mauvais propos. — Doit et avoir. — La dépense. — Les bains froids. — Quatre-vingt pour cent. — Les parents. — Influence néfaste de la famille. — « Il faut que l'enfant rapporte. » — Les moyens d'existence. — Bénéfice perdu. — Le jour de congé. — La puissance paternelle. — Opinion de la Société des agriculteurs de France. — La maison est trop petite ; elle est trop pauvre. — La dîme du succès. — Les patrons futurs. — Les fondateurs d'œuvres secourables. — Le devoir de la charité.

La maison est grande ; elle est neuve et déjà paraît vieille, tant les matériaux dont elle est construite sont légers, et tant le petit peuple qui l'habite, mû par l'instinct destructeur de l'enfance, la détériore et la souille. Elle est du reste en cela semblable à bien des pensionnats de haut renom. Lorsque le seigneur d'Anglure, pèlerin champenois, visita l'Égypte au quatorzième siècle et pénétra dans la grande pyramide, il déclara que c'était « un lieu moult malflairant ». J'en pourrais dire autant de quelques endroits de l'Orphelinat d'Auteuil et le lecteur me comprendra sans que j'aie à m'expliquer. Le petit Français est en général d'une saleté révoltante et les élèves de l'abbé Roussel n'échappent point à ce privilège de la race latine. Je connais un Anglais qui voulut faire élever son

fils à Paris. Il parcourut successivement nos lycées et
mit son enfant en pension à Cantorbéry. L'aspect et
l'infection de certains cloaques, qui ne manquent dans
aucun collège, l'avaient à jamais dégoûté de l'éducation
française. C'est là un inconvénient qui n'a rien d'im-
périeux et auquel il serait facile de remédier. Les
pédagogues, quels qu'ils soient, devraient savoir que
les soins extérieurs, que les ablutions multipliées sont
indispensables à la santé de l'enfant, et qu'il vaut
mieux passer une demi-heure à se débarbouiller que
d'employer cinq minutes à apprendre que *cornu* est
indéclinable; ils devraient savoir également que la
propreté est l'emblème visible de la moralité. Sous ce
rapport, les petits vagabonds qui ne s'étaient lavé les
mains que dans le ruisseau, ont besoin, dès qu'ils
sont entrés à l'orphelinat, de recevoir un supplément
d'instruction. Le savon est un instrument scolaire dont
il est sage d'abuser.

En gravissant les escaliers étroits, en traversant la
cuisine, en jetant un coup d'œil aux dortoirs et aux
classes, on comprend que l'abbé Roussel, condamné à
l'économie forcée, n'a pas été maître de donner à la
maison l'ampleur qu'il avait rêvée. Patience! cela
viendra; le développement d'une œuvre ne dépend pas
de l'exiguïté de son berceau, elle dépend de son utilité,
de son action secourable, du salut dont elle contient le
germe. Or l'œuvre de l'abbé Roussel est indispensable
et elle croîtra parce qu'elle s'impose comme une néces-

sité sociale. Qu'importe si la chapelle n'a rien de monu-
mental? on y prie Dieu aussi bien qu'ailleurs; si le
réfectoire est obscur, si la classe n'est chauffée que par
un poêle en fonte? si l'infirmerie n'a pour préau qu'un
toit en zinc? La maison n'en est pas moins hospitalière
et féconde; depuis qu'elle existe, elle a recueilli,
abrité, nourri, moralisé, dressé au travail plus de
6,000 enfants qui, sans elle, rôderaient aux barrières,
ronfleraient sous la table des cabarets et peut-être
habiteraient malgré eux Melun ou Clairvaux. C'est là
le résultat qu'il faut admirer, sans se soucier s'il a été
obtenu dans des maisons en pierres de taille ou sous
des murs en torchis.

Le recrutement pour l'orphelinat se fait, en général,
parmi les enfants qui ont atteint leur douzième année,
car, à cette heure de la vie, ils ne doivent plus compter que sur eux-mêmes. Ceux que l'Assistance publique
avait soutenus jusque-là en sont repoussés. « Tu as douze
ans, tu t'appartiens; vis ou meurs, sois probe ou filou,
cela ne me regarde plus. » Je n'exagère rien. En inter-
prétant le décret du 19 janvier 1811 sur les « enfants
trouvés, abandonnés, orphelins ou pauvres », l'Assistance publique a inscrit l'article 19, qui est ainsi conçu :
« Les enfants au-dessus de douze ans ne sont plus admis à la charge du budget départemental[1]. » L'abbé

---

1. Ceci n'est plus rigoureusement exact; l'Assistance publique, que
l'on ne saurait trop louer en cette circonstance, a rompu avec son ancien
règlement. Depuis le 1er janvier 1881, elle a installé un nouveau ser-

Roussel se substitue aux défaillances administratives ; ceux dont la société ne veut plus, il les recherche, les trouve et les garde ; pour lui, il n'y a pas de limite d'âge, car il n'y a pas de limite de misère. Aux petits il ouvre l'école, aux plus grands l'atelier, à tous il offre l'adoption.

Les enfants travaillent ; dès qu'ils ont reçu une instruction élémentaire et qu'ils ont fait leur première communion, ils entrent dans les ateliers. Une vingtaine d'élèves choisis parmi les plus robustes et parmi ceux qui, jusqu'à ce jour, ont vécu à la campagne, sont employés à ce que l'on nomme un peu emphatiquement l'agriculture ; il serait plus exact de dire le jardinage. Un vaste terrain vallonné, séparé des cours de récréation par une barrière en bois, appartient à la maison et a été converti en un jardin que cultivent les écoliers sous la direction d'ouvriers habiles. Là on n'impose pas seulement à ces enfants des travaux de manœuvre, ils font autre chose que de ratisser les allées, de porter les arrosoirs de cuivre, de relever une plate-bande ou creuser une rigole. On leur enseigne à greffer, à tailler les arbres ; on leur apprend la différence des terres lourdes et des terres légères, à quelles plantes

vice au profit des enfants *moralement* abandonnés ; elle les recueille, entre douze et seize ans, et les place, soit à Villepreux, dans une école d'agriculture, soit à Montevrain (Seine-et-Marne), dans un atelier d'ébénisterie. Les résultats obtenus dans ces deux établissements, créés à l'aide du budget départemental de la Seine, paraissent jusqu'à présent répondre aux prévisions les meilleures.

elles conviennent, l'époque des semailles, le choix des
espèces et l'art de faire produire sans épuiser. Là l'ancien vagabond retrouve quelque chose de sa vie en
plein air et devient souvent un maître en son métier.

A l'extrémité du jardin s'élève un chalet de bonne
apparence, en bois bituminé, sur un massif de pierre
meulière. J'y suis entré et j'y ai trouvé la charité au
travail. Des religieuses de l'ordre de l'Enfant-Jésus,
attachées à l'orphelinat, et quelques dames des quartiers voisins, visitent les vêtements, cousent le linge,
raccommodent les nippes des élèves et réparent, autant
que possible, ce que la gymnastique, le saut de mouton,
la culbute et les coups de poing ont endommagé. C'est
le tonneau des Danaïdes : quand on a pansé les blessures
d'un pantalon, il en arrive dix qui sont en loques.
Parmi les dons en nature qui sont adressés à la maison
d'Auteuil, les vieux vêtements ne sont point dédaignés ;
on les rajeunit tant bien que mal, on les réduit à des
dimensions convenables, et on en habille les enfants.
Ça fait des costumes un peu bigarrés, costumes de jeu,
costumes de classe, qui, le dimanche et les jours fériés,
sont remplacés par un uniforme.

Vingt cordonniers tirent le fil poissé et ajustent le
cuir sur la forme de bois. Ils sont adroits, et le contre-
maître en remontrerait à saint Crépin. Les œuvres charitables se soutiennent entre elles ; les communautés
religieuses sont les clientes de la cordonnerie des orphelins d'Auteuil, et plus d'un bienfaiteur de la mai-

son ne se fournit pas ailleurs; c'est encore un moyen
de protéger les enfants que de ne les point laisser manquer de travail. Quatorze tailleurs, les jambes croisées
sur l'établi et le dé au doigt, maniant la courte aiguille, seront peut-être plus tard des « pompiers » recherchés par les coupeurs à la mode. Dix menuisiers
marchent au milieu des copeaux frisés ; les plus jeunes
rabotent le sapin, les plus âgés ont l'honneur de raboter
le chêne. Douze serruriers forgent, liment, assemblent
les barreaux des lits en fer et font mouvoir la machine
à tarauder. Le maître forgeron avait placé une barre
rouge sur l'enclume; il la martelait et lui donnait la
forme; le petit compagnon, — celui que l'on appelle
le souffleur ou le cachalot, — avait saisi son frappe-
devant et à grands coups il battait le fer, qui lançait
des étincelles ; du revers de la manche il s'essuya le
front, il était en sueur, et glissa vers moi le
regard orgueilleux d'un enfant qui a bien accompli
une tache au-dessus de ses forces. Quatre cuisiniers
épluchent les carottes, pèlent les pommes de terre et
surveillent les marmites. Si jamais ceux-là deviennent
chefs de Brébant ou de l'hôtel du Louvre, j'en serais
surpris, car l'éducation première ne les y aura pas
destinés. Quatre mouleurs apprennent à modeler la
terre glaise, à réparer les « coutures » et font preuve
d'habileté dans la confection des statuettes de sainteté,
qui, entre deux bouquets de fleurs, orneront l'autel des
petites églises de village ; ils sont peintres aussi et en-

luminent les Christ, les Vierge et les saint Joseph, emblèmes visibles de croyances abstraites.

Le grand atelier de l'Orphelinat d'Auteuil est un établissement considérable. C'est une imprimerie, à laquelle sont annexés un atelier de fonderie de caractères et un atelier de brochure-reliure. Dans ces divers travaux, cent vingt-sept enfants sont occupés; la « composition » seule en réclame cinquante-cinq. Là tout est actif et silencieux; debout devant sa « casse », la « copie » sous les yeux, le composteur en main, les petits typographes « lèvent la lettre »; le prote les surveille, il est à la fois leur maître et leur professeur. La besogne ne languit pas, et les presses, mises en mouvement par une machine à vapeur, sont servies avec régularité. Les enfants que j'ai regardés travailler ont déjà de l'adresse et de la rapidité dans le geste; commencé de si bonne heure, à treize ou quatorze ans, l'apprentissage sera fructueux; il initie celui qui le reçoit à toutes les finesses du métier et lui donne une agilité extraordinaire; aussi l'on peut assurer, dès à présent, que les ouvriers imprimeurs formés à l'école de l'abbé Roussel seront facilement embauchés plus tard et ne seront point en peine de gagner leur vie. Pour alimenter l'imprimerie et n'avoir point de chômage à subir, l'abbé Roussel a créé deux journaux, *la France illustrée* et *l'Ami des enfants*, qui, je n'ai pas besoin de le dire, ne font pas leurs frais, car on n'y parle que de moralité, de vertu, on n'y cite que de

198 L'ORPHELINAT DES APPRENTIS.

nobles exemples et on en écarte tout ce qui n'est pas
un appel aux sentiments généreux dont l'enfance peut
être virilisée.

Si j'ai réussi à faire comprendre de quels métiers
se compose l'école professionnelle de l'Orphelinat d'Auteuil, on a vu que ce ne sont que des métiers sérieux,
permanents, pour ainsi dire d'utilité constante, et par
cela même assurant le travail à celui qui les possédera.
· J'insiste sur ce point, qui dénonce les intentions dont
l'abbé Roussel a été animé lorsqu'il s'est décidé à par-
faire des ouvriers et non pas seulement à ébaucher des
apprentis. Les entrepreneurs de travaux faciles n'ont
point manqué de lui adresser des propositions : il les a
repoussées ; on a essayé de le tenter en lui montrant
l'appât des bénéfices à l'aide desquels il pourrait soutenir son œuvre de charité : il a secoué la tête et a refusé
toute combinaison dont l'avenir de ses orphelins n'aurait pas à profiter d'une façon durable.

De quoi s'agissait-il ? D'assimiler en quelque sorte la
maison d'Auteuil à une maison de correction et d'imposer aux enfants une besogne qui n'a point besoin
d'apprentissage, dont l'utilité est illusoire et qui ne
peut jamais être un gagne-pain assuré. En moins de
huit jours un enfant devient habile à la fabrication des
chaînettes, des éventails en papier, des boîtes en carton, à l'assemblage des cahiers d'écolier, à la reliure
des calepins, à la frappe des boutons de cuivre : on le
sait bien à la Petite-Roquette, où les jeunes détenus

sont employés à ces bimbelots ; mais les jeunes détenus savent aussi que ce n'est point là un état qui pourvoit aux nécessités de la vie, et plus d'un de ces malheureux, qui a passé deux ou trois ans à coudre ensemble des feuilles de papier ou à boucler des fils de laiton, en est réduit à se faire terrassier ou coltineur pour ne point mourir de faim.

En recueillant le vagabond, en lui donnant de l'instruction, en le ramenant à la dignité d'homme dont il s'écartait, l'abbé Roussel acceptait charge d'âmes. Il n'a pas répudié le fardeau et le porte avec vaillance. Il négligea son intérêt, n'eut en vue que celui de ses pupilles et, au risque de ce qui pourrait advenir, ne voulut introduire dans sa maison que des métiers graves dont l'apprentissage est lent, mais dont l'exercice et la rémunération n'offrent pas trop d'aléa. Le résultat était facile à prévoir et avait été prévu ; on s'est fié à la charité humaine ; la charité n'a point été sourde, elle a répondu. Les ateliers coûtent plus qu'ils ne rapportent, j'entends ceci au sens matériel du mot, car au sens moral le bénéfice est inappréciable. Les apprentis qui sont à Auteuil auront le loisir de s'en convaincre plus tard ; plus d'un en doute aujourd'hui. Ceci est douloureux et je ne dois pas le cacher.

Dans le monde où l'abbé Roussel ramasse ses élèves, la bienveillance ne paraît pas être la vertu dominante ; dans ces cœurs que la paresse, l'ivrognerie, ou des circonstances néfastes ont souvent fait souffrir, il y a un

fonds d'envie qui fermente et bouillonne. Pour certains
écoliers, et surtout pour certains parents, il est admis
que l'abbé Roussel tire bénéfice du travail des enfants.
On connaît le thème : exploitation de l'homme par
l'homme, tyrannie du capital, le tout assaisonné de
quelque sueur du peuple. Tel individu dont le fils a été
recueilli par charité s'en va répétant ces vieilles sor-
nettes et affirme qu'à l'Orphelinat des Apprentis
les maîtres font fortune en accaparant le produit du
travail des élèves. Il est puéril, je le sais, de rétorquer
de telles balivernes ; il est superflu, je le sais encore,
de s'imaginer que l'on fera taire la calomnie, mais la
vérité est toujours bonne à dire, et je la dirai. J'ai vérifié la comptabilité de la maison d'Auteuil, et j'en
pourrais communiquer les chiffres au lecteur, atelier
par atelier ; ce serait fastidieux ; un total d'ensemble
suffira.

En 1882, les ateliers, y compris *la France illustrée*
et *l'Ami des Enfants*, ont coûté 29,645 fr. 75 centimes ;
ils ont rapporté 27,294 fr. 60 centimes ; perte sèche :
2,351 fr. 15 centimes. C'est là le bénéfice ordinaire de
la charité. Sans la bienfaisance qui l'a secouru et qui
le secourt, l'Orphelinat d'Auteuil se verrait contraint
par ministère d'huissier de fermer ses portes et de
rendre à la rue le vagabondage qu'il en a arraché.
La proposition n'a rien d'excessif, il est aisé d'en faire
la preuve. Les dépenses totales pour l'année 1882 ont
été de 211,753 fr. 50 centimes, qui ont pourvu à l'ha-

billement, à la subsistance, à l'instruction de trois
cents enfants. Chacun d'eux exige une dépense quotidienne de 1 fr. 77 centimes, qui s'élève à 1 fr. 94 centimes si l'on y ajoute les frais d'entretien de la maison.
En résumé, l'on peut dire que le produit des ateliers
suffit à peine à couvrir le prix de la main-d'œuvre des
ouvriers chargés de l'éducation professionnelle des apprentis [1].

Pour arriver à ne dépenser par jour et par élève que
1 fr. 77 centimes, il faut des prodiges d'économie ; il
faut, comme dans d'autres œuvres secourables, tirer
parti de tout, des vieux vêtements que la commisération envoie, des couvertures qu'elle donne, du linge
qu'elle expédie. Tout est calculé pour ne point dépasser
un budget dont l'équilibre serait rompu par la plus
légère imprévoyance ; une dépense de 5 centimes
par jour et par élève, qu'est-ce que cela ? Nous en sou-
rions ; au bout de l'année, on se trouverait en présence
d'un déficit de 5,475 francs et peut-être n'arriverait-on
pas à le combler. En été, la dépense est tout à coup
augmentée dans des proportions redoutables ; il faut
mener les enfants aux bains froids ; cet exercice est
pour eux le plus apprécié et le plus salubre de tous ; on
a obtenu une réduction notable, on y va à moitié prix :
10 centimes par écolier trois fois par semaine ;
quand arrive l'automne, on s'aperçoit que le plaisir de

1. Voir *Pièces justificatives*, n°ˢ 5 et 6.

la natation coûte cher, mais on ne le regrette pas, car on
sait que la santé des enfants en a profité ; on se contente de redoubler de parcimonie. Autrefois, le jeudi et
le dimanche, on servait du dessert sur la table, on y a
renoncé ; c'était trop coûteux et pas assez substantiel.
Je crois cependant qu'en certaines circonstances on ne
recule pas devant quelque confiture ; du moins, j'ai vu
dans la cour une voiture chargée de pots de raisiné.
Malgré « les fondations de lits », — 100,000 francs, —
malgré le produit de la pension des enfants payants, —
24,600 francs, — la maison d'Auteuil a eu, en 1882,
un excédent de dépenses de 87,183 fr. 50 centimes,
qui a été couvert par le produit des dons, des quêtes,
des sermons et des ventes de charité. Il est bien placé
l'argent qui préserve des enfants et fait des hommes.

J'ai dit que l'abbé Roussel, depuis que son œuvre a
pris naissance, avait recueilli, réconforté, guidé plus
de 6,000 enfants ; les a-t-il tous sauvés, au sens absolu
du mot ? Non ; mais on peut affirmer, sans crainte
d'être démenti par les faits, que sur cent enfants qui
ont séjourné à l'orphelinat et y ont terminé leur apprentissage, quatre-vingts resteront dans la voie de la
probité. Tous, certainement, ne conserveront point
intactes leurs croyances religieuses, tous n'iront pas à
la messe le dimanche et ne feront point leur prière le
soir avant de se coucher ; mais ils ne demanderont
qu'au travail le droit de vivre, ils aimeront le métier
qu'on leur a enseigné, ils n'insulteront pas le prêtre

qui passe dans la rue, le commissaire de police ne connaîtra pas leur nom.

Les vingt autres retomberont en péril. Lorsque le grain est semé sur le roc ou dans la fange, il se dessèche ou il pourrit. Pour ceux-là, la germination ne s'est point faite ; on les avait enlevés au mal, le mal les ressaisira, et ils iront grossir la tribu lamentable que les tribunaux recherchent, que les geôles réclament, qui, aux jours de paix publique, font état d'escrocs et de voleurs, qui, aux jours de fièvre furieuse, brûlent les villes et tuent les otages. En sortant de la douce maison où l'on a essayé de les imprégner de bien, ils reprendront la vie sans frein qu'ils ont aimée aux jours de leur enfance ; ils soutiendront quelque fille qui les nourrira de ses vilenies, ils s'embaucheront dans une bande de malfaiteurs, ils dépouilleront un passant, tueront un homme et mourront ferrés sur le grabat du bagne.

Quatre-vingt pour cent, c'est énorme ; et cette proportion serait plus considérable encore, si, comme son titre l'indique, l'Orphelinat d'Auteuil ne recevait que des orphelins. Quelques-uns n'ont plus de famille, la mort a tout emporté, ils sont seuls dans la vie et n'ont à s'appuyer que sur eux-mêmes ; d'autres sont orphelins aussi, orphelins par la volonté du père et de la mère qui ont poussé l'enfant dehors et versent au cabaret l'argent qu'eût exigé son éducation ; ces orphelins-là ont des parents que la police ramasse souvent dans le ruisseau ; l'absinthe a noyé le sentiment paternel et empoisonné la maternité. Ces orphelins, du fait de la nature ou de l'abandon, sont les plus flexibles et entrent, sans exiger trop d'efforts, dans une régularité qui ne déviera pas. Il n'en est pas de même pour les enfants qui restent en relation avec leurs parents, car l'influence que la famille exerce sur eux est presque toujours mauvaise et souvent néfaste. Pour ces gens d'existence dissolue, comptant sur le hasard — sur la rencontre, comme ils disent — bien plus que sur le travail, l'enfant est un instrument qu'ils mettent en œuvre pour s'augmenter un peu.

Ils ont un mot qui les peint et découvre les difficultés contre lesquelles l'abbé Roussel est obligé de lutter : « Il faut que le petit rapporte! » Or, quand il est à la maison d'Auteuil, apprenant son catéchisme et faisant son apprentissage « le petit ne rapporte pas ». Comment « rapporter »? En exerçant un de ces métiers interlopes où le gamin de Paris excelle, en enlevant le porte-monnaie des badauds, en allant voler chez l'épicier la bouteille d'eau-de-vie que son père voudrait boire sans la payer, et dont il aura sa part. Dans l'asile de la rue Lecourbe, chez les frères de Saint-Jean-de-Dieu, il faut parfois résister aux parents qui veulent reprendre leur enfant difforme, afin de l'envoyer mendier et de tirer parti de son infirmité. Avoir un enfant, le contraindre à quémander en pleurnichant dans les rues, lui imposer une redevance quotidienne, c'est, pour plus d'un parent, exercer une industrie. La plupart des petits mendiants qui nous harcèlent au long des trottoirs, sont des « soutiens de famille », dans la poche desquels rien ne reste de ce qu'ils ont récolté. J'ai entendu le dialogue suivant, au cours d'un interrogatoire en police correctionnelle : « Quels sont vos moyens d'existence? — J'ai mon petit qui est bancroche; on lui donne sur le boulevard; il fait quelquefois de bonnes journées[1]. »

À l'Orphelinat d'Auteuil, il est nécessaire de ne pas laisser sortir l'enfant que son père attend pour l'associer à ses méfaits, que la mère guette pour en faire un marmiton auquel elle apprendra à voler dans les cuisines, de la nourriture d'abord et bientôt après des couverts d'argenterie. Dans cette maison de si large

---

1. « Le nombre des enfants envoyés par leurs parents pour mendier s'étant accru depuis quelque temps dans des proportions considérables, le préfet de police avait fait adresser une circulaire recommandant aux commissaires de police d'organiser dans leur quartier une surveillance spéciale pour empêcher cette odieuse exploitation. Des agents ayant remarqué hier au Palais-Royal un tout jeune enfant qui cherchait à exciter la pitié des passants en leur débitant une histoire des plus touchantes, l'arrêtèrent et le conduisirent au bureau du commissaire de police, où le pauvre enfant raconta en pleurant que c'était son père qui chaque jour l'envoyait mendier, et qu'il était battu quand le soir il n'avait pas rapporté la somme fixée chaque jour. Sur l'ordre du parquet, le père de cet enfant, un nommé L..., se disant Alsacien, demeurant cité Foucault, a été arrêté et écroué au Dépôt. Les renseignements recueillis au sujet de cet individu ont fait connaître qu'il ne travaillait jamais et ne vivait que du produit des aumônes que récoltait son fils. » (*Gazette des Tribunaux*, 7 et 8 mai 1885.)

hospitalité pour les enfants, il se passe le contraire de
ce qui se produit dans les lycées et dans les pensionnats où sont élevés les fils de parents honnêtes. Là,
dans ces grands instituts d'enseignement, le maître —
proviseur ou professeur — est presque toujours certain, même lorsqu'il a tort, de trouver un appui dans la
famille, qui, par les conseils et les remontrances, l'aide
à accomplir sa tâche parfois difficile. Dans les établissements de redressement moral, alors que l'on s'éver-
tue à transmettre à l'enfant des principes qui l'éloigne-
ront du mal, l'ennemi du maître, son adversaire le plus
redoutable, c'est la famille, famille le plus souvent
sans foi ni loi, ne croyant ni à Dieu ni à la justice, ne
redoutant que le gendarme et sachant l'éviter. Il suffit
qu'un enfant sorte une fois, pour que le travail de moralisation entrepris, le bénéfice de résistance déjà acquis,
s'écroule devant les exemples qu'on ne lui ménage pas.

L'enfant arrive à la maison paternelle : « Ah !
puisque voilà le petit — on dit le gosse ou le môme,
— nous allons « gouaper » un peu, et on « gouape »;
on va au cabaret, dans les plus infimes; on y rencontre
« les amis », quels amis ! on y retrouve même « les
amies » : ce qui est pire; on boit, on force l'enfant à
boire; on trouve amusant de développer chez lui des
précocités ordurières; le père s'enorgueillit et dit :
« Ce sera un gaillard! » L'enfant est ivre, on le ramène à l'orphelinat, et si l'on adresse une observation
au père, celui-ci répond : « De quoi? N'avait-il pas

congé ? Fallait-il pas s'amuser un peu ? » Essayer de
faire comprendre à ces gens-là l'espèce de crime qu'ils
commettent, c'est peine perdue ; aussi on y a renoncé
depuis longtemps, et l'on se contente, autant que possible, de parquer l'enfant loin de sa famille, c'est-à-
dire loin du foyer d'infection où il désagrège ses bons
instincts et multiplie ses mauvais penchants. J'ai vu
récemment la concierge de l'orphelinat refuser l'entrée
à une mère ivre, — pour ne pas dire soûle, — qui
demandait à voir son fils.

Comprend-on maintenant la bataille que l'abbé Roussel est obligé de soutenir contre les habitudes viciées,
sinon vicieuses, du petit vagabond qu'il recueille, contre
les parents qui détruisent les bons résultats que la discipline, la vie régulière, la moralisation ont obtenus ?
Entre l'enfant qui ne « sort » jamais ou qui ne sort
que chez ses bienfaiteurs, et l'enfant qui, de temps à
autre, va passer une journée dans sa famille, la différence est éclatante. On peut affirmer presque à coup
sûr que l'un sera un ouvrier probe et que l'autre ira
fabriquer des chaussons de lisière à Poissy ou ailleurs.
L'amour paternel est heureusement sans exigence chez
les natures de cette sorte, et l'auteur de l'enquête que
j'ai déjà citée, parlant de l'œuvre de l'abbé Roussel, a
pu affirmer en connaissance de cause que les rapports
avec les parents sont « très rares[1] ». Il y a là une

---

1. Enquête, *loc. cit.*, rapports, p. CLXXXVII.

question délicate, hérissée de difficultés, car elle touche
àce qu'il y a de plus sacré dans la société moderne,
aux droits du père de famille. Cependant, si l'on con-
sulte les directeurs ou les directrices d'asiles ouverts
aux enfants, garçons ou filles, il n'en est pas un, il n'en
est pas une, auxquels l'expérience n'ait enseigné que
leurs efforts d'amélioration sont neutralisés par l'influence des parents. Tous réclament l'action d'une loi
nouvelle qui les investirait d'un droit que le père et
la mère sont indignes d'excercer, car ils ne l'exercent
qu'au détriment de l'enfant.

Les plaintes et les désirs de ces bienfaiteurs de l'enfance abandonnée et pervertie semblent avoir été ré-
sumés par la *Société des agriculteurs de France*, qui,
dans son assemblée générale du 5 février 1880, a émis
le vœu « qu'une loi permette : 1° de dessaisir de la
puissance paternelle, au moins jusqu'à la majorité des
enfants, les parents qui les délaissent ou qui sont
reconnus incapables de pourvoir à leur éducation intellectuelle et morale; 2° de conférer l'exercice de la
puissance paternelle aux œuvres de bienfaisance qui
recueilleront ces enfants physiquement ou moralement
délaissés[1] ». Ceci est explicite; comme dans certains
cas pathologiques, la seule indication du remède dénonce la gravité du mal. Le vœu formulé par la Société
des agriculteurs sera-t-il pris en considération? Je

---

1. Enquête, *loc. cit.*, rapports, p. CLXXXVII.

l'ignore. Doit-il être exaucé? Je ne sais. Toucher aux droits paternels, c'est bien grave, surtout à une époque où la passion antireligieuse ne recule guère. Si la loi réclamée était votée, il faudrait l'entourer de toute restriction, afin qu'elle ne devînt pas une arme de persécution et d'immoralité entre les mains de ceux qui, sous prétexte d'être libres penseurs, s'opposent à l'expression de la pensée libre.

L'abbé Roussel a-t-il désiré d'être légalement armé de ce pouvoir paternel qu'il remplace à force de bonté et en inspirant confiance aux enfants qu'il dirige? On peut douter qu'une disposition légale accroisse la somme des résultats qu'il récolte. Il n'est pas homme, du reste, à broncher devant les insolences d'un ivrogne, et je ne le crois pas embarrassé pour mettre un père récalcitrant à la porte. Ses préoccupations sont peut-être d'un autre ordre ; il a beaucoup fait déjà, il voudrait faire plus encore ; mieux que personne, il connaît le vagabondage de Paris, il sait qu'il pullule, qu'il déborde dans nos rues, qu'il envahit les promenades, qu'il constitue une sorte de réserve où le vol et l'émeute se recrutent avec prédilection ; il voudrait donner un lit dans ses dortoirs à tous les petits qui couchent sous le ciel, il voudrait offrir une écuellée de soupe à tous ceux qui volent des pommes à l'étalage des fruitiers. Quand il regarde les bâtiments déjà fatigués où il instruit ses pupilles, il se dit avec douleur que nulle place libre ne reste pour caser un nouvel orphelin et

qu'il n'arrive que bien péniblement à maintenir son
petit budget en équilibre. Il fait œuvre de salut plus
que nul autre cependant, mais il ne ressemble pas au
roi de la fable, et ce qu'il touche ne se change pas
en or.

Il me semble que les mères de famille, celles dont
les enfants proprets, vigoureux et sages font la joie,
devraient penser aux petits abandonnés que le vice et
la misère saisiront à jamais si le bon abbé Roussel ne
leur ouvre ses bras. Dans les jours de distribution de
prix, au concours général, aux lycées, aux pensionnats,
lorsqu'une mère ramène orgueilleusement son fils,
frisé pour la circonstance, brillant de santé, rouge
encore des accolades de son proviseur, portant ses cou-
ronnes au bras, pliant sous le faix des volumes reliés
en basane, proclamé au bruit de l'orchestre, aux
applaudissements de ses camarades, qu'elle songe aux
pauvres petits déguenillés qui ont traversé la vie pieds
nus, qui ont souffert de la faim et du froid, que leur
père a battus, que leur mère a chassés et qui ont été
tomber à l'Orphelinat d'Auteuil hâves, pitoyables et
pleurant. Qu'elle compte les prix que son fils a mérités
et dont son cœur a tremblé d'émotion ; pour chacun
d'eux, qu'elle envoie une offrande, — une aumône, —
à la maison généreuse où l'enfance éperdue s'est réfugiée. La gloire se paye ; il n'en est pas de plus douce
que celle qui vibre aux âmes maternelles ; celle-là est
assez pure pour donner la main à la charité, pour

éveiller la commisération; c'est la dîme du succès : l'enfant malheureux en profitera.

Parmi les élèves de l'abbé Roussel, il y a des ouvriers qui sont intelligents, économes, sobres et qui deviendront patrons. Lorsqu'ils auront fait fortune à l'aide des vertus qu'on leur a enseignées, qu'ils n'oublient pas l'asile où ils ont trouvé un abri, l'exemple de la probité et le souci du travail; qu'ils se souviennent des heures errantes de la première enfance; qu'ils réfléchissent que d'autres sont comme ils ont été, sans pain, sans matelas, sans souliers et qu'ils donnent à la maison où ils ont appris à devenir honnêtes, une partie de l'argent que, sans elle, ils n'auraient jamais gagné. Alors l'orphelinat que nous voyons aujourd'hui sera transformé; la maison se développera et acquerra l'ampleur qui lui est indispensable pour faire face à la plus impérieuse des nécessités sociales : à la protection de l'enfance. Les pans de bois seront abattus, les légères cloisons s'en iront dans le tombereau des gravatiers; la pierre de taille, la brique, le fer seront les matériaux des constructions nouvelles qui pourront s'étendre sur place, car l'enclos est vaste où l'on peut les élever. La maison deviendra ce qu'elle doit être, ce qu'elle sera, un refuge où mille, deux mille petits vagabonds trouveront des classes élémentaires et une école professionnelle qui enseignera le respect de soi-même, le travail et la bienfaisance.

Est-ce un rêve ? Non pas ; l'orphelinat compte aujourd'hui dix-sept années d'existence, c'est à peine s'il vient de naître, et ses preuves ne sont plus à faire ; par les services qu'il a rendus, on peut prévoir les services qu'il est appelé à rendre. Des œuvres auxquelles on ne contestera pas le caractère d'utilité générale et qui ont été également inspirées par le désir d'arracher des enfants à la dépravation et à la mendicité ont eu des commencements plus modestes. L'Institut des sourds-muets essaye ses premiers gestes dans la chambre d'une maison sise rue des Moulins, n° 14, et le premier élève de la future Institution des Jeunes-Aveugles, François Lesueur, est un enfant de seize ans qui mendie au porche de Saint-Germain-des-Prés. Aujourd'hui l'abbé de l'Épée et Valentin Haüy ont des statues dressées au seuil des établissements dont leur initiative a provoqué la création.

Qui oserait dire que l'œuvre de l'abbé Roussel n'est pas égale à celle de l'abbé de l'Epée, à celle de Valentin Haüy? Infirmité physique, infirmité morale, c'est tout un, lorsque l'enfant en est atteint et perdu. Celui qui donne la parole aux muets, la vue aux aveugles, la probité aux vicieux, accomplit un de ces prodiges de bienfaisance dont l'humanité garde bonne gratitude et que la charité a le devoir d'aider de toute sa puissance.

CHAPITRE IV

LES DAMES DU CALVAIRE

I. — MADAME VEUVE GARNIER.

L'instinct céleste. — Jeanne-Françoise Chabot. — Les Visitandines. — La discipline scolaire. — Mariage. — Veuvage. — Pauvreté. — Lyon. — Dévouement. — La lépreuse. — Job. — Conception de l'œuvre. — Marie la
Brûlée. — Quêteuse. — Entrevue avec M. de Bonald. — Le baptême
de l'œuvre. — Les Bains-Romains. — Règlement. — Une folie. — Le
clos de La Sarra. — Sacrifices. — Une repentie. — Épuisement prématuré.
— La croix de saint François de Sales. — Mort de Mme Garnier.

Chevalier errant de la monarchie que l'on allait
décapiter, blessé, boursouflé de petite vérole, ago-
nisant, abandonné par le capitaine du navire qui
devait le transporter hors de la France, contre laquelle
il avait combattu, Chateaubriand fut recueilli, soigné,
sauvé par la femme d'un pilote anglais; il lui dut la
vie et ne l'a pas oublié. En rappelant dans ses *Mémoires* cet épisode de sa jeunesse, il s'écrie : « Les
femmes ont un instinct céleste pour le malheur. »
Cette exclamation, je n'ai pu la retenir en visitant la

léproserie des Dames du Calvaire. Les femmes que j'ai vues là ne sont point réunies en congrégation religieuse : elles forment une association libre et laïque; aucun vœu ne les enchaîne, aucun costume ne les distingue; elles sont du monde et ne l'ont point quitté ; elles soignent leurs malades à l'infirmerie, il est vrai, mais elles veillent sur leurs enfants à la maison; elles ont leurs relations, leurs plaisirs, leurs devoirs de société; si elles consacrent une partie de leur temps au soulagement d'incurables misères, si elles abandonnent spontanément les raffinements de leur existence pour venir panser des cancers et laver des dartres rongeantes, c'est qu'il leur plaît de faire ainsi pour obéir aux impulsions de la foi qui les anime.

L'œuvre est d'hier; elle germe à Lyon à peu près à l'époque où les Petites Sœurs des Pauvres commencent à Saint-Servan leur apostolat de charité, mais nul prêtre ne l'inspire; elle est conçue tout entière par une femme veuve, que la douleur et les regrets conduisent à l'amour de ce qui souffre et au sacrifice de soi-même. Elle était née à Lyon le 17 juin 1811 et s'appelait Jeanne-Françoise Chabot ; son père, négociant de quelque aisance, lui fit donner l'éducation qui suffisait alors aux filles de la bourgeoisie moyenne. Elle me paraît avoir été douée d'une nature exubérante; elle a été extrême dans le bien, elle aurait pu être excessive dans le mal; elle devait être passionnée, « de prime-saut », passant avec rapidité de la résolution à l'action, ne réfléchissant guère et sautant volontiers par-dessus les obstacles, dont elle ne mesurait pas la hauteur ; elle était de celles dont on dit familièrement : « Mauvaise tête et bon cœur. »

Lorsque l'âge fut venu de l'apprentissage scolaire, on la mit au couvent de la Visitation. Elle n'y fut point docile ; elle regimbait contre la règle, chansonnait les religieuses et n'était point matée par les châtiments. Un incident futile la délivra. Volontairement ou involontairement, elle avait brisé une cruche ; il paraît que le méfait était grave ; l'écolière fut punie plus que de raison et humiliée. L'enfant, blessée dans son bon sens et dans son esprit de justice, se révolta et déclara qu'elle mettrait le feu au couvent. Les Visitandines ne crurent pas devoir conserver une élève aussi récalcitrante, et elles la rendirent à sa famille. Vingt ans auparavant, Lamartine s'était sauvé d'un pensionnat lyonnais où ses maîtres le martyrisaient.

La future mère des Dames du Calvaire chassée d'un couvent, il y a de quoi faire réfléchir. J'y insiste, car le mal est permanent et ne semble pas près de prendre fin. Le but de la pédagogie doit être de reconnaître les facultés de l'enfant, de les développer, de les féconder et de le mettre à même d'en tirer parti au cours de l'existence pour l'agrandissement intellectuel, l'accroissement de la richesse ou les services à rendre au pays. Dans l'état actuel de l'enseignement, quel que soit le principe en vertu duquel il est dis-

tribué, quelle que soit la bannière qu'il ait arborée,
on ne tient compte ni du caractère, ni des sentiments,
ni des vocations de l'écolier ; on ne lui demande, on ne
lui impose que la soumission à une règle uniforme.
Hors de la discipline point de salut ! La discipline est
inflexible, elle ne se plie à aucune exception, mais les
natures les plus exceptionnelles sont contraintes de s'y
plier. Il en résulte des révoltes de l'esprit, des actes
d'insubordination, la stérilité des études et l'absence
d'éducation. Les maîtres n'en sont pas moins persuadés
de l'excellence de leur système, qui laisse la cervelle
en friche. Quelques-uns d'entre eux, ivres de leur importance, s'imaginent que c'est là le moyen de « forger
les âmes » ; ils ne s'aperçoivent pas qu'ils les dépri-
ment, les corrompent ou les exaspèrent. Jeanne-Françoise Chabot ne s'est pas laissé « forger » au couvent
de la Visitation, et j'estime qu'elle a bien fait.

Dans le milieu où elle était née, où elle se sentait
aimée, elle se façonna elle-même, Dieu merci ! Elle
sut conserver l'indépendance de son caractère ; elle
sauva la vitalité de son initiative, sans quoi l'on ne
fait rien de bon en ce monde. On peut se figurer qu'il
y eut des bourrasques, des rêves exaltés, des aspirations vers un idéal entrevu et que la destinée ne permet pas d'atteindre ; qu'importe ! Les âmes appelées
aux fortes œuvres sont saisies par des conceptions que
le vulgaire ignore. En 1850 , Mlle Chabot épousa
M. Garnier ; elle avait alors dix-neuf ans. Union mé-

diocre dans le petit commerce; le mari travaillait, la
femme tenait le comptoir; la jeune fille qui s'était
insurgée contre la discipline conventuelle fut une
épouse modèle dans toute l'acception du terme. Elle
aimait son mari, et elle employait son énergie, —
cette énergie virile que l'on avait souvent essayé d'effé-
miner, — à mieux se soumettre et à ne résister jamais.
Elle était heureuse; mais le bonheur n'a point de
durée dans la race humaine. Deux fois elle fut mère:
à vingt-trois ans, elle avait perdu ses enfants et elle
était veuve.

L'ardeur de sa nature éclata; elle fut violente, elle
fut outrée; sa maternité était brisée; la mort avait
précipité trop de vides autour d'elle; elle sombrait
et se sentait si accablée qu'elle en poussait des cris
de détresse. Elle fut lente à se résigner, à se cour-
ber sous un destin que rien ne pouvait réparer, à
accepter de n'avoir plus personne à aimer. J'imagine
que la lutte a été très dure et que, sans la piété dont
elle était pénétrée depuis l'enfance, elle n'en fût point
sortie sans dommage. Elle n'avait pas de fortune; la
mort inopinée de son mari compromettait le succès
des opérations commerciales; elle liquida sa situation
et se retira avec 1,200 francs de rente : à peine de
quoi ne pas mourir de faim. C'est avec de telles ressources qu'elle sera bientôt conduite à entreprendre
une œuvre d'une charité inexprimable. Une fois de
plus, je ferai remarquer que ces créateurs d'institu-

tions bienfaisantes, de maisons de refuge pour les
malheureux, les enfants estropiés, les vieillards délaissés, pour les incurables, sont des gens qui ont
souffert et que la vie a broyés. L'œuvre des Dames du
Calvaire est née de la douleur d'une veuve.

Avec la fougue qui était dans son caractère, Mme Garnier se tourna plus vivement encore que par le passé
vers la religion ; elle lui demanda, non pas de lui
rendre ce qu'elle avait perdu, mais de la calmer, et de
lui donner de quoi apaiser ce que la mort de tant
d'êtres adorés laissait d'inassouvi en elle. Elle se
consacra aux œuvres de paroisse ; elle quêta pour les
pauvres, habilla les petits enfants nus, tricota des bas,
fit des vêtements, et grimpa dans les mansardes pour
y porter des aumônes, des consolations et du pain. Ils
sont nombreux, sous les toits de Lyon, les pauvres
gens auxquels la misère n'est pas clémente. Pendant
le règne de Louis-Philippe, les émeutes, les épidémies [1],
les chômages n'ont point épargné la ville : Perrache,
La Croix-Rousse et La Guillotière peuplent les hospices
et meurent dans les hôpitaux. Là il y a deux villes :
le siège du primat des Gaules et Commune-affranchie,
la ville catholique et la ville révolutionnaire ; l'une
panse l'autre, l'aide à vivre, l'aide à mourir. Mme Garnier parcourait un champ d'action d'une fécondité

---

1. Par une exception encore mal expliquée et dont les Lyonnais sont
fiers, leur ville n'a point été touchée par le choléra.

lamentable ; sa charité pouvait s'y répandre à l'aise.
C'était une quêteuse intrépide et que rien ne rebutait ;
elle se montrait résolue jusqu'à l'importunité en demandant pour les autres. On avait remarqué son activité sans lassitude ; on eût dit qu'elle réclamait les
besognes les plus dures, les plus fatigantes, comme si
elle eût voulu se fuir et ne point rester seule avec elle-
même. On satisfaisait, autant que possible, à ce besoin
d'expansion qui la tourmentait et, parmi les visites à
faire aux malades, on lui réservait les plus lointaines.

Un jour, on lui indiqua une femme qui demeurait
dans le quartier de la Glacière ; c'était, disait-on, une
femme abandonnée de tous et rongée par un mal incurable. Était-ce une lépreuse ? On l'a dit, je ne le crois
pas. Dans une bauge mansardée, au milieu d'exha-
laisons fétides, Mme Garnier trouva une femme couchée
sur des chiffons empestés et dont le corps n'était qu'un
ulcère. L'ivrognerie, la débauche et ce qui s'ensuit
semblaient avoir frappé sur cette créature leurs coups
les plus formidables. Elle était farouche et ne répondait pas lorsqu'on l'interrogeait. En vain, Mme Garnier
essaya-t-elle de l'attendrir, elle n'en put tirer un mot.
Le spectacle était affreux et la puanteur était horrible.
Mme Garnier revint le lendemain et les jours suivants.
Elle s'était fait une sorte de blouse qu'elle passait par-
dessus ses vêtements avant de pénétrer dans le cloaque ;
elle nettoyait la chambre, secouait le paquet de haillons et de copeaux qui faisait office de lit, lavait la

malade, la pansait ; elle était obligée d'aller sur le palier aspirer une bouffée d'air et revenait continuer cette besogne surhumaine. La misérable n'y comprenait rien et se laissait faire ; tant de dévoûment, des soins si pénibles amollirent enfin son cœur. Un jour, elle baisa la main de Mme Garnier et pleura.

Lorsque Job, assis sur la cendre, frappé de lèpre depuis les pieds jusqu'à la tête, eut pris « un tesson pour se gratter », ses amis vinrent le voir ; ils se placèrent près de lui et pendant sept jours et sept nuits ils le regardèrent sans oser parler. Aucun d'eux, ni Éliphaz de Théman, ni Bildad de Schoua'h, ni Tsophar de Naamah, ne pensa à faire couler de l'eau sur ses plaies vives, à changer sa tunique souillée, à entourer ses ulcères de linge propre ; nul n'imagina de lui venir en aide et d'emporter dans un lieu de secours cet homme qui avait été « le plus grand des pays d'Orient ». Ses trois amis se contentèrent de philosopher avec lui, d'échanger des arguties scolastiques et d'écouter une dissertation d'histoire naturelle sur Béhémot et Léviathan.

Mme Garnier ménagea les aphorismes ; mais elle ne ménagea ni la charpie, ni le vin sucré, ni la bonne nourriture, ni les consolations. Elle ne ménagea pas non plus ses démarches, car elle réussit à obtenir pour sa protégée une place à l'hôpital. L'aspect, l'odeur de cette infortunée étaient tels, que la première fois que l'aumônier s'approcha d'elle, il recula et fut sur le

point de s'enfuir. Mme Garnier était là, elle comprit
l'horreur dont le prêtre était saisi, et, comme pour
lui donner courage, elle s'assit sur le lit de la malade
et la tint embrassée. « La lépreuse » ne pouvait sur-
vivre, elle mourut bientôt ; mais elle partit fortifiée,
sans haine, sans colère, et regardant vers des régions
lumineuses qu'on lui avait fait apercevoir au delà du
tombeau.

Pour les intelligences exceptionnelles un simple fait
suffit à ouvrir le domaine de l'inconnu. Une pomme
tombant d'un arbre révéla, dit-on, à Newton les lois
de la gravitation ; dans le monde moral et pour les
cœurs fervents les phénomènes se produisent de la
même manière. Les soins prodigués à une lépreuse
perverse et résistante furent pour Mme Garnier le point
de départ d'une création dont la grandeur est pour
surprendre. Ce qui s'agita en elle, on peut le deviner.
— Quoi ! dans nos villes, à côté du luxe qui s'affiche,
de la débauche qui s'étale, il y a des misères pareilles,
des maux sans merci, des décompositions anticipées,
des souffrances sans nom et des êtres que nul espoir
ne soutient ! Ces malheureux ne peuvent être admis
dans les hôpitaux ordinaires, parce qu'ils sont incurables ; les hospices réservés aux incurables refusent de les recevoir parce qu'il n'y a pas de place ;
faut-il donc les laisser périr au milieu de leurs
sanies, sans secours, sans une parole promettant les
compensations futures, sans un verre d'eau pour étan-

cher leur soif, comme des loups blessés crevant au
fond des bois? Non, il faut les rechercher, les recueillir, panser leurs plaies, apaiser le tumulte de leur
âme, laver leur corps et nettoyer leur esprit. Les femmes seules sont capables de ces dévoûments prolongés
qui ne reculent ni devant la fatigue, ni devant le dégoût, ni devant l'ingratitude; et parmi les femmes,
celles qui gardent au cœur le deuil permanent du veuvage, qui se sont données à Dieu pour être, non conso-
lées, mais rassérénées, qui ont demandé à l'amour
divin de calmer les douleurs de l'amour terrestre, les
veuves, en un mot, convaincues des vérités supérieures
et chauffées par la foi, sont plus que toutes autres
aptes au labeur de la charité. — Donc on adoptera
les femmes incurables et on les confiera aux soins des
femmes veuves. C'est là le principe de l'œuvre; on
n'en a pas dévié.

Forte de son projet et résolue à le réaliser, Mme Garnier se mit en chasse; l'expression n'a rien d'excessif : elle pénétra dans les Brotteaux et fouilla la
Guillotière, où ne manquent ni la misère, ni la maladie. Elle y trouva une jeune fille, retirée de la fournaise
d'un incendie, vivante encore, défigurée, excoriée,
sanguinolente. Elle loua une chambre et y installa
Marie « la Brûlée », dont elle devint la mère et se
constitua la sœur gardienne; auprès de cette malade
elle put bientôt conduire deux cancérées. Que l'on se
rappelle la chambre de Jeanne Jugan, où Marie Jamet

et Virginie Trédaniel apportaient les vieilles infirmes de Saint-Servan ! A Lyon aussi, l'œuvre va naître sous l'inspiration d'une pauvre femme qui ne s'inquiète ni de sa faiblesse ni des difficultés, et qui ne compte que sur son grand cœur, à travers lequel elle aperçoit la Providence. Deux veuves s'étaient jointes à elle et l'aidaient. Le noyau de l'association était formé.

La chambre était petite, les trois malades la remplissaient et s'y trouvaient à l'étroit ; Mme Garnier rêvait de louer une maison, d'y transporter ses incurables, d'y amener toutes celles qu'elle pourrait découvrir et d'appeler près d'elle les veuves chrétiennes dont la foi désirait s'exercer par des actes moins platoniques que la prière et la méditation. Il lui fallait de l'argent et l'on sait qu'elle était sans fortune. Elle entra en campagne, expliquant son projet et demandant qu'on s'y associât. On l'écouta avec étonnement, on leva les épaules, et plus d'une fois on lui dit : « Vous êtes folle! » Non, elle n'était point folle, mais elle était exaltée et, dans la vie, un grain d'exaltation ne nuit pas à ceux qui, pour toucher au but, doivent secouer l'indifférence, vaincre l'égoïsme et réveiller la générosité. Elle était hardie, elle était tenace ; dix fois dans la même journée elle livrait assaut à la même personne ; pour se débarrasser d'elle, on déliait les cordons de sa bourse ; elle emportait l'aumône et courait à ses malades. Elle avait de l'emphase dans le geste et dans la parole ; elle plaidait si passionnément

la cause à laquelle elle s'était dévouée, qu'on la prenait
pour une visionnaire et même pour une actrice.
Elle ne s'en blessait pas : elle avait la vision nette du
bien qu'elle voulait faire ; elle jouait son rôle de solli-
citeuse, elle le jouait si parfaitement que souvent elle
se retirait les mains pleines.

Tant d'objections s'élevaient néanmoins contre elle,
tant d'observations lui avaient été adressées, qu'elle
éprouva quelques doutes et se demanda si l'œuvre
qu'elle voulait entreprendre ne serait pas frappée d'im-
puissance dès le début par sa grandeur même et par le
courage, pour ne pas dire l'héroïsme, qu'elle exigerait.
C'était une femme de résolution subite ; l'idée lui vint
d'aller soumettre son projet à l'archevêque de Lyon,
qui était le cardinal de Bonald ; elle se rendit près de
lui et lui exposa le plan de l'association qu'elle voulait
former. Le cardinal la laissa parler sans l'interrompre,
puis il lui dit : « Votre projet est bon, la réalisation
en sera difficile, mais Dieu vous aidera ; marchez sans
crainte, et comptez sur moi. » Puis, après un instant
de réflexion, il ajouta : « Votre œuvre sera nommée :
l'association des Dames du Calvaire [1]. » L'œuvre était
approuvée et baptisée. La parole du cardinal ne fut pas
inutile ; dans Lyon la catholique, ce fut un encouragement, ce fut un ordre. Bien des bourses jusque-là

1. On ne doit pas confondre l'Association des Dames du Calvaire avec
la congrégation et avec la communauté des sœurs de Notre-Dame du
Calvaire, qui elles-mêmes diffèrent entre elles.

fermées s'ouvrirent et l'on put louer, dans la rue Vide-Bourse, une maisonnette où les incurables déjà recueillies furent installées. Marie « la Brûlée », impotente et ne pouvant marcher, était tellement hideuse, qu'un cocher de fiacre refusa de la recevoir dans sa voiture. Mme Garnier la chargea sur ses épaules et l'emporta. Ceci se passait le 3 mai 1843.

On avait « déménagé » trois malades; la maison était assez spacieuse pour en contenir dix-sept, qui y furent bientôt; le nombre des pensionnaires, celui des veuves qui les servaient et quêtaient pour elles avaient augmenté. L'ardeur de Mme Garnier, dont on avait souri jadis, n'excitait plus que de l'émulation; l'œuvre de la « visionnaire » commençait à convaincre les incrédules et on s'empressait d'y participer. On put se déplacer, aller occuper une maison plus vaste, et le 5 mai 1845 on s'établit à un endroit nommé les Bains-Romains, non loin de Notre-Dame-de-Fourvières, qui est un lieu de pèlerinage cher à la population lyonnaise. La maison, bien située, était déjà presque un hospice; les dames veuves ne suffisaient plus à la besogne quotidienne, on leur adjoignit des filles de service qui purent les soulager et ne laisser aucune malade en souffrance.

L'œuvre s'était développée dans des proportions et avec une rapidité inespérées; on dut songer à lui donner une sorte de discipline définitive, et Mme Garnier en rédigea elle-même le règlement organique tel qu'il

15

est en vigueur aujourd'hui. L'œuvre se compose : 1° de dames veuves agrégées qui viennent à l'hospice panser les incurables ; 2° de dames veuves qui résident dans l'hospice et soignent les malades ; 3° de dames veuves zélatrices qui quêtent pour accroître les ressources nécessaires au traitement des malades et à l'entretien de la maison ; 4° d'associées qui versent une cotisation annuelle, dont le minimum est de vingt francs. L'œuvre entière ne repose que sur des veuves : c'est l'ordre de la viduité : « Cette pauvre veuve, dit Jésus à ses disciples, a donné plus que les autres. »

Un article des statuts dit expressément : « Les dames sociétaires ne forment point une société religieuse proprement dite. L'association n'exige de ses membres aucun vœu, ni perpétuel, ni temporaire. On peut en faire partie sans renoncer entièrement à sa famille, à ses biens, à sa liberté. » C'est là l'originalité de l'œuvre et sa force ; c'est ce qui lui permet un recrutement facile ; c'est ce qui offre à certaines natures désireuses du bien, mais redoutant la contrainte, un attrait auquel elles s'abandonnent ; l'acte de la volonté individuelle est permanent et provoque l'acte de sacrifice. Cette disposition est à la fois ingénieuse et habile : on ne déserte point le poste que l'on a librement accepté et l'on accomplit avec joie la tâche que l'on s'est imposée à soi-même. Se figure-t-on ce que serait une armée de volontaires combattant chacun pour sa propre cause et à la place qu'il aurait choisie?

C'était là le fait du groupe qui s'était formé autour de Mme Garnier ; elle encourageait les autres par son exemple, l'exemple des autres l'animait ; entre ces veuves il y avait émulation incessante : on était joyeux de découvrir de nouvelles incurables, on était heureux d'avoir réuni de nouvelles ressources ; celles-ci ne manquaient pas à Lyon, qui est une ville riche, peu luxueuse, économe et charitable. Mme Garnier savait solliciter ; son dévouement, du reste, était si large, que l'on aimait à s'y associer. Elle le vit bien, lorsque, ne consultant personne et obéissant à une de ces impulsions qu'elle ne savait pas modérer, elle fit une « folie » qui aurait dû compromettre son œuvre et qui lui donna de plus fortes assises.

Quoique l'on eût changé de logement, on était toujours à l'étroit, car les malades étaient plus nombreux que les lits dont on pouvait disposer. On avait utilisé tant bien que mal d'anciens bâtiments, mais ils devenaient insuffisants à mesure que l'œuvre se dilatait, et Mme Garnier ambitionnait d'avoir un véritable hospice, construit sur ses plans, aménagé pour le service des incurables et assez vaste pour permettre de ne jamais fermer la porte aux postulantes. Elle apprit qu'un vieux domaine, nommé le clos de La Sarra, situé sur les coteaux de Fourvières, était à vendre ; l'ancienne maison, un peu délabrée, avait la réputation excessive d'être un château. Tout autour s'étendait un terrain où bien des bâtisses pouvaient trouver place. Mme Garnier alla trouver le propriétaire, le vit huit fois au cours de la même journée, lui livra huit assauts consécutifs, l'émut, le troubla, obtint de lui une réduction de 30,000 francs sur le prix demandé; on se frappa dans la main et le marché fut conclu.

Mme Garnier aurait pu fouiller dans la caisse de l'œuvre des Dames du Calvaire, elle n'y aurait même pas trouvé de quoi acquitter les frais de vente. Aidée de Mme Girard, que l'on pourrait appeler sa première assistante, elle redoubla d'efforts et d'éloquence; elle réunit toutes les personnes qui, à un titre quelconque, participaient à l'œuvre, et leur expliqua qu'il lui fallait de l'argent, non seulement pour payer le clos de La Sarra, mais encore pour édifier un hospice, parce que la maison d'habitation ne pourrait servir qu'au logement des dames sociétaires et des filles servantes. C'était de quoi faire pousser des clameurs : nul ne se plaignit; on avait adopté l'œuvre, on désirait lui donner un développement approprié au but entrevu, on s'imposa des sacrifices qui furent onéreux; on apporta toutes les sommes que l'on put recueillir; pour le reste, on prit des engagements qui furent régulièrement tenus. On était propriétaire du clos, on avait de quoi bâtir et l'on se mit au travail.

A mesure que l'œuvre grandissait, Mme Garnier sentait s'élargir la mission de bienfaisance dont elle était l'apôtre. Non contente de ramasser les incurables, elle voulut rechercher les cancers de l'âme et les guérir.

Puisque l'on allait avoir de la place, pourquoi ne pas
ouvrir un refuge aux filles perdues que la débauche a
lassées et qui peut-être n'ont besoin que de secours
moraux pour rejeter toute bestialité et reprendre rang
parmi les créatures humaines! Comme Mme de Beauhar-
nais de Miramion au dix-septième siècle, comme aujour-
d'hui les dames du Bon-Pasteur, elle eût voulu avoir sous
sa houlette le troupeau des filles repenties et ramener
dans la voie droite les brebis égarées. Ç'a été le rêve
de plus d'un grand cœur et les désillusions ont atteint
ceux qui ont tenté de le réaliser. Lorsque Mme Garnier fit confidence de ce projet aux Dames du Calvaire,
elle se heurta contre d'invincibles objections; elle
céda, ou, pour mieux dire, elle sembla céder. La charité est entêtée, elle a si souvent triomphé des obstacles
qu'elle n'en veut tenir compte; elle s'obstine, elle persiste; elle excelle à se dérober aux observations, et, s'il
le faut, elle se cache pour faire le bien, comme on se
cache d'une action mauvaise.

Dans ses courses à travers les misères, elle avait
découvert une fille plus fatiguée ou moins rebelle que
d'autres, qui avait semblé écouter ses paroles avec douceur. Il n'en fallut pas davantage pour faire croire à
Mme Garnier qu'il y avait là une âme que l'on pouvait purger de toute corruption. Elle emmena cette
fille au Calvaire, n'en souffla mot, l'enferma dans sa
propre chambre, et, à force de soins maternels, d'encouragements et de tendresse, s'imagina qu'elle par-

viendrait à l'arracher au vice. La conversion n'était
point du goût de la pécheresse, qui, un beau matin,
auta par la fenêtre et reprit la clé des champs, la
clé de la débauche et de la dégradation. Aventure qu'il
était facile de prévoir et qui attrista Mme Garnier,
mais qui du moins eut pour résultat de lui démontrer par l'expérience même que son projet était de ceux
auxquels il est sage de renoncer. Les Dames du Calvaire
n'eurent donc à soigner que les cancers matériels;
cela est suffisant.

L'installation nouvelle était terminée; de grands
dortoirs, un jardin, des ombrages, de l'air et du soleil
donnaient à l'hospice une ampleur et des facilités de
service que l'on ne connaissait pas encore. On en prit
possession le 2 juillet 1853; là on était chez soi, sur
son terrain, dans sa maison; la fondatrice put se ré-
jouir et espérer que des jours nombreux lui permettraient de veiller longtemps encore sur l'œuvre qu'elle
avait créée seule et malgré des difficultés qui eussent
fait reculer un cœur moins vaillant que le sien. Elle
avait alors quarante-deux ans, elle était de bonne
santé, point jolie, malgré une expression qui ne manquait pas de douceur, très alerte, de mouvements
brusques, démonstrative jusqu'à l'excès, et demandant à son énergie morale plus que ses forces physiques ne pouvaient produire. Depuis son veuvage,
depuis bientôt vingt années, elle avait haleté sur les
chemins de la bienfaisance, chemins rudes qu'il faut

gravir plusieurs fois avant d'y récolter le fruit que
l'on cherche ; sans repos ni merci pour elle, marchant
nuit et jour, brûlée d'une ardeur qui dévorait sa substance, elle avait été le Juif errant de la charité, et
plus lasse qu'elle ne le croyait, elle avait continué sa
route, les yeux fixés vers le but qu'elle s'était promis
d'atteindre.

Ses angoisses avaient dû souvent être poignantes au
milieu des obstacles à travers lesquels elle se lançait
avec une impétuosité que ni les déceptions, ni les tracasseries des hommes de loi ne parvinrent jamais à
ralentir. Elle n'avait rien ménagé en elle, ni l'âme ni
le corps. Il arriva un instant où la matière surmenée
refusa d'obéir. La pauvre femme était non pas au bout
de sa tâche, mais au bout de sa vie, qu'elle avait usée
dans un travail surhumain. Elle devait mourir à la
peine, tuée par son propre apostolat. La révoltée qui
était en elle, qui jadis, aux jours de l'enfance, menaçait
d'incendier le couvent et qui, après tout, lui avait peut-
être insufflé son indomptable volonté, la révoltée subsistait. Elle se redressa contre la mort et n'en voulut
pas ; il lui semblait qu'elle avait encore du bien à faire
et elle se refusait à partir. Il lui fallut un grand effort
pour se soumettre ; elle pensa à ceux qu'elle avait
aimés, à ceux qui l'avaient précédée, à ceux qu'elle
comptait revoir et elle se résigna.

Au moment où tout espoir de la conserver était
perdu, il se produisit un fait que je ne dois pas omettre.

Dans ses courses à la recherche de ceux qu'elle pourrait sauver, Mme Garnier avait rencontré une femme de vie dissolue, qu'elle avait amenée au repentir. Cette femme, par suite d'héritages authentiquement établis, possédait un bijou précieux, qui était la croix d'or que saint François de Sales avait portée. Dans l'effu·sion de sa gratitude, la fille repentie l'avait donnée à Mme Garnier. Sur son lit de mort, aux approches de l'agonie, la fondatrice de l'œuvre du Calvaire priait et tenait cette croix pressée sur ses lèvres. Le cardinal de Bonald la fit réclamer comme une relique appartenant à l'Église; Mme Garnier feignit de ne pas comprendre; le cardinal fit plus que d'insister, il ordonna; il agissait en qualité de supérieur ecclésiastique. On fut contraint d'obéir, mais, pour ne point répondre par un refus, la moribonde dut subir avec elle-même un combat cruel[1]. Je regrette un tel acte d'autorité; j'estime que le cardinal de Bonald eût chrétiennement agi en laissant Mme Garnier, — une sainte, — mourir avec la croix de saint François de Sales entre les mains, et je pense que la place de cette relique était non pas dans le trésor de la cathédrale du primat des Gaules, mais dans la petite chapelle de l'hospice des Dames du Calvaire. Mme Garnier avait fait assez de bien au cours de sa vie pour qu'on ne lui fît point de mal à l'heure de sa mort.

1. *Les Veuves et la Charité*, par l'abbé Chaffanjon, p. 151.

Deux ou trois jours après la violence morale qui
avait été exercée sur elle, le 28 décembre 1853,
Mme Garnier mourut. L'impulsion qu'elle avait donnée
à son œuvre était si forte, que, loin de s'affaiblir, elle
sembla recevoir une vibration plus puissante, car chacun rivalisa de dévouement pour remplacer celle qui
n'était plus. C'est là le fait des fondations de charité
qui, s'appuyant sur une foi d'autant plus active qu'elle
est plus sincère, correspondent à l'une des nécessités
que créent la cruauté de la nature et l'indifférence des
hommes. Il suffit d'avoir conçu une œuvre pareille
pour qu'elle soit, en quelque sorte, obligée de naître,
de prendre corps et de s'accroître. Pour certains cœurs
haut placés, l'exercice de la charité devient une obligation tyrannique, à laquelle on ne peut se soustraire.
On n'est jamais quitte envers la bienfaisance, parce que
l'on reconnaît que la souffrance ne se tient jamais
quitte envers l'espèce humaine. On a beau redoubler
de sacrifices et d'activité, on ne sait où courir, car de
tous les coins de l'horizon, de toutes les mansardes,
de toutes les soupentes, de tous les grabats on s'entend
appeler. On loue une chambre, puis un appartement,
puis une maison; on parvient enfin à construire un
hospice; on n'a repoussé aucune infortune, on a vécu
de privations et de dégoûts, afin d'apaiser les chairs
dolentes et les âmes aigries; on a si impitoyablement
rudoyé son existence, que l'existence vous abandonne,
et lorsque à l'instant suprême on ne forme plus que

le vœu de mourir en baisant une croix vénérée, et qu'un prince de l'Église vous l'arrache des lèvres, c'est dur!

II. — L'INFIRMERIE DES CANCÉRÉES.

Le Calvaire à Paris. — Mme Jousset. — Mme Lechat. — La première étape. — La rue Léontine. — L'ancien ouvroir. — L'inondation et les chiffonniers. — L'abbé Raymond. — A Champigny. — Nouvelle installation. — Les donatrices. — La maison de la rue Lourmel. — Bonne distribution. — Les dames résidentes. — Les filles de service. — Le dortoir. — Les lépreux de Damas. — Les ladres d'autrefois. — *Noli me tangere!* — Souvenir de la Salpêtrière. — Une malade guérie. — Pas de phosphate de chaux. — Le phoque. — L'éléphantiasis. — L'asthme. — La fiole d'eau de Cologne. — Morsure à l'artère fémorale. — Mort subite. — Le petit fantôme bretonnant. — Les nodosités cancéreuses. — Désespoir. — « Tuez-moi ! » — Les consolations. — La prière. — *Et libera nos a malo!* — La tradition musulmane. — Eblis et Zohak. — Le pansement. — La main des femmes. — Une chasseresse. — Saint Louis. — La foi. — Souvenir de jeunesse. — Consultations gratuites. — Vanités du cancer. — Le bouquet spirituel. — Femme du monde et sœur hospitalière.

L'œuvre se développa aux lieux mêmes de la naissance; on put croire, un moment, qu'elle resterait confinée sur sa colline, dans le clos de La Sarra et que Paris n'aurait pas à la connaître. Mais le bien a ses exigences, qui procèdent souvent par voies mystérieuses et qui saisissent les âmes qu'elles consolent en leur imposant des tâches imprévues. De la douleur d'une veuve était né le Calvaire de Lyon, de la douleur d'une veuve allait naître le Calvaire de Paris. Mme Jousset, femme de l'imprimeur qui a laissé et transmis un haut

renom dans le monde de la typographie parisienne,
avait perdu son mari vers les premiers mois de l'année
1873 ; à la fois pieuse, spirituelle et bonne, apte aux
bonnes œuvres comme aux déterminations viriles, admirant Mme Garnier dont elle connaissait la vie, elle se
sentit emportée par le désir de doter Paris d'un hospice
pour les cancérées, analogue à celui qui est une des gloi-
res de la ville de Lyon. Lentement et avec la prudence
des âmes sérieuses qui envisagent toutes les difficultés
pour les mieux vaincre, elle mûrit son projet. Elle se
rendit à Lyon pour étudier la maison du Calvaire, elle
alla prier sur la tombe de Mme Garnier et quand elle
revint à Paris, elle était résolue; son plan était arrêté.
Elle le communiqua à quelques veuves, qui l'approu-
vèrent; les premiers fonds furent réunis, puis on se
mit en quête; on mendia : « Pour les pauvres cancérées, s'il vous plaît! » Les ressources que l'on avait
recueillies permettaient d'ébaucher une installation;
on était prêt ; mais il manquait une supérieure; on
la découvrit et l'on eut la main heureuse. Mme veuve
Lechat possédait plus d'une des qualités qui avaient
fait la force de Mme Garnier; elle avait de l'autorité,
l'esprit de direction et une inappréciable bonté, que ne
démentait pas son visage solidement modelé, qui lui
donnait quelque apparence d'un bouledogue attendri.
Elle s'empara de l'œuvre avec passion; elle en fut le
bras et le cœur. Sa propagande et celle de Mme Jousset
furent actives, si actives que bientôt on put louer et

outiller une maison, où l'on entra le 8 décembre 1874 et qui fut solennellement inaugurée deux jours après. Actuellement abandonnée par les Dames du Calvaire, cette maison existe encore : je l'ai visitée; c'est un berceau; je me suis repris, j'allais dire : une crèche.

Elle est située à l'angle de la rue Léontine et de la rue Alphonse. Je me doute bien que cette indication n'apprend rien au lecteur. Dans le xvᵉ arrondissement, où fut jadis la plaine de Grenelle, que j'ai encore connue presque déserte, au fond du quartier de Javel, on a percé des rues que bordent quelques masures. Près d'un terrain maraîcher où verdissent des poireaux et des laitues, à proximité de la petite chapelle Saint-Alexandre, dont les murs en plâtre ne semblent pas bien solides, on avait établi un ouvroir qui, faute d'ouvrières, fut bientôt abandonné. La maisonnette était bien exiguë, bien insuffisante, mais on se répéta le vieux proverbe : « Petit à petit l'oiseau fait son nid, » et Mme Lechat, assistée de quatre veuves, loua la maison pour y établir l'infirmerie du Calvaire. On s'aménagea ; l'ancien parloir et l'ancienne classe réunis purent contenir douze lits; des chambrettes placées au premier étage, c'est-à-dire sous le toit, furent réservées aux dames résidentes; on improvisa une chapelle dans une sorte de cabinet qui prenait jour sur le jardin maraîcher; une cahute en pisé recrépi, qui aujourd'hui est une crèmerie, faisait office de chambre des morts. C'était étroit et incommode; actuellement c'est fort sale; lorsque c'était « l'hospice des femmes incurables », c'était propre et fourbi tous les jours. L'œuvre semble douée d'une force d'expansion naturelle, car lorsque l'on tenta de s'installer à Paris, on ne comptait que cinq dames associées ; au bout d'un an, il y en avait deux cent quarante-six. Comme Lyon, Paris s'empressa d'écouter les voix qui l'imploraient pour la souffrance intolérable.

La maison, assise sur un terrain bas, n'était pas assez éloignée de la rivière ; on s'en aperçut lors des inondations de 1875 ; une nuit, on cria au secours et sauve qui peut! L'eau se précipitait. Aller chercher de l'aide à la mairie, il n'y fallait pas songer, la course eût exigé une demi-heure, et c'était plus qu'il n'en fallait à la Seine pour battre les frêles murailles et les jeter bas. On appela quelques chiffonniers du voisinage, qui s'empressèrent ; on fit un barrage de tous les matériaux qui tombaient sous la main ; on n'arrêta pas, mais on retarda l'invasion de l'eau ; les malades ingambes s'enfuirent, on emporta les autres, et tout ce pauvre monde effaré, guidé, encouragé par les Dames du Calvaire, put se réfugier à l'asile Payen[1]. Les voisins ne s'étaient pas réservés ; ils avaient protégé la maison, dont le rez-de-chaussée baignait déjà

---

1. L'asile Payen, qui reçoit en hospitalité vingt-quatre vieillards de Grenelle même, a été fondé et est entretenu par Mlle Payen, fille du célèbre chimiste, membre de l'Institut, laquelle consacre sa fortune à des œuvres de charité.

dans l'eau, et ils avaient concouru activement au déménagement des incurables. On voulut les récompenser,
ils refusèrent toute rémunération ; on insista, ce fut
en vain ; ils disaient : « Nous savons bien que vous
êtes des « madames », mais vous soignez les malades
et nous sommes heureux de vous avoir donné un coup
de main. » Ils n'en démordirent pas ; à leur façon, ces
braves gens avaient participé à l'œuvre du Calvaire.

Le second vicaire de la paroisse de Grenelle, l'abbé
Raymond, était l'aumônier du petit hospice ; il visitait
les pauvres femmes que mange la bête cancéreuse, il
leur disait la messe et les réconfortait à l'heure iné-
luctable qui si souvent sonne au-dessus des lits où
reposent les condamnés. C'était, — c'est encore, — un
homme jeune, dont l'accent méridional dénote l'origine. Avant de venir à Grenelle, il était à Belleville,
où, pendant la Commune, il connut les Trinquet, les
Ranvier de l'endroit et ne faiblit point devant leurs
menaces ; il y était pendant la guerre et il suivit les
troupes qui allaient livrer la bataille de Champigny, où
on pouvait avoir besoin de son ministère ; en tout cas,
un infirmier de plus, robuste et dévoué, n'est jamais
inutile aux blessés. Les soldats qu'il escortait n'étaient
point très solides au feu ; il y eut de l'hésitation quand
éclatèrent les obus ; puis on se débanda et l'on tourna
les talons. L'abbé, à ce moment, ne se souvint que du
Dieu des armées, que l'on invoque avant le combat,
auquel on rend grâce après le triomphe ; il se jeta

au-devant des fuyards et les ramena. Au pas de course et face à l'ennemi cette fois, on passa devant un général de brigade ; un officier lui cria : « Où faut-il aller? » Le général répondit en riant : « Suivez cette soutane, elle est dans la bonne route! » Hélas! malgré cette soutane et malgré la bonne route, on n'était pas dans le chemin qui conduit à la victoire!

L'hospice était de dimensions trop restreintes, on s'en apercevait tous les jours. Où bâtir? La place manquait; on acheta un chalet portatif et on le roula dans un coin de la cour; c'était un agrandissement, mais si médiocre qu'il était illusoire. A peine établie depuis une année, la maison ne pouvait plus suffire ni aux malades ni aux volontaires du pansement. Ne trouvera-t-on pas, comme sur les collines de Lyon, un clos de La Sarra, où l'on pourra construire un hôpital définitif dont les incurables et les Dames du Calvaire pourraient prendre possession? Le clos existait rue Lourmel, non loin de la rue Léontine, à portée du boulevard de Grenelle et près d'un marché où il serait facile de s'approvisionner. Comment acheter, et surtout comment bâtir? Toujours de la même façon, en s'adressant à cette charité française, à cette charité chrétienne, qui jamais ne se récuse.

Les femmes mirent de l'ardeur à demander et à donner; l'une d'elles a livré ses diamants, qui étaient nombreux et de choix, à la seule condition que son nom ne serait jamais prononcé. Plus d'une de celles

dont parle le monde, qui ont des titres retentissants,
qui habitent des châteaux historiques et dont les pères
ont suivi Pierre l'Ermite, ont fait des économies sur
leur toilette, n'ont pas renouvelé les harnais de leurs
équipages, pour glisser quelques billets de mille francs
dans l'aumônière des dames zélatrices; au fond des
bourses de quête on trouva des bracelets et des bagues.
Je sais une femme élégante, et jeune, et jolie, qui pendant deux hivers consécutifs ne porta que des robes
de laine; j'en fus étonné; à cette heure, je n'en suis
plus surpris.

Trois mille mètres de terrain furent achetés; au
fur et à mesure des ressources, on y éleva une maison hospitalière dont on prit possession à la fin de
1880. La première supérieure de Paris, Mme Lechat,
qui par son activité avait tant contribué à la construction du nouvel hospice, n'y entra pas; on peut dire
qu'elle mourut sur le seuil, le 24 septembre 1879.
Pas plus que Mme Garnier, elle ne s'était ménagée;
mais, moins heureuse qu'elle, elle partit avant d'avoir
vu ses malades établies dans les conditions qu'elle
avait rêvées pour elles. Le sceptre, — qui est une pince
à charpie, — a passé aux mains de Mme veuve Jousset,
dont il a fallu combattre les hésitations et vaincre la
modestie; si son règne n'est pas fait de mansuétude, je
serai trompé.

Une petite porte basse qui pendant le jour n'est
jamais fermée, comme si l'on craignait que la souf-

france n'entrât pas assez vite ; un jardin en contre-
haut soutenu par un mur de pierres meulières, jardin
trop jeune encore pour avoir de l'ombrage ; les arbres,
— qui pousseront, — sont actuellement remplacés par
un hangar à l'abri duquel les incurables peuvent s'asseoir et s'envelopper d'air sans craindre le vent et les
ardeurs du soleil. Au bout du jardin, l'hospice, vaste
bâtiment construit de matériaux simples et solides,
ouvert de larges baies, comme il convient à la demeure
des malades ; l'orientation est bonne : si l'on montait
sur les toits, on apercevrait les coteaux de Passy, les
verdures du bois de Boulogne et le Mont-Valérien. Au-
devant de l'hospice, semblable à la guérite d'une senti-
nelle avancée qui a repris son poste de combat, le
chalet, le petit chalet roulant, annexe de la maison
primitive, souvenir de l'ouvroir où l'on campa d'abord,
que l'on a démonté et remonté ; il fait bonne figure
et n'a point souffert pendant le voyage. Aujourd'hui,
c'est le cabinet de la supérieure et le parloir ; aux murailles, deux bons portraits de Mme Lechat et de
Mme Jousset, le Christ d'après le Titien, *Sainte Mo-
nique et Saint Augustin* d'Ary Scheffer, le *Repos en
Égypte* et la croix d'argent, la croix d'uniforme, qui
est le seul emblème qui distingue les Dames du Calvaire lorsqu'elles sont de service.

La maison est intelligemment distribuée, aérée,
lumineuse, bien faite pour l'objet qu'elle doit remplir.
Les couloirs de dégagement sont spacieux et l'on peut

16

y circuler sans troubler le repos des malades. Une
officine avec un fourneau pour les préparations phar-
maceutiques contient des lavabos qui ne sont que trop
indispensables aux infirmières ; à côté s'ouvre la
pharmacie, où je remarque un meuble en bois blanc
et à tiroirs ; sur chaque tiroir, un nom ; c'est là que
les dames agrégées serrent le tablier d'hôpital et les
fausses manches. En face ou à peu près s'étend le dortoir, où vingt lits entourés de rideaux de cotonnade
reçoivent les incurables ; une ou deux chambres particulières sont réservées pour des enfants malades que
l'on a recueillis dans le quartier. De plain-pied avec le
dortoir, la chapelle, froide et nue comme toutes les
constructions trop neuves ; aux murailles, les tableaux
d'un chemin de la croix. Un escalier, accosté d'une
pente douce munie de rails sur lesquels peut glisser
un cercueil, conduit à la salle mortuaire, où sont dé-
posées les pauvres femmes enfin délivrées. Là, mieux
que dans les hôpitaux, on respecte les cadavres ; on ne
les couche pas sur la dalle de pierre ou sur la planche
de chêne ; on les étend sur un lit garni de matelas, et
l'on prie à leur côté jusqu'au moment où le couvercle
de la bière se referme sur eux.

En pénétrant au second étage, on comprend que
l'hospice compte s'agrandir et offrir plus de place aux
malades. Là, en effet, tout est provisoire ; les cloisons
du corridor central et des chambres sont en bois ; il
suffira d'un coup de marteau pour les démonter, et

alors on aura un second dortoir. Actuellement et en
attendant des ressources nouvelles, cet étage est réservé au logement des dames résidentes, que l'on pourrait aussi bien nommer les dames pensionnaires, car
non seulement elles soignent les cancérées, dirigent
l'approvisionnement, veillent à la lingerie, à la buanderie, à la confection des bandes et des compresses,
sonnent la cloche du réveil, tiennent les comptes, font
les correspondances, passent les marchés avec les four-
nisseurs, assistent les malades à leur dernier moment,
les lavent, les ensevelissent, les accompagnent à la
chapelle, mais elles payent pension comme des voyageuses de la bienfaisance descendues au caravansérail
de la charité. Jamais nulle rétribution n'est réclamée
aux malades, mais les infirmières payent le droit de
vivre à leur côté et de se lever la nuit pour leur porter
secours. Les chambres sont gaies et vivantes; elles n'ont
rien de la régularité morne qui parfois est si pénible
à contempler dans « la clôture » des communautés religieuses.

Chacune des dames résidentes s'est meublée à sa
guise; le lit est en acajou et muni d'une bonne literie
où le sommeil peut réparer les forces prodiguées; il y
a des rideaux drapés, des tables couvertes de ces gracieux ustensiles dont les femmes aiment à se servir;
des portraits sont pendus aux murailles et maintiennent en permanence le souvenir des absents; des gants
jetés sur un guéridon, un chapeau de dentelles noires

accroché à une patère, un vague parfum d'héliotrope
ou de verveine rendent plus éclatant encore le contraste qui s'accuse entre des habitudes élégantes et
une fonction devant laquelle plus d'un cœur viril succomberait. Du fond du dortoir des cancérées monte
une odeur d'acide phénique qui est comme un rappel
à la réalité ; ici, au second étage, c'est le lieu du repos
transitoire ; en bas, c'est le lieu du labeur, du dégoût à
vaincre, du sacrifice permanent. Là les Dames du
Calvaire, les veuves, ont pu faire l'expérience que les
chagrins s'allègent d'eux-mêmes lorsqu'on leur donne
pour compagne la mission de soulager la souffrance,
et elles reconnaissent que le meilleur moyen de ne pas
trop penser à ses propres douleurs est de penser aux
douleurs d'autrui.

Au dernier étage habitent les filles de service, jeunes
pour la plupart, se dévouant aussi, car elles ne reçoivent pas de gages, vêtues d'un costume semblable et
que je trouve d'apparence trop monacale, car il convient avant tout de laisser à l'œuvre son caractère
expressément laïque. Elles dorment dans un dortoir
commun et vivent dans une salle commune, où je vois
des machines à coudre, où l'on raccommode les draps,
où l'on ourle les torchons, où l'on roule les bandes
fraîchement lavées pour le pansement du lendemain.
Ces trois étages s'élèvent sur un vaste sous-sol bituminé
qui renferme les appareils d'un calorifère et d'un ven-
tilateur, la cuisine étincelante de cuivres, la chambre

aux provisions, une serre qui m'a paru glaciale et la
salle à manger, — beaucoup trop froide, — où les
dames résidentes prennent leurs repas.

La maison était à peine inaugurée qu'elle a failli
être détruite; l'inondation avait menacé la petite maladrerie de la rue Léontine, l'incendie s'est attaqué à
l'hospice de la rue Lourmel. Dans la nuit du 17 décembre 1881, le feu prit dans une fabrique de câbles
télégraphiques juxtaposée à la maison du Calvaire. Ce
fut une des dames qui, réveillée à deux heures du
matin par l'intensité des flammes, donna l'alarme en
sonnant la cloche de la chapelle. Tout le monde fut
vite sur pied; on ferma les compteurs à gaz, on ouvrit
les robinets des bains, on leva et on habilla les malades, afin de les sauver d'abord si le péril devenait
trop pressant; à cinq heures du matin, les pompiers,
grâce à la pompe à vapeur de Passy, étaient maîtres
du feu; les murs de l'hospice étaient noircis et calci-
nés, on n'eut qu'à les réparer et l'on en fut quitte
pour la peur; mais la peur fut vive, et le souvenir de
cette nuit redoutable ne s'est point effacé de la mémoire
des dames résidentes.

Je n'ai encore parlé que des annexes où sont groupés
le service et les servantes de la vraie maison, qui est
le dortoir où l'on souffre, où l'on gémit, où l'on meurt,
triste chambre, tendue de blanc, comme la chambre
nuptiale de la mort, de l'éternelle fiancée, impatiente
et toujours en avance; on pourrait l'appeler la salle

de l'extrême-onction. Celles qui viennent s'y coucher
n'en sortent guère que pour aller dans un monde où
les plaies vives et les dartres rongeantes sont inconnues. Vingt lits : en 1882, vingt-six décès. L'infatigable faucheuse y est à demeure et ne se lasse pas de
frapper. Pour les malheureuses qui sont là, défigurées,
ouvertes, tuméfiées, la mort est l'anéantissement sou-
haité d'une chair saturée de tortures et la libération
d'une âme à laquelle nulle aspiration n'est interdite ;
lorsqu'elle approche, on lui sourit. L'une me disait,
— comme Alfieri, celle-là avait au front *il pallidor della
morte e la speranza*, la pâleur de la mort et l'espérance — : « Puisque je suis incurable, pourquoi ne
pas finir tout de suite ! » C'est une clinique de cancers
d'une incomparable richesse, et le médecin, — le
docteur Eugène Legrand, — qui soigne ces infortunées, a sous les yeux des objets d'étude et d'observation dont la diversité est désespérante. La nature est
inépuisable dans l'invention des supplices qu'elle in-
flige aux humains, qui heureusement ne sont que
des mortels ; on dirait qu'elle s'ingénie à dérouter la
charité et à la vaincre ; peine perdue : plus le mal est
horrible et repoussant, plus la charité se fait active,
ardente et courageuse. Quelque effroyable que soit
la tâche, nulle dame du Calvaire n'a reculé.

Les lits, convenablement espacés, sont enveloppés
de rideaux ; des formes étranges entourées de bandelettes, mouillées de sanies sanguinolentes, disparais-

sent à demi sur les oreillers : ce sont les malades;
pourquoi la vie s'acharne-t-elle à ne point abandonner ces matières en décomposition ? En passant devant
ces lits, plus lamentables à voir que les dalles de la
Morgue, sur lesquelles reposent du moins des corps
devenus insensibles, je me rappelais mes courses à
travers le cimetière de Damas, lorsque je cherchais au
milieu des tombes la masure où vivaient les lépreux,
juifs et musulmans, parqués loin de la ville, jetés
hors de l'humanité, qui s'en écartait avec épouvante,
psalmodiant une plainte sans parole, car le voile de
leur palais était effondré, tendant une main sans
doigts, car leurs phalanges étaient tombées, levant la
tête pour voir, car leurs paupières boursouflées fermaient les yeux. Gonflés, recouverts d'écailles, ils
achevaient de pourrir ensemble dans une puanteur
telle que les chiens hurlaient et se sauvaient à leur
approche. A cette époque (septembre 1850), un seul
homme venait chaque jour les consoler et les secourir :
c'était le supérieur de nos lazaristes. La parole de
Mahomet : « Fuis le lépreux comme tu fuirais le lion, »
n'avait pas été prononcée pour lui.

Il n'y a point de lépreuses à l'infirmerie du Calvaire,
car la lèpre n'existe plus qu'exceptionnellement dans
notre pays, qu'elle a tant ravagé jadis ; au quatorzième
siècle, dix-neuf mille léproseries en Europe, dont deux
mille en France. On ne dit plus la messe des morts sur
« le ladre » ; on ne le conduit plus solennellement, en

chantant le *De profundis*, jusqu'à sa « borde » ; on n'a
plus à lui remettre en main « la cliquette », qu'il
devait faire bruire pour indiquer sa présence. Xavier
de Maistre le chercherait en vain dans le val d'Aoste,
il n'y est plus. Où le trouverait-il? On dit qu'il existe
encore dans certaines régions de la Suisse, de la Nor-
vège et de la Suède; en dehors de Damas, je l'ai vu à
Rhodes, à Jérusalem, à Naplouse, à Birket-ek-Karoum,
dans la Calabre ultérieure deuxième, à Catanzaro, sur
les bords du golfe de Squillace[1].

Pour n'être point la lèpre, les maladies que l'on
soigne à l'hospice de la rue Lourmel n'en sont pas
moins hideuses; il faut avoir le courage de les regarder
en face, car, sans cela, on ne pourrait apprécier
comme il convient le dévouement des Dames du Calvaire; que le lecteur m'excuse donc si j'appelle son
attention sur des objets d'autant plus dignes de pitié
que leur aspect seul est pour inspirer le dégoût. L'odeur
d'acide phénique qui plane dans le dortoir et baigne
les lits d'une atmosphère purifiante indique tout de
suite que l'on vient d'entrer dans le domaine des plaies
vives. Quelques malades ne sont point couchées ; assises
et s'occupant à de faciles besognes, elles ont de la vaillance encore et peuvent, dans les beaux jours, marcher
au long des allées du jardin. Un bandeau bossué de
charpie leur coupe le visage en deux; la paupière est

---

1. Voir *Pièces justificatives*, n° 7.

rouge, l'œil est anxieux, les lèvres sont blafardes; des boursouflures violacées marbrent la peau des joues ; si l'on enlève le bandeau, on voit le mal dans toute son horreur : c'est le *lupus vorax*, le loup dévorant, qui de préférence se jette au visage et le ronge. Lorsque le moyen âge voyait cette plaie abominable, il lui criait : « *Noli me tangere !* Ne me touche pas ! »

Lentement, avec des précautions de gourmet qui savoure un morceau succulent, il a mangé le nez, qui n'est plus qu'un nez de tête de mort, mais de tête de mort vivante, humide et saignante. Deux des malheureuses ainsi défigurées prisent encore et fourrent du tabac dans cette blessure qui met à nu les os et découvre les membranes intérieures. Une vieille tradition, qui date sans doute de l'antiquité, règne dans nos campagnes. Pour les paysans, cette dartre persistante et perforante, ce *lupus*, est une bête qu'il faut nourrir, car elle a toujours faim et détruit l'homme lorsqu'on la laisse manquer d'aliments; de là un seul mode de médication : une tranche de viande appliquée et maintenue sur la plaie. On essaye aujourd'hui de la traiter par des scarifications répétées, par de l'acide azotique ; on cite quelques cas de guérison ; mais les *lupus* que l'on a arrêtés dans leur marche étaient-ils bien des *lupus ?*

Ce mal qui lacère le visage, qu'il rend à la fois ridicule et horrible, est très douloureux; sa persévérance n'est jamais stationnaire, mais sa progression est si

lente, qu'elle paraît insensible; il n'a point pitié du
malade, il le tue en détail, seconde par seconde et pendant des années. A la Salpêtrière, j'ai rencontré une
femme qui occupait une place d'honneur dans la section des cancérées. Elle était alerte, un peu agitée,
parlant sans cesse et vivait, la tête abritée sous un
vaste cornet en carton revêtu de calicot bleu qui
ressemblait à un éteignoir et qui lui cachait le visage.
Jamais elle ne se regardait au miroir, elle s'épou-
vantait. Je voulus la voir, mal m'en prit. Un jour
qu'elle passait près de moi dans le couloir de la
salle Sainte-Cécile, je frappai du doigt le sommet de
son cornet de façon à le faire basculer et à la découvrir. Elle me cria une injure et me donna un coup de
pied; je l'avais aperçue : le visage était une plaie où
l'on ne distinguait plus que les dents et les yeux; le
lupus avait fait sa proie des lèvres, des joues, des paupières et du nez. Comme le Philoctète de Sophocle,
« elle était consumée par un mal affreux et déchirée
par la morsure de l'homicide vipère. »

Elle avait sa légende; on disait qu'elle s'appelait
Médée, comme la magicienne, qu'elle avait été actrice
dans un petit théâtre, fort jolie, recherchée et de vie
à outrance. Il n'en était rien. C'était une ouvrière
émailleuse, nommée Victoire Médez, veuve de Charles
Lerévérend. Née au mois de juin 1799, elle fut admise
d'urgence à la Salpêtrière en 1853, car déjà elle était
hideuse et à demi rongée. Elle n'est décédée qu'en

1871, âgée de soixante-douze ans ; une demi-heure avant sa mort, les maxillaires inférieurs se détachèrent et l'on vit les fosses de l'arrière-gorge ; est-ce le lupus qui lui a donné le repos? Non, c'est une fluxion de poitrine. J'ai cité cet exemple, qui n'est point une exception, pour montrer que le caractère de cette maladie est son implacable lenteur.

Parfois l'action est plus rapide, mais alors elle semble superficielle, ne s'attaque qu'au derme, respecte les muscles et ne broie pas les os. Une malade est là debout, on la dit guérie ; comment était-elle donc avant de l'être? Le visage paraît en laque carminée, luisant, parsemé de pellicules épaisses et grisâtres, comme les squames d'un poisson mort ; le nez est tiré en bas, les lèvres sont rétractées, on dirait que la figure est contenue dans une peau trop étroite ; les sourcils sont tombés, les cheveux, ternes, sont rares, le cou est strié de rugosités, un œil est couvert d'une taie laiteuse ; l'épiderme, en se reformant après l'excoration, a complètement oblitéré l'ouverture des oreilles, dont les lobes ont disparu. La pauvre créature entend, vaille que vaille, et peut répondre aux questions qu'on lui adresse. Elle n'est point sotte et se dit satisfaite d'être en si bon état. Elle va et vient dans la maison, et peut-être plus d'une malade dont la tête est entourée des langes du pansement, la trouve heureuse et envie son sort, qui est de rester épouvantable à voir.

Sur un lit bas j'aperçois une fillette d'environ

treize ans ; le visage, déformé par le gonflement des maxillaires, a une apparence japonaise que ne démentent ni la vivacité des yeux, ni la chevelure relevée à la chinoise. L'expression est intelligente, la parole est vive, le sourire est doux et reconnaissant. Elle reste étendue sur le dos, immobile, diminuée, presque aplatie, n'ayant plus que l'usage de la main gauche, qui s'agite au bout d'un bras maigre dont la chair est flasque et la peau jaunâtre. L'absence de phosphate de chaux dans les os les a réduits à l'état gélatineux ; avec un peu d'effort on nouerait les jambes comme un câble ; le bras droit a tellement dévié aux articulations que les doigts de la main sont retournés sur eux-mêmes. La vie semble réfugiée dans la tête ; elle a délaissé ce corps chimiquement si mal composé ; au-dessus de ce frêle cadavre, il y a un cerveau qui pense, raisonne et ne paraît point s'étonner d'être lié à la mort. Cette enfant ne souffre pas, elle meurt cependant et ne s'en doute guère. Bientôt cette matière incomplète sera dissoute, et la pauvre petite âme sera libre.

Près d'elle et paraissant la regarder avec curiosité, un gros animal est assis dans un fauteuil muni d'une planchette qui l'empêche de se lever. Est-ce un phoque ? Non, c'est une femme, car elle parle. Les pieds et les mains, de substance molle, sont relevés en sens inverse par une contracture des extrémités résultant sans doute de quelque convulsion antérieure à la naissance ; la langue, énorme et charnue, sort de la bouche et pend

sur des lèvres épaisses ; la face, blême et bouffie, est
enlaidie de deux yeux saillants qui semblent rouler au
hasard d'impulsions que l'on ne devine pas ; la parole
est embarrassée et comme gonflée de bestialité ; l'intelligence n'est point fermée, elle s'entr'ouvre et comprend. Cette créature embryonnaire, qui rappelle les
méduses inconsistantes que soulèvent les vagues, qui
ne peut marcher, qui ne parvient pas à surveiller ses
fonctions naturelles, est aujourd'hui âgée de trente-six
ans ; elle a réussi à s'approprier quelque enseignement
religieux et on vient de lui faire faire sa première communion.

L'angio-leucite n'est point rare à l'hospice de la rue
Lourmel ; c'est là une appellation bien scientifique : il
s'agit de l'éléphantiasis, mot excellent, peignant bien
cette déformation des tissus qui fait ressembler les
membres humains à ceux de l'éléphant ; maladie
redoutable, qui presque toujours s'attaque aux jambes.
Hérodote raconte que, pour s'en guérir, les Pharaons
prenaient des bains de sang humain ; Paracelse est
moins cruel : il recommande l'or potable et l'eau dis-
tillée de perles fines. On ignore au Calvaire si ce traitement est efficace. Une vieille est assise sur son lit,
les pieds posés sur une chaise ; je lui demande pourquoi elle ne se couche pas, elle me répond : « Je suis
asthmatique et j'étouffe dès que je suis allongée. »
Elle découvre ses jambes ; l'éléphantiasis les a envahies ;
le derme est épais, violet, écailleux ; les tissus sont

engorgés; les chevilles, perdues dans le soulèvement des chairs, n'apparaissent plus au-dessus du pied, tellement gonflé qu'il semble près d'éclater. Pour diminuer la tension de l'éléphantiasis, il faudrait maintenir la malade sur un plan incliné qui relèverait légèrement les jambes; pour empêcher l'asthme d'oppresser les poumons, il faudrait que la malade restât debout, ou du moins fût placée de façon à avoir le torse droit. Problème insoluble et impitoyable; les deux supplices se combinent et l'on ne peut soulager l'un qu'en exaspérant l'autre. Il en est plus d'une ainsi dans le dortoir; lorsque, pendant le sommeil, le corps s'abaisse automatiquement en arrière, elles suffoquent, se réveillent avec un cri : « De l'air! de l'air! »

Adossée contre un rempart d'oreillers, je vois une jeune femme d'une pâleur terreuse; elle respire un flacon d'eau de Cologne et secoue la tête avec découragement. Je m'approche d'elle et j'y reste avec effort. Je lui demande : « Pourquoi flairez-vous ce flacon? est-ce que vous craignez de vous évanouir? » Un nuage rose passe sur ses joues, elle répond : « Oui, monsieur. » Elle se trompe; elle cherche à fuir son odeur et n'y réussit pas. C'est une ouvrière du Gros-Caillou; employée à la manufacture des tabacs, elle a préparé « la tripe », taillé « la robe » et roulé le cigare. Elle est tombée par une fenêtre, du haut d'un second étage et s'est brisé la jambe droite. La fracture était compliquée, on a pratiqué l'amputation; j'ignore quel accident est survenu, mais je regrette que, dans sa chute, la malheureuse ne se soit pas tuée sur le coup. Un cancer s'est emparé d'elle, l'a saisie à la jambe coupée et s'étend jusqu'à la hanche; sa cuisse blanche et démesurée ressemble à un sac de farine; le derme s'est fendu sous l'expansion des tissus désagrégés et laisse échapper des putridités nauséabondes. Lorsque les bouffées horribles montent vers elle, elle prend sa petite fiole d'eau de Cologne et se désespère. Je la regardais pendant qu'on la pansait, et involontairement j'entendais bourdonner dans mon souvenir l'air de *la Juive* : « Je suis jeune et je tiens à la vie ! »

Quelques jours après ma première visite, je suis revenu; en entrant dans le dortoir, j'ai cherché des yeux la petite ouvrière en cigares, je ne l'ai pas aperçue. Elle est ailleurs, dans l'endroit où l'on ne souffre pas et où sans doute on a compris la raison de la souffrance. Un matin, une Dame du Calvaire lui demanda si elle voulait une nonnette pour son dessert; en souriant, elle répondit : « J'en voudrais deux. » Tout à coup elle cria : « Voilà quelque chose qui part ! » On se précipita vers elle; le sang ruisselait; pour arrêter plus promptement l'hémorragie, on coupa les bandes du pansement; la pauvrette inclinait la tête comme un oiseau blessé; les lèvres décolorées ne parlaient plus, le regard flottait vers le ciel pour y chercher la réalité des espérances, le corps sembla s'amollir et s'affaissa. Le cancer avait mordu l'artère fémorale, et en moins de deux minutes l'âme avait rouvert ses ailes.

La place d'où elle est partie n'a pas eu le temps de refroidir, j'y ai vu une apparition. Vous rappelez-vous les contes de fées : « Il y avait une petite vieille, si vieille, si vieille, que son menton touchait à ses genoux. » Elle est là, au Calvaire, accroupie sur son lit, toujours assise, car elle ne peut se tenir autrement, noueuse, ramassée sur elle-même, semblable à ces momies d'Incas que l'on retrouve dans des amphores. L'ankylose l'a prise aux articulations inférieures et l'a ployée en trois. Le long de ses bras décharnés des pralines cancéreuses sont disséminées sur sa peau ridée. C'est une Bretonne bretonnante ; elle est du pays qui est entre Josselin et Ploërmel. Aux jours de son enfance, elle a dû jouer près de l'Étang-au-Duc et sous les chênes de la Mivoie, où les Trente ont combattu jadis. A cette heure, c'est un petit fantôme desséché ; on dirait que le sang n'y circule plus et laisse les chairs mourir d'inanition. Sa voix fêlée est si grêle, qu'on croirait entendre la voix d'un ventriloque qui parlerait derrière les rideaux. Elle dit : « Je voudrais fumer ma pipe ; voilà quarante ans que je fume ; ça me manque beaucoup de ne pas fumer. » Elle demande qu'on lui donne du *butun*. — Butun en bas-breton, c'est du tabac. — Lorsqu'il fait beau et qu'un rayon de soleil échauffe le jardin, on pose ce pauvre squelette sur un fauteuil et on le roule en plein air ; alors la petite

vieille recroquevillée fume tout doucement ; elle ferme
à demi les yeux et rêve. Peut-être, dans sa somnolence,
revoit-elle les filles et les garçons aux longs cheveux
s'arrêter sous sa fenêtre et se répète-t-elle la chanson
du rossignolet sauvage, du rossignolet d'amour, la
chanson de la mariée, qu'elle a écoutée, le cœur battant et le front brillant la jeunesse :

Recevez ce bouquet que ma main vous présente,
Il est fait de façon à vous faire comprendre
Que tous ces vains honneurs passent comme des fleurs !

Je me suis arrêté auprès d'un lit ; celle qui l'occupe
et ne le quittera que pour la couche éternelle est une
vieille femme qui a dû être jolie autrefois ; elle est proprette ; sous son bonnet les cheveux éclatants de blancheur sont bien rangés. Elle aussi, elle dort assise, non
pas qu'elle soit asthmatique, mais parce que le poids
de son cancer l'étouffe lorsqu'elle est étendue sur le
dos. Elle se découvre le thorax ; la poitrine plate est
mamelonnée de glandes cancéreuses et ressemble à la
carte en relief d'un massif de montagnes. L'ablation
même n'est point possible ; depuis les clavicules jusqu'à
la dernière des fausses côtes, ce n'est qu'une cuirasse
formée de nodosités couleur marron, nuancée de tons
livides. La pauvre femme ne se fait point d'illusion.
Le regard a une expresssion navrante et l'on dirait que
les lèvres répètent la phrase de Chateaubriand : « Je
me décourage de durer ! » — Elle n'a pas « duré »

17

longtemps : deux jours après ma visite, son corps s'est endormi pour ne plus se réveiller; on l'a porté à la chambre des morts, et bien vite on a préparé le lit pour y placer une postulante dont le visage est déjà presque disparu.

A l'autre extrémité du dortoir, il est une malade que je n'ai pu voir sans frémir; immobile, étendue sur le dos, elle est l'image même de la souffrance. Est-elle pâle, est-elle blafarde, est-elle livide? Je ne sais; la couleur de sa peau n'a pas de nom dans le langage des peintres. Le front est toujours plissé, les sourcils sont toujours contractés; il n'est pas un trait qui n'indique l'angoisse. La bouche a pris la forme du fer à cheval, qui est la forme invariable que revêt le spasme du désespoir. Les yeux sont grands ouverts et fixes. Au fond de l'œil gauche, derrière la cornée transparente, on aperçoit une blancheur irisée qui ressemble à une plaque de nacre : c'est le cancer; il est là, sous l'orbite, tout près du cerveau, sur le nerf optique qu'il ronge, au siège même de la sensibilité. La torture est de toutes les secondes; elle tue le sommeil, désagrège la pensée, anéantit le souvenir et ne permet pas de prier; l'oraison commencée s'achève dans un cri d'horreur. Je suis resté seul pendant un instant près de cette infortunée; je lui ai dit : « Puis-je quelque chose pour vous? » — D'une voix forte et sans modulation, elle a répondu : « Oui, tuez-moi! » Je me suis informé d'elle plusieurs fois, elle ne parvient pas à mourir; la mort est sourde, puisqu'elle ne s'arrête pas à ce lit où sans relâche elle est appelée. En regardant ces malheureuses, je me suis souvenu d'un vers de l'Arioste :

Nè giovar lor può medico nè mago.

« Ni le médecin, ni le magicien ne les peuvent soulager. »

Que l'on ne s'imagine pas que j'aie outré le tableau, je l'ai atténué ; j'ai reculé devant certaines descriptions, il y a des faces que je n'ai pas dévoilées, des plaies dont j'ai volontairement détourné les yeux. Ce que ces femmes souffrent ne se peut imaginer ; derrière les rideaux blancs on entend les plaintes étouffées ; parfois, la nuit, le silence du dortoir est troublé par un cri : c'est la bête féroce qui mord une malade et l'arrache au sommeil. Les Dames du Calvaire ne sont jamais loin, et il n'est pas besoin de les appeler deux fois pour qu'elles accourent. Elles savent administrer l'hydrochlorate de morphine comme de vieux praticiens et l'art des injections sous-cutanées leur a été révélé. Pour ces maux incurables qui sont une aberration de la nature, le médecin n'a jamais trop de compassion ; là où le médicament reste inefficace et ne peut guérir, la parole affectueuse est un allègement. C'est moins la maladie qu'il faut considérer que la malade, à laquelle on ne prodiguera jamais assez de consolation, de tendresse et d'encouragement. Les

Dames du Calvaire ne l'ignorent pas; elles calment les suppliciées et les endorment par des paroles fortifiantes qui sont les litanies de la commisération; elles apaisent celles qui se révoltent de tant souffrir, s'agenouillent près du lit, prient et font descendre l'espérance dans les cœurs des plus exaspérées.

En quel lieu prierait-on, si l'on ne priait pas dans cette infirmerie où l'on n'a plus rien à attendre de la science humaine, où chaque minute apporte une torture, où la veille est faite d'angoisse, où le sommeil est un cauchemar, où l'âme n'a de refuge que dans l'espoir des destinées d'outre-tombe? Une femme ankylosée des genoux, les jambes ravagées par une dartre vive, me disait : « Ah! que je voudrais pouvoir marcher! » Je lui demandai en souriant: « Pourquoi? pour vous promener au soleil? » Elle me répondit : « Oh non! monsieur, pour aller à l'église. » Elles ne peuvent en effet aller à l'église, mais l'église vient à elles. Chaque matin, à sept heures, les cloisons du dortoir glissent sur des galets de cuivre et découvrent la chapelle, d'où s'échappe un air frais qui s'approche des lits comme une caresse. Les dames résidentes s'agenouillent, derrière elles sont les filles de service; le prêtre est à l'autel, la clochette résonne et la basse messe est dite. Les malades se tournent dans leur lit, tendent les mains vers Celui que l'on invoque et s'inclinent quand on élève l'hostie. Tout le cœur s'élance lorsque l'aumônier termine la récitation de l'Oraison dominicale. Quelle ferveur en répondant : *Et libera nos a malo!* Et délivrez-nous du mal ! Car là plus qu'ailleurs le mal est tangible et farouche ; il est si effroyable, si extrahumain, qu'il ne peut être que l'œuvre du maudit. C'est l'œuvre du diable, en effet; les Orientaux le savent et leurs historiens le racontent. Il faut les écouter et apprendre d'eux où ce mal est né aux premières heures des légendes et pourquoi l'homme n'en est pas encore absous.

Zohak, le cinquième roi de la dynastie persane des Pichsdadiens, le descendant du géant Caïumarath, qui fut un arbre avant d'être homme et de réduire la terre en servitude, était un roi méchant. Il se plaisait aux cruautés, et pour n'être jamais à court d'inventions malfaisantes, il se faisait aider par Éblis le Lapidé, qui est Satan. Lorsque, au bout de plusieurs années, Zohak congédia Éblis, celui-ci lui demanda pour récompense de ses services la permission de lui baiser les épaules. Zohak y consentit, et à la place que venaient de toucher les lèvres réprouvées, deux ulcères apparurent où grouillaient des serpents qui lui mangeaient la chair. On assembla les savants, qui déclarèrent que le seul moyen de guérir le roi Zohak était d'appliquer chaque jour sur les plaies diaboliques la cervelle d'un homme récemment tué. On tua d'abord les prisonniers, puis les innocents ; on enleva des enfants pour les enfermer dans l'endroit où l'on gardait les malheureux réservés à l'honneur d'être utilisés par la thérapeutique royale.

On vola les fils d'un forgeron d'Ispahan, qui se nommait Gao. Il mit son tablier de cuir au bout d'une perche, sortit en criant: « Aux armes! » souleva le peuple, réunit une troupe de mécontents; à la tête des révoltés, il se rendit auprès de Féridoun, fils d'Alkian, petit-fils de Giamschid et le proclama roi. Zohak fut vaincu, le jour même de l'équinoxe d'automne, et enfermé dans une des cavernes de la montagne de Demavend. Il n'était point guéri, parce qu'on l'avait trompé et qu'on lui avait fourni des médicaments inférieurs. En effet, les apothicaires chargés de massacrer des hommes et de préparer les cervelles humaines laissaient, par pitié, les portes de leur laboratoire ouvertes et les prisonniers s'évadaient; on remplaçait leurs cervelles par des cervelles de moutons, et Zohak ne s'en apercevait pas. Les fugitifs se sauvaient par des chemins détournés et se réunirent dans des pays alors inconnus; il en résulta la nation des Kurdes. Zohak avait eu beaucoup d'enfants, qui se répandirent à travers le monde, car le peuple d'Iran les haïssait en souvenir de leur père et les avait chassés. Ils s'établirent dans les contrées d'Asie, d'Afrique et d'Europe; ils y propagèrent le mal dont ils étaient dévorés; car, encore aujourd'hui, tous ceux qui descendent de la lignée de Zohak portent sur le corps la trace des baisers de Satan. Lorsque Zohak, qui est dans la géhenne, aura été pardonné de Dieu l'unique, — sur qui soient les saluts du Prophète, — ce mal disparaîtra de la terre.

Je crois que la science moderne n'acceptera pas sans contestation cette explication de l'origine des cancers et des dartres vives, mais l'Orient ne s'en préoccupe guère; il a vu une maladie tellement horrible qu'il l'a crue surnaturelle et il en a fait remonter la responsabilité jusqu'au diable, qui est le principe de tout mal; c'était logique et d'une orthodoxie irréprochable. Les dévastations que produit ce mal sont indescriptibles, je m'en suis aperçu en les décrivant; elles ont tout ce qui révolte les sens, tout ce qui appelle le dégoût, tout ce qui effraye la compassion repoussée par l'aspect et par l'odeur. Pour mieux remplir la mission qu'elles ont choisie, les Dames du Calvaire ont vaincu leur répugnance, répudié toute faiblesse et acquis une résistance qui en remontrerait à celle des infirmiers de profession.

Un matin du mois d'avril (1883), je suis arrivé rue Lourmel, un peu avant l'heure de la visite du médecin. Il faisait sec et froid; l'hospice avait l'air presque gai avec ses murailles blanches éclairées par le soleil et son petit chalet reluisant. Les dames résidentes et les dames agrégées étaient là : j'en ai compté vingt-trois; le tablier de calicot blanc à bavette attaché sur la robe noire, qui est la livrée des veuves, les fausses manches passées au bras, la pince à charpie en main, elles causaient entre elles, se promenaient dans le corridor de l'infirmerie, en attendant le moment de pénétrer dans le dortoir. Sur la poitrine, elles por-

tent la croix d'argent, qui est la décoration du Calvaire; aux doigts, un seul anneau, celui que le prêtre
a béni au jour de l'union nuptiale où est éclose l'espérance, qui, en s'envolant, n'a laissé place qu'à la foi et
à la charité. Si les ducs, les princes, les marquis, les
comtes, les officiers supérieurs, les magistrats, les
grands industriels qui ont vécu peuvent voir ce que
font leurs veuves aujourd'hui, ils doivent se sentir
heureux d'avoir si bien placé l'honneur de leur nom
et le souci de l'âme de leurs fils.

Les Dames du Calvaire sont entrées dans le dortoir,
je les ai suivies. Elles se sont agenouillées sur le parquet, les épaules courbées, la tête inclinée; une d'elles
a récité une courte prière dont je n'ai retenu que la
dernière phrase : « Daignez, Seigneur, donner à nos
malades la patience et la résignation, et à nous l'esprit
de foi et de charité. » Elles se relèvent et vont vers les
malades. J'étais auprès du docteur Eugène Legrand,
qui avait bien voulu me permettre de l'accompagner;
il allait de lit en lit, prescrivant une ordonnance,
remontant les courages défaillants et disant des paroles
d'espoir auxquelles il ne croyait guère; pour bien des
maux, le mensonge, — est-ce bien le mensonge? —
est la part effective du traitement. Tout en marchant
à côté du docteur, en écoutant ses explications tech-
niques, je regardais les Dames du Calvaire. J'admirais
la douceur et l'agilité des gestes. Il n'y a pas au monde
un instrument plus parfait que la main d'une femme

adroite; ces longs doigts, assouplis par l'élégance même du travail choisi qui combat l'oisiveté, ont de merveilleuses délicatesses pour toucher les plaies sans les aviver, pour les laver, pour y étendre la charpie rafraîchissante, pour les entourer de bandelettes et pour caresser la joue de la malade, quand le pansement est terminé. La besogne est horrible, on ne s'en douterait pas à voir celles qui l'accomplissent.

Je me suis arrêté devant le lit de la petite fille qui semble se liquéfier. J'ai regardé les mains qui la pansaient; pareilles à des fuseaux d'ivoire, elles avaient une agilité spirituelle : « Esprit de Mortemart, » a dit un vieil adage. Je les admirais; elles étaient souples et prévoyantes lorsque, avec mille précautions ingénieuses, elles soulevaient sans les faire souffrir ces pauvres membres plus flexibles qu'un rouleau de linge mouillé; on eût dit que les bandes se déroulaient d'elles-mêmes, comme si une fée les eût touchées; la petite malade s'apercevait à peine qu'on l'entourait de charpie. Elles ne sont point faibles, ces mains, elles ont une vivacité résistante qui parfois ne doit point manquer de vigueur. Elle doivent savoir maintenir un cheval qui devient nerveux et fait des réactions en entendant les trompes sonner un bien-aller ou au vol-ce-l'est. O chasseresse, que je ne nommerai pas et que j'ai contemplée avec attendrissement, ce n'est pas Endymion que vous cherchez près de ces lits cancéreux!

Joinville raconte que lorsque saint Louis chargeait sur ses épaules les corps des pestiférés pour les porter au lieu de sépulture, il était escorté de l'archevêque de Tyr et de l'évêque de Damiette, qui, assistés de leur clergé, récitaient les prières des morts. Prêtres et soldats, épouvantés par la crainte de la contagion et suffoqués par la puanteur des cadavres, tenaient des mouchoirs tamponnés sur leur visage : « Mais oncques ne fut vu au bon roy Louis estouper son nez, tant le faisoit fermement et dévotement. » Les Dames du Calvaire non plus « ne s'estoupent point le nez; » et, près de certains lits, il y a du mérite; sous les regards féminins, j'ai tenu bon, mais je me suis senti pâlir. Non seulement elles pansent les plaies, mais elles enlèvent le bonnet des malades : « Voyons, la mère, que l'on vous fasse belle! » Elles dénouent les cheveux rugueux où l'on croit voir encore quelques gourmes de l'enfance, elles peignent, elles nettoient tout cela sans détourner la tête, sans haut-le-cœur, « fermement et dévotement » comme le bon roi Louis.

Les Dames du Calvaire sont ce que les femmes du peuple appellent des mijaurées; ce sont des femmes accoutumées au luxe ou du moins au bien-être. La plupart sont frêles, avec la prédominance nerveuse des Parisiennes; plus d'une a dû se sauver à la vue d'une araignée et pousser des cris de détresse en apercevant une souris; pour éponger la putridité des cancers, elles ont accompli sur elles-mêmes un effort dont seules

elles peuvent apprécier la puissance. Seraient-elles
parvenues à dompter leurs instincts, à modifier leur
nature, à triompher de leur répugnance si elles
n'avaient pas eu la foi? — Non.

Au temps de ma première jeunesse, — c'est une
vieille histoire, — j'avais aperçu deux yeux bleus que
je n'ai pas oubliés. Jamais plus belles pervenches ne
se sont ouvertes à la rosée, jamais expression plus
douce n'a été l'âme d'un regard. La femme dont ils
illuminaient le visage était charmante; ses cheveux
noirs, son rire vermeil rehaussé par l'éclat de ses
dents, ses épaules bien tombantes, son cou flexible et
sa ferme taille en faisaient une beauté rare. On l'ad-
mirait, on répétait son nom; elle venait de se marier
et semblait éclairée par un de ces nimbes de bonheur
que rien ne peut obscurcir. Elle chanta; sa voix était
juste et d'un timbre exquis. On battit des mains, elle
eut un triomphe : triomphe de salon, il est vrai, mais
dont la qualité n'était point à dédaigner. Bien souvent,
à l'âge où l'on rêve encore, j'ai pensé à cette soirée, à
cette jeune femme étincelante de jeunesse et de grâce,
que je ne devais plus revoir. Qui de nous, aux jours de
la primevère, n'a eu son apparition? Qui de nous la
voyant s'évanouir ne s'est dit : Le bonheur était peut-
être là? Parfois j'en parlais; que devient-elle? Je
savais qu'elle était de vie irréprochable et qu'elle tra-
versait l'existence en ferme devoir, sans qu'une écla-
boussure l'ait effleurée. Puis le souvenir s'affaiblit, il

s'effaça ou s'endormit dans un coin de ma mémoire.
J'étais à l'infirmerie de la rue Lourmel, près du lit
d'une cancérée, dont le bras gauche est à la fois dévoré et momifié par un cancer qui a abattu les phalanges de la main. L'infirmière me dit : « Elle souffre
parfois cruellement. » Je regardai la femme qui me
parlait, nos yeux se rencontrèrent et je reconnus les
siens. La vision de ma jeunesse est aujourd'hui Dame
du Calvaire.

On ne soigne pas seulement les malades reçues en
hospitalité; la maison s'ouvre à celles du dehors que
leur mal n'immobilise pas et qui viennent en consultation. Quand on en a fini avec l'infirmerie, on s'occupe
d'elles; celles-là on les panse, on les peigne, on a même
la précaution de les débarbouiller, et cette précaution
n'est pas superflue; je ne suis pas bien certain que l'on
ne glisse pas quelque argent dans leur poche pour les
aider à acheter une nourriture plus substantielle que
l'ordinaire de la pauvreté. Plus d'une parmi celles qui,
le matin, traversent le Calvaire afin d'y recevoir des
soins, y reviendra, et s'y couchera pour ne plus se
relever; leur présence à l'heure du pansement est une
sorte de stage auquel le cancer donnera un caractère
définitif.

Ces malheureuses, — les hospitalisées aussi bien que
les externes, — sont à examiner lorsque l'on s'avance
vers elles pour enlever leurs bandes et renouveler leur
charpie; elles ont des préférences, cela se voit tout de

suite. Elles ont, pour ainsi dire, adopté certaines dames et semblent n'en point vouloir d'autres; l'une d'elles a de telles contractions dans son bras malade lorsqu'elle est approchée par une infirmière qui ne lui plaît pas, que le pansement devient impossible. Les Dames du Calvaire les plus recherchées sont celles qui appartiennent à la haute aristocratie; il suffit d'être princesse ou duchesse pour se voir réclamée près de tous les lits. La malade qui a été servie par une grande dame ne peut réprimer un sourire de satisfaction. Une cancerée qui a des prétentions aux lettres et au bel esprit dit volontiers : « La duchesse est venue aujourd'hui dans sa petite charrette anglaise; c'est elle qui s'est occupée de moi; elle a été charmante! » Qui se serait imaginé que le cancer a ses vanités?

Chaque jour, à neuf heures du matin et à cinq heures de l'après-midi, on panse les malades, sans compter les pansements supplémentaires exigés par quelques plaies où la putréfaction se hâte et ne veut s'arrêter. Est-ce tout? Non pas. Les bandes, les compresses, tous ces langes qui ont bu la sanie des cancers, qui ont essuyé la bave du loup enragé, ne séjournent point à la maison; il faut les envoyer au blanchisseur. On doit les trier, les appareiller, les réunir en paquets d'un nombre déterminé qui permette une vérification sûre et rapide, car, dans un tel hospice, le linge, le vieux linge, est un objet de nécessité première; c'est ce qu'en plaisantant on appelle : faire le bouquet spirituel. A

qui échoit cette besogne abominable? Aux filles de service, paysannes peu dégoûtées, qui, à la ferme, ont
balayé le poulailler, vidé le tect à porcs, creusé des ri-
goles au purin? — Non; aux Dames du Calvaire. J'en
ai vu deux, assises sur un tabouret, devant une manne
putride; élégantes, éclairées d'un sourire, ayant parfois aux lèvres le petit souffle qui chasse une odeur importune, elles avaient dans les poignets des inflexions
plaisantes à voir. Au temps d'Élisabeth de Hongrie, la
manne se fût remplie de roses.

Les chambres des dames résidentes ont quelque chose
de personnel que j'ai signalé; bien plus encore l'infirmière a une individualité qui lui est propre. Son costume, sa coiffure, sa démarche sont à elle; dans les
mouvements, dans le port de la tête, elle a son attitude
personnelle qui la distingue des autres; elles n'ont de
commun que le tablier blanc et les manches blanches
qui sont leur parure. C'est ce qui les rend originales
et ne permet pas de les confondre avec les sœurs des
congrégations, chez qui tout est semblable, la robe et
la guimpe, le geste et l'expression, le regard et le sourire. Qui a vu une religieuse les a vues toutes. Pour les
Dames du Calvaire rien de pareil : elles n'ont abdiqué
ni leurs noms, ni leurs habitudes. Telle qui a passé sa
soirée au bal ou à l'Opéra, et s'y est divertie, sera
debout, le matin, près d'un lit de cancérée, rabattra
les couvertures et nettoiera la plaie infecte que le lupus
a creusée. Elle reste femme du monde à côté des ago-

nisantes, dans sa façon de se mettre à genoux et de joindre les mains, dans sa grâce en secouant la charpie, dans son élégance à faire bouffer les oreillers affaissés, dans les modulations de sa voix, lorsqu'elle console une malade qui dit : « Je souffre trop! » Entre cette distinction de bon aloi et cette misère faite de tortures, le contraste est éclatant.

Plus j'avance dans ces études, plus je soulève les voiles qui cachent les œuvres de la charité privée, plus je pénètre dans ces arcanes de souffrance, de compassion et de foi, plus j'en arrive à être convaincu, malgré les déclamations envieuses et les revendications furibondes, que la parabole du mauvais riche n'est pas de notre temps et n'a jamais été de notre pays.

CHAPITRE V

L'OEUVRE DES JEUNES POITRINAIRES

I. — LES PREMIÈRES ÉTAPES.

La Chevalerie. — La devise. — Charité spécialisée. — L'abbé de Soubiran.
— Le béguinage. — La recherche d'une condition. — La communauté
des Sœurs de Marie Auxiliatrice. — Castelnaudary. — Toulouse. — Paris.
— Dilatation. — La maison de la rue de Maubeuge. — Basse-cour. — Cos-
tume. — L'école. — Le pensionnat. — Les institutrices. — Le chômage.
— L'hôpital. — Malades. — Incident. — Le vieux troupier. — La pre-
mière phtisique. — L'Assistance publique ne peut accueillir la phtisie. —
Résolution.

Dans le beau et savant livre sur *la Chevalerie* auquel l'Académie française vient de décerner le grand
prix Gobert, M. Léon Gautier a réduit à dix comman-
dements le code des barons qui cherchaient aventure,
sonnaient du cor à Roncevaux, fondaient des royaumes
et combattaient les Sarrasins. Au troisième commandement je lis : « Tu auras le respect de toutes les faiblesses et t'en constitueras le défenseur. » Ce mot
d'ordre n'est point devenu lettre morte lorsque la
chevalerie disparut. Il a été recueilli par les groupes

18

religieux, et pour plus d'un il est la loi. Les Petites
Sœurs des Pauvres, les frères de Saint-Jean-de-Dieu,
les Dames du Calvaire, sans le savoir peut-être, l'ont
adopté pour devise dans leur œuvre de commisération et de salut. Ces familles composées d'êtres isolés,
réunis dans un but charitable, « respectent toutes les
faiblesses » et les protègent, comme faisait le chevalier d'autrefois qui voulait rester fidèle à sa règle.
Non seulement elles les respectent, mais elles les
recherchent et pénètrent au plus profond des déses-
pérances humaines, pour y découvrir quelque misère
plus lamentable que les autres afin de la secourir.

Derrière l'humilité d'une existence volontairement
dénuée, il y a une persistance de dévouement qui arrache des cris d'admiration aux plus sceptiques ; sous
le scapulaire de certains hommes, sous la guimpe
blanche de bien des femmes, on sent battre des cœurs
héroïques auxquels nul sacrifice n'est inconnu. Dans
ces maisons closes où je suis entré de jour et de nuit,
sans être attendu, et où je n'ai jamais vu qu'un spectacle fait pour attendrir, on s'ingénie à embaumer la
souffrance dans les bonnes paroles et dans les bonnes
actions. Entre le mal et la charité, la lutte est incessante ; quelque habile que soit le mal à multiplier ses
formes, la charité le guette, le poursuit, l'atteint et
l'affaiblit sans oser concevoir l'espérance de le vaincre.

A mesure que les grands centres de population
se sont développés, l'indigence et les maladies y ont

trouvé des proies nombreuses sur lesquelles elles
se sont jetées. Dans les villes trop peuplées, le fléau
est permanent et n'a qu'un ennemi : la charité permanente. Au milieu des cités immenses comme Paris,
la charité ne peut rester générale : elle y succomberait,
sans profit pour elle et au préjudice des malheureux ;
elle a dû limiter son action, catégoriser son œuvre,
pour ainsi dire, afin de ne point manquer à la mission
qu'elle s'est imposée. De même qu'il y a des médecins
qui ne traitent que certaines maladies, de même les
associations charitables n'ouvrent leurs bras qu'à certaines misères. On l'a vu déjà : les Petites Sœurs des
Pauvres n'accueillent que les vieillards indigents, les
frères de Saint-Jean-de-Dieu ne soignent que les enfants détruits par les scrofules, les Dames du Calvaire
n'admettent que les cancérées dans leur infirmerie
sans pareille, l'Orphelinat des Apprentis ne ramasse
que les petits vagabonds. On dirait que près de chaque défaillance de la matière et de l'esprit la foi
envoie un de ses apôtres pour panser les plaies et pu-
rifier l'âme.

L'œuvre dont je vais essayer de parler est spéciale ;
elle est de création récente, essentiellement parisienne,
et cependant elle est née à Castelnaudary, dans cette ville
jadis hérétique qui fut « le château neuf des Ariens »,
castellum novum Arianorum. Celui qui en conçut la
première idée ne se doutait guère qu'elle se rami-
fierait en plusieurs branches et qu'elle se diviserait

vers des buts différents qu'il n'avait pas entrevus. C'était un prêtre de noble lignée, qui s'appelait Louis-Jean-Marie de Soubiran. Sa famille, qui habitait le château de la Louvière, dans le canton de Salles-sur-Lhers, avait émigré pendant la Révolution ; le futur fondateur de la communauté des *Sœurs de Marie Auxiliatrice* naquit en Espagne, à Carthagène, le 25 août 1797. Il rentra en France lorsque les temps furent apaisés, fit ses études dans je ne sais quel séminaire, obéit à la vocation qui l'entraînait, et fut nommé vicaire à Saint-Michel de Castelnaudary, au mois de septembre 1820. Il aimait la ville où il vint dire sa première messe, s'y plaisait, et ne la quitta que pendant quatre ans, de 1829 à 1833, lorsqu'il dut aller à Carcassonne pour y exercer les fonctions de vicaire général du diocèse. Le fardeau lui parut sans doute un peu lourd, il l'abandonna volontairement et retourna vivre à Castelnaudary, non loin du lieu natal. Il y fut successivement aumônier du couvent de Notre-Dame et supérieur de la congrégation des filles.

C'était un homme intelligent et austère, un de ceux que brûle le feu intérieur et auxquels la vie est trop courte pour accomplir le bien qu'ils ont rêvé. Il avait voulu établir aux portes mêmes de la ville, là où est situé aujourd'hui le collège de Saint-François de Sales, un béguinage analogue au petit béguinage qui fut fondé à Gand en 1234 et qui reçoit les jeunes filles trop pauvres pour payer leur dot dans un couvent.

Cela est approprié au tempérament belge, un peu
froid, facilement soumis, et pénétré par le calme du
climat. L'abbé de Soubiran avait compté sans le soleil
du Midi, qui chauffe les cervelles, accélère l'action du
sang dans les veines, pousse aux farandoles et convie
aux promenades deux à deux. Au soir, les garçons
donnaient des sérénades le long des murs du béguinage, et pendant les récréations les filles oubliaient les
pieuses exhortations en dansant à perdre haleine. Le
pauvre abbé désespéra de son entreprise, et le béguinage fut fermé.

J'imagine, sans le savoir, que c'est par la confession qu'il arriva à la conception de l'œuvre qui a déjà
rendu tant de services aux dédaignées de l'existence et
aux élues de la maladie. Je me figure qu'il a reçu la
confidence de bien des filles qui, chassées par la pauvreté, avaient quitté « le pays » pour chercher condition dans les grandes villes, où l'état de servante, si
pénible qu'il soit, assure le pain quotidien, le gîte et
quelques gages. Elles avaient été à Carcassonne, à
Toulouse, à Lyon ; les plus vaillantes avaient osé aller
jusqu'à Paris. Comment la plupart étaient-elles revenues? Découragées, harassées de misère, traînant l'aile
et tirant le pied, égarées sinon perdues, ayant tâté de
tous les métiers et mangé un pain si amer que le
dégoût d'elles-mêmes les avait saisies.

Son cœur s'émut au récit des souffrances éprouvées,
des périls affrontés si souvent sans victoire, et il se

demanda s'il ne serait pas possible et s'il n'était pas
chrétien de fonder une œuvre pour les filles, les
femmes sans place qui, au lieu de vaguer sur le pavé
des villes, trouveraient un abri momentané où du
moins elles pourraient se réfugier, se reposer et dormir pendant la nuit. Il savait bien que l'heure est
propice à la chute lorsque, après une journée de courses inutiles et décevantes, la femme voit descendre les
ténèbres et n'a pas d'asile. Plus d'une alors, par lassitude et troublée des angoisses de la peur, a suivi le
premier venu ou a demandé une hospitalité qu'elle a
payée si cher qu'elle ne s'en est jamais consolée. Assurer à ces malheureuses une chambre et une couchette
pour une redevance insignifiante qui ne dépasserait
pas un sou par jour ; les garder pendant un laps de
temps suffisant à se pourvoir, c'est-à-dire pendant
trois mois ; les soigner en cas de maladie, les aider
par des conseils et au besoin par des démarches, les
sauver de la misère aux aguets et du vice aux écoutes,
parut à l'abbé de Soubiran un acte salutaire. Afin
d'atteindre le but qu'il avait visé, il organisa, en 1854,
la communauté des Sœurs de Marie Auxiliatrice. Les
deux premières religieuses qui acceptèrent la règle et
se consacrèrent à l'œuvre nouvelle furent ses nièces.

Castelnaudary ne fut et ne pouvait être qu'un berceau ; l'œuvre y naquit, s'y condensa dans la conception du bien à faire plus que dans l'action du bien
même, et reconnut qu'elle était dans un milieu trop

stérile. Malgré le canal du Midi qui la côtoie, malgré le grand bassin dont elle est fière, Castelnaudary est une petite ville de 10,000 habitants ; la charité devait promptement y devenir impuissante ; car il lui était facile de secourir le nombre restreint de malheureux qui s'adressaient à elle. On le comprit avant même que l'expérience l'eût démontré, et, semblable aux tribus de pasteurs qui abandonnent un terrain épuisé pour aller chercher des pâturages abondants, on émigra. On n'alla pas bien loin d'abord et l'on s'arrêta à Toulouse. La première étape était bien choisie : grande ville où s'agitent près de 120,000 âmes, ville de fabriques et vieille ville parlementaire, qui attire les filles des pays d'alentour par l'espoir du gain de l'ouvrière et du gage de la servante. L'action que l'on exerçait était surtout une action morale, elle était bienfaisante, mais elle n'avait pas encore, elle ne devait avoir que longtemps plus tard cette puissance secourable qui la rend si précieuse aujourd'hui. L'œuvre vivait, mais ne se dilatait pas ; or il est de l'essence même de la charité de s'accroître et de chercher les voies nouvelles. Son imprévoyance, sans laquelle elle n'existerait pas, ne lui laisse pas de repos. — Où vas-tu ? — Secourir les misères. — Avec quelles ressources ? — Avec l'aide de Dieu.

En 1870, l'abbé de Soubiran avait quitté notre bas monde, où il avait été un exemple ; la communauté des Sœurs de Marie Auxiliatrice perdit en lui un di-

recteur paternel, dont les conseils avaient toujours été
écoutés. Son âge, sa prudence, son expérience de la
vie étaient plutôt pour modérer que pour exciter l'ardeur entreprenante de l'œuvre qu'il avait créée. La
femme est plus hardie que l'homme; son cœur l'entraîne et souvent la précipite aux périls qu'elle n'a
pas mesurés, qu'elle n'a même pas prévus. On rêvait
une émigration plus lointaine, du côté du Nord, vers
ce Paris où, quelque active que soit la charité, elle est
toujours en retard pour prévenir des misères dont les
causes de production sont incessantes et multiples.
Paris exerce une irrésistible attraction sur les âmes
bienfaisantes comme sur les âmes ambitieuses. Pour
celles-ci, c'est le royaume des surprises et des coups
de fortune; pour celles-là, c'est le pays de la souffrance, de l'infortune, de la déception, où le malheur
ne chôme pas et où les mamelles de la charité ne sont
jamais assez gonflées.

On désirait donc venir à Paris; mais l'heure était
mauvaise pour plier sa tente et commencer un nouvel
exode. L'invasion marchait sur nous; la haine et l'envie, évitant de faire face à l'ennemi, s'armaient pour
profiter de la défaite et saccager la France. La patrie
oscilla; sans l'armée, qui la soutint, elle s'écroulait.
Dès que la lassitude plutôt que la raison eut calmé
les passions furieuses, les Sœurs de Marie Auxiliatrice
accoururent à Paris, où la guerre et l'insurrection avaient
rassemblé tant de misères et où le champ de la charit

s'était agrandi en raison de nos désastres. En 1872, elles s'établirent rue de Maubeuge, au centre même de la cité dolente qui a plus de cercles que l'enfer. Les œuvres contemplatives peuvent vivre à la campagne, dans le désert même : leur platonisme ne s'en trouve que mieux ; mais les œuvres actives perdent leur raison d'être si elles ne se fixent dans des milieux où la richesse, le vice, la bienfaisance, la maladie leur assurent une moisson de misères et d'aumônes.

L'œuvre encore indécise fondée par l'abbé de Soubiran venait de prendre possession de son véritable domaine ; elle allait y rencontrer des infortunes qui devaient déterminer sa mission définitive. Dès les premiers temps de son séjour à Paris, la communauté sentit que des accroissements considérables lui étaient imposés ; à la diversité des misères, ou tout au moins des inquiétudes qui heurtaient à sa porte, elle reconnut que l'appui moral accordé à des filles en quête de condition n'était qu'une œuvre utile, mais secondaire, dont la vraie charité, — qui est sans limite, — ne pouvait se contenter. L'œuvre s'amplifia donc sous l'influence même des nécessités qui la sollicitaient et se généralisa, sans cependant sortir des bornes où son fondateur l'avait circonscrite : secourir et aider par tous moyens les jeunes filles, les jeunes femmes sans travail et ne pouvant vivre que du produit de leur labeur. Les accroissements ont été successifs et l'on peut dire qu'ils se sont engendrés les uns les autres ;

la charité ressemble au figuier des Banians, dont les branches retombées jusque sur le sol y prennent racine et forment des arbres nouveaux. Il suffit du reste de visiter la maison pour comprendre qu'elle s'est agrandie par juxtaposition au fur et à mesure des exigences qu'elle acceptait de satisfaire et qu'elle-même avait appelées.

Elle s'ouvre rue de Maubeuge, n° 25, par une grille donnant accès à une « allée » étroite qui aboutit à une porte vitrée, derrière laquelle une sœur tourière est en permanence : j'allais dire en faction. On gravit un escalier de quelques marches et l'on se trouve dans un préau, plutôt caillouté que sablé, qui est accosté par un jardin auquel des arbres de belle venue donnent une apparence assez grandiose. On voit tout de suite que l'on est dans une communauté religieuse initiée aux mystères de l'économie; la desserte des tables, les débris de la cuisine ne vont pas à la borne; ces détritus dont fait fi la ménagère parisienne nourrissent et engraissent des canards qui se dandinent au long des plates-bandes, des dindons qui gloussent et semblent toujours en quête de pâture, des poules réunies sous un auvent masqué d'un grillage, des lapins qui vivent l'un contre l'autre dans leur boîte à claire-voie, et des pigeons, auxquels on a construit un abri pareil aux minarets des petites mosquées de la Basse-Égypte; je parierais qu'il y a là, dans quelque coin que je n'ai pas découvert, un tect à porcs où les eaux de vaisselle sont attendues avec impatience.

Pour un jardin de Paris, le jardin a de l'ampleur;
il est serti de trois côtés par de hautes constructions;
au fond, il monte en pente douce jusqu'à une petite
maison, un peu vieillie, qui ressemble à un cottage
économiquement bâti par un bourgeois retiré des
affaires. Au premier abord, on comprend assez difficilement l'économie générale de la construction; c'est
un quadrilatère qui occupe la profondeur des terrains
compris entre la rue de Maubeuge et la rue de La Tour-
d'Auvergne, sur lesquelles l'immeuble prend façade.
En somme, ce sont plusieurs maisons que l'on a tant
bien que mal réunies et raccordées. Dans le jardin,
dans le préau, on voit passer les sœurs, affairées
comme toutes les religieuses, si bien prises entre les
obligations de la règle et les devoirs de la charité,
qu'elles se hâtent toujours comme si elles n'avaient
point le temps de suffire à leur double tâche. Les
sœurs novices sont vêtues de blanc; les mères portent
le costume noir; sur le bonnet blanc et la guimpe
blanche flotte un long voile noir. A la ceinture elles
suspendent le rosaire, qui à chaque mouvement bat
leur genou et dit: « Pensez à Dieu! »

Les bâtiments qui touchent à la rue de Maubeuge
sont affectés à une école, car les sœurs de Marie Auxiliatrice sont munies de brevet, — cela se dit ainsi, —
et enseignent. Dans leur école libre, il y a un internat
et un externat; j'ai vu les dortoirs, qui sont aérés,
et les classes, qui sont vastes. Les écolières sont de

tout âge; les grandes se promènent dans le jardin
avec la tranquillité un peu factice de jeunes filles
qui veulent ressembler à des femmes; les petites jouent
dans le préau, courent après les canards, appellent vainement les pigeons et regardent respectueusement les
dindes, dont le bec ne les encourage pas aux familia-
rités. Il paraît que l'école est très sérieuse et qu'elle
n'a jamais eu de défaillance aux examens de l'Hôtel de
Ville; du moins on me l'a raconté, je le répète de confiance. L'école est « payante », excepté cependant pour
les élèves qui ne peuvent payer, et c'est ainsi, je le dis
en passant, que devrait être la gratuité dans toutes les
écoles, aussi bien dans celles qui ont chassé le Christ
que dans celles qui l'invoquent.

Au delà du jardin, lorsque l'on a traversé le pavillon
dont j'ai parlé, on pénètre dans une cour qui donne
accès à la rue de La Tour-d'Auvergne. Là une maison
est consacrée à une institution que l'on pourrait nommer l'asile des femmes seules et qui se divise en trois
« sections » différentes. La première est réservée à des
femmes veuves ou isolées qui, n'ayant qu'une fortune
modique, sont obligées de se réduire à un minimum
dont l'existence, si coûteuse à Paris, ferait du dénû-
ment, si les prodiges d'économie opérés par les sœurs
ne leur permettaient pas d'en faire presque du confortable. Il faut l'art extraordinaire des femmes, et surtout
des religieuses, pour tirer parti d'une pension mensuelle plus que médiocre, et répondre à des besoins

qui parfois ont quelque exigence. Ce quartier des
dames pensionnaires ressemble à une Abbaye-au-Bois
en miniature. Tout y est propret; on voit que l'œil des
supérieures y regarde; les chambres sont chaudes, bien
meublées, assez recueillies; il y règne une sorte d'atmosphère à la fois douce et triste, comme si celles qui
habitent là vivaient repliées sur elles-mêmes, s'entre-
tenant avec leurs souvenirs et absorbées dans les choses
d'autrefois.

La seconde section ne ressemble en rien à la première; elle s'ouvre sur l'avenir, le protège et parfois
l'assure. C'est là, en effet, que l'on accueille les institutrices sans position et qui sont en quête d'une « éducation à faire ». Pour celles-là, plus encore peut-être
que pour d'autres, le danger de l'isolement, à Paris,
est redoutable; jeunes, pour la plupart, souvent jolies,
toujours instruites, parfois obligées de soutenir une
famille besogneuse, elles sont exposées à bien des tentations et même à bien des tentatives. J'ai côtoyé dans
ma vie beaucoup de ces pauvres filles qui, dans bien
des cas, sont supérieures aux familles dont elles dé-
grossissent les produits; toutes n'étaient point impeccables, et chez plus d'une j'ai surpris des boursouflures
de vanité et des lancinements d'envie; mais elles sont
nombreuses celles qui ont un dévoûment sérieux,
une abnégation dont la pratique a dû coûter, un
amour sincère et presque maternel pour leurs élèves,
et j'ai compris qu'elles étaient dignes d'égards res-

pectueux que l'on ne devrait jamais leur ménager.

Le travail de préparation des examens les a épuisées ; elles ont en poche le brevet de capacité supérieur, elles ont entamé leur petite réserve, — toute leur fortune, — pour avoir une mise décente, sans laquelle chaque porte se fermerait devant elles ; elles battent le pavé, sollicitant des recommandations, déjeunant d'une tasse de café au lait, dînant d'un morceau de pain et de deux sous de charcuterie, s'étonnant que leur diplôme ne dégage pas les issues, gravissant les escaliers, interrogées par des mères ignorantes, lorgnées par les jeunes gens, morguées par la valetaille, ne se décourageant pas, ne pouvant se décourager sous peine de mourir de faim, et se trouvant heureuses, s'estimant sauvées lorsqu'on leur donne trois enfants à élever, cent cinquante francs par mois, le lit et la table. A ces infortunées, — le mot n'est pas excessif, — les Sœurs de Marie Auxiliatrice ouvrent leur maison et donnent une chambre ; elles les protègent autant qu'elles peuvent contre la solitude, mauvaise conseillère, et leur permettent d'attendre, sans privations trop dures, que leur bonne ou leur mauvaise fortune les envoie en province, en Russie, en Allemagne et même à Jaffa, où, en 1850, j'en ai rencontré une qui enseignait le piano à un vieux Turc.

La troisième section porte un nom caractéristique : c'est le chômage, œuvre antérieure au « secours mutuel des jeunes ouvrières », et qui cependant semble en être devenuel'aun exe. Moyennant une cotisation de 5 centimes par jour, les jeunes filles sans travail, — ouvrières et servantes, — peuvent s'assurer les soins et les médicaments lorsqu'elles sont malades et le payement d'un mois de loyer pendant les périodes de chômage. Tel est le principe de l'œuvre du secours mutuel; les Sœurs de Marie Auxiliatrice ont développé ces dispositions premières, car elles accordent au « chômage » une hospitalité de trois mois : ce qui laisse aux filles sans place le temps de se retourner, comme elles disent, de multiplier leurs démarches et d'arriver à un résultat satisfaisant. Les services que rend l'institution du chômage sont considérables dans l'ordre moral et dans l'ordre physique. Elle est la sauvegarde de bien des jeunes filles qui, livrées à elles-mêmes et aux hasards de la grand'ville, s'en iraient à la dérive jusqu'au tourbillon où l'on fait naufrage; chaque soir, pendant trois mois, avoir la certitude de trouver le bon lit où l'on répare les fatigues du jour, dormir en paix sans voisinage inquiétant, être accueilli par le conseil qui redresse, par la parole qui fortifie, c'est bien souvent être sur le seuil du salut.

Ce n'est pas tout : en cas de maladie, on est soigné dans la maison même par les sœurs, dont les mains ont des chatteries maternelles, et c'est un grand bienfait que de savoir que l'on évitera l'hôpital, qui cause aux pauvres gens une terreur d'autant plus vive qu'elle est sans motif et qu'elle repose sur des légendes

absurdes que l'on se raconte tout bas à l'oreille et que
la réalité ferait évanouir si l'on se donnait la peine de
la regarder de près. Le peuple de Paris, — comme le
peuple de toutes les fourmilières humaines, — vit de
confiance sur un certain nombre de fables que les
ancêtres ont léguées, qui se sont perpétuées de siècle
en siècle et que « le progrès des lumières » n'a guère
pénétrées, car elles sont aussi bêtes et aussi fausses
qu'au premier jour. Nos hôpitaux sont excellents et ils
seront irréprochables lorsqu'on leur aura rendu les
sœurs hospitalières.

Au chômage, il n'y a point de chambres séparées
comme pour les dames pensionnaires et pour les institutrices : il en faudrait trop ; car le nombre est grand
des femmes qui s'adressent à la maison de la rue de
Maubeuge pour fuir la promiscuité et le péril des
garnis où « on loge à la nuit ». Des dortoirs sont à
leur disposition, où les lits sont épais et les lavabos
bien outillés ; de sept heures du soir à sept heures du
matin, elles sont tenues d'êtres présentes au logis ;
pendant le jour, on est en quête, comme disent les
veneurs, et bien souvent l'on rentre après avoir fait
buisson creux. C'est du chômage qu'est née l'œuvre
des jeunes poitrinaires. Bien des femmes sont venues
au dortoir commun, non point parce qu'elles étaient
sans place, mais parce que l'état de leur santé les forçait à quitter la place dont elles vivaient.

Les sœurs avaient remarqué qu'un grand nombre

de jeunes filles « en hospitalité » étaient atteintes de
maladie des voies respiratoires et, sans qu'aucun projet
de création d'une œuvre nouvelle germât dans leur
esprit, elles s'étaient dit que Paris, avec ses logements
insalubres, ses chambres obscures et sans air, l'agglo-
mération des locataires dans les mêmes vieilles maisons, était impitoyable pour les enfants de constitution
délicate. Vaguement l'on avait rêvé des infirmeries
larges et baignées de soleil, où l'on pourrait soigner
ces êtres débiles qui dépérissent, meurent dans leur
milieu et qui peut-être se vivifieraient ailleurs; mais
on n'était à Paris que depuis quelques années, les
charges des premières installations avaient été lourdes,
c'est à peine si l'école, si le pensionnat, si le chômage
subvenaient à leurs besoins; lorsque l'on avait des
malades, — et on en avait souvent, — on était contraint de solliciter des offrandes, afin de ne point les
laisser manquer de soins. On ajournait, on se disait :
« Plus tard nous essayerons; quelle joie ce serait
d'arracher tant de pauvres filles à la misère, à la souffrance, de les guérir peut-être, ou du moins d'ouvrir
aux incurables ces horizons où l'âme s'élance avec ferveur! » On espérait quelque sourire de fortune et l'on
attendait. Un incident moral émut les sœurs et fortifia
leur volonté de bien faire.

Parmi les femmes admises au chômage, il y en
avait une, jeune encore, pour qui la vie n'avait point
été indulgente. Depuis longtemps elle avait lancé son

19

bonnet et le reste par-dessus les moulins; servante
par-ci, ouvrière par-là, de nature instable, plus faible
que vicieuse, ramassée par les uns, courant après les
autres, elle avait vécu au hasard, quelquefois en chapeau et souvent nu-tête. Malade et pauvre, elle avait
été recueillie par un vieux soldat qui avait quelques
économies et l'avait mise « en chambre », comme l'on
dit dans ce monde-là. Son mal avait augmenté et elle
était entrée à l'infirmerie du chômage. Elle n'avait
rien dissimulé de son histoire et l'avait racontée avec
la bonne foi un peu inconsciente de ceux qui s'abandonnent volontiers aux autres parce qu'ils se sont toujours abandonnés eux-mêmes. Les sœurs l'écoutaient,
la réconfortaient, lui faisaient quelque morale ; elle
levait les épaules avec découragement et répondait :
« Que voulez-vous que je fasse ! » On l'engageait à
lutter contre ses penchants, qui étaient plutôt perver-
tis que pervers, et à quitter celui qu'elle appelait son
vieux troupier.

La pauvre fille disait : « Si je suis vos conseils, que
vais-je devenir? je n'ai ni père, ni mère, ni frère, ni
sœur ; s'il me reste une famille, je ne sais où elle est,
et elle ne me connaît pas ; je suis malade pour longtemps, peut-être pour toujours; vos règlements vous
défendent de me garder plus de trois mois. Où irai-je
en vous quittant ? je n'ai plus que mon vieux troupier,
il n'y a que lui qui m'aime ; sans lui je coucherais
dans la rue et je n'aurais pas de quoi manger. Vous

me dites d'avoir du courage, je n'en ai plus, je n'en
ai peut-être jamais eu. Ah ! si vous pouviez me garder,
je ferais tout ce que vous me demandez, car j'en ai
assez de la vie que j'ai menée et qui ne m'amusait
guère. » — La mère supérieure, qui l'écoutait, fut
touchée : « Si vous voulez rompre avec le vieux troupier, je ne vous abandonnerai jamais. — Et je pourrai
rester toujours dans la maison ? — Toujours. — Bien
vrai ? — Je vous le promets. » — Le jour même, « le
vieux troupier » était congédié ; à l'hospitalité transitoire on substituait l'hospitalité définitive ; le chômage
devenait maison de retraite.

Ce fut là le premier fait autour duquel se cristalli-
sèrent les rêves confus dont les sœurs de Marie Auxiliatrice étaient tourmentées ; un autre fait exclusivement matériel suscita leur vocation et détermina la
création de l'œuvre des jeunes poitrinaires. J'ai dit que
lorsque des malades se trouvaient à l'infirmerie du
chômage, on sollicitait des offrandes en argent et en
nature pour parer aux nécessités, parfois coûteuses,
de la médication. Plusieurs femmes atteintes de pleu-
résie ou d'affections pulmonaires étaient en hospitalité
pendant les premiers mois de 1880. Deux sœurs quêteuses, parties en course, entrèrent dans une petite
boutique où l'on vendait des étoffes de laine, et elles
prièrent la marchande de leur donner quelques cou-
pons, quelques morceaux de flanelle dont elles pourraient faire des camisoles pour leurs poitrinaires.

La marchande les écouta et se mit à pleurer :
« Vous soignez les poitrinaires! Ah! si vous voyiez
dans quel état est ma fille! » et, se levant, elle conduisit les sœurs dans une soupente sans lumière, sans
fenêtre, véritable cabinet noir et étouffé, où, sur un lit
de sangle, une fillette de dix-sept ans était couchée.
La pauvrette mettait sa main maigre sur sa poitrine,
toussait avec effort, essayait de sourire et avait les yeux
pleins de larmes. Une des sœurs dit : « Il faudrait la
transporter dans une chambre meilleure. » La mère
répondit : « Où voulez-vous que je la mette? je lui ai
donné ma chambre et je couche dans la boutique. » Le
mot d'hôpital fut prononcé à voix basse; la mère ré-
pliqua : « Elle n'est pas encore assez malade, ça durera trop longtemps; on l'a refusée. Ah! vous devriez
bien la prendre chez vous; au moins, elle sera dans
un endroit où elle pourra respirer. » Rentrées à la
maison de la rue de Maubeuge, les sœurs quêteuses ra-
contèrent à la mère supérieure ce qu'elles avaient vu.
Bien vite on alla chercher la petite malade et on l'installa dans une pièce ouverte de fenêtres par où péné-
traient les rayons de soleil. C'était contraire aux règlements, mais la charité ne s'en soucia guère; elle y
trouvait son compte.

Il y a donc à Paris des jeunes filles qui, faute de
soins, faute des précautions hygiéniques les plus élémentaires, souffrent, s'affaiblissent et meurent! On
en a vu une, mais combien en existe-t-il que peut-être

on parviendrait à sauver? Cette pensée poignit les religieuses de Marie Auxiliatrice et s'empara d'elles jusqu'à l'obsession. On s'informa et l'on apprit que les
hôpitaux repoussent les phtisiques pendant la première
et la seconde période de leur maladie; on ne les accepte que pendant la troisième, — la dernière, —
lorsque la science déclare que tout espoir doit être
abandonné; en un mot, on leur prête un lit pour
mourir. Que l'on n'accuse pas l'Assistance publique
de cruauté, elle obéit à une nécessité implacable. La
durée de la phtisie varie entre un mois et quarante
ans; c'est à Paris une affection très fréquente; il est
impossible, dans l'état actuel de notre système hospitalier, d'immobiliser un nombre considérable de lits
au détriment de ces malades transitoires qui peuvent,
qui doivent être soignés dans nos hôpitaux, sous peine
de mourir sur le grabat de leur mansarde. Lorsque
l'on a étudié ou fréquenté les hôpitaux, on sait que les
malades se pressent à la porte, qu'on en est réduit à
faire une sélection parmi les plus dangereusement
atteints, et qu'un lit est à peine refroidi que déjà il est
occupé. Le mal n'attend pas, il est de toutes les minutes; on a beau multiplier les ressources du « traitement à domicile », nos hôpitaux sont encombrés;
en temps de santé normale, ils sont insuffisants :
qu'est-ce donc lorsqu'une épidémie, — variole ou choléra, — s'abat sur la ville?

Je l'ai dit et je le répéterai sans cesse : malgré sa

fortune personnelle, malgré les subventions du département, l'Assistance publique est pauvre; l'indigence, la maladie, la vieillesse, l'incurabilité la débordent, et il lui faut accomplir un effort prodigieux pour porter secours aux exigences immédiates qui, chaque jour, se reproduisent avec une désespérante régularité. Il lui faudrait à la campagne, au plein air, en lisière des bois, quelque vaste domaine, analogue à l'asile de Vaucluse, où elle pourrait réunir son peuple de poitrinaires et le garder, loin des causes morbides, jusqu'à la dernière heure. Elle ne l'a pas encore, elle ne l'aura peut-être jamais. La foi qu'elle laisse expulser de ses maisons a compris qu'il y avait là une lacune à combler, un bienfait à exercer ; elle s'est adressée à la charité privée, qui a répondu.

Les sœurs de Marie Auxiliatrice, en présence de la femme au « vieux troupier » et de la jeune poitrinaire enlevée de sa soupente, ont conçu l'œuvre ; elles l'ont aperçue avec tous ses développements et elles ont compris que la première condition pour qu'elle fût vraiment secourable, était de l'établir hors de Paris, loin du centre infecté d'où s'échappent à flots les poisons de la phtisie, de la subordonner à des principes d'hygiène qui primeraient toute autre considération et de ne se préoccuper que de la maladie des malades sans leur demander ni acte de baptême ni profession de foi. Par un hasard singulier, la fille qu'elles avaient retirée de la boutique de sa mère était issue d'une famille juive et d'une famille protestante. C'était, par un exemple éclatant, démontrer que la question de secte paraissait secondaire, et que la souffrance seule était un titre à des soins dont on était résolu d'être prodigue; on se déclarait ainsi prêt, s'il le fallait, à renverser la parabole du bon Samaritain.

La charité, comme l'ambition, a ses châteaux en Espagne; les rêveurs se plaisent à les bâtir, mais les âmes ferventes ne s'en peuvent contenter. Ce n'est donc pas tout de concevoir de bons projets, il faut les mettre à exécution; comment faire sans argent? La communauté était pauvre. Comme les Petites Sœurs des Pauvres, comme les frères de Saint-Jean-de-Dieu, on se dit : Cela ne doit pas nous arrêter; nous ferons pour les malades ce que nous ne ferions pas pour nous-mêmes, nous tendrons la main, et avec l'aumône des riches nous soignerons, nous sauverons les enfants des pauvres. Une fois la résolution arrêtée, on partit en quête.

II. — LA PHTISIE.

La première donatrice. — A Livry. — Les quatre pavillons. — Le domaine
de Villepinte. — Souvenir du Hueleu. — Le cabinet de consultation à
Paris. — Le laryngoscope. — L'auscultation. — Les petites filles anémiques. — Le château rouge. — La cuisine. — Souvenir de Millevoye. —
L'illusion des phtisiques. — L'emploi de la journée. — L'hygiène. — Les
catégories de malades. — Le rhume négligé. — Donateurs. — Duché-
pairie. — Femmes du monde. — La chambre des agonisantes. — L'espérance
et l'agonie. — La chambre des mortes. — Le costume de la mort. —
Chambre de la délivrance. — La chapelle. — Le logement des religieuses.
— L'arrière-petite-fille d'un maréchal de France. — Fantaisies de malade.
— Statistique des malades. — Le parloir. — La famille. — Les pensionnaires. — Les demoiselles de magasin. — La ferme. — Un prix Montyon.
— Mariette. — Visite inopinée. — Tout est bien. — La petite morte aux
cheveux d'or.

Le début fut heureux. On s'adressa à une femme
qui est une grande dame que je n'ai point à nommer,
quoique sa main, — sa main d'or, diraient les Arabes,
— s'aperçoive partout où l'on fait du bien. Par son
père et par son mari, elle appartient aux familles
historiques de France : *Ante mare undæ*, dit sa devise
paternelle; *Ferro non auro*, répond la devise conjugale; l'une et l'autre ont eu des heures glorieuses.
Les sœurs quêteuses n'eurent point de déconvenue;
l'offrande ressemblait à une largesse. L'impulsion était
donnée; elle fut féconde, car elle partait de haut. Les
femmes s'empressèrent, elles entraînèrent les hommes,
et bientôt on put entreprendre un premier essai. Dès
l'abord, une difficulté se présenta : on ne pouvait son-

ger à établir une infirmerie de poitrinaires à Paris,
mais il fallait l'installer non loin de la maison mère,
presque dans la banlieue, afin de pouvoir rester en com-
munications quotidiennes et faciles. Après quelques
recherches, on loua quatre petits pavillons à Livry,
dont Mme de Sévigné disait : « Je comprends mieux
que personne les sortes d'attachement qu'on a pour
les choses insensibles et, par conséquent, ingrates;
mes folies pour Livry en sont de belles marques. »

Quatre pavillons : je répète ce que j'ai entendu dire,
mais je n'en crois rien. Le souvenir excelle à parer
les choses, à les agrandir, et j'imagine que les quatre
pavillons étaient quatre maisonnettes où l'on se casa,
vaille que vaille, sans aise et avec une distribution de
chambres qui rendait le service pénible. La supérieure
couchait dans le grenier, sous les tuiles disjointes d'un
toit fatigué par l'âge; pendant les nuits pluvieuses,
elle ouvrait son parapluie. On put rassembler là une
quinzaine de malades; c'est tout ce que permettait la
dimension des quatre pavillons, et encore faisait-on
des chambrées trop nombreuses. On était tellement à
l'étroit, que l'on en était réduit à refuser d'encombrer
encore plus une maison déjà trop peuplée. On avait
un jardin, on y séjournait lorsque la température était
tolérable; les pauvres petites aspiraient à pleins poumons l'air des champs, qui ne ressemble en rien à
l'haleine empestée de Paris. On comprenait que ce
n'était là qu'une première étape, et que si l'œuvre vou-

lait prospérer, elle devait échapper au milieu trop
resserré qui menaçait de l'étouffer.

Des gens de bien se réunirent — il en est beaucoup
à Paris — et, voulant féconder l'œuvre qu'ils avaient
déjà aidée à naître, formèrent entre eux une société
immobilière afin d'acquérir un domaine dont les
Sœurs de Marie Auxiliatrice deviendraient locataires et
où elles pourraient donner à leur infirmerie des proportions qui en feraient un institut de haute utilité.
Ce fut alors — 1881 — que l'on acheta le château
de Villepinte, à 18 kilomètres de Paris et qui est des-
servi par le chemin de fer du Nord, à la station de
Sevran. Le fief de Villepinte était autrefois dans la
mouvance de l'abbaye de Saint-Denis; au douzième
siècle, il appartenait au seigneur Hugo Lupus, le
même sans doute qui possédait le clos où les ribauds
et les ribaudes avaient installé « le clapier » que
Charles IX fit détruire le 27 mars 1565; par la con-
traction des deux noms de son propriétaire, le clapier
s'appelait le Hueleu; le peuple de Paris, habile à déna-
turer les étymologies, nous en a conservé la tradition
par les rues du Grand et du Petit-Hurleur.

Le château, qui n'est qu'une maison de plaisance,
a des origines plus modernes; il date de la fin du
règne de Louis XIII ou du commencement de celui de
Louis XIV. On voit, dans un rôle de 1649, qu'un
sieur de Flexelles, président ès comptes, est imposé
pour une maison à Villepinte; est-ce lui qui a bâti

le château? La propriété a eu des fortunes diverses, elle a été morcelée, puis reconstituée dans l'état primitif; actuellement elle se compose de la maison d'habitation, de bâtiments ayant fait office de ferme, et d'un parc de onze hectares. L'œuvre s'y installa le 19 mars 1881. Si le développement des constructions était en rapport avec l'étendue des jardins, ce serait la plus belle infirmerie du monde.

On n'y est pas admis d'emblée; c'est Paris qui alimente Villepinte, le château n'est qu'une dépendance de la maison de la rue de Maubeuge; là fonctionne le dispensaire que toute malade doit traverser avant d'être dirigée sur l'asile. Deux fois par semaine, des maîtres ès sciences médicales, les docteurs Cadier et Gouël, examinent les pauvres filles postulantes que la maladie étreint et qui, dans le milieu où elles vivent, où elles meurent, ne trouvent que l'accroissement de leurs souffrances et le découragement. Le cabinet de consultation est petit, presque obscur, car il prend jour sur la cour sans clarté qu'assombrissent les murs de la maison où sont installés le pensionnat et le chômage; mobilier modeste, quelques gravures de sainteté appendues aux murailles; des fioles, des instruments d'investigation à la portée du médecin; un bec de gaz flambe et projette sa lumière à travers le tube et le verre grossissant d'un laryngoscope.

Le docteur a passé sur ses vêtements la serpillière blanche; la supérieure, un crayon et un registre en

mains, se tient à ses côtés, prête à écrire le diagnostic
et les prescriptions et à donner ordre de délivrer gratuitement, par la pharmacie de la maison, les médicaments ordonnés. Une à une, on fait entrer les malades,
ouvrières de Paris pour la plupart, en robes de laine,
coiffées de chapeaux prétentieux, obligées peut-être,
par économie, de se restreindre pour la nourriture, mais
ne pouvant faillir à la nécessité de s'affubler d'un faux
chignon et de s'augmenter de ce que nos grand'mères
appelaient « une tournure ». Elles sont émues. Le
laryngoscope, le miroir à long manche qui permet de
voir les cordes vocales, les fioles massées dans une
boîte ouverte, les pinceaux les effrayent un peu. Quelques-unes se défendent contre l'examen et se mettent
à pleurer; on les rassure par de bonnes paroles, et
pour les plus récalcitrantes, la supérieure — la révérende mère — a des câlineries qui réussissent à les
vaincre. Le médecin, expert en son art, a vite fait d'ouvrir une bouche qui voudrait rester close, de rabattre
la langue, d'éclairer les fosses de la gorge jusque en
leur profondeur et de les barbouiller de créosote. La
malade écarquille les yeux et a une seconde de stupeur,
comme si elle venait d'échapper à un danger. L'auscultation est lente et minutieuse, car le plus ou moins de
matité dans la sonorité thoracique est un indice précieux pour déterminer la période et, par conséquent,
la gravité du mal.

Presque toutes les malades que j'ai vues se présenter

à la consultation sont pâlottes ; la main est moite, l'ongle est bombé, la voix semble fêlée ; il y a dans leur carnation quelque chose de diaphane qui donne de l'étrangeté au visage ; elles ont des gestes doux, un peu enfantins et parfois des rougeurs subites. Quelques-unes expliquent très bien le genre de souffrances dont elles se plaignent ; elles parlent de « la petite fièvre », des sueurs nocturnes, des chaleurs de la poitrine, de leur voix « qui siffle sans qu'elles sachent pourquoi ». Chez plusieurs d'entre elles, le mal a déjà rompu l'équilibre nerveux ; elles ont le tourment de l'inconnu : « Je voudrais m'en aller. — Où ? — Je ne sais pas ; bien loin, bien loin ! » Pour celles-là l'anémie a fait son œuvre, la névrose n'est pas loin. Quelques-unes, parmi les plus âgées, sont obtuses. Elles souffrent, c'est tout ce qu'elles peuvent dire. Aux questions paternelles du médecin, elles répondent : « Peut-être bien ! » Une vieille poitrinaire qui n'avait plus qu'une dent, maigre, parcheminée, s'était débarrassée de son corsage pour faciliter l'auscultation, et découvrait des épaules pointues, où les clavicules creusaient des « salières ». On lui disait : « Qu'avez-vous ? Où souffrez-vous ? » Elle répétait : « Je ne sais pas, c'est quelque chose qui me « tribouille » dans l'estomac. »

Dans l'étroit cabinet de la rue de Maubeuge, il n'y a pas qu'une clinique des maladies du larynx. Lorsque les poitrinaires présentes ont été examinées, on voit

arriver les petites filles rachitiques, scrofuleuses, malingres, bouffies par la lymphe, pâlies par l'hydrémie,
la tête de côté, le cou gonflé de glandes, encombrées
de mucosités, parfois sourdes et parfois clignotant de
la paupière, comme si la moindre clarté les éblouis-
sait. Ces créatures chétives sortent des mansardes de
Paris; ce n'est pas l'insalubrité du logement qui les a
faites ce qu'elles sont, c'est l'insalubrité paternelle.
Les plus faibles, les plus étiolées restent entre les
mains des sœurs; Marie Auxiliatrice ne les repousse
pas, et je dirai plus tard quel asile la charité vient de
s'ouvrir à leur débilité; car l'œuvre n'accueille pas
seulement les jeunes filles poitrinaires, elle emporte
sous ses ombrages les toutes petites filles qui pourraient le devenir. La fondation est récente et la fille
d'un grand architecte y a attaché le nom de son père.

Quand, après l'examen médical, une malade a été
reconnue atteinte, à un degré quelconque, dans le
principe même de la vie, elle est dirigée sur Villepinte,
à la condition que l'on puisse lui faire une place et que
la maison ne soit pas trop pleine. Il est rare que l'on
ne soit pas obligé d'attendre que la mort ait vidé un
lit. Cependant j'ai vu une malade à neuf heures du
matin dans le cabinet de consultation et je l'ai retrou-
vée installée à l'infirmerie de Villepinte, le même jour,
à une heure de l'après-midi. Je m'y étais rendu par
le chemin de fer; le petit omnibus de l'asile était venu
me chercher à Sevran; au bout d'un quart d'heure,

j'étais arrivé devant le château rouge, ainsi que disent les gens du pays. Deux tourelles à queue d'aronde sont reliées par un corps de logis; le tout est en briques, dont un badigeon a exagéré la couleur primitive. La supérieure générale m'avait précédé, et j'ai pu, grâce à sa complaisance, parcourir la maison jusque dans ses recoins les plus secrets. La distribution des logements est selon le mode des anciens architectes, qui n'épargnaient ni les escaliers, ni les couloirs, ni les chambrettes, ni les « pas », et dont l'idéal paraît avoir été d'établir partout une différence de niveau. Dans le salon primitif, qui sert de parloir aux sœurs, quelques boiseries sculptées, quelques trumeaux noircis rappellent le souvenir des propriétaires d'autrefois et sont l'indice d'un luxe oublié aujourd'hui ; de toutes les pièces, c'est la seule qui ne soit pas consacrée aux malades; la maison leur appartient; elles y sont chez elles, le savent et s'y plaisent.

La cuisine est de dimensions sérieuses et outillée d'instruments en fer émaillé qui dédaignent l'étamage et sont réfractaires aux accidents; les casseroles qui mijotent sur le fourneau et les broches qui tournent devant le feu sont d'aspect rassurant; on comprend que l'hygiène alimentaire est particulièrement surveillée et que, dans le traitement appliqué aux malades, la sœur cuisinière donne la main à la sœur pharmacienne. J'ai soulevé quelques couvercles et j'ai trouvé que « l'ordinaire » sentait bon. De la cuisine au réfectoire, il n'y a qu'un palier à franchir. Le réfectoire, c'est la salle, comme disent les petits bourgeois de Normandie; on y mange pendant les repas; le reste du temps on s'y tient et l'on y travaille.

Une trentaine de jeunes filles se sont levées lorsque j'y suis entré, laissant sur les tables couvertes de toile cirée leur tricot commencé, le linge qu'elles raccommodaient, le livre qu'elles lisaient. C'était l'heure de la récréation, mais une petite pluie fine interdisait la promenade dans le parc. Je les ai regardées, et, malgré leur sourire avenant, malgré leur air de jeunesse, j'ai été saisi de commisération, car un tiers d'entre elles, sinon plus, est frappé du mal qui ne pardonne pas, dont peut-être on ralentit l'action, mais que la science ne sait pas encore vaincre, et qui ne lâche point la proie qu'il a touchée. Pendant que je les contemplais, pendant que je visitais la maison et ses dépendances, que je me mouillais en parcourant les allées, que je pénétrais dans la vacherie, que l'omnibus me ramenait à Sevran, que le train m'emportait vers Paris, je ne pouvais me délivrer d'une obsession de mémoire qui finit par devenir insupportable; j'avais beau faire, toujours j'entendais murmurer dans ma cervelle les vers de Millevoye : « De la dépouille de nos bois. » J'en étais irrité et je m'en voulais de ne pas réussir à faire taire cet écho entêté d'une poésie du temps jadis. Ce jour-là même, du reste, « le bocage était sans mystère ; » c'était au mois de décembre, et les grands arbres semblaient se pencher avec tristesse vers les murailles du chateau.

On était gai pourtant dans ce réfectoire où la vie n'a déjà plus d'avenir; l'âge des malades les faisait insouciantes, et ce n'est pas entre dix-sept et vingt-trois ans que l'on peut se croire sur le chemin sans issue. La maladie elle-même, — la phtisie, — à mesure qu'elle prend possession d'un être et le détruit, semble verser en lui des espérances plus fermes, des aspirations plus étendues et des rêves plus vivaces. Il semble que le corps, en s'affaiblissant, donne à l'âme des forces de conception que la santé ne connaît pas; on dirait que toutes les années qui vont être enlevées à la durée d'une existence normale se concrètent pour douer la malade, la moribonde, d'une activité cérébrale qui la fait vivre de longs jours en quelques minutes. La rêverie les enlève, les maintient au-dessus de la réalité, leur ouvre des horizons où elles se précipitent avec une sorte d'ivresse qui est souvent du bonheur et qui est toujours de l'espérance. A l'instant même de la mort, elles ne parlent qu'au futur. J'ai vu mourir autrefois une jeune femme phtisique; étendue sur son lit, qu'elle n'avait pas quitté depuis deux mois, veillée par des Sœurs de l'Espérance qui se relayaient autour d'elle, ayant reçu les onctions suprêmes, environnée des appareils funèbres, ne pouvant se faire aucune illusion sur son état, le matin même du jour dont elle ne devait pas voir la fin, elle me disait : « L'an prochain, quand

je conduirai ma fillette à Florence, viendrez-vous avec
nous? » Toutes celles qui sont à Villepinte sont ainsi ; à
la qualité même des projets, on pourrait jusqu'à un
certain point reconnaître celles qui ne survivront pas.
Dans quelques mois, elles seront mortes, et elles se
racontent ce qu'elles feront lorsqu'elles seront grand'-
mères. On pourrait affirmer que les plus tristes sont
les moins malades.

On s'ingénie à les rendre heureuses et il m'a semblé que l'on y réussissait. La maison a-t-elle une discipline? Je ne sais trop ; il serait plus juste de dire
qu'elle a des habitudes auxquelles se conforment les
soixante-treize malades qui l'habitaient lorsque je l'ai
visitée. On doit être levé pour assister au premier repas,
qui est servi à huit heures et demie du matin; puis
l'on fait le ménage et l'on reste sans occupation déterminée jusqu'à onze heures et demie ; on dîne et on a
ensuite deux heures de récréation; de deux heures à
trois heures et demie, on travaille : dans une telle
infirmerie, il ne manque pas de draps à recoudre, de
taies d'oreiller à réparer, de serviettes à ourler, en un
mot, de linge à « entretenir », et on y emploie les
malades valides; à trois heures et demie, on goûte; de
quatre à cinq heures, on reprend l'œuvre de la couture;
à cinq heures on est en liberté, on soupe à six heures
et à huit heures on se met au lit.

Comme on le voit, la journée est distribuée de façon
à éviter l'ennui, le travail est une distraction et ne de-

vient jamais une fatigue. Selon la saison, les pauvres
filles vivent en plein air ou dans le logis; ce sont des
plantes frileuses, on les rentre en hiver, on les sort
en été; elles redoutent le froid et s'épanouissent
au soleil. La maison est un asile religieux, dirigé par
des sœurs qui se conforment à une règle inflexible, je
le sais; mais c'est avant tout un asile thérapeutique.
Chaque jour, la messe est dite à sept heures et demie
pour la communauté, nulle malade n'y assiste; le dimanche, elle n'est célébrée qu'à dix heures, mais celles-
là seules auxquelles le médecin en a donné l'autorisation sont admises à la chapelle. De même, pour la table
des malades, qui ne connaît ni les jeûnes, ni les ca-
rêmes, ni les abstinences. L'hygiène appropriée aux
anémies, aux tuberculoses, aux phtisies exige une
nourriture substantielle où la viande n'est pas épar-
gnée; on le sait à Villepinte, et le vendredi a ses filets
de bœuf comme un simple dimanche. La cuisinière
en chef, c'est le médecin; il ordonne les repas, comme
il prescrit les potions.

Les malades, sans qu'elles s'en doutent, sont divi-
sées par catégories correspondant au degré de leur maladie : les moins malades, les plus malades, les très
malades, les agonisantes. Les deux premiers groupes
ont des dortoirs garantis du nord par un couloir qui
fait à la fois office de double muraille et de ventila-
teur; un calorifère entretient une chaleur égale et
douce, dont les poumons délicats n'ont rien à redouter.

Les pièces sont vastes, ouvertes sur le parc, et découvrent un horizon de verdure que nulle bâtisse n'enlaidit. La propreté, utile dans les salles hospitalières, indispensable dans une infirmerie de poitrinaires, est poussée jusqu'aux limites extrêmes ; comme disent les frotteurs, on peut se mirer dans les parquets. Les lits sont aussi séparés que le permet l'espace trop restreint, lits en fer, garnis d'une bonne literie ; sur plus d'un traversin j'aperçois trois ou quatre oreillers ; celles qui occupent ces couchettes si bien munies ne peuvent, sous peine d'étouffer, dormir que le torse relevé, presque assises.

Tous les lits sont vides, bien bordés, enveloppés du couvre-pied de piqué blanc, sauf un où je vois une belle fille blonde qui n'est pas bien souffrante, et qui se dépite d'être forcée de rester étendue dans le dortoir pendant que ses camarades rient et bavardent entre elles. Toute rose, montrant son joli cou blanc et sa chevelure cendrée, elle cache sa tête sous son bras et pleure parce qu'elle s'ennuie. Elle est honteuse de faire l'enfant, elle s'excuse, sa voix est déjà brisée par le mal ; la pauvrette en est à la seconde période ; sa main est noueuse, le pouls est aigu et rapide ; une quinte de toux la soulève ; elle dit : « Ce n'est rien, c'est un rhume que j'ai négligé. » Avant deux ans, si la science ne fait un miracle, elle ira dormir dans le petit cimetière de Villepinte.

Au-dessus des lits on a inscrit le nom des donateurs,

car chaque lit représente une fondation faite par une ou plusieurs personnes. Ces noms, je ne les lis pas sans émotion ; je les connais, je les ai aperçus dans presque toutes les œuvres de charité privée où j'ai regardé. Si, comme au moyen âge, on entaillait les armes du bienfaiteur ou de la bienfaitrice sur la muraille, j'y verrais plusieurs fois reproduit l'écu de gueules à trois bandes d'or, qui est celui d'une ancienne vicomté souveraine qu'en 1565 et en 1572 Charles IX érigea en duché-pairie.

On ne soupçonne pas le bien que font certaines femmes du monde, dont la vie extérieure a du retentissement, que jalousent les âmes médiocres et qui semblent s'être imposé la tâche de soulager les misères. On les croit occupées à leurs plaisirs, engourdies dans le luxe, frivoles, travaillant avec leur « couturier », pariant aux courses, veillant sous la clarté des lustres et s'enivrant au milieu des hommages. Je l'ai cru, comme tant d'autres, et j'en suis honteux. Sous la robe de mérinos noir, elles vont panser des plaies hideuses, elles s'assoient dans les ouvroirs, y restent trois heures de suite silencieuses et donnent aux meilleures ouvrières l'exemple de l'adresse et de l'habileté. Je sais que les pauvres n'ont jamais tendu vainement leur main vers elles, et lorsque, chaque jour, elles montent dans les mansardes, dans les greniers, pour y porter des secours et des consolations, on dirait qu'elles y sont descendues. Donner son argent, c'est quelque chose ; mais donner son temps, donner sa vie, pour ainsi dire, quitter brusquement ses habitudes élégantes, pour s'engouffrer aux bas-fonds de la souffrance, cela est rare et mérite d'être signalé; lorsqu'elles partent pour leurs expéditions de bienfaisance, elles sont si simplement vêtues qu'on les croirait déguisées, comme si elles allaient en bonne fortune.

Au delà et loin des dortoirs où brillent ces noms lumineux de charité, s'ouvrent deux chambres qui contiennent chacune cinq ou six lits. Là on ne fait que passer, la mort guette à la porte. Quel poète grec a donc dit : « Le carquois de ma vie est épuisé, j'ai lancé ma dernière flèche? » Celles qui entrent là sont de pauvres petits archers désarmés pour toujours. La dernière chambre change souvent de nom : c'est la chambre rose, la chambre bleue, la chambre grise ; plusieurs fois, au cours de la même année, on remplace le papier, que l'on se hâte d'arracher, comme si le bacille de la tuberculose que le docteur Robert Koch a montré, le 24 avril 1882, à la Société médicale de Berlin, pouvait s'y loger et se jeter sur de nouvelles victimes.

Lorsque je suis entré dans cette chambre funèbre, une sœur auxiliaire, assise sur un tabouret et tricotant, gardait deux malades, deux enfants de dix-sept ans qui sont à peine encore de ce monde. La maladie les a amaigries jusqu'à la transparence; l'esprit semble dégagé; il s'est affiné et comprend des choses mystérieuses que la résistance de la matière l'empêchait d'aperce-

voir. Dans cet état, on dirait que l'âme bat de l'aile
au-dessus du corps épuisé; elle ne s'est pas encore en-
volée et déjà elle n'est plus sur terre. L'une de ces mo-
ribondes a la tête enveloppée de langes; elle est déformée par un abcès fistuleux qui a gonflé le visage et
tuméfié les paupières de l'œil droit. Sur la table qui
est près de son lit, je vois toutes sortes de friandises à
côté d'une tasse de bouillon froid et d'un verre de vin
de Malaga; la pauvre petite n'y touche pas; elle est
aplatie sur l'oreiller, de profil, sans remuer, comme
envahie par une lassitude très douce où elle se complaît;
je lui parle, ses lèvres me répondent et n'émettent aucun
son perceptible.

L'autre est charmante, immobile, les yeux fixés devant elle, regardant vers des choses invisibles. Châteu-
briand a dit : « Pourquoi n'y aurait-il pas dans la
tombe quelque grande vision de l'éternité? » Ses cheveux blonds dessinent un nimbe d'or autour de son
front bombé; son visage est si pâle, qu'il paraît d'un
blanc mat; ses yeux sont agrandis par une ombre
d'azur; le pouls se hâte comme s'il voulait en finir plus
vite; le souffle est bien court, lui aussi il se précipite.
Les mains sont allongées sur la couverture, brûlantes
et agitées d'une très faible trépidation. J'ai demandé à
la pauvre enfant : « Quel âge avez-vous? » Une toute
petite voix m'a répondu : « Au mois de mai j'aurai
dix-huit ans. — C'est le mois où fleurissent les roses,
je vous en apporterai un gros bouquet. » Elle ébaucha

un sourire et dit : « Cela me fera bien plaisir. » Je me suis éloigné rapidement ; la vue de ceux qui vont mourir rappelle ceux que l'on aimait et qui sont morts.

Je me suis trouvé dans un couloir ; une porte était en face de moi, machinalement je l'ai poussée et je suis resté saisi. Dans une pièce très étroite, éclairée par une large fenêtre qui semble s'ouvrir vers l'infini, sur un lit drapé de blanc, j'ai vu une jeune fille couchée. Derrière elle, une veilleuse et deux flambeaux étaient allumés, clarté trinaire qui est une profession de foi. Une sœur auxiliaire et une mère de Marie Auxiliatrice, agenouillées, priaient. Le frêle cadavre est vêtu de blanc, un large ruban bleu contourne les épaules et descend jusqu'aux pieds ; les mains, — comme elles sont blanches ! — sont entourées d'un chapelet et semblent être jointes pour une oraison suprême ; un long voile de mousseline enveloppe le corps tout entier. Les paupières closes, la pâleur rendue plus éclatante par le contraste des cheveux noirs, la lèvre encore souriante, donnent au visage une expression de béatitude dont je suis frappé. Une phrase de saint Paul me revient à la mémoire : « Ne soyez point tristes comme les païens, qui n'ont point d'espérance. » La supérieure, qui m'accompagnait, s'est inclinée et a récité une prière pour le repos de l'âme de la pauvre petite. — Où pourrait-elle aller, cette âme de dix-sept ans, si ce n'est dans l'apaisement de toute souffrance et dans la quiétude sans fin ?

— Elle était partie, le matin même, au lever du jour.
Est-ce bien là chambre des mortes où je l'ai vue?
N'est-ce pas plutôt la chambre de la délivrance?

En suivant un corridor dont les fenêtres donnent
sur la place du village, on parvient à la chapelle, qui
est une sorte de grenier approprié aux besoins du
culte ; la sacristie n'est pas luxueuse, c'est une ar-
moire dont on a retiré les planches. Cela désespère
les religieuses, qui voudraient une belle chapelle pour
y entendre la messe quotidienne et y venir prier en
commun. Le lieu est insuffisant, mal aménagé, situé
sous les combles, je le reconnais ; mais qu'importe?
on y prie aussi bien que dans les cathédrales, et la
crèche de Bethléem, où s'agenouillèrent les rois des
pays d'Orient n'était pas aussi grande. Si j'osais, je
dirais : « Mes sœurs, ne songez à modifier votre chapelle qu'après avoir construit des logements pour
toutes les malades qui vous invoquent ; c'est le moyen
de plaire au Dieu que vous servez. »

Si Dieu est mal logé à Villepinte, les religieuses
sont encore plus mal logées que lui. Les malades les
ont chassées de la maison; à force de reculer pour
faire place aux poitrinaires, elles sont arrivées jusque
sous les toits, dans des chambrettes en brisis, traver-
sées par des poutres contre lesquelles on se heurte le
front, où le papier humide se détache des murs, où
le sol n'est même pas carrelé, mais composé d'un
mélange de plâtre et de pisé. C'est inhumain et c'est

imprudent, car il faut de la vigueur pour résister aux
fatigues de la fonction, et l'on compromet sa santé en
dormant dans ces galetas que visitent les courants
d'air et que le froid pénètre. En revanche, la pharmacie est irréprochable, rien n'y manque, pas même
les énormes bocaux rouges et bleus qui servent d'enseigne aux pharmaciens, et à l'aide desquels, le soir,
ils aveuglent les passants. Là le travail ne chôme pas ;
la mère pharmacienne et la sœur qui l'assiste sont à
l'œuvre tout le jour ; elles excellent à dissimuler les
amers, afin de les faire accepter aux malades que leur
mal rend capricieuses et qui détournent volontiers la
tête quand il s'agit d'avaler l'huile de foie de morue
réglementaire.

La vie des religieuses de Marie Auxiliatrice n'est
point une sinécure. Levées à cinq heures, couchées
tard, lorsque nulle dans la maison ne peut plus réclamer leur secours, elles sont sur pied toute la journée
pour les soins à prodiguer, pour la surveillance à
exercer, pour l'impulsion à donner aux divers services qui font mouvoir l'œuvre. Ont-elles le temps de
prier? Je ne sais. Mais quelle prière vaut l'acte de dévouement, quelle litanie peut remplacer la dépense de
soi-même au profit d'autrui? Le jour, elles ont mille
occupations qui ne leur laissent pas un instant de
repos ; la nuit, elles ne sont jamais certaines de n'être
pas appelées auprès d'une malade. Elles m'ont paru
actives, empressées et chaudes de cœur. Où se recrute

cette communauté qui n'a rien de platonique et dont
l'existence est un labeur perpétuel? Un peu partout,
comme les autres ordres religieux. J'ai causé avec
une tourière qui m'a paru être une paysanne, et il
est possible que j'aie côtoyé, rue de Maubeuge ou à
Villepinte, l'arrière-petite-fille d'un des maréchaux de
France dont la gloire de Louis XIV a profité.

Elles sont très douces, très maternelles avec leurs
malades et s'ingénient à leur éviter quelque fatigue
ou à les maintenir dans l'exercice du traitement prescrit. Il faut reconnaître, du reste, que la plupart des
malades sont des fillettes déjà atteintes de sagesse. Il
est extrêmement rare que les affections chroniques
des poumons ou du larynx se produisent avant l'âge
de seize à dix-sept ans. La phtisie proprement dite,
comme l'aliénation mentale, est presque inconnue
chez les enfants. Avant la puberté, la tuberculose ne
se manifeste guère que sur les enveloppes du cerveau
(méningite tuberculeuse), ou sur les ganglions du mé-
sentère (carreau); quant à l'hémoptysie (crachements
et vomissements de sang), elle n'existe pas au-dessous
de la septième année et elle est exceptionnelle avant
la quinzième.

Les poitrinaires de Villepinte ont donc dépassé
depuis longtemps l'âge de raison lorsqu'elles sont
admises dans l'asile; aussi n'a-t-on point de reproches
à leur adresser; mais si la malade est obéissante, la
maladie ne l'est pas. Bien souvent il faut user de sub-

terfuge et susciter des complices pour empêcher une fillette qui s'affaiblit et ne s'en aperçoit pas, de faire son lit, de balayer la chambre, de se livrer, en un mot, au travail quotidien, qui pour elle est une sorte de passe-temps. Ceci n'est pas très difficile, car cette maladie a cela de particulier qu'on la reconnaît chez les **autres** et qu'on l'ignore pour soi-même ; aussi pendant la première et la seconde période on parvient, sans trop de peine, à les occuper et à les satisfaire, même lorsque l'anémie développe chez elles un appétit que rien ne semble pouvoir apaiser et qui se traduit par une consommation de pain prodigieuse (11 700 kilogrammes en 1883) ; mais lorsqu'elles entrent dans la dernière période, lorsque le tubercule a creusé sa caverne mortelle, lorsque l'ongle s'est re-courbé et que l'extrémité du doigt a la forme d'une spatule, lorsque la toux nocturne est incessante et que les sueurs sont profuses, la maternité des sœurs reste parfois impuissante devant l'irrégularité des caprices et les exigences d'une volonté qui ne s'appartient plus.

La prédominance nerveuse est la plus forte, la ma-lade y obéit. Elle devient instable ; elle est animée d'un désir incessant que bien souvent elle ne pour-rait formuler ; partout où elle est, elle croit qu'elle serait mieux ailleurs ; chaque jour, presque chaque heure, elle veut changer de place ; tant que l'on peut, on lui obéit ; le règlement de Villepinte est fait en faveur des malades et non point au profit des infirmières. Et la nourriture : « c'est une affaire d'État, » me disait une sœur. Malgré deux plats de viande et deux plats de légumes variés, qui permettent de faire un choix, les malades auxquelles la mort a déjà fait signe goûtent les aliments les uns après les autres, les repoussent et ne peuvent manger. Ainsi qu'elles le disent elles-mêmes, elles ont des « envies »; elles demandent des crevettes, du homard, des sardines, des huîtres. On leur en trouve, coûte que coûte; devant la fantaisie satisfaite, l'appétit se réveille et, le plus souvent, se rendort aussitôt.

A Villepinte on ne reçoit pas seulement les malades du troisième degré, pour les aider à mourir; celles du premier et du second degré sont acceptées avec empressement; on les prend avec l'espoir de les guérir, et dans bien des cas on les guérit. Sous ce rapport, le traitement prescrit par le docteur Lefebvre (d'Aulnay-lès-Bondy), médecin de l'asile, et les soins des religieuses ont produit des résultats qu'il m'a été facile de constater sur les registres de l'œuvre. Du 1er janvier au 31 décembre 1883, deux cent vingt-neuf malades sont entrées dans la maison; sur ce nombre, soixante-quatorze (premier degré) sont sorties guéries; cinquante-neuf (second degré) ont éprouvé une amélioration assez sérieuse pour faire espérer que l'existence sera prolongée de plusieurs années; vingt-trois (troisième degré) sont mortes; au 1er janvier 1884, l'asile contenait soixante-treize poitrinaires.

Ces chiffres ont de l'importance et semblent prouver que le malade atteint de tuberculose pulmonaire, transporté, dès le début, dans un milieu sain, fortifié par une alimentation réparatrice, soigné avec vigilance et selon des prescriptions intelligentes, peut ressaisir la santé et vivre de longs jours.

Le recrutement des malades n'est que trop facile : Paris est un infatigable pourvoyeur de phtisiques ; on peut quintupler les lits de l'infirmerie à Villepinte, il ne faudra pas une semaine pour qu'ils soient occupés ; à voir la quantité de pauvres filles qui se pressent dans le cabinet de consultation de la rue de Maubeuge, on comprend que s'il y a beaucoup d'appelées, il y a bien peu d'élues. Tout donataire qui a « fondé » un lit, moyennant une rente annuelle de 1000 francs, a le droit de le réserver à telle jeune poitrinaire qu'il désignera, ce qui n'est que correct ; les donateurs qui ont une moitié, un tiers ou un quart de lit se concertent pour décider dans quel ordre chacun d'eux fera entrer une malade à l'asile. Lorsqu'un lit est libre et n'est pas réclamé par son donateur, on ne tient compte ni de la qualité, ni de la quantité des recommandations : on n'apprécie que le degré du mal et de l'indigence, et on l'attribue à la malade qui en a le plus besoin.

Les familles sont admises, le dimanche, à visiter les malades dans une pièce spéciale ; on permettait autrefois les promenades dans le parc, il en est résulté des inconvénients, et on les a interdites. Pendant le temps des visites, le parloir reste sous la surveillance d'une des religieuses ; les parents ne se gênent guère pour apporter toutes sortes d'aliments frelatés et de mauvaises boissons ; on a beau leur expliquer qu'ils compromettent le résultat du traitement suivi, ils ne s'en soucient, font semblant de se rendre aux remontrances qui leur sont adressées et glissent, en cachette, dans la poche des malades les cervelas à l'ail et autres denrées de même acabit qu'ils ont apportées. L'entêtement des gens à cet égard est tel, que l'on a dû renoncer à accorder des sorties aux poitrinaires ; il suffisait parfois à une malade en voie d'amélioration de passer deux ou trois jours près de ses parents pour perdre le bénéfice de la vie régulière et du régime observés dans l'asile. « Les sorties provoquaient trop de rechutes, me disait une sœur ; nous avons été obligées de les supprimer. »

J'ai déjà signalé le fait, en parlant de l'Orphelinat des Apprentis à Auteuil : jour de congé, jour de « noce ». Moralement et physiquement, le mieux obtenu est compromis ; à Villepinte, on est tellement convaincu du danger que les malades courent dans leurs familles, qu'on ne laisse sortir que les incurables, et encore le plus rarement possible. Quant aux autres, à celles pour lesquelles toute voie de retour à la santé n'est pas définitivement close, on s'appuie sur les prescriptions du médecin et on les garde dans la

bonne maison, dans la maison vraiment maternelle,
qui ne s'ouvrira devant elles qu'après guérison ; dans
ce cas, « le chômage » de la rue de Maubeuge les recevra et leur laissera le loisir de trouver une condition. Ainsi l'œuvre de protection est complète ; on
peut comprendre pourquoi les anciennes malades de
Livry et de Villepinte, dès qu'elles ont une heure de liberté, viennent voir celles qu'elles nomment « nos mères ».

A côté de l'infirmerie des poitrinaires, qui est
l'œuvre maîtresse, l'œuvre originale des religieuses de
Marie Auxiliatrice, le château rouge accepte quelques
pensionnaires. Des femmes malades, ne pouvant se
faire soigner chez elles, redoutant la sécheresse de
bien des maisons de santé, viennent demander secours
à Villepinte, où trois chambres leur sont réservées. Le
grand parc les attire, mais surtout la douceur et la
tendresse des religieuses. Un de ces immenses magasins qui occupent tout un peuple d'employés s'est
adressé à la maison de Villepinte pour y faire traiter
ses « demoiselles » lorsqu'elles sont malades. Là
elles sont l'objet de soins qu'elles ne trouveraient peut-
être pas ailleurs, car le médicament n'est pas l'unique
agent de guérison. J'ai voulu savoir ce que l'un des
chefs du grand établissement auquel je fais allusion
pensait du régime de Villepinte ; je lui ai écrit et
j'extrais de sa réponse le passage suivant, qui est
intéressant à plus d'un égard et qui m'a paru l'expression même de la vérité :

« Il faut connaître les misères des demoiselles de
magasin pour apprécier l'importance de l'œuvre confiée aux religieuses de Marie Auxiliatrice. Ces jeunes
filles débutent vers dix-sept ans ; il faut qu'elles soient
rendues à leur rayon à huit heures du matin, pour le
quitter vers neuf heures du soir. Ces treize heures de
travail sont coupées par deux repas, seuls moments de
la journée où il soit permis de s'asseoir, car il faut
sans cesse être prévenante et empressée auprès des
clientes, faire les étalages le matin, ranger les rayons
et faire le déplié le soir. L'air enfermé des magasins
où la foule s'est succédé au long du jour, la poussière
apportée par cette foule, celle qui sort des tapis, celle
encore plus ténue qui provient des tissus de toute sorte,
le gaz qui déverse ses résidus de combustion, tout con-
tribue à développer les maladies des voies respiratoires chez des femmes surexcitées par l'ardeur nerveuse mise à la vente et épuisées par la station debout
qui est la nécessité même de leur profession. Comment
l'anémie n'exercerait-elle pas ses ravages chez elles,
malgré la bonne nourriture par laquelle on les soutient, malgré les ressources que leur apporte un gain
quotidien supérieur à celui des ouvrières et des autres
femmes vivant du produit de leur travail ? Beaucoup
viennent de province et sont dans un isolement d'autant plus périlleux qu'elles ont sous les yeux toutes les
séductions du luxe et qu'elles sont constamment en
relations avec des jeunes gens pour les mille nécessités

du service. Vient la maladie ; point d'épargne, l'abandon, l'hôpital qui vous rejette à peine convalescente sur le pavé pour faire place à d'autres, le retour prématuré au travail afin d'avoir de quoi manger et gîter, les rechutes et la ruine définitive de la santé, sinon de la vie. A ces êtres jeunes qui ont besoin d'un asile pour le cœur autant que pour le corps, il faut ces autres femmes qui voient en elles des sœurs et les aiment pour l'amour de Dieu. Que demande-t-on à Villepinte? Une profession de foi religieuse? Non ; une adhésion à des statuts ? Pas davantage ; rien que d'épargner à la maison toute manifestation inconvenante et de se laisser soigner de bonne grâce. Silence sur le passé, bon vouloir pour le présent, espérance pour l'avenir, voilà tout ce qu'il faut aux Dames de Marie Auxiliatrice. Elles nous ont fait un bien énorme et ont déjà sauvé plus d'une de nos demoiselles malades. »

Lorsque j'ai visité la maison de Villepinte, deux demoiselles de magasin y étaient en pension et ne semblaient point s'y déplaire.

La maison a beau se croire un château, elle est trop étroite pour loger les jeunes poitrinaires, les pensionnaires, les religieuses, les filles de service ; si l'on en était réduit aux dortoirs et aux chambres de l'asile proprement dit, il faudrait renvoyer la moitié des malades. Pour parvenir à les loger, on a utilisé les bâtiments d'une ancienne ferme qui se lézardent un peu et qui ont appartenu à l'exploitation du domaine. On a

eu beau réparer les murs, soutenir les plafonds par des
étais, badigeonner les couloirs au lait de chaux, c'est
vieux et d'aspect triste; cela ressemble à une maladrerie. Tout est de guingois, comme l'on disait jadis.
Les escaliers sont des échelles de meunier, le sol est en
terre battue et de gros poêles en fonte indiquent que la
température n'y est pas clémente. C'est du reste une
simple annexe, on ne fait qu'y coucher. La cour a de
l'animation : les volailles picorent le fumier, les pigeons
roucoulent sur le toit et de belles vaches ruminent près
des chèvres qui cabriolent. Le lait entre pour une proportion considérable dans l'alimentation des malades
et, grâce à ce petit troupeau, on est certain de l'avoir
dans sa sincérité primitive.

Dans une des chambrettes de la ferme j'ai vu une
femme d'une cinquantaine d'années, grande, très pâle,
qui a dû être fort belle aux jours de sa primevère. La
supérieure m'a dit en souriant : « Je vous présente un
prix Montyon. » La femme a baissé les yeux, pendant
qu'une buée rose montait à son visage. J'ai demandé
son dossier aux archives de l'Académie française. L'histoire est touchante et doit être rappelée.

Née en 1831 à Saint-Paul-de-Varces, dans le canton
de Vif, au département de l'Isère, elle s'appelle Marie
Armand et a gardé le surnom de Mariette, qu'on lui a
donné au temps de son enfance. Elle était de famille
pauvre et nombreuse; elle perdit sa mère et, quoique
enfant, la remplaça auprès de ses deux frères et de ses

sœurs. A l'âge de dix-sept ans, elle entra en condition
à Grenoble, chez Mme X.... Elle y resta trente ans,
ne conservant rien pour elle de l'argent qu'elle gagnait
et qu'elle remettait à son père âgé, infirme et incapable
de travail. Mariette, après la mort de Mme X..., resta au
service de la fille de celle-ci. La famille était riche ; un
désastre financier l'atteignit et la ruina. Ce n'était pas
seulement la gêne qui pénétrait dans la maison, c'était
la misère. La fille de Mme X... vint à Paris, désespérée, malade et fut admise au pensionnat de Marie
Auxiliatrice. Mariette avait suivi sa maîtresse, dédaignant les offres de place et de mariage qu'on ne lui
avait pas ménagées à Grenoble. Elle servit en qualité
de cuisinière chez un magistrat et elle portait régulièrement à Mlle X... le produit de ses gages. Un jour, elle
tomba évanouie dans la cour du pensionnat ; les religieuses la secoururent, le médecin l'examina ; la
malheureuse était atteinte de phtisie et de ce que l'eu-
phémisme des gens bien élevés appelle tumeur fibreuse,
c'est-à-dire d'un cancer. Les sœurs la firent transporter
à Villepinte. Elle y reste ce qu'elle a été toute sa vie,
un exemple d'abnégation et de dévouement ; quand ses
souffrances lui accordent quelque répit, nulle n'est
plus active auprès des jeunes poitrinaires. Grâce au
legs de M. de Montyon, il a été possible de récompenser tant de vertu. Ce n'est pas sans orgueil que
je constate, au cours de ces études, que partout où
je rencontre une action exceptionnelle, j'aperçois

l'Académie française attentive et prête à la signaler.

Lorsque je fis ma première visite à l'asile de Ville-pinte, j'y étais attendu; la supérieure générale m'y avait précédé; on était venu me chercher à la station de Sevran. La maison m'était apparue comme une imfirmerie modèle, où les malades, les agonisantes, les mortes même sont entourées de soins maternels. Je n'en avais pas été surpris; mais une enquête, pour être sérieuse, a besoin d'être contrôlée, et, tout en parcourant les dortoirs irréprochables, en soulevant le couvercle des casseroles bien garnies, en voyant les jeunes filles rieuses, en me sentant ému devant le petit cadavre si bien paré, je me promettais de reve-nir un jour que je ne serais pas attendu et, comme disent les bonnes gens, d'arriver à l'improviste.

Je suis parti de Paris en voiture, j'ai effleuré Pantin et je me suis engagé sur la route des petits ponts, qui est la route de Meaux et que le langage administratif appelle la route n° 24. Le paysage est affreux ; dans les champs, des bandes de corbeaux ; en marge du chemin, quelques masures où l'on vend de l'en-grais animal ; par-ci, par-là, un cantonnier remue de la boue avec sa pelle ; à l'horizon se dressent des coteaux attristés par l'hiver ; pas une voiture, pas une charrette ; de loin en loin, on aperçoit un homme qui dort à l'abri d'une meule de paille. Aux environs d'Aulnay-lès-Bondy, l'aspect du pays s'égaye un peu et des bouquets d'arbres en rompent la monotonie. Deux heures après mon départ, je sonnais à la porte du château rouge.

La maison était en ordre, dans l'état même où je l'avais vue lorsqu'on me la montrait et que j'avais pu la croire un peu préparée à mon intention. Tel j'avais vu l'asile à ma première visite, tel je le voyais à la seconde. Tout de suite je dis à la supérieure : « Et la petite fille aux cheveux d'or? » Elle me répondit : « Elle est morte cette nuit. » Je gravis l'escalier, j'ouvris la porte de la chambre funèbre; l'enfant était couchée sur le lit qu'elle ne quittera que pour être mise au cercueil; elle est vêtue de la robe blanche, le ruban bleu descend jusqu'à ses pieds, ses mains sont entourées par le chapelet, le voile de mousseline la couvre tout entière, les trois lumières symboliques brillent derrière elle, des femmes agenouillées prient pour son repos. C'est bien; c'est ce que j'ai déjà vu lorsque l'on m'attendait; il n'y a que la petite morte qui ne soit pas la même.

III. — LA FONDATION HOCHON-LEFUEL.

L'enfant mort et la mère. — L'ancienne grange. — Mme Louise Hochon. —
Les petites filles anémiques. — Donation et convention. — Dortoir. —
Lavabo. — Les poupées. — Un père ingénieux. — La tuberculose. —
L'école. — Le jardinet. — Peut-on modifier le tempérament? — Le parc.
— L'arbre vert. — Résine. — Les sabots. — Le lac. — Le canotage et le
jeu des grâces. — Les privilégiées. — Celles qui souffrent et qui meurent à
domicile faute de place à Villepinte. — Le rêve des religieuses. — L'hos-
pice futur. — « Ne jamais refuser une malade! » — Appel à la bienfaisance.
— Tentation pour les grands cœurs.

Une mère qui avait perdu un de ses enfants a pensé
aux enfants chétifs pour lesquels la vie s'ouvre mal
et a voulu leur venir en aide. On ne sait pas ce que
contient de chagrin un berceau vide, et par quels prodiges de charité on essaye d'apaiser une douleur qui
ne s'apaise jamais, qui reste lancinante dans la solitude et dans le monde, au milieu des soins de la maison, et à travers les frivolités dont on cherche à s'é-
tourdir. L'enfant qui s'en est allé vagit toujours dans
le cœur de sa mère; elle seule l'entend et les bruits
les plus joyeux ne l'empêchent pas de l'écouter.
« Selon la doctrine indienne, dit Chateaubriand dans
ses *Mémoires d'outre-tombe*, la mort en nous touchant ne nous détruit pas; elle nous rend seulement
invisibles. » Cela est vrai, surtout pour les enfants. Le
petit corps a disparu, il a rendu à la matière ce qu'il
lui avait emprunté; sa poudre est retournée à la pou-

dre; mais l'âme, où est-elle? Elle habite la mère, elle
s'est identifiée à elle, elle l'attendrit, la conseille et
l'émeut. L'enfant qui a souffert pense à ceux qui souffrent et il dit à la mère : « Va secourir ceux qui sont
petits comme j'étais entre tes bras, ceux qui languis-
sent comme j'ai langui sous tes baisers, ceux qui, peut-
être faute de soins, vont quitter leur mère, comme je
t'ai quittée, malgré ta vigilance et tes efforts. » La
mère croit que c'est le souvenir de son petit enfant
qui la pousse aux bonnes œuvres en faveur de l'enfance
privée de sève ; elle se trompe : c'est l'enfant lui-même
qui survit, qui agit en elle, qui est son maître, qui la
dirige et lui prête sa force pour accomplir des actions
charitables auxquelles, seule, elle n'aurait peut-être
pas songé.

Paris fourmille de femmes dont la futilité apparente est rachetée par des œuvres où les malheureux
rencontrent des soulagements inespérés et qui justi-
fient la parole de Luther aux Frères Moraves : « Là où
se trouvent la foi et la charité, il ne peut y avoir de
péché, ni pour ce que l'on adore, ni pour ce que l'on
n'adore pas. »

Auprès de la ferme, en bordure de la cour, à côté
du parc, sous quelques arbres, s'élève une haute
construction qui ressemble à une grange. C'en était
une jadis ; aujourd'hui, c'est un asile dont la destination ne peut être modifiée. C'est une sorte de pépinière d'où sortiront peut-être les plantes maladives qui

achèveront de s'étioler dans les chambres du château rouge. Au-dessus de la porte d'entrée on lit, en grosses lettres noires : Fondation Hochon-Lefuel. C'est presque une création individuelle. Mme Louise Hochon, fille d'Hector Lefuel, qui construisit le Louvre et fut un des grands architectes du siècle, était dame sociétaire de l'œuvre de Villepinte. Elle portait en elle le deuil d'une enfant qu'elle avait perdue ; elle se dit qu'il était bien de soigner des jeunes filles poitrinaires, mais qu'il serait mieux de les empêcher de le devenir. Elle savait, sans avoir fait de longues études de physiologie, que les fillettes malingres, prédisposées à la chlorose, sont une proie presque certaine pour la phtisie, qui s'en empare aux dernières heures des transformations. Dès lors elle résolut de consacrer une somme de quelque importance à la fondation d'un asile où les petites filles âgées de quatre à douze ans, affligées de constitution douteuse, passibles, dans l'avenir, d'une affection de poitrine, seraient recueillies, élevées, instruites, surveillées et soignées de telle sorte qu'elles pourraient traverser les années futures sans préjudices trop graves. Le 14 octobre 1883, une convention intervint entre elle et les dames de Marie Auxiliatrice.

La grange de la ferme fut aménagée pour sa destination nouvelle; le 1ᵉʳ décembre 1883, l'asile put recevoir les premières élèves. Lorsque je l'ai visité, j'y ai compté dix petites filles. La disposition des salles est excellente : Hector Lefuel n'aurait pas mieux fait. Le dortoir est immense et le cube d'air réservé à chaque enfant est considérable. Là aussi, comme pour l'œuvre des poitrinaires, on peut fonder des lits ; là aussi les noms des donateurs sont inscrits sur la muraille : toujours les mêmes. Les baies énormes qui font office de fenêtres s'ouvrent au midi pour laisser pénétrer les effluves du soleil et de la verdure : oxygène abondant, senteur des arbres ; c'est ce qu'il faut à ces petites poitrines étroites et bombées, qui n'ont rien de rassurant pour l'avenir. A côté du dortoir, une large pièce sert de lavabo : c'est le mieux outillé que j'aie vu dans les maisons charitables que j'ai visitées. L'eau, le savon, la brosse et les éponges ne sont point épargnées ; je m'en suis aperçu en pénétrant dans la salle où les enfants étaient rassemblées. Elles sont proprettes, bien peignées, bien chaussées et portent des vêtements où je n'ai remarqué ni trous ni pièces, ce qui est rare chez des bambines auxquelles on laisse toute liberté compatible avec leur âge.

La sœur de Marie Auxiliatrice qui les garde et les dirige est jeune et gaie ; s'il ne convenait d'être réservé avec les religieuses, je dirais qu'elle est charmante. Cela est indispensable avec les enfants, qui, bien plus qu'on ne l'imagine, tombent en tristesse lorsqu'on ne sait pas les intéresser à un récit, à un jeu ou à une occupation appropriée. C'est pour cela que les aptitudes de pédagogue se rencontrent si difficilement, car tout l'art d'enseigner consiste à savoir instruire en amusant ; à Villepinte, on y fait effort, si j'en crois les joujoux rangés sur les étagères, les livres d'images répandus sur les tables et qui sont le don gracieux d'une grande librairie ; si j'en crois surtout les poupées qui participent aux leçons et ne les troublent par aucune incartade. Les petite filles que j'ai vues là viennent de Paris ; les unes ont passé par le cabinet de consultation de la rue de Maubeuge, d'autres ont été amenées par des Sœurs de Charité ; quelques-unes ont été prises à des familles qui les ont confiées sans déplaisir à des mains secourables. Ces fillettes ne ressemblent en rien aux larves humaines qui rampent chez les frères de Saint-Jean-de-Dieu, mais on dirait qu'elles ont été trempées dans des couleurs trop pâles ; elles ont une blancheur inquiétante, comme si du lait remplissait leurs veines. Chez plusieurs d'entre elles les scrofules sont déjà visibles ; à l'une on a enlevé deux des os métatarsiens ; une autre est sourde, une troisième a les narines tuméfiées, sanguinolentes ; une quatrième est déformée, avec les épaules trop larges, le cou penché, le dos convexe ; elle devine que l'on parle de lui mettre un corset de fer, elle devient subitement rouge et se redresse avec colère.

J'ai avisé une petite fille de douze ans, maigrelette, de regard timide, avec des cheveux bruns d'une souplesse exquise ; arrivée depuis trois jours, elle semblait dépaysée et hantée par des regrets qu'elle ne pouvait

vaincre. Elle ourlait un mouchoir : j'ai été étonné de
la précision, « de la maturité » de son travail. Je l'ai
interrogée : « Que faisais-tu avant de venir ici ? —
J'étais dans la chemiserie; je faisais une chemise par
jour. — Te payait-on bien ? — Je ne sais pas; on me
donnait vingt sous par mois. » Il y a des pères ingénieux. Elle souffre des entrailles; elle ne peut courir
et marche avec peine. Elle est issue d'une mère phtisique, qui est morte; elle est atteinte d'atrophie mésen-
térique : autrement dit, elle a le carreau. L'hérédité
fait son œuvre; la tuberculose qui a tué la mère s'est
emparée de la fille; avant peu, l'une et l'autre seront
réunies.

Pour ces enfants, l'asile est, avant tout, une infirmerie; mais c'est aussi une école. Une institutrice fait
la classe à cette marmaille débile, qui apprend à
former les lettres et sait déjà lire. J'imagine que le
temps d'étude n'est jamais prolongé et que l'on sait à
Villepinte qu'après une demi-heure de travail il faut
chanter, danser, cabrioler et renouveler, par un exercice un peu violent, la faculté de prêter l'oreille à une
leçon, ce qui, — surtout chez l'enfant chétif, — est
le résultat d'un effort. Dans l'asile des petites filles de
Villepinte, on doit d'abord s'occuper de faire de la
santé, ou du moins de la résistance à la maladie; on
fera de l'instruction si l'on a des loisirs. Il est indispensable que ces fillettes vivent en plein air le plus
possible. Dès que le printemps verdira, il sera bon de

leur abandonner en toute propriété un petit coin du
parc, dont elles feront leur jardin, leur jardin à elles
et à nul autre; elles le cultiveront et l'arroseront; elles
y planteront des allumettes, y sèmeront des épingles,
elles fouiront la terre de leurs mains, s'extasieront
devant la poussée d'un brin d'herbe, se battront pour
la possession d'une touffe de chicorée sauvage et ne
s'en porteront que mieux. Si elles se salissent, le
lavabo n'est pas loin, on en sera quitte pour les débarbouiller.

Cette œuvre vient à peine de naître, mais ce n'est
plus un embryon; elle existe, elle fonctionne, elle a
son personnel de religieuses, d'aumônier, de médecin,
d'enfants recueillis; le dortoir est vaste, la salle de
classe est immense; dans les buffets, la vaisselle est
au complet, et la lingerie ne manque pas de draps. Il
n'est pas jusqu'aux jouets qui ne soient en nombre; le
petit Jésus, toujours compatissant, en a déposé beaucoup dans les souliers pendant la dernière nuit de Noël.
On tente là un essai dont il sera intéressant de surveiller
les résultats. Le problème posé est fort simple : Prenan
un enfant vicié dans les principes mêmes de l'existence,
par la source le plus souvent impure dont il provient,
peut-on, à l'aide d'une hygiène habile, d'un régime imposé, d'un mode de vivre régulier dans un milieu choisi,
peut-on détruire en lui les causes morbides qui le
menacent d'une fin précoce? En un mot, peut-on modifier son tempérament? Je crois que l'expérience

commencée à Villepinte répondra affirmativement.

Malgré l'alimentation qui est substantielle, malgré la pharmarcie où foisonnent les médicaments, je crois que le meilleur agent de guérison pour les jeunes poitrinaires, comme pour les petites anémiques, est encore le parc. Il est très beau et il est très grand. Onze hectares d'un seul lopin, c'est quelque chose à la porte de Paris. Cela permet d'avoir un potager planturoux, qui fournit des légumes, pendant toute l'année, aux maisons de la rue de Maubeuge et de Villepinte. Une pensionnaire, les yeux brillants et la lèvre humide, me disait : « Ah! si vous connaissiez nos petits pois! » Les pelouses sont immenses, coupées par des allées ombragées de vieux arbres. Au printemps, à l'heure du renouveau, ce doit être admirable. Çà et là, des bouquets d'épicéas forment des groupes sombres sur la pâleur de l'herbe fanée par le mois de décembre.

On multiplie, tant que l'on peut, la plantation des arbres verts, et l'on agit sagement. Les poitrinaires qui ont vécu sous la Forêt-Noire et dans les bois d'Arcachon connaissent l'effet précieux de la résine sur les bronches. Ce n'est pas tout cependant de se promener à l'ombre des pins sylvestres, des pins maritimes et de les « respirer »; l'arbre vert peut donner ses branches pour la chambre où dort le malade. C'était une des prescriptions favorites du docteur Flaubert, qui fut le père de Gustave et un grand chirurgien. Il recommandait de suspendre un rameau d'arbre vert, principale-

ment de genévrier, au-dessus du lit des enfants et des
jeunes gens faibles. Le parc de Villepinte peut, sans
s'appauvrir, fournir une ample provision de résine en
branches aux dortoirs des deux asiles et l'on s'en trouverait bien.

C'est dans le parc que l'on vit pendant la belle saison, à la joie et au bien-être des malades. On ne s'y
promène qu'en sabots ; la terre est toujours un peu
humide et les allées sont molles ; elles sont si étendues, les allées, que l'on se contente d'en arracher les
herbes, car le sable de rivière coûte cher, et il en faudrait bien des tombereaux. Dans une œuvre si utile,
on ne peut se permettre les dépenses de luxe ; tout
ce que l'on possède, tout ce que l'on recueille par
des dons, par des quêtes, tout ce que l'on obtient de la
charité privée suffit difficilement à l'entretien de la
maison et au traitement des malades, auxquelles nul
médicament, nul supplément alimentaire n'est jamais
refusé.

J'ai voulu me rendre compte des dépenses forcées
qui grèvent le budget de l'asile des poitrinaires et reconnaître en même temps si les boissons toniques ne
leur étaient point ménagées. En 1883, la consommation des boissons s'est élevée à 9348 litres de vin de
Bordeaux, 684 litres de vin de Malaga, 300 litres d'eau-
de-vie et à 5472 litres de bière ordonnée par le médecin. Voilà ce que les malades ont consommé ; quant
aux religieuses, elles boivent de l'eau ; mais elles ont

beau ne boire que de l'eau et coucher sur des paillasses,
leur budget n'en est pas moins restreint, et il faut de
l'habileté pour n'en pas rompre l'équilibre. Aussi l'on
n'achète pas de sable pour les allées; on trouve plus
économique d'avoir des sabots et d'en porter soi-même.
Lorsque l'heure des récréations a sonné, c'est un clic-
clac assourdissant dans les couloirs.

L'endroit favori, c'est l'extrémité du parc qui confine
aux champs, dont on n'est séparé que par une haie
vive. Je m'y suis promené, et j'ai regretté de n'avoir
pas de fusil, car j'y ai vu des lapins. Il devait y avoir
là jadis quelque garenne dont tous les habitants ne
sont point partis. Il n'y a pas seulement des lapins, il
y a un lac qui fait la joie des jeunes filles. On dit un
lac : je le répète par politesse; la mare d'Enghien en
sourirait. C'est une pièce d'eau de forme oblongue,
creusée à mains d'ouvriers, où barbotent quelques
canards qui viennent à la voix dans l'espoir d'un morceau de pain et qui vivent heureux sans prévoir les
douleurs de la broche et les amertumes de la casse-
role. Sur le lac, « on canote »; le bateau m'a paru
solide, assez large pour chavirer difficilement et muni
de bons tolets qui ont laissé leur trace sur le bracelet
en cuir des avirons. Quitter la terre, ramer, se sentir
balancé sur « sur une onde paisible », c'est un plaisir
ineffable pour les malades, et j'ajouterai que c'est un
plaisir hygiénique, qui développe les muscles pectoraux
et force la respiration à pénétrer dans le profond des

bronches; il en est de même du jeu des grâces, que recommandent la sagacité et l'expérience du médecin. J'ai été très frappé de ce fait, qu'à Villepinte le but que l'on cherche à atteindre reste toujours en vue et que les amusements mêmes concourent à la guérison ou à l'amélioration des malades.

Les pauvres filles poitrinaires qui sont reçues et soignées à l'asile de Marie Auxiliatrice se doutent-elles qu'elles sont privilégiées et qu'elles sont l'objet d'une rare faveur de la fortune? Deux cent vingt-neuf, nous l'avons dit, ont été admises dans la maison au courant de l'année 1883. Deux cent vingt-neuf! quel chiffre dérisoire en comparaison du nombre excessif des malheureuses qui voient se fermer devant elles la porte des hôpitaux et qui s'en vont souffrir, tousser, cracher la vie dans la soupente des loges de portier, dans la mansarde où l'on gèle en hiver et où l'on grille en été, dans le grenier où l'indifférence, où la misère des parents les a reléguées! Pour celles-ci, tout est néfaste : la vigueur leur fait défaut, et elles ne peuvent travailler; elles ne sont pas seulement des bouches inutiles, elles sont des bouches onéreuses; il faudrait les nourrir cependant et les tonifier; la viande coûte cher, le vin coûte cher, le médicament coûte cher; autour d'elles, on est irrité de ce surcroît de dépenses; on se gêne peu pour le faire sentir. Plus d'une, sans avoir l'oreille bien fine, a entendu dire : « Elle n'en finira donc pas d'être malade! » Pour ces pauvrettes

que la mort a choisies et qu'elle tarde à saisir, l'asile
de Villepinte voudrait s'ouvrir; mais, hélas! où les
mettre! Le château est plein, la ferme est pleine, toutes
les places sont prises; quand la phtisie a emporté une
malade, on se hâte de changer les draps du lit pour
celle qui va venir. Ce n'est pas la bonne volonté qui
manque : la maternité des sœurs voudrait embrasser
toutes les souffrances et les adoucir. On a tiré parti
des recoins les plus resserrés; partout où l'on a pu
installer une couchette, on a accepté une malade; on
s'est tassé, plus même qu'il ne conviendrait. Dans le
compte rendu du conseil médical de l'œuvre (1882), je
lis : « L'hygiène hospitalière exige de quarante à cinquante mètres cubes d'air par jour et par lit; nous
n'avons pu leur en accorder que douze seulement. »

A Villepinte, comme dans presque tous les endroits
où la misère humaine vient chercher un refuge, c'est
la place qui fait défaut ou, pour parler d'une façon plus
précise, c'est le logement. Le parc est énorme et les
pelouses en sont vastes : beau terrain pour bâtir,
comme disent les affiches. C'est le rêve des religieuses.
Sera-t-il réalisé! Les plans sont dessinés, je les ai vus.
La mère supérieure aime à les montrer, et ses yeux
flamboient d'espérance lorsqu'elle en détaille l'économie. Son doigt se promène sur les lignes rouges; elle
explique, elle commente le projet de l'architecte : ici
seront les dortoirs ouverts à la double action du calorifère et des ventilateurs, de façon à être vivifiés d'un

air toujours renouvelé, sans perdre cependant la tiède atmosphère indispensable aux faibles poitrines; là seront les chambres d'inhalation, comme dans les hôpitaux que l'Angleterre a édifiés pour les phtisiques; au milieu s'élèvera la chapelle; les édifices accessoires seront répartis dans les sous-sols. L'asile futur doit être, — il sera, — l'hospice modèle spécialement aménagé pour les poitrinaires, selon les prescriptions de l'hygiène, qui est une science nouvelle, et selon les conquêtes de l'expérience médicale, qui apprend chaque jour à ne point désespérer. « Quelle joie pour nous, me disait une jeune sœur, si nous pouvions ne jamais refuser une malade! »

Certaines œuvres ont eu des débuts plus modestes et se sont dilatées dans des proportions inexprimables. L'Œuvre des Jeunes Poitrinaires n'a pas encore quatre ans d'existence et déjà elle a prouvé ce qu'elle peut faire. Non seulement elle est assurée de vivre, mais elle se développera et deviendra considérable, parce qu'elle est destinée à combattre un péril toujours aigu : la production presque indéterminée de la phtisie dans les centres trop populeux. Le personnel est prêt et son dévouement n'est pas à mettre en doute. Ce qui lui manque à l'heure présente, c'est un asile assez spacieux pour y recueillir les victimes du mal sans pitié qui frappe la jeunesse et la couche au tombeau. Ce n'est qu'une question d'argent, question fort grave et que la communauté des Sœurs de Marie Auxiliatrice est incapable de résoudre. Plus on est actif au bien, plus on est pauvre, et l'on viderait les escarcelles dans la maison de la rue de Maubeuge que l'on n'y trouverait pas de quoi acheter un moellon. C'est donc la charité privée qui sera invoquée et qui répondra, car Paris n'est jamais sourd aux appels de la bienfaisance. Le sacrifice devra être important, mais il a de quoi tenter les cœurs haut placés. Un millionnaire qui se passerait cette fantaisie ferait un acte grandiose et mériterait bien de l'humanité.

CHAPITRE VI

LES SOEURS AVEUGLES DE SAINT-PAUL

I. — LA PREMIÈRE SUPÉRIEURE.

Anne Bergunion. — Contraste. — Contemplation et action. — Au couvent.
— L'ouvroir. — Au Sacré-Cœur. — Le docteur Ratier. — Les jeunes
aveugles. — Édouard Pélicier. — Les deux premières aveugles. — Vanité.
— Douceur. — Emploi des aveugles. — Mlle de Lamourous. — Préoccu-
pation. — Le rêve de la maison future. — La vie religieuse. — Déplace-
ment. — La communauté est fondée. — L'aumônier. — L'abbé Juge. —
Nouveau déplacement. — Bourg-la-Reine. — Défaillance de l'aumône. —
Le terrain de Marie-Thérèse. — La construction. — Retour à Paris. — La
Mère. — Maladie organique. — Mort d'Anne Bergunion. — 1870. — La
Commune. — Les religieuses expulsées. — L'abbé Juge incarcéré comme
otage. — Délivrance. — Dénuement.

Anne Bergunion, née à Paris le 29 février 1804, fut
la fondatrice et la première supérieure de l'œuvre que
je vais essayer de faire connaître. De petite famille
bourgeoise, elle paraît avoir fait, dès l'enfance, l'apprentissage d'une économie que la médiocrité de sa
fortune rendait nécessaire. Elle était pieuse, avec des
exaltations de foi qui l'entraînaient à des excès de
dévotion dont sa santé naturellement délicate eut sou-

vent à souffrir. Au milieu de notes manuscrites, un peu confuses, concernant ce que l'on pourrait appeler sa biographie apostolique, je crois définir que, lors de sa première jeunesse, elle fut atteinte de désordres dans la région du cœur qui lentement, mais infailliblement, produisirent la maladie dont elle mourut en 1863. Pendant tout le cours de son existence, elle a été dolente, mais les défaillances de la matière n'ont jamais attiédi l'énergie de sa volonté et la chaleur de sa foi. Elle aima Dieu par-dessus tout, et c'est pour mieux lui plaire qu'elle se consacra au soulagement, au service d'une des infirmités les plus implacables dont l'humanité soit affligée. Elle se crut « appelée » et de cette croyance découla l'idée d'une création où bien des malheureuses, closes à la lumière, exclues de la vie collective, ont trouvé des secours, le repos et les ressources morales de l'existence en commun.

Il me semble découvrir en elle un contraste qui l'amènera progressivement à fonder l'œuvre dont elle est la mère : elle est à la fois contemplative et active. Elle rêve le calme du cloître, le silence, la marche muette dans les grands corridors, les prosternations prolongées devant la lampe perpétuelle, les litanies se répondant de stalle en stalle et la cloche de matines qui chasse les songes pour éveiller la vision des immortelles délices ; en même temps elle aspire vers le don de soi-même aux autres, vers le travail de la main, vers l'occupation permanente et l'accumulation des labeurs qui font la journée trop courte et la nuit trop longue. Entre ces deux courants contraires elle me paraît avoir oscillé longtemps; ce fut le premier qui l'emporta et qui la poussa au couvent de la Mère de Dieu à Versailles, où elle entra dès l'âge de seize ans, malgré l'opposition de sa famille. Elle n'y resta que pendant huit mois; sa mère la rappela si impérieusement qu'il fallut obéir. Elle ne devait plus retourner dans la congrégation d'où elle avait espéré ne jamais sortir; sa mère affaiblie, en partie paralysée, réclamait ses soins, et un de ses frères lui avait légué en mourant une petite fille, orpheline, âgée de trois ans, à qui elle allait se consacrer. Elle avait alors vingt-huit ans; elle était de santé tellement chétive, que plusieurs fois elle fut administrée.

Pour des causes que j'ignore, la gêne, ou peu s'en faut, était entrée dans la maison; pendant les années 1835, 1836 et 1837 il n'y a d'autres ressources que celles du travail d'Anne, qui est sur pied le jour, afin de soigner sa mère malade, élever sa nièce, faire le ménage, et qui reste à la besogne presque toute la nuit pour mener à bonne fin l'ouvrage qu'on lui a confié et gagner l'argent nécessaire à la subsistance de trois personnes. Ces heures-là ont été dures, et loin de laisser dans son cœur quelque levain d'amertume, elles n'ont fait que développer sa commisération naturelle pour les malheureux. Son désir de soulager la souffrance était tel, qu'elle n'hésita pas à accepter les

propositions de la présidente d'une association charitable qui la priait de se charger de petites filles abandonnées et de les instruire. Elle était ingénieuse,
tenace et douée d'un esprit d'autorité qui s'exerçait
par la douceur. Elle réussit ainsi à créer un atelier où
douze jeunes ouvrières travaillaient sous sa surveillance.
Elle s'était mise en relation avec des entrepreneurs de
lingerie; dans l'ouvroir, on priait beaucoup, on beso-
gnait encore plus et, sans trop de peine, on parvenait
à gagner le pain quotidien.

En 1845, Anne Bergunion perdit son père et elle se
sentit reprise par les idées monastiques qui l'avaient
assaillie au temps de sa jeunesse; elle confia son ouvroir à une femme sûre et entra au Sacré-Cœur. Elle
ne semble pas y avoir rencontré ce qu'elle cherchait;
au lieu du repos intérieur qu'elle espérait, elle n'y
trouva que le trouble et une sorte de regret inconscient
de sa vie active. Sa santé s'affaiblissait de plus en plus;
malgré des dispenses souvent renouvelées, et qui touchaient même les abstinences du vendredi saint, elle
souffrait; se reconnaissant impropre au mode d'existence qu'elle avait rêvé, elle céda aux observations de
ses frères, abandonna la maison cloîtrée et reprit la
direction de son ouvroir. Sans qu'elle s'en doutât, elle
venait de mettre le pied sur la voie où son activité, sa
charité et sa foi allaient pouvoir s'exercer en toute plé-
nitude.

Elle demeurait alors dans la rue des Postes, qui est

aujourd'hui la rue Lhomond ; son appartement, assez
ample, était en quelque sorte une salle d'asile où elle
façonnait les jeunes filles à la vie laborieuse, œuvre
méritoire où elle me paraît avoir été encouragée et
patronnée par le docteur Ratier, qui était un homme
de bien dans la haute acception du terme. Médecin du
collège Rollin et du bureau de bienfaisance du XIIe arrondissement, alors l'un des plus pauvres de Paris [1],
il s'était pris de compassion pour les aveugles et
réunissait chaque jour chez lui, dans son petit
appartement de la rue de l'École Polytechnique,
huit garçonnets et quatre fillettes privés de la
vue, auxquels il donnait quelques éléments d'instruction ; il cherchait à leur occuper l'esprit et les
mains. Il avait ainsi créé une sorte d'asile dont
il supportait les charges et qu'il alimentait de
toute manière. Les enfants trop jeunes ou d'intelligence trop obtuse pour être admis à l'Institut des
Jeunes-Aveugles étaient certains de trouver un refuge
auprès de lui et d'être accueillis avec une paternité
prévoyante qui ne se démentit jamais. Est-ce lui
qui le premier engagea Anne Bergunion à recevoir
des jeunes filles aveugles dans son atelier de lingerie? Est-ce Anne, — Annette, comme on la nommait familièrement, — qui, poussée par l'ardeur de

1. Le XIIe arrondissement comprenait alors les quartiers Saint-
Jacques, Saint-Marcel, du Jardin du roi et de l'Observatoire.

346   LES SŒURS AVEUGLES DE SAINT-PAUL.

sa charité, leur ouvrit sa maison? Je ne sais; le point est douteux et je n'ai pu l'éclaircir.

Un incident, dont les conséquences ont été fécondes, fut le début des modifications qui donnèrent à l'ouvroir une importance capitale en le spécialisant. Le secrétaire de la Société de patronage des aveugles entendit parler de Mlle Bergunion, de son atelier, de la discipline maternelle qui y régnait et il pensa que là il pourrait trouver pour les infirmes dont il était le protecteur des conditions d'existence qu'il avait vainement cherchées ailleurs. L'Institut des Jeunes-Aveugles, administrativement rattaché au ministère de l'intérieur, accepte l'enfant vers l'âge de dix ans et, sauf des exceptions assez rares, le congédie lorsqu'il a atteint sa dix-huitième année. Dès lors les jeunes filles aveugles, adultes, munies d'un métier insuffisant, parfois sans famille, ne pouvant subvenir à leurs besoins, sont rejetées sur le pavé, où elles deviennent ce qu'elles peuvent, des mendiantes ou moins encore. La Société de patronage fait de son mieux pour les caser, pour les pourvoir d'une situation tolérable ou tolérée, mais bien souvent ses efforts sont infructueux et la pauvre infirme s'en va à tâtons dans la vie, tombant et ne se relevant plus, heureuse d'être admise aux Quinze-Vingts lorsqu'elle a dépassé l'âge de quarante ans. La charité animée par la foi pouvait seule s'employer à sauvegarder ces infortunées.

Ce fut un de mes anciens camarades de collège,

Édouard Pélicier, alors secrétaire adjoint de la Société de patronage, qui, accompagné de sa mère, se chargea de la négociation ; il la brusqua et amena deux filles aveugles chez Anne Bergunion avant même qu'elle eût définitivement répondu aux propositions qui lui étaient faites. — Je retrouve la date et les noms : Octobre 1850, Antoinette Moquiot et Amélie Pelle. — Elle devait loger, nourrir, entretenir chacune de ces malheureuses et leur enseigner à travailler, moyennant une pension annuelle de trois cents francs. La tâche était lourde et retombait en partie sur elle ; elle l'accepta ou la subit, sans deviner les difficultés qu'elle aurait à vaincre.

Bien des aveugles ne sont pas tout à fait maîtres d'eux-mêmes et ont, dans le caractère, des défauts qui résultent de leur infirmité. Beaucoup d'entre eux sont tourmentés par des souffrances indéfinies qui souvent se traduisent par des irrégularités d'humeur dont ils ne sont pas trop responsables. Le manque d'équilibre dans le système nerveux n'est point rare chez des êtres incomplets ; c'est là une maladie contre laquelle « la morale » est impuissante et que les observations ne guérissent pas. Lorsqu'un aveugle se complaît dans l'admiration de soi-même, lorsqu'il ment sans avoir un motif déterminant de fausser la vérité, on peut être certain qu'il est malade et que sa cécité se complique d'une de ces névroses qui, sans se manifester par des phénomènes extérieurs, impriment une certaine déviation aux facultés de l'esprit.

Comme parmi les voyants, il y a parmi les aveugles
des êtres atteints d'une vanité que rien ne justifie et
qui les rend désagréables dans le commerce de l'existence. Cette vanité est d'autant plus agressive, d'autant
plus susceptible, que l'aveugle est de basse extraction,
qu'aux jours de son enfance il a servi de jouet à des
camarades sans pitié, qu'il a été délaissé dans un coin
des étables et enfermé au logis pendant que les gars
allaient à « l'assemblée ». Il a été admis à l'Institut
des Jeunes-Aveugles, l'instruction qu'il y a reçue lui a
fait croire qu'il s'emparait de la science universelle;
ses parents rustiques se sont étonnés de sa sagacité et
ont admiré les connaissances qu'il avait acquises; il en
a conclu qu'il était doué de facultés exceptionnelles,
puisque sa cécité ne l'empêchait pas de s'approprier
des notions qui semblent être les privilèges de la vue.
Une telle opinion de soi-même suscite l'esprit de
révolte et engendre la paresse. Anne Bergunion en fit
l'expérience.

Il lui fallut plus que de la patience pour supporter
l'insupportable caractère des nouvelles pensionnaires,
qui, sous prétexte qu'elles étaient aveugles, se refu-
saient non seulement au travail, mais à toute occupation, s'ingéniaient en exigences inattendues et ne
voulaient recevoir de services que d'Annette elle-même.
Loin de prendre part aux exercices de piété, elles les
tournaient en dérision, et lorsqu'on appelait un prêtre
pour les morigéner, elles riaient et s'en allaient en

fredonnant une ariette. L'ouvroir s'était développé; trente-cinq fillettes l'occupaient et les deux aveugles devenaient un exemple dangereux. Ce fut à force de maternité qu'Anne Bergunion finit par pénétrer ces âmes récalcitrantes; par des soins de toute minute, par des cajoleries, des louanges dès qu'il n'y avait plus à blâmer, par une intarissable bonne humeur, elle les assouplit si bien, qu'elle leur confiait de jeunes enfants à instruire. Elle y avait mis le temps, mais rien ne l'avait découragée et elle avait réussi. « Quand la violence et la bonté jouent un royaume, a dit Shakespeare, c'est la joueuse la plus douce qui gagne. »

Six autres aveugles lui furent adressées par l'Institution, trois d'entre elles avaient été renvoyées avec la note « indomptable ». L'expérience n'était plus à faire, elle fut renouvelée avec les mêmes résultats. Un homme qui a connu Annette me disait : « Elle possédait le don suprême, elle attendrissait les cœurs. » Elle avait la prescience aussi, car elle avait deviné le parti qu'elle pouvait tirer de ses aveugles pour elles-mêmes et pour les autres. Les soins du ménage leur étaient dévolus; elles balayaient les dortoirs, retournaient les lits, faisaient la cuisine et les commissions; elles peignaient, débarbouillaient, habillaient les enfants de l'ouvroir; une d'elles les surveillait et leur donnait des leçons de couture : l'acuité de son ouïe était telle, qu'au bruit de l'aiguille glissant dans le linge elle redressait une erreur et faisait remarquer que le « point » était trop court ou trop long.

Malgré les prières du soir et du matin, malgré les instructions religieuses et l'explication du catéchisme qui ne chômaient pas, l'ouvroir était laïque, exclusivement laïque; les aveugles et les voyantes pouvaient avoir de la piété, mais rien de plus. Cependant l'idée de se réunir sous la même règle, sous le même costume, sous le même toit, hantait toujours l'esprit d'Anne Bergunion, qui sans doute pensait avec quelque regret aux couvents qu'elle avait traversés. Un jour qu'elle lisait la *Vie de Mlle de Lamourous* [1], elle arriva au passage où la fondatrice de la Miséricorde dit : « Avec une semaine de travail assuré, trois chambres, un écu de six livres en poche, on peut fonder une communauté; » elle proposa gaîment à ses pensionnaires de tenter l'essai. Elle riait ou feignait de rire, mais la pensée avait pénétré en elle et ne devait plus la quitter. Le projet se formulait peu à peu et prenait corps. Elle se disait : « Quand je ne serai plus de ce monde, que deviendront mes filles aveugles, qui en prendra soin, qui les aimera, qui sera leur mère? »

Sa charité ne raisonnait pas, son espérance l'emportait, sa foi repoussait les doutes. Elle voyait la maison

---

1. Mlle de Lamourous, née à Barsac le 1er novembre 1754, morte à Bordeaux le 14 septembre 1836, a fondé en 1801, sous le nom d'asile de *la Miséricorde*, un refuge pour les filles repenties et l'a soutenu en s'adressant à la charité privée. L'œuvre possède aujourd'hui quatre établissements : Cahors, Pian, Libourne et Bordeaux, où est la maison mère.

telle que son cœur ardent la concevait : d'un côté l'école et l'ouvroir, de l'autre la communauté; dans l'école, les petites filles; dans l'ouvroir, les jeunes filles, les adultes, les femmes âgées qui auront vieilli dans l'asile; à la communauté, les sœurs voyantes, et auprès d'elles les aveugles que la vie religieuse a attirées, qui ont pris l'habit, qui sont des mères à leur tour et qui transmettent leur science de la cécité aux infirmes. Clore dans une demeure faite exprès pour elles celles qu'un mal incurable a forcloses du monde, les recevoir dès la quatrième année et les garder jusqu'à l'heure de la mort; leur épargner les soucis, les périls de la vie et près d'elles remplacer, autant que possible, la Providence qui les a oubliées dans la distribution des biens naturels, c'était là un rêve dont son âme s'était emparée, qui paraissait presque impossible à réaliser, mais qui l'obsédait; sans cesse elle se répétait la phrase de Mlle de Lamourous : « Six francs, trois chambres, de l'ouvrage pour une semaine! »

Elle parla de son projet et se vit approuvée. Ce fut en dehors du monde religieux qu'elle rencontra les plus vifs encouragements, dans la personne du docteur Ratier, qui allait souvent à l'ouvroir visiter les enfants malades et leur donnait quelques leçons de français et d'histoire d'après la méthode Jacotot, dont il était partisan[1]. Il mit Anne Bergunion en rapport avec l'abbé

---

1. Le docteur Félix-Severin Ratier était né à Paris en 1797; il y est mort le 8 février 1866.

de La Bouillerie, qui était alors vicaire général du diocèse de Paris et qui décida Mgr Sibour à visiter, au mois de mai 1852, l'atelier de la rue des Postes, où travaillaient les aveugles mêlées aux voyantes. Cette visite paraît avoir définitivement déterminé la vocation d'Annette, car c'est après l'avoir reçue qu'elle formule un règlement de vie religieuse et qu'elle adopte un costume noir se rapprochant de celui des ordres monastiques.

L'ouvroir devenait trop restreint pour le nombre d'ouvrières voyantes qui s'y pressaient; on se transporta à Vaugirard, le 25 janvier 1853, dans une maison assez vaste, qui fut le véritable berceau de l'œuvre, car c'est là que, le 12 mai de la même année, l'abbé de La Bouillerie vint donner l'habit, c'est-à-dire le costume religieux, à Anne Bergunion et à douze de ses « enfants », parmi lesquelles sept étaient aveugles. La communauté des Sœurs de Saint-Paul venait de prendre naissance. Une communauté qui n'a pas d'aumônier, cela ressemble à une compagnie de soldats qui n'a pas de capitaine; les prêtres, qui, deux fois par semaine, venaient célébrer la messe ou recevoir la confession, se récusaient et faisaient comprendre qu'ils n'allaient pas tarder à cesser un service que leur règle n'autorisait pas explicitement. La communauté était pauvre et ne pouvait rémunérer que d'une façon dérisoire les soins quotidiens qu'elle était en droit d'attendre d'un ecclésiastique spécialement attaché à la maison.

La vacance menaçait de se prolonger, et, sans désespérer, on commençait à craindre que la chapelle ne fût trop désertée, lorsque l'abbé Juge, qui revenait de Rome, où il avait accompagné l'évêque de Chalcédoine, se présenta. Anne Bergunion, devenue la révérende mère supérieure, ne dissimula rien des difficultés au milieu desquelles l'œuvre se mouvait; elle étala sa pauvreté, montra les privations de toute sorte qu'il fallait subir; elle promit à l'abbé beaucoup de peine et une rétribution insuffisante. Cela ne le rebuta pas; il vit s'ouvrir devant lui une existence de sacrifices et de dévouement; il y entra sans hésiter, et, le 20 novembre 1853, il fut solennellement installé en qualité d'aumônier de la communauté; il en a été l'âme, et l'on peut dire qu'après Anne Bergunion il en fut le fondateur. Son désintéressement fut extrême; il refusa les honoraires qu'on lui offrait, les réservant à l'ornement de la chapelle et à l'entretien d'une aveugle. Il s'était épris de l'œuvre; il s'y consacra tout entier et il s'y consacrerait encore si l'âge n'avait affaibli ses facultés sans modérer sa foi.

On ne put rester à Vaugirard, la maison était humide, le loyer coûteux, les demandes d'admission se multipliaient : on émigra. Il est rare qu'une communauté se développe là même où elle est née; semblable à l'homme, elle est forcée d'abandonner son berceau et d'aller chercher ailleurs l'ampleur nécessaire à ses destinées. Dans l'espoir de trouver la vie à bon marché

et le repos, on s'éloigna de Paris et les prévisions
furent mises en défaut, car c'est seulement dans les
centres très peuplés qne les œuvres soutenues par la
charité privée peuvent subsister. L'économie que l'existence à la campagne produit dans les dépenses quotidiennes est peu de chose en comparaison des défaillances de l'aumône résultant du petit nombre de
personnes vers lesquelles on peut tendre la main avec
la certitude de ne pas être repoussé. Quand on ne vit
que d'offrandes, il faut vivre dans les milieux riches.
On le reconnut, mais tardivement, lorsque, après avoir
quitté Vaugirard, on se fut transporté à Bourg-la-
Reine, dans un domaine appelé le château de Henri IV
et que l'abbé Juge avait, en grande partie, payé à l'aide
de sa fortune personnelle. Le terrain était vaste, mais
la maison d'habitation était petite et il me paraît que
l'on éprouva quelques difficultés à s'y établir.

Lorsque l'on déménagea, au mois de novembre 1855,
on s'était trop hâté ; dans la nouvelle demeure, il n'y
avait ni chapelle, ni réfectoire, ni salle pour la communauté ; faute de tables, on travaillait sur les genoux, et, pour tout ameublement, on ne possédait que
quelques bancs en bois. La première année fut pénible,
d'autant plus qu'Annette, malade de fatigue, contrainte de rester au lit, ne pouvait exercer qu'une surveillance intermittente sur ses sœurs, ses ouvrières et
ses élèves. Ce n'eût été que demi-mal, on se serait
accommodé d'un logis insuffisant, mais on s'aperçut

que l'on était trop loin de Paris, trop loin de la bourse
charitable où les malheureux vont puiser et l'on constata que les aumônes diminuaient dans des proportions inquiétantes. Depuis deux ans, l'on était à
Bourg-la-Reine et déjà l'on avait à lutter contre des
nécessités qui imposaient un nouveau déplacement et
forçaient à revenir vers Paris, que l'on n'aurait jamais
dû quitter.

Comment trouver un terrain dans cette grande ville
où le mètre carré coûte plus cher que l'arpent de campagne? La difficulté ne fut ni prompte, ni facile à
résoudre; on n'avait guère d'argent comptant, et il
fallait découvrir un propriétaire confiant qui se contenterait de payements successifs, dont les longues
échéances n'auraient d'autre garantie que celle de
l'endos de la charité. Longtemps on hésita; des négo-
ciations furent entamées, rompues, reprises et enfin on
parvint, après des difficultés sans nombre, à se rendre
acquéreur d'un terrain appartenant à l'Infirmerie de
Marie-Thérèse, que Mme de Chateaubriand a fondée
aux premiers jours de la Restauration et où l'on fabri-
quait un chocolat que la duchesse d'Angoulême préfé-
rait à tout autre. Dans ce vaste terrain, bien planté,
où l'on voyait quelques cèdres dont Chateaubriand
avait, dit-on, recueilli les graines dans le Liban,
auprès d'Éden, il eût fallu construire un asile approprié aux filles aveugles et élever des bâtiments pour
loger la communauté. L'argent est le nerf de la guerre,

c'est aussi le nerf de la charité. On en manquait ; on emprunta, on hypothéqua la bienfaisance ; mais on dut modifier les plans primitifs et se réduire à l'indispensable, c'est-à-dire à l'érection de deux pavillons, qui, agrandissant une petite maison, permettraient une installation provisoire et donneraient le temps d'attendre des jours moins dénués.

La communauté se divisa : la majeure partie des religieuses et toutes les aveugles continuèrent à habiter Bourg-la-Reine, tandis qu'Annette, accompagnée de trois postulantes, s'installait dans la maison de Paris, afin de surveiller les constructions commencées et d'activer le travail des ouvriers. Pour elle, pour l'abbé Juge, ce fut une période de fatigues excessives, car il fallait incessamment faire, comme l'on dit, la navette entre Bourg-la-Reine et Paris, et l'on était trop pauvre pour prendre des voitures. Enfin, le 11 novembre 1858, les deux sections de la communauté se réunirent pour ne plus se séparer ; les religieuses et leurs aveugles prirent possession de leur nouvelle demeure.

Plus heureuse que bien d'autres, Anne Bergunion avait saisi son rêve : elle avait fondé une communauté et ouvert un asile aux aveugles : l'une pouvait se recruter par l'autre. La petite fille, à jamais privée de la lumière, que l'on avait arrachée à la mendicité, que l'on avait élevée, instruite, fortifiée moralement et physiquement, pouvait, si quelque vocation la sollicitait, quitter l'ouvroir, entrer au noviciat, adopter la vie religieuse et se consacrer, à son tour, aux enfants frappées de cécité, comme on s'était consacré à elle. Il était ainsi facile de rendre le bien que l'on avait reçu, la gratitude s'exerçait d'elle-même; entre les religieuses et les aveugles il y avait, en quelque sorte, un bienfait qui circulait sans cesse, allant des unes aux autres et les réunissant par un lien indissoluble.

Annette avait abandonné son nom du monde : elle était devenue la sœur Saint-Paul, Mme la Supérieure, selon la formule officielle; mais, pour ses religieuses, pour ses aveugles, elle était ce qu'elle avait toujours été : la Mère. C'était une femme lourde, d'apparence un peu molle, que l'anémie, augmentée par les labeurs et les privations, semblait avoir bouffie; ses cheveux blonds disparus sous la coiffe blanche, ses yeux bleus d'expression très douce, la pâleur mate de son visage indiquaient une faiblesse constitutive contre laquelle la vigueur de l'âme réagissait. Elle aimait son œuvre, elle y croyait, et avait marché à travers tant d'obstacles qu'elle ne les comptait plus. Elle ressentait pour ses aveugles une passion qu'elle a communiquée à la communauté; l'impulsion ne s'est point ralentie; la parole qu'elle répétait sans relâche résonne encore : « Mes filles, nous sommes les servantes de la cécité. »

Elle ne devait pas jouir longtemps du fruit de ses efforts. Elle ne s'était point ménagée; elle n'avait écouté ni les conseils du médecin, ni les avertissements d'une santé qui s'affaiblissait progressivement; à force

de s'être surmenée, elle fut contrainte de s'arrêter :
« la machine » ne fonctionnait plus. Dès le mois de
mai 1863, une toux sèche et persistante, des « étouf-
fements » fréquents indiquèrent une maladie organique, sur la gravité de laquelle il était difficile de se
faire illusion. Dans le but de rétablir sa santé et même
de la recouvrer, la mère Saint-Paul fit deux voyages
qui n'eurent pas le résultat qu'elle en avait espéré.
Elle comprit que son heure était proche et ne songea
plus qu'à pourvoir à la direction disciplinaire de la
maison qu'elle allait abandonner pour toujours. Elle
désigna elle-même l'assistante, les officières principales
et fit élire la supérieure qui devait lui succéder pour
conduire le petit troupeau aveugle qu'elle avait guidé
avec tant d'amour. Le 9 septembre 1863, assise dans
un fauteuil, car son oppression était telle qu'elle ne
pouvait rester couchée, elle mourut entourée de sa
communauté. Son souvenir est demeuré vivant; des
sœurs non voyantes, qui ont franchi avec elle les étapes
de la rue des Postes, de Vaugirard, de Bourg-la-Reine
m'en ont parlé avec l'émotion qu'inspire une tendresse
persistante.

La mort n'a touché que la première supérieure, elle
en a respecté l'œuvre, qui s'est dilatée lentement, mais
avec une continuité qu'expliquent les services rendus
aux déshéritées de la lumière. L'accroissement, qui
se faisait en quelque sorte normalement pendant les
dernières années du second empire, a subi un temps

d'arrêt au moment de la guerre. A la fin de 1870, les aumônes furent subitement taries; le ravitaillement de la maison était très difficile, on en était réduit aux portions rationnées, et, sans quelques provisions de légumes secs emmagasinés dans les caves, on serait tombé de disette en famine. Dès que les troupes allemandes se furent rapprochées de Paris, les sœurs de Saint-Paul installèrent une ambulance dans toutes les pièces dont elles purent retirer les aveugles et les religieuses; on tassa les enfants dans les dortoirs, la communauté se réfugia sous les combles. On établit une infirmerie où purent trouver place soixante-trois soldats blessés que soignaient dix-huit sœurs. Sur le pignon le plus élevé on avait hissé le pavillon blanc à croix rouge, emblème de la convention de Genève, qui impose aux belligérants le respect des hôpitaux et neutralise les ambulances. Hélas! les obus aussi sont aveugles. Trois projectiles frappèrent la maison doublement sacrée et en effondrèrent le toit, car elle était sur la trajectoire des énormes boulets qui cherchaient le dôme du Panthéon et l'atteignirent.

Lorsque, après la capitulation, les portes de Paris eurent été rouvertes, les sœurs de Saint-Paul, les aveugles, les blessés recueillis dans la maison purent se refaire un peu et substituer un « ordinaire » réconfortant à la nourriture insuffisante et malsaine dont, pendant ces longs mois d'angoisse, on avait réussi à se soutenir. On espérait des jours moins pénibles, mais on avait compté sans la Commune, qui s'était préparée pendant le siège, et qui éclata le 18 mars. Les avanies ne furent point épargnées à la maison des aveugles; on y fit des perquisitions, on y chercha, comme ailleurs, le souterrain, le fameux souterrain que l'on ne découvrit là pas plus qu'au séminaire de Saint-Sulpice, à Saint-Lazare, au ministère de la marine, au palais des Tuileries ou au puits de Grenelle. L'ambulance contenait encore vingt-cinq blessés, qui ne se hâtaient point de sortir, et que les sœurs ne se pressaient pas de renvoyer; elles voyaient en eux une sauvegarde qui protégeait l'asile où les petites filles tremblaient de peur.

Le 18 mai, la maison fut envahie par une troupe de fédérés : « Allons, les nonnes, il faut déguerpir! » Les pauvres religieuses essayaient d'éluder l'ordre; les blessés réclamaient, les enfants pleuraient ; on les mit à la porte, la crosse du fusil au dos ; les femmes du quartier injuriaient les fédérés en les traitant de « sans cœur » s'emparèrent des sœurs, les emmenèrent, les cachèrent et en prirent soin. L'abbé Juge fut moins heureux; c'était « un curé, bon pour être collé au mur ». Il fut conduit à la Sûreté générale, où Théophile Ferré tenait ses grandes assises, incarcéré au Dépôt, transféré à Mazas, et enfin transporté à la Grande-Roquette. Par bonheur, il fut enfermé dans la troisième section, dont les détenus, encouragés par les surveillants Pinet et Bourguignon, se barricadèrent, résistèrent et furent sauvés, ainsi que je l'ai raconté ailleurs [1]. Si l'abbé Juge avait été mis en cellule dans la quatrième section, il eût probablement partagé le sort de l'archevêque de Paris, du président Bonjean, de l'abbé Deguerry, des pères Clerc, Allard et Ducoudray.

Le vendredi 26 mai, les sœurs de Saint-Paul revinrent dans leur maison, où les soldats blessés avaient pris soin des petites aveugles; elles la retrouvèrent saccagée, souillée, vidée; en face, les bâtiments du Bon-Pasteur flambaient et l'on apprenait qu'il s'en était fallu de peu que l'Observatoire ne fût incendié. Le lendemain, le bruit se répandit que les otages avaient été massacrés à la Grande-Roquette et dans la rue Haxo. Nul doute que l'abbé Juge ne fût parmi les morts; le dimanche matin, la supérieure et l'assistante se préparaient à gravir les hauteurs de Belleville, afin d'aller reconnaître le cadavre de leur aumônier, lorsqu'un soldat arriva portant une carte de visite sur laquelle l'abbé Juge avait écrit: « Je suis sauvé! » Ce fut un élan de joie; la supérieure courait dans la maison, en criant: « Il n'est pas mort! il n'est pas mort! » Le soldat, messager de la bonne nouvelle, fit un déjeuner dont il a dû garder souvenir. L'abbé Juge rentra le jour même dans la communauté, qu'il avait failli ne plus revoir. Il ne lui fallut pas de longues vérifications pour reconnaître que le siège et la Commune avaient ruiné la maison : le siège avait épuisé les réserves; la Commune

---

1. Voir *les Convulsions de Paris*. Tome I : *les Prisons pendant la Commune*; chap. VIII : La Grande Roquette; VI : *La révolte des otages*.

avait brisé les meubles, les portes, les fenêtres, elle
avait ravagé la chapelle et défoncé jusqu'au dernier
quartaut de bière.

Ce ne fut pas le seul désastre dont souffrit la communauté, qui ne s'est relevée qu'à force d'énergie et
que l'on n'a soutenue qu'à force de charité. La préfecture de la Seine avait apprécié l'œuvre et lui venait en
aide, car il y a quelque utilité à faire acte de maternité envers les petites filles aveugles, à les moraliser,
à leur ouvrir l'intelligence et à les empêcher de tendre
la main au coin des bornes. L'œuvre des sœurs de Saint-
Paul recevait donc des encouragements qui se tradui-
saient par une subvention dont le chiffre a varié de
4000 à 1500, à 3000 francs, et enfin à 1300 francs.
En 1876, toute subvention fut supprimée. On ne congédia pas une seule aveugle, mais on redoubla d'économie, afin de maintenir en bon ordre la maison que
nous allons visiter.

II. — LA COMMUNAUTÉ ET L'OUVROIR.

Via inferior. — Le voisinage. — Maison de Chateaubriand. — Les sœurs aveugles. — Les cellules. — Le noviciat. — Les conceptions aveugles et le langage voyant. — La cave-réfectoire. — L'anémie. — L'atelier. — Les formes de la cécité. — Aveugles-nées. — Le pinson. — Le coq. — Le coup de fusil. — Sœur Marie-Émilie. — Une mère folle. — Les yeux arrachés. — La mort de Marie-Émilie. — Le chœur d'Œdipe roi. — Le bruit. — La musique. — Une ancienne virtuose. — La rime de triomphe. — Le tricot. — Rémunération dérisoire. — Impossibilité pour la femme aveugle de subvenir à ses besoins. — Le filet. — Le tour. — Les chômages. — Le travail. — Professeur de musique. — Tricotons !

La maison s'élève au numéro 88 de la rue Denfert-Rochereau ; sous ce sobriquet, les étymologistes auront quelque peine à retrouver la *via inferior* parallèle à la rue Saint-Jacques, qui était la *via superior.* Passons ; lorsqu'un conseil municipal se borne à être facétieux en ce temps-ci, il faut applaudir. La maison est située entre l'infirmerie de Marie-Thérèse, qui reçoit de vieux prêtres infirmes, et l'hospice des Enfants-Assistés, où les commissaires de police font porter les pauvres petits abandonnés de leur mère que l'on découvre au pied du bénitier des églises et sous les portes cochères ; en face, on aperçoit les bâtiments du Bon-Pasteur, où sont recueillies les malheureuses que la foi enlève aux lits contagieux de Saint-Lazare et de Lourcine. Dans cet espace restreint on voit d'un coup d'œil les prodiges de la charité et quelles épaves elle recherche : l'enfance délaissée, la perversité contaminée, la vieillesse affaiblie, le mal des ténèbres.

Entre deux pavillons de bonne apparence, une avant-cour est close entre deux portes de fer, cour étroite, un peu triste, divisée par une barrière en bois plein qui sépare la communauté de l'ouvroir et des classes. A gauche, une maison sans élégance, en plâtre, munie de portes-fenêtres s'appuyant sur un perron de trois marches, est la maison qu'habita Chateaubriand, lorsque, après la révolution de juillet, fatigué des autres et de lui-même, il se retira dans une retraite où il espérait éviter la curiosité des hommes et fuir les bruits du monde. Ce n'est pas là qu'il mourut, mais c'est là que, le 20 juin 1832, le gouvernement de Louis-Philippe le fit arrêter. L'avant-corps de la chapelle et la sacristie ont été empruntés au salon et à la bibliothèque de Mme de Chateaubriand. Il est bien que la foi des sœurs aveugles de Saint-Paul soit à l'œuvre dans la demeure de l'auteur du *Génie du christianisme*.

Les parloirs des maisons religieuses se ressemblent tous; qui en a vu un les connaît. C'est luisant et froid; le parquet est dangereusement ciré; devant chaque siège il y a un petit tapis, quelques médiocres estampes de sainteté pendent aux murs dans des cadres noirs; ça sent la province d'autrefois. La propreté est le seul luxe des pauvres; on est luxueux chez les Sœurs de Saint-Paul. La communauté se compose aujourd'hui de cinquante-neuf religieuses, dont vingt sont aveugles,

qui, pour la plupart, ont été élevées dans la maison.
Je les ai regardées avec intérêt, dans la robe noire à
larges plis, sous la coiffe blanche, avec leur visage
impassible où la cécité semble avoir aboli toute expression; je les ai vues glisser discrètement dans les couloirs, pousser machinalement la barrière qui protège
l'entrée des escaliers à chaque étage, marcher droit
devant elles, tendant le front en avant pour sentir les
obstacles à distance, ne quittant point le tricot dont
elles agitent les aiguilles et s'arrêtant avec surprise
dès qu'elles entendaient ma voix, qu'elles ne connaissaient pas. La perspicacité de l'ouïe est extraordinaire
et leur fournit des indications dont un voyant est stupéfait. J'ai dit à une sœur aveugle : « Quel âge me
donnez-vous ? » Sans hésiter, elle a répondu : « Vous
avez dépassé soixante ans. » Elle a raison, je n'en puis
douter.

J'ai parcouru d'abord la partie de la maison qui est
réservée aux religieuses : c'est d'une extrême sécheresse.
Sans les hautes fenêtres qui s'ouvrent sur les jardins de
Marie-Thérèse, on se croirait dans les cellules de la
Conciergerie, tant les chambrettes où les sœurs dorment isolées sont démeublées et d'espace restreint.
Auprès du lit, une chaise en bois, une petite table,
une image collée au mur peint en jaune, et c'est tout.
Dans une des cellules, j'aperçois une couchette supplémentaire; elle est réservée à une fillette de cinq ou
six ans, aveugle, choréique, gâteuse, et qui jour et

et nuit exige des soins; on l'a donnée en garde à l'une des sœurs voyantes, qui la fait dormir à côté de son lit, afin de pouvoir veiller constamment sur elle.

Le noviciat est une large pièce bien éclairée, découvrant d'un côté les cyprès du cimetière Montparnasse et de l'autre les lugubres bâtiments où vagissent les enfants trouvés. Des voyantes et des non-voyantes sont réunies ensemble; elles s'initient aux pratiques austères du mode d'existence qu'elles vont adopter, mais elles font surtout l'apprentissage des fonctions patientes et prévoyantes qu'elles auront à exercer auprès des aveugles; elles sont obligées, en quelque sorte, de spécialiser leur foi et de diriger leur charité vers un but déterminé. Il y a là toute une éducation à faire, et les meilleures institutrices sont les sœurs aveugles qui ont vieilli dans la maison, qui connaissent par une expérience déjà longue les besoins, les mystères de la cécité, et qui savent que l'obscurité permanente résultant de l'infirmité modifie les sensations et donne parfois à la génération des idées une cause que les voyants ne soupçonnent pas.

Quelque effort que fasse un voyant, quelle que soit l'intelligence qu'il développe, il lui est très difficile de comprendre la forme que revêtent les conceptions d'un aveugle. Le langage est le même et n'exprime point le même ordre d'idées : voir et toucher, pour l'aveugle, c'est tout un, et pour lui la beauté consiste dans la pureté des sons. Il y a donc là une interversion de l'action des sens qui déroute au prime abord et auquel on ne s'accoutume que par une lente pratique. Dans le noviciat, la double éducation se fait pour ainsi dire d'elle-même, par le contact permanent, par la vie commune ; les voyantes apprennent à penser aveugle, et les aveugles apprennent à penser voyant ; il en résulte que les valides interprètent ou plutôt devinent les infirmes avec facilité et qu'elles deviennent sans trop de peine, ce que la mère Saint-Paul a voulu qu'elles fussent : les servantes de la cécité. Du reste, dans la maison, tout a été prévu en faveur des aveugles : les angles saillants sont adoucis, les tables sont arrondies et je ne serais pas étonné que certains cadres accrochés aux murailles des couloirs fussent moins des ornements de piété que des points de repère.

Je n'ai pu réprimer un mouvement de surprise en pénétrant dans le réfectoire de la communauté ; c'est une cave recevant le jour par des soupiraux et dont les murs sont à peine recrépis. Des dalles suintant l'humidité revêtent le sol et exhalent une vague odeur de moisissure ; cela est bon pour y gerber des tonneaux, ou y empiler des bûches, mais il est inhumain d'y réunir des femmes, ne fût-ce que pour le temps rapide des repas et de les exposer à une froide atmosphère que n'attiédissent ni poêle ni cheminée. Dans toutes les « clôtures » que j'ai ouvertes et où j'ai regardé, j'ai vu que les religieuses des œuvres secourables semblaient rivaliser de zèle pour ne se point

ménager et j'ai pensé, sans parvenir à faire partager
mon opinion, qu'à force de se malmener sans nécessité, elles s'affaiblissaient au détriment de la mission
qu'elles ont recherchée et qui doit ouvrir les horizons
qu'elles entrevoient. Le sacrifice de soi-même à la
souffrance est suffisant, il est inutile de se faire souffrir, et il faut savoir se conserver intact pour ne point
faillir à sa tâche. J'ai dit cela aux Petites Sœurs des
Pauvres, aux Dames de Marie Auxiliatrice, je l'ai répété aux Sœurs de Saint-Paul ; toutes m'ont répondu :
« Nous sommes gaies, bien portantes, vigoureuses ;
nous trouvons notre lit excellent et notre réfectoire
irréprochable. »

Entre le réfectoire et le cellier je ne vois point de
différence ; dans l'un, il y a des tables, dans l'autre
des tonneaux de bière brassée à la maison même, qui
n'est pas assez riche pour donner du vin à ses filles
aveugles, dont la vigne cependant combattrait l'anémie
plus victorieusement que le houblon ; il est rare que
l'aveugle-né ne soit pas atteint de quelque scrofule ; la
pâleur du visage, la mollesse des muscles, la décolo-
ration des gencives l'indiquent ; le sang est « pauvre »
chez la plupart de ces malheureuses et il faudrait les
refaire à l'aide d'une alimentation très substantielle et
assez variée pour éviter les dégoûts d'estomac si fréquents chez les jeunes filles. On le sait bien chez les
Sœurs de Saint-Paul et l'on y fait de son mieux ; mais
on a beau se refuser à toute dépense qui n'est pas

urgente, on a beau laisser la chapelle dans un état de simplicité touchant, on a, comme disent les ménagères, grand'peine à joindre les deux bouts. Il est si dur de rejeter aux hasards du pavé une petite infirme qui demande à entrer ; on la reçoit, on lui fait place ; alors il faut se tasser à la classe, au dortoir et aussi à la salle à manger, car ce qui importe avant tout, c'est de la sauver en lui donnant asile.

Sauf deux parloirs, qui sont les pièces d'apparat, la communauté a gardé pour elle les logements les moins confortables et a réservé aux aveugles les larges salles où la circulation est facile, où les mouvements sont sans contrainte. Après avoir franchi la porte qui sépare la maison religieuse de la maison de la cécité et avoir traversé une sorte de grand préau planté d'arbres, je suis entré dans l'ouvroir, qui est situé au rez-de-chaussée. Une vingtaine d'ouvrières âgées de vingt-cinq à cinquante ans se sont levées en entendant retentir un pas inconnu. Le spectacle est lamentable ; les physionomies semblent éteintes, la lumière n'y est pas ; des yeux, point de regard ; rien ne réchauffe la pâleur terreuse des visages, et néanmoins sur toutes les figures une sorte d'attention inquiète, comme si l'on était troublé par une présence que l'on n'a pas encore pu définir ou deviner.

La diversité des formes de la cécité est extrême. Il y a des yeux que l'amaurose a paralysés, qui sont limpides, paraissent vivants, qui pourtant sont morts et

jamais plus n'exprimeront la joie ou la tristesse ; ils
restent fixes, car l'aveugle que l'on interroge tend
l'oreille par un geste imperceptible, mais ne fait
point mouvoir son œil. D'autres, saillants, laiteux,
mal contenus dans des paupières larmoyantes, ressemblent à ces billes de verre blanchâtre dont les
enfants se servent pour jouer à la poussette ; d'autres,
au contraire, sont presque invisibles et ne montrent
qu'un filet sanguinolent entre les deux paupières réunies. Chez quelques-unes de ces malheureuses les paupières demeurent toujours immobiles ; chez quelques
autres elles s'agitent perpétuellement, comme les ailes
d'un oiseau effarouché. Nulle coquetterie dans l'arran-
gement des cheveux, dans la pose de la tête, dans l'attitude du corps ; celles qui sont là, enfermées dans les
ténèbres, ignorent les ressources des grâces féminines,
car, sous ce rapport, l'ouïe et le toucher ne leur apprennent rien. En revanche, leur propreté est extrême ;
l'aveugle bien élevé ne peut supporter sur ses vêtements un grain de poussière ou une goutte d'eau, la
délicatesse de son tact en est blessée et il en éprouve
un véritable malaise.

La plupart sont des aveugles-nées ou, du moins,
sont devenues aveugles si jeunes, à la suite d'ophtal-
mies ou de maladies confluentes, qu'elles n'ont conservé aucun souvenir de la lumière. Pour elles, le
soleil est brillant, non point parce qu'il brille, mais
parce qu'il est chaud. Quelques-unes sont là, parmi

les pensionnaires ou parmi les religieuses, qu'un accident ou une action criminelle a frappées de cécité
complète. En voici une dont les deux yeux sont pour
ainsi dire enlevés ; les paupières semblent se clore sur
le vide. Lorsqu'elle était toute petite fille, elle possédait un pinson apprivoisé qui était le plus charmant
oiseau du monde ; la nuit, il dormait dans sa cage,
mais tout le jour il était près de sa jeune maîtresse,
tantôt sur la tête, tantôt sur l'épaule ; il buvait au même
verre qu'elle et lui prenait la becquée sur les lèvres.
On s'extasiait surtout lorsque, voletant à hauteur du
visage et faisant « le Saint-Esprit » comme la bécas-
sine en la saison printanière, il se maintenait en l'air
à la même place en battant des ailes. Un jour, les yeux
de l'enfant l'attirèrent, il y voulut goûter et les creva.

En voilà une autre qui avait un coq familier ; elle
le prenait dans ses petits bras, le berçait, le dorlotait,
l'adorait ; quand la fillette parlait, le coq chantait ;
tous deux se comprenaient, jusqu'à l'heure ou le coq,
se jetant sur le visage de l'enfant, lui arracha les deux
yeux en deux coups de bec. Que les mères méditent
ceci et qu'elles se rappellent que, si doux que soit un
animal, il peut, sous l'influence d'une impulsion
que nous ne définissons pas, devenir dangereux. Au
temps de ma première enfance, j'ai failli être aveuglé
par un perdreau privé que l'on appelait Caillard,
qui venait à la voix de ma mère et la suivait. On
tordit sans délai le cou à Caillard, et quand il eut

suffisamment « attendu », on le mit à la broche.

J'ai regardé une femme dont les yeux sont blancs :
un cercle à peine ombré dessine le contour de l'iris ;
elle paraît avoir une cinquantaine d'années ; le visage
est jaunâtre et, sur le front bombé, des cheveux bruns
sont traversés par quelques fils d'argent ; la bouche a
une expression triste et presque amère ; le corps est
maigre et osseux ; la saillie des poignets est excessive ;
les doigts noueux sont agiles en manœuvrant les
aiguilles à tricoter. A-t-elle été jolie ? On le prétend,
il n'en reste plus trace. Elle avait vingt-trois ans et
était cherchée en mariage par un garçon dont elle ne
voulait pas. Il insistait, elle maintenait son refus. Un
soir, il vint la trouver le fusil sur l'épaule : « Veux-tu
m'épouser, oui ou non ? — Non ! » Il se recula,
épaula et fit feu. Toute la charge de plomb de chasse
n° 8 frappa le haut du visage. Lorsqu'on eut ramassé
la malheureuse, que l'on eut épongé le sang dont elle
était inondée, on reconnut qu'elle était aveugle et
que pour toujours elle était entrée dans la nuit. Devant
la cour d'assises, le garçon ne se démentit pas : « Elle
a beau être aveugle, je l'épouse tout de même si elle
veut. » La pauvre fille ne jugea pas à propos d'accorder une main demandée de la sorte ; elle vint trouver
les sœurs de Saint-Paul, et depuis vingt-cinq ans elle ne
les a pas quittées. Elle est dans la maison, elle y restera, elle y mourra et n'y fera point profession, car la
vie religieuse ne la sollicite pas.

Elle ne ressemble point, sous ce rapport du moins, à une sœur Marie-Émilie, dont on a conservé le souvenir et dont l'aventure fut terrible. C'était la fille d'une paysanne d'Avallon. Sa mère, qui me semble avoir été atteinte d'hystéro-mélancolie avec impulsions irrésistibles, la haïssait et la maltraitait jusqu'aux tortures. Au mois d'août 1842, la fillette, âgée de quatorze ans, alla passer quelques jours à Étrée, comme le Petit Chaperon rouge, chez sa mère-grand, et en revint toute glorieuse avec un beau bonnet et une robe neuve qu'on lui avait donnés. Lorsqu'elle rentra au logis, sa mère l'accueillit par une paire de soufflets, lui arracha son bonnet, sa robe, ferma la porte d'un tour de clé, et se mit à aiguiser un couteau. La petite fille s'était blottie dans un coin. La mère la prit, lui plaça la tête entre ses genoux, lui dit: « Tu ne me regarderas plus avec tes yeux si doux, » et de la pointe de son couteau lui vida les orbites comme on vide une noix. Aux cris de l'enfant, des voisins accoururent, enfoncèrent la porte et arrachèrent la pauvre petite à la furie, qui se débattait en criant : « Je veux lui manger le cœur! » L'instruction démontra que la mère — Barbe Bonin — était folle ; une ordonnance de non-lieu rendue le 23 janvier 1843 arrêta la procédure criminelle ; la malheureuse fut transportée à l'asile des aliénés d'Auxerre, où elle s'étrangla.

L'enfant que les coups de couteau avaient aveuglée

resta longtemps à l'hôpital ; après la cicatrisation de
ses blessures, elle fut admise à l'Institut des Jeunes-
Aveugles, à Paris. Elle y resta jusqu'à dix-huit ans,
retourna dans son pays, y chercha vainement à gagner
sa subsistance et vint raconter son histoire à Anne
Bergunion, qui l'accueillit à bras ouverts. La nouvelle
pensionnaire était un modèle de résignation ; entraî-
née par son bon cœur, elle se consacra aux autres et
ne tarda pas à devenir sœur Marie-Émilie. Elle mourut
à l'âge de trente et un ans ; on a conservé la date de
sa mort : 16 septembre 1859. Lorsqu'elle sentit que
la vie l'abandonnait, elle réunit la communauté autour d'elle et parla. Avec cette étrange lucidité qui parfois éclate à la dernière heure, elle expliqua le caractère particulier des aveugles, enseigna de quels soins
il convient de les entourer, et supplia ses sœurs en
religion de se dévouer plus que jamais, plus encore
que par le passé, s'il était possible, au soulagement
des infirmes qu'elles avaient adoptées. Une vieille
religieuse aveugle, qui fut la compagne, l'amie de
Marie-Émilie, me raconta cette histoire en pleurant.
Je lui ai demandé : « Avez-vous souvent regretté d'avoir
perdu la vue ? » Elle répondit : « Depuis que je suis
ici, jamais ! — Alors vous êtes heureuse ? — Très
heureuse. » Je me suis rappelé les paroles du chœur
dans *Œdipe roi :* « Quel homme a connu d'autre
bonheur que celui de se croire heureux ? »

Dans l'ouvroir, on n'est pas silencieux ; cela est

bien, car la parole est nécessaire à l'aveugle comme la clarté aux voyants ; pour lui, le silence, c'est la nuit ; le bruit, c'est la lumière : à l'Institut des Jeunes-Aveugles, le cachot de punition, le cachot noir, est une cellule où nul bruit ne peut parvenir. La musique est la passion favorite de ces malheureuses ; quelques-unes y excellent ; leur oreille a des délicatesses raffinées ; à la moindre note douteuse, on voit tous les visages se contracter. Une d'elles s'est mise au piano, une de ses compagnes s'est assise auprès d'elle avec un accordéon, qui était assez harmonieux ; le piano faisait l'accompagnement, l'accordéon chantait. Que chantait-il ? Un air dont certainement on ignorait les paroles dans la maison des Sœurs de Saint-Paul, l'air *di bravura*, de la *Favorite :*

> Léonore, mon amour brave
> L'univers et Dieu pour toi !

Cela sentait un peu le fagot.

Une femme, âgée d'environ trente-cinq ans, s'est à son tour approchée du piano : la figure est pâle, assez distinguée, de traits fins, déparée par deux yeux bleuâtres qui remontent sous la paupière supérieure. Elle a chanté une sorte de fandango qui avait des prétentions à la gaieté et qui devenait lugubre en passant sur deux lèvres décolorées qu'attristait un sourire de convention dont le visage ne s'animait pas. La voix est juste, faible et surtout fatiguée. Après chaque couplet, il y

avait un léger mouvement de la tête, comme pour
saluer un public dont on espérait les applaudissements.
La pauvre fille est une virtuose déchue. Elle a été
traînée de ville en ville; elle a « fait » les bains de
mer et les stations thermales; on l'exploitait, elle donnait des concerts dont elle ne touchait point le produit.
On l'annonçait sur des affiches, on la tambourinait :
« la jeune artiste aveugle! le phénomène musical! »
Quand, à force de chanter les grands airs et de « détail-
ler » la romance, elle eut perdu sa voix, ou peu s'en
faut, on l'abandonna dans la nuit de sa misère. La
pauvre cigale, qui avait faim et froid, vint frapper de
confiance à la maison de Saint-Paul; la porte s'est
ouverte et refermée sur elle. Désormais, et pour toujours, la malheureuse est à l'abri; elle tricote, elle
chante et regrette peut-être le temps où, sous la chaleur des becs de gaz, elle entendait la foule qui battait
des mains lorsqu'elle avait « exécuté son morceau ».

On ne fait pas seulement de la musique, on fait
aussi des vers. On m'a présenté la doyenne de l'ouvroir; voilà quarante ans qu'elle y tricote, elle avait
sept ans lorsqu'elle y est entrée. Elle est lourde, con-
trefaite, de chair molle, avec deux gros yeux toujours
immobiles et dont la cornée transparente est devenue
opaque. Nous avons causé ensemble, et quand je lui
ai accordé huit jours pour trouver une rime au mot
triomphe, elle s'est récriée en déclarant que rien n'était
plus facile. Lorsque, au bout d'une semaine, je suis

revenu visiter la maison, j'avais oublié cet incident;
mais on s'en souvenait dans l'ouvroir, et, avec quelque
malice, on me remit le quatrain que voici :

> De faire un vers avec triomphe
> Il n'est rien là d'embarrassant,
> J'appellerai mon chien Sysiomphe,
> Au lieu de le nommer Charmant.

Une sœur voyante et une sœur aveugle président aux
travaux de l'ouvroir et le surveillent. Un seul genre
d'ouvrage : le tricot. L'action de tricoter semble être
devenue machinale; on tricote sans y penser, comme
on respire sans s'en apercevoir. Quatre jeunes filles se
sont groupées derrière un piano, et pendant qu'elles
chantaient un quatuor, composé, je crois, par l'une
d'elles, elles ont tricoté sans s'interrompre; la sœur
aveugle s'était rapprochée, indiquait la mesure par des
mouvements de tête et tricotait; toutes les ouvrières,
tournées vers les chanteuses, écoutaient et tricotaient.
Elles vont au jardin, elles vont au réfectoire, elles
gravissent les escaliers sans suspendre le jeu des
aiguilles; partout et toujours elles tricotent.

Ce sont les sœurs aveugles qui enseignent le tricot;
il leur faut six semaines pour former une tricoteuse
émérite, rompue aux finesses du métier, aux mystères
de la laine, au grain d'orge pour les bottons, au point
de diamant, au point de nasse pour les châles, au point
de marguerite pour les bordures de fantaisie, au point

à côte pour les chaussettes, au point de gerbe pour les jupons. On a beau tricoter sans trêve, on gagne peu d'argent à cette besogne ; on peut dire, en langage d'économiste, que le tricot n'est point rémunérateur. L'entrepreneur fournit la laine et paye la façon. Pour une paire de bottines (0ᵐ,20 de hauteur) montant jusqu'à la naissance du mollet d'un enfant de dix-huit mois à deux ans : 0 fr. 15. Il faut trois heures au moins à une tricoteuse habile pour en terminer le tricot ; mais l'ouvrage n'est pas achevé, car une voyante doit faire le point de crochet, attacher les boutons, former les boutonnières, coudre la bordure et disposer les houppettes de laine ou de nonpareille qui figurent ornement. Aussi, malgré l'assiduité au travail, malgré l'habitude prise de tricoter même pendant les heures de repos, l'ouvroir rapporte à la maison 1,200, au plus 1,300 francs par année.

C'est là la véritable malédiction qui pèse sur l'aveugle, surtout sur la femme aveugle ; isolée, elle ne peut gagner sa vie ; c'est à peine si elle y arrive par l'association ; on peut affirmer que sans les Sœurs de Saint-Paul toutes celles que j'ai vues dans la maison de la rue d'Enfer mourraient de faim. Parmi les aveugles libres, on en cite deux qui, par suite de circonstances exceptionnellement favorables de famille leur permettant d'avoir un débouché certain, parviennent à pourvoir à leurs besoins en gagnant 2 fr. 50 ou 3 francs par jour. Le fait est tellement rare, que, dans le monde de la cécité, on connaît et on cite ces deux personnes privilégiées : l'une est Mlle Blanche B.., d'Elbeuf; l'autre est Mlle Marie M..., habitant au Perray, en Seine-et-Oise.

On a fait ce que l'on a pu pour munir la femme aveugle d'un outil qui lui permît de vivre, ou du moins de subsister; on n'a pas réussi. L'infirmité est trop pesante; elle paralyse les énergies les mieux forgées. Il est un métier qui semble spécialement fait pour les aveugles, qui s'apprend avec rapidité et n'exige qu'une somme d'attention modérée : c'est celui de fabricant de filets pour la pêche et pour la chasse; l'outillage est peu coûteux : un moule, une navette, une pelote de fil. Métier commode, métier propret; beaucoup d'aveugles le pratiquent, et parmi eux il y a des maîtres. Or les mille mailles sont payées 8 centimes; une journée de travail, sans reprendre haleine, peut produire 80 centimes; c'est le maximum. Si réservée que soit une femme dans sa nourriture, dans ses vêtements, dans son logis, — je ne parle pas du chauffage, — il lui est impossible de vivre avec cette somme dérisoire.

On s'est ingénié à enseigner aux aveugles des métiers qui exigent une grande adresse et une habileté consommée. Quelque perfectionné que soit le tact, il ne remplace jamais complètement la vue; c'est ce que n'ont point reconnu bien des gens qui ont peut-être cherché à se faire valoir par les aveugles plutôt qu'à leur mettre un gagne-pain aux doigts. On a voulu leur

apprendre à tourner, et on y est parvenu ; mais quelle
lenteur dans la manœuvre du tour ! quel tâtonnement
perpétuel ! quelles irrégularités ! On a obtenu ainsi
plutôt des objets de curiosité que des objets usuels,
d'un débit assuré, par conséquent utiles à l'infirme.
On prouvait ainsi qu'un aveugle surveillé, conseillé,
« chambré » était capable d'un tour de force propre
à étonner les badauds ; mais on ne démontrait pas que
l'aveugle pût en retirer une rémunération suffisante.
C'est l'aveugle, l'aveugle seul qu'il faut avoir en vue,
c'est pour lui qu'il faut travailler et non pour « la
galerie », qui s'extasie, s'en va et n'y pense plus.

Le métier que l'on enseigne aux aveugles ne sera
jamais assez facile ; le procédé doit en être simple et
l'outillage peu compliqué ; à cet égard, le tricot est
irréprochable, et autant que je puis parler de choses
que j'ignore, j'ai vu dans l'ouvroir de la rue d'Enfer
des gilets, des jupes, des fichus, des bottines qui m'ont
paru des chefs-d'œuvre. Les Sœurs de Saint-Paul,
dont la pauvreté est grande, dont le bienfait est incessant, tirent-elles de l'habileté de leurs ouvrières le
parti que des personnes plus avisées et surtout plus
intéressées en pourraient tirer ? Je ne sais, mais je ne
le crois pas. J'imagine que l'ouvroir pourrait répondre
plus fructueusement aux exigences de la maison où la
cécité est accueillie, choyée, réconfortée. Les temps
agressifs que nous traversons y sont pour quelque
chose. La paix de la conscience, la certitude des

services que l'on rend ne sont qu'une satisfaction intime et n'ont jamais protégé nul être de bien contre la sottise et le mauvais vouloir.

On se fait humble, on cherche à être oublié, on craint d'être remarqué si l'on se montre hors de la retraite où l'on vit renfermé. On a peur que, comme aux heures néfastes du mois de mai 1871, on ne vienne dire : « Allons les nonnes, il faut déguerpir ! » On vit de privations, sinon de misère, et l'on s'estime heureux si l'on a évité les regards de l'ignorance infatuée d'elle-même. On sait, en outre, que l'ouvrière de Paris pousse des cris de détresse lorsqu'elle est atteinte par un de ces inévitables chômages que provoquent la politique, la réserve des capitaux, la concurrence étrangère ou l'encombrement des magasins. Elle s'exclame, et ne comprenant, ne pouvant rien comprendre aux événements dont elle souffre, elle ne ménage point les accusations, elle s'écrie : « C'est la main-d'œuvre à prix réduit des prisons, des maisons centrales et des couvents qui nous ruine. » Il ne manque pas de bonnes gens pour le croire, et les communautés religieuses savent alors que l'on regarde de leur côté avec colère. Pendant la Commune, ces objurgations furent écoutées ; on supprima le travail dans les prisons de Paris. A Sainte-Pélagie, il fallut distribuer de l'ouvrage aux détenus, qui menaçaient de se révolter parce qu'ils s'ennuyaient trop.

Lorsque le mauvais vent qui souffle et qui a déjà dé-

raciné les emblèmes de la foi sans ébranler la foi
elle-même, se sera épuisé à tourbillonner dans le
vide, les Sœurs de Saint-Paul pourront donner à leur
ouvroir le développement qu'il comporte, et ce sera
tant mieux pour les aveugles, que l'on recevra en plus
grand nombre et auxquelles on ne sera plus obligé de
mesurer la place. En attendant, on agit sagement
d'accepter un gain modeste, beaucoup trop modeste,
et qui est plutôt le prétexte que le motif du travail. Il
est indispensable que l'aveugle se croie utile et, s'il se
peut, qu'il le soit. La satisfaction de l'habileté acquise
soutient le courage et excite l'émulation des pauvres
filles que j'ai vues, qui sont aveugles, comme saint
Paul l'a été et pour lesquelles Ananias ne viendra
jamais. Se figure-t-on ce que serait l'existence de ces
malheureuses si elle restaient inoccupées dans la
double nuit de la cécité et de l'oisiveté? Que devien-
draient-elles, et comment pourrait-on apaiser les tem-
pêtes de leur imagination? Le travail les distrait, la
règle les discipline, elles ont coutume de faire tous
les jours les mêmes choses, aux mêmes heures, leur
vie s'écoule dans une régularité qui l'abrège et la rend
possible. « Si j'avais encore la folie de croire au bonheur, a dit Chateaubriand, je le chercherais dans
l'habitude. » L'uniformité du travail est jusqu'à un
certain point un lien de plus entre ces infortunées. Il
me semble que l'expérience a éliminé successivement
les métiers autour desquels on avait tâtonné et que l'on

s'est concentré sur le tricot; on y excelle et l'on y
mérite quelque célébrité.

Dans la maison, la musique est enseignée et, je l'ai
dit, étudiée avec passion ; mais j'y vois plutôt un art
d'agrément qu'un gagne-pain. Un homme peut faire
sa partie dans un orchestre de bal ou de théâtre, être
professeur, organiste, accordeur de pianos ; plus d'un
sujet remarquable est sorti de l'Institut des Jeunes-
Aveugles ; mais une femme, que peut-elle faire? Donner des leçons dans le parloir de la communauté?
Oui, certes ; mais qui viendra les lui demander, rue
d'Enfer, au delà de l'Observatoire, à l'une des extrémités de Paris? Elle n'est pas cloîtrée dans la maison
des Sœurs de Saint-Paul, mais encore ne peut-on la
lâcher seule dans les rues pour courir le cachet à
l'aventure. Si l'on veut la faire accompagner, ce qui
ne serait que correct, il faut doubler le nombre des
sœurs voyantes ou réduire la communauté à n'être
gouvernée que par des sœurs aveugles; c'est imprati-
cable. — Faisons de la musique pour satisfaire l'âme
et pénétrer dans les clartés de l'harmonie, mais tricotons, mes sœurs ; c'est le plus sûr moyen d'associer
vos filles aveugles à l'œuvre de bienfaisance et de
compassion où vous excellez.

III. — LES CLASSES ET L'IMPRIMERIE.

L'école. — L'écriture Braille. — Le système Foucaut. — La méthode du comte
de Beaufort. — La stylographie. — Écriture nocturne et voyante. — Le
style. — Promenade à la campagne. — Interversion des sens. — Les songes
de l'aveugle. — Lumière ou chaleur. — Sensibilité du tact. — Aveugler
un aveugle. — Les jeux violents. — Cécité héréditaire. — Lutte contre les
familles. — Éducation. — Bertha de Calonne. — Aveugle et sourde. —
Intelligence. — Poésie. — L'infirmerie. — La lecture. — L'atelier typographique. — Les journaux pour les aveugles. — Maurice de la Sizeranne. —
Copie de musique. — Les livres à imprimer pour les aveugles. — Misère
et charité. — Les dames auxiliaires. — L'œuvre doit être secourue et
développée.

En sortant de l'ouvroir, on pénètre dans les classes,
qui sont au nombre de trois et portent des noms correspondant à l'âge des enfants : les moyennes, les
petites, les toutes petites. Là aussi, comme dans
l'atelier, tout le monde est aveugle ; là aussi, entre les
leçons et les récréations, on tricote : pour mieux dire,
on apprend à tricoter. Je retrouve les méthodes d'enseignement, d'écriture, de lecture que j'ai déjà vues
fonctionner à l'Institut des Jeunes-Aveugles et dont j'ai
parlé autrefois [1].

Les instruments de précision de l'écriture « nocturne » sont toujours le poinçon, la tablette et la
grille inventés par Louis Braille, qui a été quelque

1. *Paris*, ses organes, ses fonctions, etc., 6 vol. Hachette. T. V,
chap. XXVII: *Les Jeunes-Aveugles*, l'enseignement exceptionnel.

peu savantasse, en nommant son système, — son
admirable système, — l'anaglyptographie et la diaphi-
graphie. Ce système peut suffire à tous les besoins
intellectuels de l'aveugle, mais ne lui permet pas
d'entrer en communication avec les voyants qui ne
se le sont pas approprié. On sait en quoi il consiste :
chaque lettre de l'alphabet, chaque chiffre, chaque
signe de ponctuation forme en relief un nombre de
points déterminés ; l'aveugle lit en passant l'extrémité
de ses doigts sur la saillie des points et lit avec autant
de rapidité qu'un voyant instruit un volume bien imprimé. Souvent j'ai vu un aveugle suivre de la main
gauche les lignes d'un livre « nocturne » qu'il repro-
duisait de la main droite sur l'appareil de Braille.
Dans la classe des moyennes, la religieuse aveugle, —
qui serait charmante sans ses yeux blancs, — écrivait
de la sorte. La supérieure lui dit : « Que faites-vous
là, ma sœur ? » Elle répondit : « Ma mère, je me
dicte un livre de piété. »

Un aveugle, nommé Foucaut, voulut mettre ses
compagnons d'infortune en relations écrites avec les
voyants et il imagina un instrument très ingénieux,
composé de dix poinçons émoussés, écartés au sommet,
très rapprochés à la base, contenus dans un triangle
de fer et munis d'un ressort à boudin. L'instrument
est monté sur une règle dont les deux extrémités
s'engagent dans la rainure du cadre dont l'aveugle est
forcé de se servir pour maintenir son papier et empê-

cher sa main de dévier. L'appareil glisse sur la règle fendue de gauche à droite dans le sens de l'écriture et la règle glisse de haut en bas dans le sens des lignes. La base des six poinçons juxtaposés porte sur une feuille de papier plombaginé, dont la face noircie est appliquée sur une feuille de papier blanc. L'aveugle frappe la tête du poinçon, qui s'abaisse et trace un point noir : on obtient ainsi l'écriture romaine; chaque lettre est composée de plusieurs points : dans le mot « honorer » j'en ai compté jusqu'à cinquante-huit. Les aveugles habiles écrivent de la sorte avec une rapidité extraordinaire, et l'instrument leur est précieux lorsqu'il s'agit de correspondre avec les voyants ; mais l'écriture ainsi obtenue, très nette et qui ressemble à un modèle de tapisserie au très petit point, offre un inconvénient grave : l'aveugle ne peut la lire; la saillie produite par la frappe du poinçon, — du piston, comme l'on dit à la maison de Saint-Paul, — est trop faible pour être perceptible au tact même le plus délicat ; en outre, elle présente la lettre à l'envers. Le problème restait donc toujours intact : Comment doter l'aveugle d'une écriture lisible à la fois pour lui et pour les voyants? Un homme de bien a cherché la solution, et je crois qu'il l'a trouvée.

M. le comte de Jay de Beaufort, dont les organes de la vision sont irréprochables, a inventé un système extrêmement simple et dont la pratique m'a semblé facile. Laissant de côté l'écriture nocturne de Braille et l'écriture voyante de Foucaut, rejetant la romaine dont les lettres rectangulaires sont lentes à former, négligeant l'écriture anglaise dont certaines lettres, les *m*, les *n*, les *u*, ont trop de similitude et peuvent être confondues, surtout au toucher, il a adopté une sorte de bâtarde lourde qui ressemble à la ronde. Il enseigne à écrire à l'envers comme font les lithographes et les graveurs; avec un peu d'attention et d'adresse, on est passé maître en ce genre d'écriture. Une feuille de papier à la fois résistante et molle est placée sur un cadre contenant une tablette creusée horizontalement de sillons larges et plats déterminant la rectitude de la ligne et la hauteur des lettres. Cette tablette est recouverte d'un drap léger qui permet au papier de s'infléchir sous l'action d'un poinçon obtus, sans cependant être crevé. Ces indications suffisent à expliquer le mode de procéder : à l'aide du poinçon, du stylet, — d'où le nom de stylographie appliqué à cette méthode, — on trace des lettres à l'envers ; on détache la page, on la retourne ; les lettres apparaissent en saillie, reconnaissables aux yeux des voyants, reconnaissables au toucher des aveugles. Désormais la communication est établie entre les uns et les autres.

Les aveugles apprécient singulièrement ce système, qui est supérieur à tous ceux que l'on a imaginés pour eux, car seul il leur met en main un moyen de correspondance assuré avec leur famille et ceux des leurs que la cécité n'a point touchés. M. le comte de Jay de Beaufort donne bénévolement des leçons à l'Institut des Jeunes-Aveugles et forme, parmi les Sœurs de Saint-Paul, des professeurs qui, à leur tour, transmettent la science nouvelle à leurs petites élèves. J'ai vu les religieuses écrire et lire très rapidement de la sorte ; les jeunes filles sont moins habiles : elles ânonnent ou plutôt elles tâtonnent et ne parviennent pas toujours, au premier tact, à déchiffrer une phrase. Elles sont exactement comme un enfant qui commence à épeler ses lettres et ne sait pas encore en former un mot. Tout apprentissage est long et l'infirmité n'est point pour l'abréger. La stylographie rendra d'inappréciables services et brisera en partie la barrière qui sépare les aveugles du reste de l'humanité.

Toutes les élèves que j'ai vues dans les classes ne sont point encore assez développées pour être mises à l'étude du système Beaufort ; les plus grandes seules commencent à s'en servir. L'enseignement qui est distribué à la maison de Saint-Paul ressemble à celui de toutes les écoles primaires : la lecture, l'écriture, le calcul, l'histoire, la géographie ; on néglige la couture, qui est trop difficile ; la broderie, qui est impossible, et dès qu'une enfant est apte à croiser des mailles, on lui met le tricot en mains. On leur fait faire souvent des compositions — ce que le langage pédagogique appelle un style, — pour leur apprendre à débrouiller leurs pensées et à les rendre avec quelque précision. J'ai voulu me rendre compte du degré « d'avancement » de la classe des moyennes où je voyais des fillettes de quatorze à seize ans et je fis prier les trois « plus fortes » de faire une narration sur un sujet que j'indiquai : une promenade à la campagne.

Le sujet n'était intéressant que parce qu'il devait être traité par des aveugles et que j'espérais y saisir quelques expressions faisant connaître les sensations spéciales qu'elles éprouvent. Point ; leur instruction est faite par des voyantes, dont elles emploient le langage sans même le modifier selon les exigences de leur infirmité. Les trois « copies » semblables au fond, peu différentes dans la forme, racontaient une journée de congé passée aux environs de Paris, en promenade, sous la surveillance des Sœurs de Saint-Paul : « C'était par une belle matinée de printemps.... C'était par une belle matinée du mois de mai. » On voit le ton général, qui ne varie pas ; mais j'ai haussé les épaules avec impatience, en lisant : « Quel spectacle charmant s'offre à tous les regards ! Quel merveilleux tableau ! » Rhétorique ! quelle est donc ta puissance ? Cela me fit souvenir que, dans une composition analogue faite par des sourds-muets, on célébrait « la symphonie du chant des oiseaux et le murmure harmonieux des sources cristallines ». Dans le désir de s'approprier des sensations qu'ils ignorent, ces malheureux s'évertuent à reproduire un langage qu'ils ne comprennent pas et fatiguent l'observation la plus attentive.

Cela est remarquable surtout lorsque l'aveugle raconte les rêves de son sommeil. J'avais été frappé de
ce fait lorsque j'étudiais l'Institut des Jeunes-Aveugles ;
les enfants, les jeunes gens que j'interrogeais me parlaient avec complaisance de ce qu'ils avaient « vu »
dans leurs songes ; j'en étais resté dérouté et ne savais
trop si le rêve de l'aveugle n'était point semblable au
rêve du voyant. L'aveugle qui a vu au delà de l'âge de
raison conserve pendant longtemps des rêves voyants,
comme si les images « emmagasinées » se reprodui-
saient aux heures de la nuit ; peu à peu ces images
s'affaiblissent, deviennent sombres, confuses et finis-
sent par disparaître au bout de quinze ou vingt ans de
cécité. Quant à l'aveugle-né, il rêve noir. Je m'en suis
assuré à la maison de Saint-Paul ; j'ai longuement et
successivement causé avec trois sœurs aveugles, très
intelligentes, qui m'ont expliqué que tous les phénomènes de leurs rêves étaient empruntés à l'ouïe, au
toucher et ne recevaient rien de la vision. Une d'elles,
qui a vu jusqu'à l'âge de cinq ans, m'a dit que parfois
les bruits de ses songes se produisaient au milieu d'une
très faible clarté, d'une clarté crépusculaire presque
semblable à la nuit.

Les voyants reconnaissent qu'ils s'endorment en per-
cevant des images mobiles, le plus souvent colorées,
comme si la rétine avait conservé quelque impression
de la lumière des lampes ou de celle du jour ; les
aveugles entendent des bruits confus, des sonorités

aériennes qui ne rappellent ni la voix humaine, ni le
chant des instruments de musique ; leur rêve fait du
bruit, leur rêve les touche, mais ne leur apparaît pas.
Une religieuse m'a dit que parfois, au moment de
s'endormir, elle avait des pointes de feu dans les yeux,
mais il ne m'a pas été possible de définir si elle voyait
réellement des étincelles, ou si elle éprouvait simplement une sensation de chaleur sous la paupière, car,
je le répète, dans le langage des aveugles, le mot voir
a toutes sortes de significations que nous ne lui attri-
buons pas[1]. C'est ainsi que la même sœur me disait :
« Lorsque j'entre dans une chambre, je vois tout de
suite que l'on a retiré un des rideaux de vitrage. » Ce
fait peut sembler extraordinaire, il n'en est pas moins
exact. Je me récriai : « Mais comment, à quoi pouvez-
vous reconnaître qu'un rideau de vitrage a été enlevé ? »
Elle répondit : « Je ne sais, cela est moins plein ! »

C'est sur le front et autour des yeux que se produit
cette impression, dont la délicatesse est pour nous
mystérieuse ; on dirait que la vue est remplacée à son
siège même par une sensibilité de tact qui peut, jusqu'à un certain point, y suppléer. Une religieuse
aveugle franchit les couloirs, entre dans les différentes
pièces de la maison, circule à travers les tables, se promène dans le jardin, au milieu des arbres, sans jamais
se heurter ; si l'on rabat devant ses yeux le voile d'éta-

---

1. Une aveugle, que j'avais priée d'écrire une phrase à l'aide de l'appareil Foucaut, écrivit : « Je suis bien heureuse de vous voir. »

mine replié sur sa tête, elle ne sait plus où elle va ;
elle étend les bras, s'arrête, cherche sa route, ne la
trouve pas et bute dans tous les obstacles. Pour aveugler un aveugle, il suffit de lui mettre un bandeau sur
les yeux ; et, en disant cela, je parle de l'aveugle qui
est enveloppé de ténèbres complètes, de l'aveugle dont
la rétine est détruite, le cristallin anéanti, le nerf
optique paralysé, et non point de l'aveugle qui, semblable au voyant fermant les yeux, conserve encore un
reste de vision à l'aide duquel il distingue le jour de
la nuit. Aussi ne faut-il pas être trop surpris lorsque
l'on voit des petites filles aveugles jouer à cache-cache
et même à colin-maillard.

Lorsqu'elles courent et se poursuivent dans le jardin,
il est presque sans exemple qu'elles n'évitent pas les
arbres ; à la gymnastique, on ne peut les voir sans
trembler : elles galopent, avec une adresse de singe,
sur la poutre transversale, et, dans les exercices les
plus violents, conservent un équilibre dont peu de
voyants seraient capables. Elles sont vingt ou vingt-
cinq, jouant, gambadant, mêlées les unes aux autres.
Il leur suffit de frôler de la main le vêtement d'une de
leurs compagnes ou d'une des religieuses pour la reconnaître et la nommer. La supérieure, accompagnée
de l'assistante, pénètre dans la classe sans dire un mot :
une petite fille se jette à bas de son banc, glisse sous
la table, marche droit à la supérieure, lui saisit la
main et dit : « Ah! voilà notre mère! » A quoi l'a-t-

elle reconnue? Au pas, au froufrou de sa robe? Je ne
sais, mais elle ne l'a confondue avec aucune autre
religieuse; ce qui le prouve, c'est qu'elle a dit « ma
mère », et que, dans la maison, toutes les religieuses
sont appelées « ma tante », par les enfants.

Dans la classe des toutes petites, le spectacle est
sinistre, et l'on se révolte contre les injustices de la
matière. Est-ce qu'il y a des dynasties d'aveugles?
J'aperçois une fillette à peau brune, dont les paupières
à fleur des pommettes sont relevées vers les tempes.
Elle arrive d'Algérie; ses deux frères, son père, son
grand-père, sa mère, sont, comme elle, aveuglés par
l'amaurose. Une autre incline et redresse la tête, agite
sa main droite sans arrêter; comme la pulsation des
artères, les mouvements se manifestent à temps égaux;
si on les comptait à l'aide d'une montre à galopeuse,
on reconnaîtrait qu'ils se reproduisent en nombre
pareil au cours de chaque minute; c'est une choréique. La danse de Saint-Guy ne lui laisse pas de
repos.

A la maison de Saint-Paul, comme à l'infirmerie des
scrofuleux de Saint-Jean-de-Dieu, on livre bataille aux
familles qui veulent reprendre leur enfant infirme
pour l'asseoir au coin d'un pont et s'en faire « un revenu ». Malgré le règlement qui interdit de recevoir
les aveugles qui n'ont pas atteint l'âge de quatre ans,
la supérieure n'a point hésité à admettre une pauvre
petite créature de deux ans, frappée d'une cécité com-

plète résultant sans doute d'une ophtalmie purulente contractée à l'heure même de la naissance. Sa mère est morte, elle a un frère épileptique; son père est un ivrogne que le travail n'attire pas et que l'absinthe abrutit. Depuis trois années que les Sœurs de Saint-Paul ont adopté cette enfant, la lutte contre le père est incessante. Il veut emmener sa fille ; au long des rues et tendant la main, elle lui ramassera de quoi boire. On résiste ; il dit : « La loi est pour moi. »

Il a raison, la loi est pour lui et protège la puissance paternelle, dont l'infamie même n'entraîne pas la déchéance. Cette pauvre petite est touchante à voir; dès qu'elle sent que la supérieure est là, elle s'en approche, se colle à sa robe comme si elle cherchait protection contre un danger, et fait si bien qu'elle finit par s'installer dans ses bras. De temps en temps, quand il a trop bu ou qu'il n'a plus de quoi boire, le père vient faire une algarade : on l'apaise avec de bonnes paroles ; on lui parle de Dieu, ce qui l'égaye; on lui fait comprendre que sa fille ne lui coûte rien, pas même un remercîment, ce qui lui plaît, et l'on s'en débarrasse comme l'on peut. Jusqu'à présent on a réussi à sauver sa fille, mais on n'est point rassuré sur l'avenir de la pauvre enfant, dont le père se fera, tôt ou tard, « un moyen d'existence. »

Il n'y a pas eu que des enfants pauvres dans cette maison bénie; des jeunes filles de bonne naissance sont venues y demander l'instruction spéciale dont

l'aveugle a besoin pour pénétrer les choses de l'esprit
et éclairer son intelligence. Celles-là n'ont point été
mêlées aux fillettes de l'école; elles ont été soignées à
part, dans une sorte de pensionnat que l'on improvi-
sait pour elles; on les y instruisait, on les y formait aux
habitudes du monde où elles étaient appelées à vivre.
Je connais une de ces infortunées qui a gardé pour
« le couvent » et pour les Sœurs de Saint-Paul une
gratitude passionnée. Aujourd'hui qu'elle est âgée de
vingt-quatre ans, elle va souvent voir celles qu'elle
appelle toujours « mes tantes », qui ont secouru sa
jeunesse et qui, à force de patience, à force de tendresse, ont neutralisé la double nuit qui pèse sur elle.
Cet exemple est à citer et démontre que rien n'est impossible aux cœurs fervents qui veulent le bien. La
jeune fille dont je parle est particulièrement intéressante pour les lettrés, car elle est de famille littéraire.

Mes contemporains ont eu son aïeul pour professeur
au collège Henri IV; son père, avant de se vouer à l'enseignement, publia le poème de *l'Amour et Psyché* et
fit jouer à l'Odéon *le Docteur amoureux*, pastiche de
Molière qui dérouta plus d'un critique. J'hésite à la
nommer : pourquoi? Le mal incurable serait-il un
crime? est-elle donc coupable de son malheur? Elle
s'appelle Bertha de Calonne. Elle a grandi comme
les autres enfants, joyeuse, voyante, admirant les
lacs de Suisse près desquels elle vivait, souffre-
teuse parfois, mais sans maladie grave qui pût in-

quiéter ceux dont elle était l'orgueil et la joie. Dès l'âge de onze ans, à la suite d'une fièvre typhoïde, elle perdit la vue et, — ceci est atroce, — elle devint sourde. Si les lèvres ne sont point placées à l'orifice même de son oreille, elle ne perçoit qu'un bruit indistinct, une voix confuse qui murmure et ne parle pas. Vue éteinte, ouïe atrophiée, double misère, double obstacle. Les Sœurs de Saint-Paul ne se sont point découragées; au contraire, elles ont redoublé de zèle. Les cruautés de la nature semblaient les mettre au défi, elles ont vaincu la nature, elles ont ouvert la pauvre enfant fermée, elles ont fertilisé ce sol qui paraissait à jamais stérile.

On dirait qu'elles se sont efforcées jusqu'au miracle, car, à cette jeune fille qui ne voyait plus, qui n'entendait presque pas, elles ont enseigné la musique. Je me hâte de dire qu'elles étaient aidées par une intelligence exceptionnelle; on pourrait croire que les sensations anéanties pour toujours se sont résorbées en facultés fécondes où l'esprit, l'imagination, la compréhension trouvent une vigueur peu commune. La volonté d'échapper à l'obscurité de deux infirmités combinées engendrait un besoin de savoir que rien ne parvenait à satisfaire. Semblable aux petits enfants qui écoutent un conte, à tout ce qu'on lui enseignait elle disait : Encore! A cette heure où l'instruction est terminée rien n'apaise cette ardeur de connaître. L'oreille appliquée aux lèvres maternelles, tout le jour elle entend lire sans se lasser. Son activité cérébrale est extrême; pour elle nul idéal n'est assez élevé, nulle conception n'est assez haute; volontiers elle pousserait le cri de Michelet : des ailes! des ailes! Dans les sphères lumineuses où plane son esprit, échappe-t-elle à ses propres ténèbres? Je voudrais le croire et n'ose l'affirmer, car elle aime le sommeil qui lui rapporte, dans les songes, le souvenir visible de sa vie d'autrefois. Comme les aveugles qui ont vu pendant longtemps, elle a conservé des rêves voyants qui lui sont chers; elle l'a dit; elle a fait mieux que de le dire, elle l'a chanté en strophes qu'il convient de répéter :

Quand le sommeil béni me ramène le rêve,
Ce que mes yeux ont vu jadis, je le revois;
Lorsque la nuit se fait, c'est mon jour qui se lève
Et c'est mon tour de vivre alors comme autrefois.

Au lointain du passé le présent qui se mêle
Laisse dans ma pensée une confusion;
C'est une double vie, étrangement réelle,
C'est une régulière et chère vision.

Êtres mal définis, choses que je devine,
Tout cesse d'être vague et vient se dévoiler;
C'est la lumière! C'est la nature divine!
Ce sont des traits chéris que je peux contempler.

Et quand je me réveille encor toute ravie,
Et que je me retrouve en mon obscurité,
Je doute et je confonds le rêve avec la vie.
Mon cauchemar commence à la réalité!

Je n'ai pu lire ces vers sans émotion, car le sentiment qu'ils expriment est d'une poignante réalité. Est-ce que l'on ne crève pas les yeux aux rossignols pour rendre leur chant plus harmonieux ?

J'ai voulu visiter l'infirmerie, qui est dans une demi-obscurité plaisante ; les lits étaient vides, nulle malade n'y souffrait ; elle est installée, dit-on, dans l'ancienne chambre à coucher de Mme de Chateaubriand, chambre bien restreinte pour la femme d'un chevalier de la Toison d'or, d'un ancien ministre des affaires étrangères, pair de France, ambassadeur à Rome et auteur d'une révolution littéraire dont profitent encore ceux qui le dénigrent aujourd'hui. Malgré les *Mémoires d'outre-tombe*, malgré le livre plus que discutable de Sainte-Beuve, l'histoire de ce grand esprit et de l'influence qu'il exerça sur son temps est encore à faire. Il y a là de quoi tenter un homme de bonne foi, instruit et généreux. Les filles aveugles qui vaguent dans les ténèbres, à travers son ancienne demeure, ne se doutent guère qu'il a existé, et nulle d'entre elles sans doute n'a entendu parler du *Génie du christianisme*, que l'on ferait bien de leur lire. Celles qui tricotent dans l'ouvroir seraient délassées et soulevées si, pendant les longues heures du travail, on leur lisait quelques-unes de ces œuvres sereines où l'âme trouve à la fois un point d'appui et l'éclosion d'idées nouvelles. Les livres nocturnes spécialement imprimés pour les aveugles sont rares, trop rares. Lorsque en 1873 j'ai parcouru la bibliothèque de l'Institut des Jeunes-Aveugles, j'ai été douloureusement affecté de sa pénurie ; j'y ai compté quelques livres d'enseignement, des cahiers de musique, mais je n'y ai rien vu qui pût donner pâture aux besoins de l'imagination. Il en est de même à la maison de Saint-Paul, qui pourtant possède une imprimerie et qui imprime elle-même les volumes d'histoire et de piété qu'elle distribue aux élèves.

L'imprimerie n'est point grande, mais elle est suffisante, très claire, comme si des voyants devaient y travailler, et cependant les typographes sont quatre sœurs aveugles qui lèvent la lettre, manient le composteur et font mouvoir la presse avec l'aplomb d'un vieux metteur en pages. Pas d'encre dans le système Braille, qui procède par pointes saillantes gaufrant un papier épais ; par conséquent une extrême propreté. Il me semble que la maison de Saint-Paul pourrait facilement devenir l'atelier typographique des aveugles et fournir à ces malheureux les livres qu'ils recherchent et qu'ils ne trouvent pas. L'aveugle ne connaît guère que les ouvrages dont il écoute la lecture ; les autres, ceux que l'on a imprimés pour lui, sont en nombre tellement restreint et d'un choix si réservé, qu'il les a promptement épuisés ou qu'il les rejette, car ils ne lui apprennent plus rien dès que son instruction est terminée. Il y a là non seulement une source de gain dont les élèves de la communauté profiteraient, mais il y a un service moral à rendre aux aveugles qui est pour tenter le zèle des femmes dévouées à la cécité.

Déjà c'est à l'imprimerie de Saint-Paul que l'on compose et que l'on tire *le Louis Braille*, journal en écriture nocturne, expressément fait pour les aveugles par un aveugle. M. Maurice de la Sizeranne, qui a perdu la vue aux premières années de son enfance, qui a traversé l'Institut du boulevard des Invalides, qui est jeune, intelligent, très ardent à la cause des aveugles qu'il connaît mieux que tout autre, a compris qu'il fallait leur donner la nourriture intellectuelle à laquelle toute créature humaine a droit. Il a fondé *le Louis Braille* qu'il dirige et rédige seul, ou peu s'en faut. C'est un recueil mensuel divisé en deux parties, auxquelles on peut s'abonner isolément. La première est relative à la vie pratique des aveugles : la seconde, se rapportant à leur vie intellectuelle, contient un supplément littéraire, scientifique et musical. C'est un bienfait pour les aveugles, qui peuvent ainsi entrer directement en communication avec le monde extérieur et participer à ses découvertes. M. Maurice de la Sizeranne ne s'en est pas tenu là, et il a fondé un autre recueil, qu'il a nommé *le Valentin Haüy*, en mémoire du grand homme de bien qui le premier s'est consacré à la cécité indigente. Ce journal est imprimé en caractères ordinaires, il s'adresse aux voyants, explique les besoins des aveugles, y intéresse et discute les questions où ils peuvent trouver un soulagement, une atténuation à leur infirmité.

L'exemple est donné; espérons qu'il ne restera pas stérile et que peu à peu on va imprimer en caractères nocturnes une bibliothèque pour les aveugles, qui, à l'heure qu'il est, n'ont même pas encore de dictionnaire à leur usage. En ceci la maison de Saint-Paul peut prendre une initiative qui serait féconde ; il lui est facile d'imiter la société fonctionnant à Londres[1] pour la diffusion du système Braille et où plus d'un typographe aveugle trouve à gagner sa vie. Si à un atelier typographique elle joignait un atelier de copie pour la musique nocturne, nul doute qu'elle n'en retirât de sérieux avantages. Il y aurait un péril cependant et je me hâte de le signaler. Il ne faudrait pas que l'idée religieuse dominât exclusivement dans le choix des volumes à imprimer. Dieu me garde de repousser les livres de piété, mais il en faudrait d'autres, beaucoup d'autres, car si l'on ne peut ouvrir les yeux de l'aveugle, il convient de lui ouvrir les horizons de l'esprit.

Les voyages, l'histoire, les œuvres d'imagination, les contes, fût-ce ceux de Mme d'Aulnoy, *les Mille et une Nuits*, en un mot tout ce qui l'arrache à son milieu et le transporte dans le monde du rêve, dans le monde idéal, où il trouvera l'oubli momentané de sa lamentable existence. Lorsque à l'Institut des Jeunes-Aveugles on lisait *les Aventures du capitaine Hatteras*, les enfants

---

1. British and foreign blind association for promoting the education and employement of the blind.

étaient haletants d'émotion ; pendant quelque temps du moins, ils échappaient à eux-mêmes. Les aveugles qui ont entendu lire *Robinson Crusoë*, y pensent sans cesse ; ils s'en vont au milieu des océans, à travers les îles désertes et trouvent dans leurs rêveries des satisfactions que la vie leur a refusées. Il serait donc bon d'être très large dans la sélection et de se laisser guider plus par les besoins intellectuels de l'aveugle que par la Congrégation de l'Index.

Dans cette industrie, qu'elle peut, je crois, facilement développer, la maison de Saint-Paul récolterait des ressources qui ne lui seraient point inutiles, car elle est pauvre, très pauvre. Lorsque je l'ai visitée, elle contenait soixante-six aveugles : sur ce nombre, vingt jeunes filles payent une pension de trois cents à quatre cents francs ; douze une rétribution de cent à deux cents francs ; quatre reçoivent un secours des Quinze-Vingts et huit obtiennent dix francs par mois des bureaux de bienfaisance; si à ces sommes nous ajoutons un maximum de treize cents francs produits par l'ouvroir, nous n'arriverons pas à un total de douze mille francs. C'est plus que la misère, c'est l'impossibilité matérielle de vivre. Comment faire? On s'adresse à la charité privée. La communauté n'a point de quêteuses et ne peut en avoir ; tout son temps est pris par les soins multiples qu'exigent les aveugles. Si elle quitte la maison pour aller à la provende, les infirmes pâtiront et le but même de l'œuvre ne sera plus

atteint. Cependant il est nécessaire de frapper de porte
en porte et de tendre la main.

Ici, comme partout où il y a du bien à faire, je retrouve la femme parisienne, la femme du monde qui
semble s'efforcer d'obtenir le pardon de sa grâce et de
sa fortune, que rien ne lasse lorsqu'il s'agit de secourir les malheureux, que rien n'arrête quand la misère
l'appelle. A côté de l'œuvre des Sœurs de Saint-Paul
fonctionne une agrégation de femmes charitables qui
sollicitent les dons, recueillent les offrandes et attirent
des dames sociétaires dont la souscription est de vingt-
quatre et même de six francs par année. Grâce à ce
concours, grâce, une fois de plus, à la bienfaisance,
les filles aveugles ne sont pas jetées au hasard de la
voie publique. J'ai déjà dit cela ailleurs et pour d'autres
œuvres; qui est-ce qui se répète? Est-ce moi? — Non,
c'est la charité.

La maison n'est pas florissante, mais elle subsiste.
La plupart des pensions sont payées par des « bienfaiteurs », car presque toutes les aveugles que j'ai vues
là sont dénuées et ne sauraient où dormir si elles n'é-
taient accueillies au nom de celui qui fut aveuglé sur
la route de Damas. Le nombre des aveugles hospitalisées est singulièrement minime, lorsqu'on le compare
au nombre de celles qui devraient être reçues dans cette
maison construite pour elles et qui est le domaine de
la cécité. Il existe en France plus de trente mille aveugles; en admettant que les femmes ne comptent que

pour un tiers, il y en a dix mille[1]. Malgré l'Institut
des Jeunes-Aveugles, malgré les Quinze-Vingts, malgré
certaines maisons religieuses qui en acceptent quelques-unes, le chiffre de celles auxquelles tout asile
est fermé et dont la vie n'est qu'une infortune obs-
cure, est considérable. La maison de Saint-Paul serait
pour celles-là un port assuré contre les naufrages
de l'existence infirme ; comment y aborder, comment
y saisir le repos si longtemps cherché, la sécurité vainement espérée, le pain de chaque jour si souvent in-
trouvé ? C'est à peine si les prodiges d'économie opérés
par les sœurs réussissent à nourrir les aveugles et à empêcher la communauté d'observer d'autres jeûnes que
ceux de l'Église.

L'œuvre est très intéressante, elle est unique, elle
n'abandonne pas celles qu'elle a adoptées ; la petite fille
qui y est entrée bégayant encore, peut y mourir centenaire, sans l'avoir jamais quittée, sous la robe à carreaux de l'ouvrière ou sous la robe noire de la religieuse
si, lasse de la cécité de sa matière, elle a voulu pénétrer dans les clartés de la foi. Là l'hospitalité n'est
point décevante, elle n'a ni limite d'âge, ni limite d'infirmité ; quelle que soit la maladie qui frappe l'aveugle,
la maison la garde et la soigne, car la maison est à
elle et la communauté est pour la servir.

---

1. « Les aveugles de France s'élèvent à un chiffre de 31 631, dont
25 000 indigents. » (*Bulletin de la clinique de l'hospice des Quinze-
Vingts*, par le docteur Fieuzal, 1883. T. I, n° 1, p. 14.)

Anne Bergunion, la fondatrice qu'encouragea le docteur Ratier, que soutint énergiquement l'abbé Juge, doit être satisfaite : malgré des temps mauvais, malgré des jours pervers, son œuvre s'est développée et elle prospèrera, car elle est admirable, et la charité privée a pour devoir de ne s'en éloigner jamais.

CHAPITRE VII

L'HOSPITALITÉ DU TRAVAIL

<hr>

I. — LE BERCEAU DE L'ŒUVRE.

Les œuvres transitoires. — Voyageurs égarés. — Souvenir des carrières d'Amérique. — Dortoirs publics. — L'indigence provinciale. — L'illusion. — L'écu de six livres. — La femme pauvre. — Que devient la vieille indigente? — Idéal de pureté morale. — Les victoires. — Refuge temporaire. — Début. — Rue d'Auteuil. — La congrégation de Notre-Dame-du-Calvaire. — La supérieure. — La maison. — Le livre des garnis. — Interrogatoire — Proportion. — La pouillerie. — Le bain. — Le dortoir. — Les berceaux. — Les pensionnaires des couvents riches interviennent. — L'alliance. — Les filles-mères. — Le préau. — Institutrice veuve. — Statistique. — Les convalescentes. — La maison d'Auteuil complète l'œuvre des hôpitaux et de l'hospice du Vésinet.

Les œuvres charitables dont j'ai parlé jusqu'à présent sont, pour ainsi dire, des œuvres fermes ; elles s'ouvrent devant le mal chronique, l'accueillent et ne l'abandonnent pas. La caducité indigente, l'enfance frappée d'infirmités incurables, le cancer, la phtisie, la cécité rencontrent une hospitalité qui ne se dément pas, qui ne se refuse à aucun sacrifice et qui ne cesse qu'à l'heure où elle remet ceux qu'elle adopte à

l'hospitalité de l'éternel repos. En regard, je dois faire
connaître des œuvres transitoires qui portent secours
à un mal accidentel, le calment, le réconfortent et le
mettent sur la voie de la guérison. Elles ressemblent
à ces huttes de refuge construites dans les Alpes,
en marge des routes encombrées de neige, où le voya-
geur harassé peut s'abriter pendant la tourmente,
dormir sans redouter l'avalanche et reprendre vigueur
avant de tenter de nouveau les hasards du chemin
qui va parfois vers le but entrevu et souvent à l'abîme.

Paris est plein de voyageurs égarés qu'assaille la
tempête, qui marchent à tâtons, se heurtent contre
les obstacles, cherchent leur route et ne la trouvent
pas. Lorsqu'ils tombent de fatigue et de faim, lorsque
les gîtes les plus infimes se ferment devant eux, lorsque le morceau de pain leur fait défaut, lorsque le
vagabondage les saisit et qu'ils tiennent encore à
l'existence, que leur reste-t-il? Le vol ou le Dépôt de
mendicité qui est à Villers-Cotterets. Ceux qu'effraye
cette double extrémité s'affaissent alors dans une misère
noire, une misère que ne soupçonnent point ceux qui
ne sont pas descendus jusque dans le dessous du bas-
fond social ; on couche sur le talus des fortifications,
dans les massifs du bois de Boulogne, on mange aux
tas d'ordures avant que les chiffonniers les aient
fouillés du crochet.

Lorsque j'étudiais à Paris le monde des malfaiteurs
et que je le serrais d'aussi près que possible pour en

déterminer la physionomie, je suis entré la nuit dans
bien des garnis, je me suis assis dans plus d'un
bouge et je me suis chauffé, pendant les ténèbres de
l'hiver, aux fours à plâtre des carrières d'Amérique. J'ai
vu là des choses horribles, mais plus d'une fois j'ai eu
sous les yeux des spectacles émouvants. Le crime qui,
dans la crainte d'être reconnu, fuit les maisons habitées,
coudoie l'indigence qu'on en chasse parce qu'elle n'y
peut payer son gîte. Au milieu des filous, des voleurs,
des vagabonds, pelotonnés derrière les tas de fagots,
j'apercevais des misérables, des pauvres à bout de voie,
des surmenés de la mauvaise fortune qui venaient
s'abattre là et mettre en pratique le dicton menteur :
Qui dort dîne ; — on eût pu croire qu'une malédiction, — la malédiction aux pieds terribles, dit
Sophocle, — les poursuivait et les jetait dans la promiscuité de toutes les hontes où la police les ramassait. On ne les confondait pas avec les criminels, on
savait qu'ils étaient malheureux et non pas coupables ;
on les relâchait avec une bonne parole ; mais où
aller ? Le soir, sans abri, sans argent pour s'en faire
ouvrir un, ils revenaient rôder autour des hangars
où ils avaient été arrêtés la veille. « Il est onze
heures, les rondes de police ne passent guère avant
une heure du matin ; j'ai le temps de dormir ; » —
et ils entraient.

Que de fois, à cette époque, témoin des arrestations,
témoin des interrogatoires, voyant la préfecture de

police dénuée en présence de tant de misères et
n'ayant d'autres lits à offrir que ceux du Dépôt, c'est-
à-dire de la prison, que de fois je me suis pris à dé-
sirer la création de dortoirs publics où le peuple
errant de la pauvreté trouverait un vrai sommeil,
sur un vrai matelas, sous un vrai toit, et le matin,
au réveil, la miche de pain qui répare les forces et
ranime l'espérance! Lorsque je parlais de ce rêve,
lorsque j'insistais, les gens savants en la matière me
répondaient : « Il y a tous les jours à Paris 50 ou
60,000 individus qui se lèvent sans savoir comment
ils mangeront, ni où ils coucheront le soir. L'indigence provinciale nous a envahis, elle nous déborde,
elle nous étouffe, elle arrache le pain réservé à l'indigence parisienne, et nous n'y pouvons rien. » Cela
n'est que trop vrai. C'est la misère de province qui
dévore l'aumône à Paris.

Lorsque, en 1848, le capitaine Sutter découvrit les
gisements d'or de la Californie, il y eut parmi les
peuples une folie d'émigration ; c'est à qui partirait
pour les rivages de la mer Vermeille ; la fortune était
là-bas : on y courait. Pour quelques-uns qui se sont
enrichis, combien ne sont point revenus, combien ont
péri de débauche dans les bouges de San-Francisco,
de fatigue sur les placers inhospitaliers, sous les balles
mexicaines, dans les champs de la Sonora, derrière
Raousset de Boulbon? Aux valets de charrue, aux ouvriers, aux tâcherons de province, Paris, dans le loin-

tain des rêves et l'éblouissement des illusions, apparaît comme une Californie inépuisable, où l'or ruisselle à hauteur de main, où le hasard guette les déshérités pour en faire des millionnaires. La vieille histoire, toujours nouvelle, toujours écoutée du paysan qui est arrivé à Paris en sabots avec un écu de six livres dans sa poche et qui est devenu un personnage, fait bien des dupes et crée bien des malheureux.

L'écu de six livres est vite dépensé; les sabots sont promptement usés; il reste la faim, le désespoir, les mauvais conseils de la déception, la colère contre le prochain, la haine envers les heureux et l'envie qui pour toujours s'extravase au fond du cœur; on s'indigne contre l'indifférence des foules, et l'on s'aperçoit que, désert ou multitude, c'est tout un pour celui qui s'est mis en voyage sans provision de route. Un officier me disait : « Calculez combien il faut qu'il y ait d'hommes qui tombent sur les champs de bataille ou meurent de consomption sur les grabats de l'hôpital pour que l'un d'eux devienne maréchal de France. » De même il serait bon de pouvoir dire combien de provinciaux doivent pâtir, lutter en vain, mourir de misère à Paris, pour que l'un d'eux fasse fortune. Plus d'un qui est parti de son village, le pied leste, le cœur rayonnant, a tendu la main le soir, au coin des rues, a travaillé dans les cellules de Mazas, a traversé le vol et la famine, a essayé de tous les métiers sans pouvoir en saisir un seul et a poussé son dernier souffle sur les paillasses de la maison de répression de Saint-Denis!

Si la situation est dure pour l'homme, elle est atroce pour la femme, créature faible, faillible, soumise aux fatalités de son sexe et à qui la maternité irrégulière est imputée comme un crime. L'homme la prend, s'en amuse, la rejette et ne se soucie pas de savoir s'il ne l'a pas condamnée à l'abjection, s'il ne lui a pas imposé, pour une seconde de plaisir rapidement oublié, la charge de pourvoir à l'existence d'un être dont elle n'a que le fardeau et la honte. Dans les basses conditions où elle arrive à Paris, que fera-t-elle si, tout de suite et par bonne fortune, elle n'entre en condition? Son salaire sera dérisoire si elle n'a pas aux mains l'outil spécial des travaux recherchés. La femme qui, d'un métier acquis sans un long apprentissage, peut gagner trois francs par jour n'est pas commune à Paris, et quand sur une telle somme il faut prélever la nourriture, le logement, le vêtement, que reste-t-il pour parer à une maladie ou à un chômage? Si elle est balayeuse, elle est payée deux francs; si elle est porteuse chez un boulanger, elle reçoit deux francs et deux livres de pain.

Comment vivre ainsi? C'est un mystère. La débauche vénale peut les entraîner lorsqu'elles sont jeunes et qu'elles ont forme humaine : soit; mais lorsqu'elles sont vieilles, laides, sinon hideuses, que deviennent-elles? Je l'ignore. Le suicide est plus rare chez la

femme que chez l'homme. Je me rappelle avoir constaté en 1867 que, sur cent soixante-trois suicides,
inscrits sur les registres de la Morgue, les femmes n'y
comptaient que pour le chiffre de vingt-huit. Elles ne se
tuent donc pas, elles disparaissent et cachent leur origine. Où les retrouver? A la Salpêtrière, dans les hospices, aux Incurables, chez les Petites Sœurs des Pauvres, dans les maisons ouvertes à la vieillesse, dans les
maladreries où végètent les gâteuses, où se débattent
les épileptiques, où la caducité retournée vers l'enfance
pleure, rit sans motifs, et n'est plus qu'une matière
inerte dont l'âme ne se réveille plus.

La charité n'ignore aucun des obstacles, aucun des
périls qui encombrent la route où les femmes sont
obligées de marcher; aussi c'est vers elles qu'elle
regarde avec prédilection, s'ingéniant à les sauver de
la misère, parce qu'elle sait que la misère, mieux
encore que l'oisiveté, est la mère de tous les vices. La
charité redouble d'efforts pour les arracher à la faim,
au froid, au dénuement, mais surtout pour les arracher à la dépravation, car, à travers les prodiges qui
lui sont familiers, elle poursuit un idéal de pureté
morale auquel il est bien difficile d'élever les épaves
humaines qu'elle ramasse et qu'elle cherche à nettoyer
de leurs péchés. Réussit-elle dans ce nouvel apostolat
qui prend soin de la matière pour mieux atteindre
l'esprit? Je ne sais. On dit qu'il ne faut jamais désespérer de la conversion du pécheur; le retour à la

vertu est donc possible, mais il me semble que le chemin qui y ramène est long et pénible.

> La vertu me paraît comme un temple sacré ;
> Si la porte par où l'on sort n'a qu'un degré,
> Celle par où l'on rentre en à cent, j'imagine,
> Que l'on monte à genoux en frappant sa poitrine.

C'est Émile Augier qui l'a dit et je ne le démentirai pas. Elles ne le démentiront pas non plus les Sœurs de Marie-Joseph que j'ai vues à l'œuvre dans la prison de Saint-Lazare, ni les religieuses de la Compassion qui vivent près des lits des pestiférées de Lourcine. Lorsqu'elle est tombée si bas, une femme ne se redresse plus ; pour toujours elle est la proie du cancer social que l'on ne peut nommer dans aucune langue honnête ; aussi doit-on l'empêcher d'être dévorée par la bête insatiable qui ne lâche pas celles qu'elle a saisies. C'est à quoi l'on tâche ; sur ce terrain où les combattants ne font jamais défaut, la charité soutenue par la foi a livré des batailles héroïques, d'autant plus admirables qu'elles ont été secrètes et qu'elles sont restées inconnues. Après la victoire, le *Te Deum* a été une action de grâce silencieuse dont le cœur a tressailli et que les lèvres n'ont même pas murmurée.

Pour sauver un homme qui se noie à la mer, il suffit d'un grelin lancé avec adresse ; pour sauver une femme qui se perd, qui va disparaître dans le marécage de la misère et de la démoralisation, il suffit parfois de lui tendre la main, de la mettre à l'abri, de lui donner le temps de reprendre haleine et de raffermir son courage épuisé par une lutte trop longue. De cette idée très simple est née *l'Hospitalité du travail*, qui est un refuge temporaire où les forces renaissent et où l'avenir s'éclaircit. On avait débuté par établir un de ces dortoirs hospitaliers que nous nommons actuellement « l'hospitalité de nuit » et dont j'aurai bientôt à parler. Chaque soir on ouvrait la porte aux malheureuses qui venaient réclamer asile; on leur donnait un lit; le lendemain à la première heure, elles s'en allaient; elles avaient dormi en repos, mais c'était tout; la diane sonnée, il fallait repartir et recommencer la route décevante où il y a tant de fondrières.

On avait été obligé de restreindre l'hospitalité; sans cela le dortoir aurait été accaparé par les mêmes malheureuses qui, chaque soir, seraient revenues occuper les lits disponibles; un certain nombre de jours devaient donc s'écouler entre une première et une seconde admission. Fut-on fidèle à cette règle? J'en doute; comment fermer la porte à une femme hâve et harassée qui demande à dormir? Fallait-il la renvoyer à la rue, à l'arche du pont, à l'anfractuosité du vieux mur, au gardien de la paix qui la verra en faisant sa ronde, la réveillera et la conduira au poste? On remarquait, en outre, que lorsqu'elle se présentait pour la seconde, pour la troisième fois, elle était plus déguenillée, plus maigre, plus « minable » qu'au premier

jour. On en conclut qu'il était humain de prolonger
l'hospitalité, et qu'il serait chrétien d'aider celles qui
étaient trop affaiblies ou trop découragées pour se
sauver elles-mêmes.

Des femmes du monde — et du meilleur — s'émurent; elles regardèrent avec commisération vers ces
malheureuses que la nécessité rendait haletantes et
poussait vers des hasards redoutables; elles résolurent
de leur offrir un asile où elles auraient le droit de
séjourner pendant trois mois, ce qui ménageait le loisir de les refaire, de leur enseigner les premiers éléments d'un métier et de leur trouver une condition
acceptable. Chacune de ces femmes vida sa bourse dans
la caisse de l'œuvre qui allait se créer; on loua une
maison au n° 39 de la Grande-Rue d'Auteuil, et pour le
reste on s'en rapporta à la Providence; quant aux pensionnaires, on savait que l'on n'en manquerait pas; la
misère parisienne était là pour en fournir.

La direction de la maison fut confiée aux religieuses
de Notre-Dame du Calvaire, qu'il ne faut point confondre avec les Dames du Calvaire, infirmières des
cancérées, dont j'ai déjà parlé. La communauté des
religieuses de Notre-Dame du Calvaire est de date
récente. Elle est née au Quercy, dans la petite ville de
Gramat, en 1833. L'abbé Bonhomme qui la suscita
était ardent et d'une infatigable activité; il avait organisé un collège et fondé une congrégation de prêtres;
cela ne suffit pas à son zèle, et il réunit en congré-

gation des femmes qui aspiraient à se dévouer aux faibles et aux malheureux. A la fois enseignante, infirmière, hospitalière, accueillant les convalescentes à la sortie de l'hôpital, formant des ouvrières, instruisant des sourdes-muettes[1], cette congrégation n'a rien de contemplatif : elle agit et gravit sans repos le chemin de la bienfaisance. Elle est partout où l'on souffre, et ne se repose guère. Elle a été choisie avec discernement pour diriger l'Hospitalité du travail, car la maison d'Auteuil est à la fois une infirmerie, une école, un hospice et un ouvroir. La supérieure est très intelligente, alerte, de cœur large, compatissante au mal moral comme au mal physique, franche dans ses explications, menant son monde avec entrain, montant, descendant cinquante fois par jour les escaliers de sa maison et portant à la ceinture le trousseau de clefs qui sonne à côté du chapelet.

L'œuvre est trop pauvre actuellement pour acheter un terrain, et y bâtir ; elle est donc locataire d'une modeste maison qui semble appartenir à une petite ville de province et faite pour abriter un vieux ménage de goûts tranquilles et d'habitudes sédentaires. Balzac y eût volontiers placé un chanoine alourdi par l'âge, ou quelque vieille fille casanière, gardant son chat sur ses

1. La maison de Bourg-la-Reine où Anne Bergunion, quittant la rue des Postes, établit les jeunes filles aveugles et forma le noyau de la communauté des Sœurs de Saint-Paul, est occupée actuellement par des religieuses de la congrégation de Notre-Dame-du-Calvaire, qui y élèvent et y instruisent 200 sourdes-muettes.

genoux, tricotant et murmurant une romance du temps de sa jeunesse. C'est triste, froid, presque délabré; mais les religieuses ont passé par là, et tout, de la cave au grenier, est éclatant de propreté. Ce n'est qu'un berceau; il y en eut de plus humbles.

La porte cochère, percée d'un judas grillé, s'est ouverte; je suis entré dans une petite cour pavée, entourée sur trois côtés par des bâtiments à deux étages; une sœur blanche et noire est sortie de la loge du portier; j'ai traversé un étroit vestibule. Une ancienne salle à manger sert de salle d'attente et communique avec l'ancien salon, qui est devenu le parloir; ces pièces sont de dimension restreinte et d'apparence pauvrette; sur les murailles, en guise d'ornement, deux cartes photographiques représentant *le Christ* du Guide et *la Madone* de Carlo Dolci; ces reproductions de peintures molles, dont l'expressive douceur constitue le seul mérite, sont bien à leur place dans cette maison, où la tendresse accueille la débilité.

Sur la table il y a un registre, le registre officiel que la préfecture de police appelle le livre des garnis, délivré, signé, paraphé par le commissaire du quartier, et sur lequel, sous peine de contravention, il faut inscrire le nom, la date d'entrée, la profession, la provenance de toute personne prenant logis dans la maison. Chaque jour, les inspecteurs du service des garnis viennent relever les indications et signer la feuille de présence. Cette formalité est indispensable, car la maison est un caravansérail où passent les voyageuses sans asile et dont il peut être nécessaire de connaître les étapes. Sous ce rapport, mais sous ce rapport seulement, la maison est assimilée à celle des logeurs et est tenue de se conformer aux règlements protecteurs qui, dans certains cas, défendent la sécurité et éclairent la justice. À ses débuts, l'Hospitalité du travail a dû payer patente de logeur, mais elle a été exemptée de cette contribution, aussitôt que l'on eut reconnu les services qu'elle rendait à la population indigente de Paris.

J'ai parcouru le registre, qui est intéressant à plus d'un titre. On voit les provenances, elles sont diverses : l'hôpital, le vagabondage, la prison fournissent leur contingent; la plupart des noms sont suivis de la mention « sans papiers », c'est-à-dire identité contestable, parfois dissimulée, parfois même ignorée. Souvent, lorsque j'assistais, en 1869, à l'interrogatoire des femmes arrêtées, j'ai entendu des dialogues dont je restais troublé jusque dans l'âme : « Comment vous nommez-vous? — On m'appelle la Chiffonnette. — Ce n'est pas un nom. — Je n'en ai pas d'autre. — Quel est votre nom de famille? — Je ne sais pas. — Où est votre père? où est votre mère? — Je ne sais pas. — Les avez-vous connus? — Jamais. — Qui est-ce qui prend soin de vous? — Personne. — Avec qui vivez-vous? — Avec tout le monde. — Où demeurez-vous? — Nulle part. » Une fois, M. Maricot, sous-chef du bureau des mœurs à la préfecture de police, questionnait en ma présence une fillette de seize à dix-sept ans, ébouriffée, impudente et néanmoins émue. Brusquement il lui dit : « Avez-vous entendu parler de Dieu? » Elle répondit : « Dieu? Ah! oui, un vieux, qui a une grande barbe. »

Ces souvenirs s'évoquaient d'eux-mêmes pendant que je feuilletais le registre, et la note « sans papiers » me rappelait la longue théorie des filles perdues qui avaient défilé devant moi lorsque j'étudiais la race malade qui végète sur le trottoir, traverse Saint-Lazare, souffre à Lourcine, reste quelques jours à la Maternité, porte le fruit anonyme de sa déchéance à l'Hospice des Enfants assistés et meurt à la Salpêtrière, ou à la maison centrale de Clermont ou dans un asile d'aliénées.

Sur ce livre j'ai pu constater une fois de plus combien Paris serait peu misérable, si les misérables de province ne l'encombraient : les deux cents dernières entrées, que j'ai vérifiées une à une, fournissent un renseignement précis : trente-cinq Parisiennes, cent soixante-cinq provinciales ou étrangères : l'Italie, l'Espagne, le grand-duché de Bade, la Belgique, la Hollande sont représentés et figurent à côté de la Martinique, de l'Algérie et du Sénégal. On ne tient pas note de la religion, je le regrette; j'aurais voulu reproduire des chiffres et prouver que l'hospitalité est sans limites comme sans restriction; elle ne tient pas compte des sectes : elle accueille la juive, la protestante ou tout

autre; elle est vraiment catholique, au sens originel
du mot, c'est-à-dire universelle. Aux malheureuses qui
se présentent, elle ne demande pas : « Quel est le
Dieu que tu sers? » Elle dit : « Tu souffres, tu es
errante, sois la bienvenue; tu es à nous. »

Dans quel état arrivent-elles? On peut le comprendre
en visitant les annexes du grand dortoir ; à côté d'une
petite salle d'attente et d'un cabinet d'enregistrement,
s'ouvre une pièce violemment aérée et qui sent le soufre :
c'est la pouillerie. Là, autour d'un cylindre en tôle,
on suspend les nippes que rien n'a épargnées : ni la
pluie, ni le soleil, ni la crotte, ni le gravier des tas de
sable sur lesquels on a dormi, ni la terre des fossés
où l'on s'est couché. A côté de la robe d'indienne effilo-
chée, on accroche le jupon déchiré, et les bas, quand
il y en a, et la chemise, s'il en est. On purifie, on désin-
fecte ces pauvres loques, qui reprennent quelque consistance, perdent leurs parasites et leur odeur. Dès que
la femme a été accueillie, elle est déshabillée et mise
au bain. Elle aussi, comme son costume, elle a besoin
de déposer au fond d'une baignoire les scories étrangères dont elle est souillée. Il en est plus d'une qui
regimbe et qui dit : « Un bain? Pourquoi? Je ne suis
pas malade. » Leur expliquer que la malpropreté est,
sinon une maladie, du moins la cause de bien des
maladies, serait peine perdue. On se contente de leur
répondre : « C'est le règlement, » et on les surveille
pour que l'ablution ne soit pas évitée. Dans bien des

cas, l'étoupe et le savon noir seraient utiles ; si la maison est agrandie, si la salle de bains est bien outillée, on y viendra.

Le dortoir qui fait suite à la pouillerie est vaste, de construction récente et légère, — pans de bois et plâtre; — il doit être glacial, car j'y vois deux gros poêles en fonte que l'on allume le soir, pendant les mois d'hiver; les lits se pressent ; on en a ajouté quelques-uns dans la partie médiale; partout où une couchette a pu être installée, une femme de plus a été admise. Je compte soixante-huit lits dans cette seule salle; on en a dédoublé quelques-uns pour en créer un plus grand nombre; réglementairement, chaque lit doit être composé d'une paillasse et d'un matelas; plusieurs n'ont que l'une ou l'autre; on ne s'en plaint pas ; cela vaut mieux que le rebord des routes. Un traversin, des draps de forte toile et une couverture de campement complètent la literie, qui n'est inférieure en rien à celle des casernes et qui est supérieure à celle des navires de guerre.

Je suis surpris de voir cinq ou six lits si étroits et si courts qu'ils ressemblent à des berceaux. Ce sont des berceaux, en effet : qui accueille la mère ne peut repousser l'enfant. Un soir, une femme est venue, portant un pauvre petit dans ses bras ; elle a demandé asile : « Entrez vite, chauffez-vous; réchauffez l'enfant, qui a froid, » et à côté du lit de la mère on a installé la bercelonnette. Dans plus d'un cas, c'est une femme qui accourt, frappe en hâte, car elle va devenir mère. Bien vite on va chercher un fiacre, et une des neuf religieuses qui composent la congrégation de Paris la conduit à la Maternité, où elle n'arrive pas toujours à temps. Lorsque la malheureuse a quitté les salles de l'hôpital que l'Assistance publique a ouvertes pour elle, lorsque, chancelante encore, affaiblie par la souffrance et inquiète d'un double avenir, elle peut marcher pendant une heure, elle revient à la maison d'Auteuil, où on lui fait place, où on la soigne, où on lui enseigne le travail dont elle pourra vivre et faire vivre son enfant.

Pour abriter les pauvres êtres que la misère et parfois l'inconduite maternelle ont rendus chétifs, on aurait voulu fonder une crèche; cela n'a pas été possible. La bonne volonté ne suffit pas là où l'emplacement est trop étroit. On s'est donc forcément contenté de placer des berceaux dans le grand dortoir. C'était une dépense de plus; on l'eût acceptée sans hésitation; mais l'œuvre de l'Hospitalité du travail en est exonérée, grâce à l'initiative des jeunes filles élevées dans les couvents riches de Paris et principalement dans ceux de Notre-Dame du Roule et de Notre-Dame de Sion. Les pensionnaires se sont cotisées; elles ont restreint leurs petites dépenses, elles ont épargné leurs plaisirs, sur elles-mêmes elles ont prélevé la dîme de la bienfaisance et, de la sorte, elles font acte de mères adoptives envers les enfants vagissants à la maison d'Au-

teuil. Cette intervention est constante et rend courage
à plus d'une désespérée.

A l'égard de celles que le vice a déjà touchées du
doigt et qu'on ne parvient à lui arracher qu'à force de
commisération, une précaution touchante est prise par
les sœurs de l'Hospitalité. Quel que soit l'âge, quel que
soit l'état civil d'une femme, dès qu'elle est admise
dans la maison, on ne l'appelle que madame, et jamais
on ne prononce son nom de famille. C'est Mme Louise
ou Mme Antoinette, cût-elle seize ans, fût-elle grand'-
mère. En outre, on a remarqué que les filles-mères
ont une propension invincible à parler de leur enfant,
à en raconter les gentillesses ou à se plaindre des sacrifices qu'il impose. Par une délicatesse féminine que je
trouve exquise, la supérieure remet à ces malheureuses
une bague de cuivre qui simule l'alliance, cet emblème
visible du mariage que la femme du peuple ne quitte
jamais et qui, pour elle, constate son droit au respect.
Supercherie ingénieuse et qui n'a rien de frivole, car
elle arrête les suppositions injurieuses et les propos
désobligeants. Lorsqu'une femme se présente, la supérieure l'interroge : « Êtes-vous mariée? — Non. —
Avez-vous un enfant? — Oui. — Bien! Mettez cette
bague à votre doigt. » L'honneur est sauf, et le cœur
maternel pourra s'épancher sans péril.

La maison est bonne et les cœurs y sont compatis-
sants; cependant elle ne peut garder, elle ne peut aider
la femme dans les durs travaux qui succèdent à une

faute. Ainsi que je viens de le dire, elle s'en sépare momentanément; elle y est contrainte. Ni là, ni ailleurs, la charité chrétienne ne s'intéressse à ces malheureuses dans l'instant le plus redoutable de leur existence. O femmes, femmes irréprochables, mères dévouées, aïeules fières de votre lignée, pensez aux filles-mères; oubliez le péché, ne considérez que le désastre; ne continuez pas à vous détourner d'elles; ne punissez pas la preuve de la faute plus que la faute elle-même, dont le résultat seul est le plus cruel des châtiments; songez à tant de misères, à tant de jeunesse perdue, à toute une existence compromise pour une heure d'oubli, pour une rencontre peut-être anonyme. Que vos vertus impeccables, que le vœu de chasteté prononcé par les religieuses ne vous empêchent pas, ne les empêchent pas d'ouvrir quelque asile où ces infortunées trouveront le secours matériel et le secours moral dont elles ont besoin. A ces âmes fourvoyées il faut autre chose que le règlement administratif de la Maternité, de la *Bourbe*, comme elles disent; vous en relèverez plus d'une si vous y daignez compatir. Si, pareilles aux Dames du Bon-Pasteur, qui vont chercher les brebis malades jusqu'au fond des léproseries, vous ne reculez pas dans l'œuvre de la pitié, si vous tendez la main à la déchéance, si, par la compassion, vous ressaisissez des cœurs que le vice finira par atrophier, vous aurez diminué le nombre des berceaux dans l'hospice des Enfants-Assistés et vous aurez empêché bien des créatures, affolées par une minute d'hallucination, d'aller s'asseoir sur la sellette de la cour d'assises. Vous ferez mieux que saint Vincent de Paul, qui recueillait les enfants abandonnés : vous les sauverez avant leur naissance, en sauvant leurs mères.

Ce dortoir où la femme n'est point séparée de son enfant est la seule construction neuve de la maison ; il est facile de reconnaître qu'il a été élevé en hâte dans l'ancien jardin, dont il occupe la moitié. Ce qui reste du jardin n'est plus qu'une longue allée, grossièrement sablée, où l'on fait sécher le linge, où se promènent des poules s'efforçant de découvrir quelques miettes de pain au milieu des cailloux, sans ombrage, et terminé par un mur décrépit derrière lequel apparaissent les arbres d'un établissement hydrothérapique. C'est moins un jardin qu'un préau ; si triste qu'il soit, il a son utilité et peut permettre quelque exercice. Subsistera-t-il longtemps ? J'en doute ; au nombre toujours croissant de femmes qui viennent crier merci, on comprend que bientôt il disparaîtra et sera remplacé par un nouveau dortoir, où les places seront promptement disputées.

Les services rendus ont été de telle importance que la réputation de la maison s'est vite répandue dans le monde des surmenées et qu'à la porte la sonnette ne cesse de retentir. C'est hier cependant que l'œuvre fut fondée. La première entrée date du 19 novembre 1880. Une institutrice veuve, sans abri, sans pain, a inauguré l'Hospitalité du travail ; cela lui a porté bonheur ; elle n'y est pas restée longtemps et la situation dont elle a été pourvue avait de quoi la satisfaire. C'est là ce que cette institution a d'excellent et de véritablement maternel : non contente de s'ouvrir devant les malheureuses, de les hospitaliser, de les nourrir et bien souvent de les vêtir, de leur offrir un repos de trois mois, elle ne s'en sépare qu'en leur donnant une condition où la vie est assurée.

Pour les religieuses qui dirigent la maison, pour les femmes du monde qui les aident plus efficacement que par des conseils, le labeur est double : d'une part, subvenir aux besoins multiples de l'indigence éperdue ; d'autre part établir des relations au dehors, se mettre en communication des familles offrant toute garantie de moralité, regarder dans les magasins, dans les arrière-boutiques, dans les cuisines, dans les antichambres, dans les blanchisseries et y caser, en sécurité, celles qui sont tombées de misère sur le seuil, auxquelles on a rendu le goût de vivre, que l'on a restaurées, ramenées au bien et qui ne demandent plus que le salaire dû au travail.

L'acte de préservation est donc complet ; on l'exerce avec une persistance, avec une sagacité remarquables et dans des proportions qu'il est bon de faire connaître. Pendant les années 1881, 1882, 1883, le nombre des femmes reçues en hospitalité a été de 7,534, sur lesquelles 3,653 ont été placées : près de la moitié ; ce

chiffre est considérable, mais il paraîtra bien plus considérable si l'on sait que l'hospitalité de nuit a cessé
de fonctionner d'une façon régulière et définitive avec
les derniers jours de 1882; beaucoup de femmes,
en 1882 et en 1881, n'ont donc fait que traverser le
dortoir et ne se sont pas assises dans les ateliers. On
peut affirmer sans craindre de se tromper qu'actuellement les deux tiers au moins des femmes recueillies
ne quittent la maison que pour entrer en condition;
c'est là un résultat exceptionnel.

Le séjour est plus ou moins prolongé, selon les
occasions plus ou moins facilement rencontrées; mais
dans certains cas on a soin de ne se point presser,
car ce n'est pas seulement une indigente que l'on
héberge, c'est une malade ou peu s'en faut, et l'on
s'occupe de consolider sa santé avant de s'enquérir
d'une condition à lui offrir. En effet, et je l'ai dit plusieurs fois, il est impossible à nos hôpitaux déjà trop
encombrés de garder les malades aussi longtemps qu'il
serait nécessaire. Dès que la période aiguë et dange-
reuse du mal est passée, dès, comme l'on dit, que le
malade peut se tenir sur ses jambes, il est congédié;
car bien d'autres attendent qui réclament sa place. Les
plus heureux sont ceux qui, après le séjour à l'hôpital,
sont envoyés à l'hospice du Vésinet; mais là non plus
on ne leur permet pas toujours de recouvrer toute la
santé, et l'on abrège la convalescence.

Si la femme qui vient de traverser ces deux étapes

n'a point de famille pour la recevoir, point de domicile pour s'y réfugier, ce qui est le cas des servantes, si elle n'a pas de ressources, si nul être charitable ne l'accueille au foyer, que va-t-elle devenir, seule, pauvre, trop faible pour travailler, trop dolente encore pour faire les démarches où elle aura peut-être la fortune de trouver à mettre fin à sa misère? Elle va à Auteuil; la mère de l'Hospitalité ne la repousse pas; la convalescente peut se reposer dans la maison bienfaisante; peu à peu elle ressaisit ses forces; elle devient valide. Quand elle est enfin vaillante, on lui ouvre la condition où le pain de chaque jour sera le gain de son labeur; encore une qui sera sauvée! Dans les trois dernières années, 1815 femmes sortant des hôpitaux ou de l'hospice du Vésinet ont achevé de se guérir sous la surveillance et par les soins des religieuses de Notre-Dame du Calvaire.

II. — LES ATELIERS.

La préfecture de police. — Sa bienfaisance. — Circonstances exceptionnelles.
— Histoire d'une aveugle-née. — Les règlements sont faits pour être violés.
— Une femme sauvée. — Les impotentes. — Exiguïté des locaux. — Il
faut s'agrandir. — L'ouvroir. — Les surmenées. — « Il n'y a que la mort
qui soit sans remède. » — Sorties. — Expulsion. — Les amies. — Loyauté·
— Placement. — Adieu. — Les institutrices. — Fausse route. — Les
misérables et les vicieuses. — Les malades guéries. — Nombre des pensionnaires.·— Doit et avoir. — L'alimentation. — Déficit comblé par la charité. — Subvention ministérielle. — Au conseil municipal. — Visite des
conseillers municipaux. — Bon cœur et bon esprit. — La blanchisserie. —
Le rêve de la supérieure. — Neuf religieuses. — Labeur sans trêve. — Le
dévouement de la foi. — Le surnaturel. — Le vide.

L'hôpital n'est pas seul à déverser son trop-plein
à l'Hospitalité du travail; la préfecture de police a souvent recours à elle et lui demande de l'aider à faire
le bien. La police n'arrête pas seulement les voleurs et
les vagabonds de profession, elle ramasse aussi les indigents, compatit à leur détresse et cherche à les
secourir; mais, nous le savons, elle n'a d'autre asile à
leur offrir que ses postes ou son Dépôt; elle recule
devant cette extrémité; elle s'adresse alors aux maisons
charitables, dont mieux que nul autre elle peut apprécier l'utilité, et qu'elle soutient par de faibles subventions, en rapport avec son budget. Elle a l'œil exercé :
tout de suite elle fait la part de la misère et s'efforce
de la mettre sur la voie du salut. Dans ses bureaux, si
calomniés et pourtant si maternels, on sait que pau-

vreté n'est point crime, et l'on sait aussi que la vie
des grandes villes a des heures impitoyables.

Quand une femme sans argent ni logis a marché
toute la nuit et qu'épuisée, fourbue, elle est tombée
sur un banc, endormie de lassitude et désespérée, elle
n'a plus la force de fuir quand les gardiens de la paix
s'approchent d'elle et l'interrogent. Elle les suit humblement, vaincue par un destin sans pitié. Elle est conduite chez le commissaire de police, qui l'envoie à
« la division ». Là, on la questionne et l'on reconnaît
la vérité. On ne peut la diriger sur le Dépôt, qui est une
prison, car elle n'a commis aucun délit ; on ne peut la
livrer à « justice », car si elle a fait acte de vagabondage, elle y a été contrainte par les circonstances.
On écrit à la supérieure de la maison d'Auteuil : « Voilà
une femme qui a été trouvée errante sur la voie publique
et dont la misère seule est coupable, en voulez-vous? »
Puis on l'expédie sous la conduite d'un agent vêtu en
bourgeois ; la supérieure répond : « Je la garde et je la
garderai tant que je n'aurai pas trouvé à la placer. »

Si la première division de la préfecture voulait
ouvrir ses dossiers, on pourrait y rassembler les éléments d'un curieux travail : la police et la bienfaisance. Du mois de janvier 1881 à la fin du mois de
décembre 1883, le nombre des femmes entrées à l'Hospitalité du travail sous les auspices que je viens de dire
a été de 1,068, et, parmi elles, il y en a plus d'une
qui a dû s'étendre dans un lit et manger à sa faim

pour la première fois depuis longtemps. Au matin, lorsqu'elles se réveillent, elles sont toutes surprises de se trouver dans un dortoir et d'être enveloppées d'une couverture. L'une d'elles me disait : « Ah! monsieur, quelles délices! »

On est quelquefois en face de circonstances tellement étranges, qu'elles semblent appartenir au roman plus qu'à la réalité. Lorsque je visitai la maison d'Auteuil, j'aperçus dans la cour une femme aveugle qu'une religieuse tenait par le bras et dirigeait vers un escalier. Je fus étonné et je dis à la sœur : « Vous recevez donc aussi les aveugles? » Elle me répondit : « Nous ne pouvons cependant pas les mettre à la porte et les jeter dans la rue. » J'ai eu la curiosité de faire une enquête sur cette malheureuse, et j'en puis raconter l'histoire. Au mois de mars 1883, on fut surpris de voir une jeune femme aveugle se présenter inopinément à l'hospice des Quinze-Vingts et demander à y être admise. Elle arrivait en fiacre avec un petit bagage et venait directement de la gare du chemin de fer de Lyon-Méditerranée. On lui demanda ses titres d'admission, elle n'en avait pas; son âge, vingt-neuf ans; on lui fit observer que l'hospice ne s'ouvrait que pour les personnes ayant dépassé la quarantième année et qu'il était impossible de la recevoir. Le désappointement fut extrême, elle n'avait pas d'argent, elle n'avait point de domicile et ne connaissait personne à Paris.

Le bon roi saint Louis n'aurait pas refusé d'abriter

la malheureuse pendant quelques jours dans la maison qu'il a fondée, mais le bon roi saint Louis est mort, et il n'y a plus de vivant qu'un règlement qui ne supporte pas d'exceptions. La pauvre fille fut menée chez le commissaire du quartier, qui l'envoya au second bureau de la première division de la préfecture de police. On ne pouvait l'y garder; on ne savait où la mettre en hospitalité. Le chef de bureau la conduisit lui-même au Dépôt, afin de la recommander avec instance à la supérieure des Sœurs de Marie-Joseph, qui ont la garde des femmes détenues. Dès le lendemain, il écrit pour la signaler de nouveau aux soins particuliers des religieuses. La supérieure répond : « Elle a une literie double et la nourriture de l'infirmerie. » Là, du moins, elle était en repos et en sûreté; on avait quelque loisir pour la tirer du mauvais pas où son imprudence l'avait jetée.

Elle se nomme Philippine B... Elle est née aveugle à Ajaccio, fille naturelle de parents inconnus; la nourrice à laquelle on l'a confiée l'a gardée pendant son enfance. Sa ville natale la plaça à l'Institut des Jeunes-Aveugles de Toulouse; elle y reçut l'instruction compatible avec son infirmité et y resta jusqu'à l'âge de vingt-six ans; elle revint alors à Ajaccio, persuadée qu'elle y pourrait gagner sa vie en donnant des leçons à des enfants frappés de cécité; elle fut déçue de tout espoir et tomba dans la misère. Une personne charitable la recueillit pendant quelque temps et lui donna,

comme l'on dit, le vivre et le couvert. Elle se fatigue de
cette existence subalterne ; elle écrit au ministre de
l'intérieur et demande à être nommée institutrice dans
une maison d'éducation pour les aveugles ; on lui
répond que les cadres sont complets et qu'il n'y a point
de place pour elle. Cela ne la décourage pas ; elle a une
haute opinion d'elle, et ses illusions lui persuadent
qu'il lui suffira de venir à Paris pour être reçue par le
ministre de l'intérieur et pour obtenir de lui la création
immédiate d'une institution d'aveugles en Corse, dont
elle serait la directrice.

Ce projet s'empare d'elle jusqu'à l'obsession ; elle
ignore les formalités indispensables, les conditions
d'âge imposées, les diplômes dont il faut être pourvue.
Paris est pour elle une terre promise ; si elle y touche,
elle est sauvée, car là seulement on rend justice au
vrai mérite, et le sien ne sera pas méconnu. Elle
réussit à faire partager son erreur à une femme qui lui
voulait du bien ; elle en reçut le prix de son voyage et
partit. On a vu quelles ont été ses premières étapes ; on
voulut savoir à quoi s'en tenir sur son compte. Le
télégraphe interrogea qui de droit à Ajaccio ; la réponse
ne se fit pas attendre : « Philippine B... est d'une irréprochable moralité et très digne d'intérêt. » La préfecture de police entra immédiatement en campagne pour
enlever la malheureuse au Dépôt et la placer dans une
maison hospitalière.

On pensa d'abord aux Sœurs de Saint-Paul, qui, le

lecteur ne l'a pas oublié, se consacrent aux aveugles. Malheureusement la postulante était dans des conditions particulières qui rendaient son admission impossible : non seulement elle était trop âgée pour se plier à la discipline d'une maison où l'on travaille et où l'on prie, mais on savait, à n'en point douter, que, si elle entrait dans une association, ce serait pour y commander et non pour y obéir. Ses lettres en faisaient foi, lettres parfois emphatiques, un peu exaltées, où l'orgueil ne se dissimulait guère ; on y devinait sans peine que Philippine B... rêvait de fonder une œuvre, elle aussi, de la diriger, d'en être la supérieure. Entre elles et les religieuses de Saint-Paul la lutte eût commencé dès le premier jour ; la bonne tenue de la maison exigeait qu'elle n'y prît point place ; elle n'y fut pas reçue. Ces considérations morales, beaucoup plus que la question de la pension annuelle qu'elle ne pouvait payer, empêchèrent la supérieure de l'accueillir dans l'ouvroir de la cécité.

La déconvenue de la préfecture de police fut complète ; mais c'est une intelligente personne : elle comprit la valeur des objections qui neutralisaient une bienfaisance désireuse de s'exercer ; elle ne se découragea pas pour un échec ; elle commença par donner quelque argent à l'aveugle et consulta l'aumônier de Saint-Lazare, que ses fonctions mettent en rapport avec les œuvres charitables ouvertes aux femmes malheureuses. Il n'hésita pas et conduisit Philippine B... à l'Hospitalité du travail. Là, elle serait une exception et ne pourrait, par conséquent, exercer aucune influence fâcheuse sur des compagnes d'infirmité. Pendant les trois mois qu'elle avait le droit d'y rester, on pourrait peut-être la faire rapatrier par les soins du ministère de l'intérieur, ou, invoquant les prescriptions de la loi du 24 vendémiaire an II qui déterminent le domicile de secours, obtenir que la ville d'Ajaccio la prît à sa charge. J'ignore si la supérieure se fit tant de raisonnements, mais je sais qu'elle accepta Philippine. J'ai dit que pendant trois mois celle-ci pouvait demeurer dans la petite maison d'Auteuil; je le répète d'après le règlement; mais je connais les règlements des institutions secourables; on ne les délibère, on ne les promulgue que pour avoir le plaisir de les violer; jamais charte constitutionnelle ne fut moins respectée. Trois mois! il en faut sourire. Philippine B... est entrée à l'Hospitalité du travail le 5 mars 1883; elle y est toujours, et pendant longtemps encore sans doute elle y promènera son ennui, ses illusions et sa cécité.

Elle n'est pas la seule qui prolongera son séjour au delà du terme fixé; « il y a des précédents, » comme l'on dit en bureaucratie. Le 6 mars 1884, une femme a quitté la maison après y être restée pendant quatorze mois. Ayant atteint la zone trouble qui flotte de la quarante-cinquième à la cinquantième année, défaillant, se relevant, portée à l'hôpital, en sortant, y retournant, sans équilibre entre un passé qui s'efforçait de subsister encore et un état nouveau qui avait peine à saisir sa forme définitive, elle était incapable d'un service continu et exigeait tant de ménagements que nul maître n'aurait eu la condescendance de la garder. La foi religieuse est faite de patience, parce qu'elle ne désespère jamais. La pauvre femme en fit l'expérience à Auteuil. Lorsqu'elle tombait trop malade pour demeurer sans péril à la maison, elle était conduite à l'hôpital Beaujon ; dès qu'elle se sentait effleurée par la convalescence, elle retournait près des sœurs de l'Hospitalité. Cinq fois elle s'en alla, cinq fois elle rentra au bercail. Elle pleurait et perdait courage. La supérieure lui disait : « Ne vous désolez pas, ma bonne ; ce n'est qu'un mauvais temps à traverser, votre santé se rétablira et nous vous caserons. » La santé s'est enfin consolidée ; une place « très douce » a été offerte et acceptée avec gratitude. Sans la bonté des sœurs et si l'on s'était conformé à la lettre du règlement, que serait devenue cette malheureuse ?

Toutes les femmes qui viennent chercher un asile dans la maison ne sont pas valides et ingambes ; il y en a qui sont infirmes, qui sont estropiées, auxquelles toute besogne suivie est interdite par une débilité physique que rien ne peut vaincre ; les renverra-t-on, celles-là, précisément parce qu'elles sont plus à plaindre que d'autres ? Non pas ; elles sont au repos ; qu'elles y restent ! Elles encombrent la maison, me disait-on ; elles l'encombrent indéfiniment ; je l'ai vu ; le lieu de

passage devient un refuge définitif. Cela aussi est contraire au règlement; on ne s'en soucie, car la charité
est insatiable, jamais elle ne se donne assez, jamais
elle ne se donne trop. Une sœur, dont l'accent méridional dénonçait l'origine, me disait : « Eh! les pauvres! ce serait grand'pitié de ne pouvoir les garder, les
chères! »

A côté de l'œuvre transitoire, une œuvre ferme va
naître; je le crois du moins, quoiqu'on ne m'en ait
rien dit. On aura, — on a déjà, — tant de commisération pour les impotentes, les manchottes, les choréi-
ques, les vieilles affaiblies, qu'on ne saura leur refuser
l'accès de la maison; on ne tardera pas à s'apercevoir
qu'elles la remplissent et alors on aura pour elles une
maison spéciale dont elles seront les maîtresses et où
les religieuses les serviront. La charité a accompli de
plus grands prodiges; si l'on veut savoir comment les
œuvres de la bienfaisance privée s'épanouissent et se
dilatent, il faut regarder du côté de l'Hospitalité du
travail; je serais bien surpris si, de ce tronc qui sort à
peine de terre, ne jaillissaient des rameaux féconds.
L'arbre sera transplanté, car il pousse sur un terrain
tellement étroit, qu'il est menacé d'y être étouffé.

La maison est trop petite, si petite qu'elle en devient
inhospitalière et qu'elle ment à son titre. Dans le réfectoire, il faut faire deux ou trois tablées successives,
car on a beau presser les places les unes contre les
autres, on ne peut réussir à y entasser que le tiers en-

viron des pensionnaires. Pour la cuisine, il en est de même, et je ne devine pas comment on parvient à y préparer tant de repas et tant de portions. Escaliers resserrés, dortoirs où les lits se touchent, recoins qui servent de lavabos, cabinets noirs dont on fait des vestiaires, grenier qui est une chapelle, soupente où couchent la supérieure et deux religieuses, loge de tourière qui est une niche, tout est à jeter bas et à remplacer par de larges salles que commande le nombre des femmes hospitalisées et qu'imposent les lois de l'hygiène.

Est-ce sur l'emplacement aujourd'hui occupé que l'on pourra bâtir? Non, certes; on est enclavé par des propriétés dont le prix est trop élevé pour ne pas faire reculer une œuvre qui trouve ses plus sûres ressources dans les offrandes versées par des mains charitables. On ne veut pas quitter Auteuil, on ne veut pas s'éloigner du lieu de naissance, je le comprends; mais ce XVIᵉ arrondissement, nouvellement annexé à Paris, possède de vastes terrains, de vieux jardins où des constructions pourraient s'élever et s'étaler sans gêne. J'en parle à mon aise; il est plus facile de faire des projets que de les réaliser et je ne devrais pas oublier que le loyer de la maison, qui est de 8,500 francs, est une lourde charge pour l'œuvre qui tend la main et quête au profit des pauvres femmes qu'elle accueille.

Lorsque l'on pénètre dans les ateliers, on est frappé de la dimension dérisoire de ces pièces rabougries où les plafonds sont trop bas, les murs trop rapprochés, où les carreaux du dallage se soulèvent d'eux-mêmes, où les portes ferment mal, où tout est vieux et ressemble aux chambrettes d'un « vide-bouteille » abandonné. Là où il faudrait de la place pour installer des tables et donner toute liberté aux mouvements, les ouvrières sont forcées de coudre « les coudes aux corps », faute d'espace. Dans chaque ouvroir il y a trente ou quarante femmes qui travaillent sous la surveillance d'une religieuse, silencieusement, maniant l'aiguille avec rapidité et faisant de la lingerie. Les ateliers communiquent entre eux par des portes étroites ; tout le monde a les yeux baissés sur l'ouvrage ; je regarde et à bien des mains je reconnais la bague de cuivre qui est l'alliance simulée.

Quelques-unes de ces femmes sont jeunes ; peu sont jolies ; il y a en elles je ne sais quoi de flétri et de fané qui ne reverdira plus. Elles ont traversé trop d'angoisses ; elles sont marquées avant l'âge et ce n'est pas le temps seul qui les a ridées. Presque toutes les chevelures sont ternes, comme si la sève, prématurément tarie, ne les alimentait plus. Bien des mains sont rugueuses, avec des ongles écaillés et une certaine rigidité dans les doigts ; on voit qu'avant de tirer la sonnette de la maison hospitalière elles n'ont reculé devant aucune besogne, qu'elles ont foui la terre, gâché le mortier et bottelé la paille. La plupart sont d'attitude humble ; la vie a trop pesé sur leurs épaules, elles en restent courbées ; deux ou trois ont gardé quelque impudence dans le regard et un sourire narquois qui semble l'expression d'un souvenir que la vie régulière achèvera d'effacer.

Toutes ne sont pas arrivées ici en passant par la grand'route et plus d'une a pris le chemin de traverse, le chemin mal tracé, peu éclairé, coupé de fossés où l'on tombe et de marécages où l'on se noie. Il y a les petites provinciales, ivres des illusions dont j'ai parlé, que les placeuses ont grugées, auxquelles on a tout offert, excepté un métier honnête et qui sont accourues vers les religieuses. Il y a les pauvres servantes que leurs maîtres ont chassées parce que leur faute devenait trop apparente, qui ont songé au suicide, qui peut-être ont essayé de se suicider et qu'une bonne inspiration ou un bon commissaire de police a conduites à la maison d'Auteuil. Il y a les femmes abandonnées par leur mari ou qui se sont enfuies de la chambre conjugale, parce qu'il les battait, les volait et les forçait à céder place à une concubine. Il y a là toutes les misères, toutes les infortunes, toutes les déceptions ; mais à côté, près du cœur, il y a la charité qui veille, qui ranime l'espérance et relève le courage. Je regardais ces êtres auxquels les hasards n'ont pas été plus cléments que leurs passions, et je tournai les yeux vers la supérieure ; elle me comprit, et à ma muette interrogation elle répondit : « Il n'y a que la mort qui soit sans remède. » Dans une telle bouche, ce lieu commun me parut admirable. Du reste, la moitié au moins de ces femmes sont probes et de bonnes mœurs ; si elles sont tombées si bas·que la charité privée les a ramassées pour leur éviter les lenteurs et l'insuffisance de la charité publique, c'est qu'elles étaient sans ressources et dans l'impossibilité de subvenir à elles-mêmes.

On n'est ni prisonnier ni cloîtré dans la petite maison d'Auteuil ; celles qui trouvent la discipline trop étroite, — elle est fort large, — restent libres de pousser la porte et de reprendre la vie errante. La supérieure accorde des sorties, mais ces sorties sont toujours inopinées ; on ne veut pas les régulariser, on a soin de ne jamais les annoncer d'avance, afin d'éviter les rendez-vous concertés et les rechutes qui deviennent souvent mortelles, lorsqu'elles se produisent au cabaret. Là, comme dans tous les refuges où viennent s'abriter des êtres que la brutalité du sort a malmenés, on sait que l'eau-de-vie est mauvaise conseillère, qu'elle désagrège les résolutions les meilleures et qu'elle pousse aux fautes dont les conséquences sont parfois redoutables ; aussi sur ce point la règle est inflexible : une femme qui rentre ivre est expulsée ; quelles que soient ses protestations, quelle que soit sa conduite antérieure, un seul excès de boisson suffit à la mettre dehors et à lui fermer pour toujours la porte de l'Hospitalité. Cela n'est que juste : la maison est un lieu de repos, d'éducation morale, de préparation au

travail rémunéré. Si l'ivresse s'y introduisait, le bien
déjà obtenu serait compromis et toute espérance d'amélioration pour l'avenir devrait être abandonnée. La
surveillance des religieuses à cet égard est rigoureuse,
et j'estime qu'il n'est point facile de la mettre en
défaut.

La plupart de ces pauvres femmes sont de volonté
molle et d'âme inconsistante; dans leur vie sans lendemain, le hasard a joué le principal rôle : elles n'ont
guère eu que des rencontres, nulle affection sérieuse
ne les a soutenues; aussi sont-elles surprises et comme
déroutées, dans les premiers temps de leur séjour à
Auteuil, lorsqu'elles voient qu'on les protège contre
l'oisiveté, qu'on les astreint à un travail en rapport
avec leurs forces et qui les défend contre elles-mêmes.
Les plus faibles se dénoncent au premier abord lorsqu'elles arrivent; presque toujours elles sont accom-
pagnées d'une autre femme qui, par esprit d'imitation,
plus peut-être que par nécessité, demande à être reçue
dans la maison. Le résultat de l'interrogatoire est
presque toujours identique : « Quelle est cette femme
qui est avec vous ? — C'est mon amie. — Depuis quand
la connaissez-vous ? — Depuis hier. — Où l'avez-vous
rencontrée ? — Dans une crèmerie. » On sait à quoi
s'en tenir, et si les deux postulantes sont admises, on
fait en sorte de les isoler l'une de l'autre, autant que
le permet la dimension des ateliers et des dortoirs. La
précaution est sage; malheureusement, on ne peut

éviter les confidences, le récit des aventures qui réveillent et qui tentent l'imagination. Les servantes sans place qui se complaisent à dévoiler les mystères du sixième étage des maisons bourgeoises de Paris, des corridors où s'ouvrent les chambres de domestiques, sont dangereuses entre toutes; pour elles c'est comme le pays des Lotophages, on le regrette et l'on y voudrait retourner.

La supérieure, qui est experte et perspicace, qui a reçu bien des confessions et qui souvent a dû porter la main à son chapelet en écoutant certaines histoires, est à la fois très loyale et très prudente dans le rôle d'intermédiaire qu'elle exerce avec une rare bonté. Aux personnes chez qui elle place ses pensionnaires elle ne dissimule rien; il y a pour elle un cas de conscience à ne jamais tromper les maîtres et les patrons en quête de servantes ou d'ouvrières que le bon renom de la maison a attirés. Elle dit la vérité, ne plaide même pas les circonstances atténuantes, fait partager l'espérance qu'elle a conçue et ne se trompe guère dans ses appréciations. Lorsqu'une de ces malheureuses a cette bonne fortune d'être désignée pour une place, la supérieure la fait venir et lui apprend qu'elle est pourvue; elle visite ses hardes, pauvres nippes réparées vaille que vaille et où manque plus d'une pièce essentielle; elle y ajoute une ou deux chemises, des bas, un fichu, parfois une robe, puis elle la conduit elle-même jusqu'à la porte. Là, au seuil, les pieds déjà sur le pavé de la rue, elle lui remet l'adresse de la demeure où elle est attendue pour prendre condition : « Allez, ma fille, et que Dieu vous garde! » De cette façon, nulle de ses compagnes ne saura où elle va et ne pourra se mettre en correspondance avec elle. Par le fait, elle rompt avec son passé et pénètre dans une vie nouvelle.

Les situations qu'on leur procure ainsi sont nécessairement inégales et correspondent à leurs aptitudes, que l'on a étudiées avec sagacité ; les unes sont « bonnes à tout faire » avec un petit gage et beaucoup de fatigue, mais elles ont le pain du jour, le repos de la nuit et la sécurité de l'avenir ; d'autres sont femmes de chambre, ouvrières dans un atelier de couture, blanchisseuses dans une blanchisserie, filles de cuisine, quelquefois cuisinières, et — je dois le dire — institutrices. Oui, des jeunes filles qui ont fait des études sérieuses, qui ont franchi lestement le pas des examens, qui ont en poche le « brevet » du second et du premier degré, peuvent, sans avoir une défaillance à se reprocher, en arriver à un tel degré de dénuement, qu'elles sont heureuses de trouver abri à la maison d'Auteuil. La moitié des institutrices aptes à faire une éducation ou à diriger les classes d'une école battent le pavé, frappent vainement de porte en porte, sont rebutées, tombent dans la misère ou, pour vivre, dans la dépravation.

La mode s'y est mise dans le monde ouvrier qui se grise de rhétorique, a horreur de l'outil et s'imagine qu'un diplôme timbré et parafé assure l'existence. Le

résultat était facile à prévoir : la jeune fille ne sait aucun état d'où elle puisse tirer sa subsistance ; elle est
institutrice, c'est vrai ; mais le moindre grain de mil
ferait mieux son affaire, car elle ne peut utiliser sa
science acquise ; elle n'en vit pas, elle en meurt ; les
notions historiques ne donnent pas de pain, et la solution des problèmes de géométrie ne paye pas le loyer.
On m'a affirmé — et je le répète sans avoir vérifié —
qu'aujourd'hui trois mille institutrices, munies de brevet, avaient adressé à la préfecture de la Seine des demandes qui restent forcément sans réponse. Que sera-
ce donc, lorsque les lycées de filles auront versé leurs
produits dans la population féminine ? J'ai posé la
question à un moraliste, qui m'a répondu : « Ça relèvera
le niveau intellectuel des filles entretenues. »

Les pensionnaires de l'Hospitalité du travail qui sont
placées par les soins de la supérieure et par les femmes
de bien protectrices de l'œuvre, sont de deux catégories : les unes, que la misère, la misère seule, a réduites
en cet état, sont sauvées dès qu'elles trouvent le pain,
l'abri, la besogne et le gain assuré. Les autres, qui ont
des tares dans leur vie, qui ont fait l'expérience des
mauvais chemins où mène l'abandon de soi-même, et
qui, dans la maison d'Auteuil, ont été astreintes à une
sorte de retraite dont le calme les a peut-être pénétrées,
les vicieuses, en un mot, sont-elles relevées ? Sans exa-
gération, on peut répondre oui, pour la presque totalité. Le bon traitement, la douceur, la discipline de

l'existence, la régularité du travail, la liberté de conscience absolument respectée, ont produit leur effet. L'apaisement s'est fait dans ces âmes inquiètes, l'esprit de révolte s'est éteint, le cœur s'est dilaté sous l'influence des bontés maternelles. « Le petit troupeau marche tout seul, me disait la supérieure, il est rare que je ne sois pas satisfaite. » Une fois dehors, libérées de la règle, livrées à elles-mêmes, en condition, restent-elles ce qu'elles ont promis d'être, probes et honnêtes? Oui, et on en a une preuve qui ne laisse aucun doute.

Les médecins aliénistes reconnaissent qu'un de leurs malades atteint d'affection mentale ou nerveuse est radicalement guéri, lorsqu'il conserve pour ceux qui l'ont soigné, pour la maison dans laquelle il a été traité, une gratitude constante, et dont l'expression cherche les occasions de se manifester. Il en est de même pour les malheureuses dont je parle : leur reconnaissance est en raison directe de leur persistance dans le bien. On ne s'y trompe pas : on sait que toute femme qui profite de ses jours de congé pour venir voir la supérieure, la remercier, qui s'informe de ses anciennes compagnes et regarde avec attendrissement la petite maison où elle a été recueillie, on sait que cette femme est dans la bonne route et qu'elle n'en déviera pas. Presque toutes celles que l'on a placées dans les circonstances que je viens de dire reviennent et témoignent à leur passé un sentiment qui est un gage pour leur avenir. Le fait est à signaler, car, en général, on aime les gens pour le bien qu'on leur fait et non pour le bien que l'on en reçoit.

La maison, lorsque je l'ai visitée, contenait cent quinze femmes, ce qui est à peu près le chiffre normal, et ce qui est incompréhensible, car il est inexplicable qu'un si grand nombre de personnes puissent être comprimées, sans étouffer, dans un espace si restreint. Cent quinze femmes à héberger, à nourrir, à vêtir pendant les trois cent soixante-cinq jours de l'année, cela coûte cher. Elles ont beau travailler au profit de l'œuvre, l'œuvre ne pourrait subsister si elle n'avait d'autres ressources que les produits de l'ouvroir. J'ai entre les mains les comptes de 1883 ; ils sont intéressants à faire connaître et permettront de surprendre la charité privée sur le fait. Les dépenses se sont élevées au chiffre de 59,628 fr. 40, ce qui est bien peu, car le loyer compte déjà pour 8,500 francs et les dons en linge et en vêtements pour 5,300 francs. Le produit du travail, probablement soumissionné par un entrepreneur, représente 19,000 francs ; l'écart est considérable : pour faire face aux exigences de l'hospitalité, il faut ajouter 40,000 francs : où les trouver ?

Le ministère de l'intérieur accorde une subvention de 2,000 francs, et la préfecture de police, qui, nous l'avons vu, est en relation de bienfaisance avec la maison d'Auteuil, lui donne 1,000 francs ; l'écart est diminué, mais il faut qu'il soit comblé, sinon l'œuvre périrait.

On s'adresse à la charité, qui répond en donnant par une quête 720 francs, à une vente 6,450 francs, et enfin 30,768 francs par souscriptions ou de la main à la main. De sorte qu'au 31 décembre, toutes dépenses payées, on reste avec cent quinze pensionnaires dans la maison et 310 francs en caisse. Quelle opération financière! on ne calcule pas, on n'hésite pas, on inaugure avec confiance la nouvelle année. En vérité, le proverbe a raison : il n'y a que la foi qui sauve.

L'économie qui préside aux dépenses de la maison explique en partie la hardiesse avec laquelle on se jette dans l'inconnu avec la certitude de ne pas succomber à la tâche. Pour bien comprendre le rapport ou, pour mieux dire, la différence qui existe entre les nécessités à pourvoir et les ressources dont on dispose, j'ai examiné les comptes de la cuisine et j'ai été stupéfait. La nourriture est bonne, substantielle et supérieure à celle de bien des ménages d'ouvriers. Régulièrement et chaque jour, les pensionnaires font quatre repas : au déjeuner, la soupe et du pain de la veille ; au dîner, la soupe, un plat de viande et un plat de légumes ; au goûter, du pain ; au souper, la soupe et des légumes ; le dessert est exceptionnel et n'est jamais servi qu'à l'époque de certaines grandes fêtes. La provende est donc abondante ; pour l'année 1883, elle n'a coûté que 36,440 francs, ce qui représente une dépense quotidienne de 0 fr. 86 1/2 pour la table de chaque pensionnaire. Le vin est exclu des repas ; pour le prix que

l'on y pourrait mettre, on n'aurait que des liquides
frelatés et malsains ; on l'a remplacé par de la bière
brassée dans la maison même. En récapitulant et en
divisant les chiffres que j'ai cités, on voit qu'une femme
hospitalisée rapporte 45 centimes par jour, et que son
entretien revient à 1 fr. 42. Le déficit entraînerait la
perte de l'œuvre si la charité privée se ménageait et ne
fouillait dans sa bourse.

Le ministère de l'intérieur, appréciant les services
que l'on rend à la population parisienne, n'a pas hésité, je viens de le dire, à octroyer une subvention à
l'Hospitalité du travail. Le conseil municipal a été saisi
d'une demande de subsides qui a donné lieu à un incident que je ne pourrais sans déloyauté passer sous
silence. M. Cattiaux, rapporteur, a dit : « Cette œuvre
est religieuse et votre commission vous propose le re-
jet de la demande. Il vous semblera peut-être étrange
que moi, qui, en principe, refuse toute allocation à une
œuvre où l'idée religieuse trouve place, je vienne parler
de l'œuvre de l'Hospitalité. J'ai visité hier l'établissement. J'y ai vu venir des femmes qui reçoivent gîte et
nourriture et peuvent rester jusqu'à ce qu'on ait pu
es placer. J'y ai vu aussi une grande tolérance religieuse. Je me plais à reconnaître l'utilité de cette
œuvre... » Et plus loin, répondant à une interpellation
d'un de ses collègues : « J'ai constaté que l'œuvre était
excellente, je le dis. Qu'elle vienne de droite ou de
gauche, une œuvre bonne est toujours bonne, et je ne

puis pas ne pas la trouver bonne. » Le directeur de
l'Assistance publique ajoute : « Le grand avantage de
cette œuvre, c'est qu'elle place les jeunes filles et les
empêche ainsi de tomber dans la mauvaise voie. Elle
est très méritante et je déclare que, pour ma part, j'en
suis jaloux[1]. » C'est là un acte de bonne foi que l'on
ne saurait trop approuver ; il entraîna le renvoi du
projet à la commission.

Plusieurs conseillers municipaux voulurent, comme
l'on dit, en avoir le cœur net et se rendirent à Auteuil ;
ils purent parcourir la maison, compulser les registres,
prendre les faits sur le vif et voir la charité dans son
labeur quotidien. La visite eut un résultat qu'il faut
louer sans réserve : deux subventions de 1,000 francs
chacune furent accordées par le conseil général et par
le conseil municipal à l'Hospitalité du travail. Je sais
que les robes noires et les guimpes blanches déplaisent
à la libre pensée, mais on a eu le bon cœur et le bon
esprit de ne point tenir compte de ce détail et de n'en-
visager que l'ampleur des services rendus. Qu'importe
qui fait le bien, pourvu que le bien soit fait? Le jour où,
à son allocation, le conseil municipal ajouterait le dé-
grèvement des frais d'eau et de gaz consommés dans la
pauvre maison, qui est si hospitalière, les ressources
employées au salut des malheureuses seraient augmen-
tées d'autant.

1. Voir le *Bulletin municipal officiel* du 29 décembre 1883, p. 1838.

Cette hospitalité serait plus fructueuse encore, et presque sans limites, si l'œuvre était assez riche pour se développer sur un espace suffisant et pour s'outiller d'une façon sérieuse. La supérieure est persuadée qu'elle ferait face à tous les frais et se passerait des subventions, des souscriptions, des offrandes, si elle parvenait à réaliser son rêve, qui est de créer une blanchisserie. L'idée n'est point spécieuse et doit être expliquée. Parmi les femmes qui entrent à la maison d'Auteuil, il y a des ouvrières, des servantes, des institutrices, nous l'avons fait remarquer; mais la plupart sont des journalières, c'est-à-dire de pauvres créatures ne sachant aucun métier, qui se disent aptes à tout et ne sont bonnes à rien. Celles-là, auxquelles on n'a pas le loisir d'enseigner la couture, sont employées dans la buanderie; avec le système actuel des lessiveuses mécaniques, une femme peut, sans apprentissage préalable, blanchir le linge convenablement et produire un gain dont profiterait l'œuvre commune.

Aujourd'hui, à l'Hospitalité du travail, la buanderie ne peut contenir qu'un nombre très limité d'ouvrières, et elle est de proportion tellement minime, qu'elle est encombrée par le seul linge de la maison. C'est une sorte de cave; le fourneau, le cuvier à lessive, les auges à rincer, laissent à peine la place de se mouvoir; le repassage se fait sous les combles, dans un grenier où l'on étouffe. Dans la maison que l'on occupe, ne possédant que des ressources aléatoires, il est impossible de

donner à la buanderie des dimensions qui permettraient d'en retirer un produit dont l'Hospitalité, c'est-
à-dire la misère, bénéficierait. Ce serait tout autre
chose si l'on pouvait établir une véritable blanchisserie,
avec machine à vapeur et cuves de cuivre, dans de larges
salles où les laveuses, debout devant les bassins, savon-
neraient, battraient, rinceraient le linge venu de l'extérieur, apporté des collèges, envoyé par les couvents,
expédié par les particuliers. Les journalières, promptement devenues de bonnes laveuses, assureraient la
prospérité de l'œuvre, et la rémunération de leur travail
serait pour la maison une cause d'accroissement et
une source de bienfaits. La supérieure est absolue dans
son affirmation : « Le jour où nous aurons une blanchisserie, l'œuvre se suffira à elle-même et croîtra. »
Plaise à Dieu qu'elle ait bientôt une blanchisserie!

La besogne est active dans la petite maison, où le
labeur est rendu plus fatigant encore par la distribution irrégulière et par l'insuffisance du local. Si l'on
est étonné d'y voir cent quinze femmes entassées, on est
surpris que neuf religieuses seulement puissent subvenir aux nécessités d'un service ininterrompu. C'est
du matin au soir qu'il faut être sur pied pour répondre
aux malheureuses qui arrivent, pour recevoir les maîtres
qui viennent demander une ouvrière ou une servante,
pour diriger celles qui partent en condition, pour raffermir celles qui se découragent, consoler celles qui
se désespèrent, et verser à toutes le bien dont elles ont

besoin. C'est l'œuvre vraiment religieuse et secourable qui à toute minute s'accomplit, se renouvelle et ne se lasse pas.

Une journée passée dans le parloir en apprend plus sur la misère de la femme et sur l'action de la charité que toutes les dissertations des moralistes et que tous les sermons. On les voit aux prises dans ces luttes secrètes où l'âme se déploie. Si multiple, si farouche, si implacable que soit la misère, la charité ne recule pas : elle aussi, elle prend toutes les formes ; aux cruautés du sort elle oppose les douceurs d'une maternité que rien n'épuise et qui semble se féconder à mesure qu'elle pénètre plus profondément dans les stérilités de l'infortune. De toutes les voluptés, la plus exquise est peut-être le sacrifice de soi-même.

Une œuvre comme celle de l'Hospitalité du travail pourrait-elle être dirigée administrativement par des fonctionnaires relevant du ministère de l'intérieur ou de la préfecture de la Seine ? Je ne le crois pas. Jamais une femme salariée, quel que soit son salaire, ne pourra faire ce que fait naturellement une religieuse qui n'est point payée, qui mange quand tout le monde a mangé, qui se couche quand tout le monde est couché, et qui se lève avant que personne soit levé. Pour rechercher de tels travaux, les aimer, s'y donner sans mesure, y trouver sa récompense et n'en demander nulle autre, il faut avoir la vocation du dévouement et croire que l'on obéit aux injonctions d'une pensée su-

périeure. La régularité, l'économie, l'esprit de direction sont indispensables à de telles fonctions ; mais
que seraient ces qualités administratives si elles n'é-
taient dominées et pour ainsi dire enveloppées par
la tendresse qui s'inquiète du mal dans l'espoir de le
guérir, et qui pénètre l'âme avec la volonté de la sauver ? C'est précisément ce qu'il y a de surnaturel dans
la foi qui lui permet d'accomplir des œuvres que l'on
dirait surnaturelles, tant elles nous paraissent grandes
et secourables. Si, à cette foi qui ne doute de rien
parce qu'elle ne peut douter d'elle-même, on substitue l'autorité des employés et des bureaucrates, nul
effort ne pourra remplacer l'action des croyances
qui s'affirment en épousant toutes les douleurs et
en s'associant à toutes les infortunes.

L'être humain ne vit pas que d'abstractions ; à défaut de réalités tangibles, où il puisse fixer l'espérance
qui pour lui est le premier des besoins, il s'attache à
des conceptions dont il fait sa force et dont il récolte
une inépuisable vigueur pour le bien. A ceux dont la
récompense n'est point de ce monde nul sacrifice ne
semble onéreux. Au delà de cette vie ils aperçoivent un
point éclatant vers lequel ils marchent sans détourner
la tête. Plus l'action est pénible, plus le dévouement
est absolu, et plus le point lumineux grandit. La certitude d'entrer dans la lumière les pousse à des actes
dont profite le peuple de la souffrance. C'est pourquoi
il est criminel de chercher à éteindre cette lumière.

J'ai connu un homme de bien qui a subi de dures
déceptions en croyant à la vertu des foules et au désintéressement universel ; vieilli, il s'est réfugié dans
les idées abstraites : « Vous montez haut, lui dis-je un
jour. — Il sourit en me répondant : Oui, mais je
monte dans le vide. » — J'ai gardé souvenance du
mot. Ce n'est pas dans le vide que s'élèvent les femmes
qui protègent et qui dirigent l'Hospitalité du travail.

CHAPITRE VIII

L'HOSPITALITÉ DE NUIT

I. — LES BIENFAITEURS.

Œuvre laïque. — Bienfait de la charité. — Renouvelé des Grecs. — Au douzième siècle. — L'hôpital Saint-Anastase et Saint-Gervais. — Inscription. — Les Catherinettes. — Pendant la Révolution. — La charité administrative et la charité privée. — Le comité catholique. — Les promoteurs. — Le conseil d'administration. — M. Lecour, chef de la première division de la préfecture de police. — Le règlement des Catherinettes. — La ferme de Monceau. — Les workhouses de Londres. — La tradition du moyen âge. — Le neveu de Rameau. — Inauguration. — Prévisions dépassées. — L'action de la presse quotidienne. — Les grands magasins. — M. Beaudenom de Lamaze. — Bienfaisance et largesse. — Boulevard de Vaugirard. — La librairie Hachette. — Le mois de décembre 1879. — L'hospitalité du *Figaro*. — Rue de Laghouat. — Établissement d'utilité publique. — Les capitaines. — Les vice-présidents.

Les gens de bien qui ont ouvert à Paris trois vastes asiles où quatre cents personnes peuvent trouver un refuge pendant la nuit, n'appartiennent à aucune communauté, à aucune congrégation religieuse; l'œuvre qu'ils ont fondée, qu'ils soutiennent de leurs deniers et en sollicitant des offrandes, est exclusivement laïque; néanmoins elle a été inspirée par la foi en Dieu, par la charité envers le prochain, par l'espérance d'arracher celui-ci à un sort néfaste. On n'y aperçoit ni le scapulaire des Hospitaliers de Saint-Jean-de-Dieu, ni la soutane de l'abbé Roussel, ni la robe noire des Sœurs de Saint-Paul, mais on y sent planer l'esprit de miséricorde qui s'ingénie à soulager la souffrance et à ramener dans le bon sentier ceux qu'une circonstance adverse ou le vice en a écartés. Les officiers en retraite, les hommes du monde, les négociants, les anciens notaires qui dirigent cette association où la richesse vient au secours de la misère, ne donnent pas seulement leur argent, ils ne se tiennent pas quittes avec une cotisation plus ou moins généreuse; ils délaissent les loisirs de leur existence et s'empressent, comme des volontaires de la bienfaisance, de veiller eux-mêmes à la réception, à l'installation, au salut de ceux qu'ils ont recueillis.

Ce spectacle a sa grandeur et les résultats sont appréciables. Tel qui est entré dans la maison révolté, farouche et murmurant des blasphèmes, en est sorti apaisé, vivifié par un repos momentané, réconforté par le bon vouloir dont il a été l'objet et résigné à faire acte de courage pour arracher son pain à un métier mal rétribué. En telle matière il faut s'attendre à des déceptions et ne s'en point émouvoir. La conséquence immédiate de la charité est d'être un bienfait pour celui qui l'exerce; si elle atténue la pauvreté et la douleur d'autrui, elle a touché son but; si elle ne réussit pas,

elle n'en est pas moins un agrandissement moral et
une jouissance pour celui qui a tenté l'aventure. C'est
pourquoi les hommes qui se consacrent aux bonnes
œuvres ignorent le découragement.

Lorsque la première maison de l'Hospitalité de nuit
fut ouverte à Paris, en 1878, ce fut un applaudissement
général; on célébra l'ingéniosité de la philanthropie
moderne; on compara notre temps aux temps anciens,
et l'on s'enorgueillit de la marche incessante du progrès. Je l'approuve avec autant d'énergie que quiconque, mais à la condition de ne point mettre en oubli
les droits de l'histoire. Je ne voudrais, sous aucun
prétexte, être maussade envers les fondateurs de ces
irréprochables asiles, mais il m'est impossible de ne
pas constater que leur invention est renouvelée des
Grecs. Le nom originel l'indique : Ξενοδοχεῖον[1], le lieu
où l'on héberge les étrangers; c'est le *Xenodochium* de
l'Église primitive, qui se souvenait du mot de saint
Paul aux Romains : « Empressez-vous d'exercer l'hospitalité, » et qui ne ménageait point ses refuges aux
pèlerins, aux voyageurs, aux infirmes, aux malades.
La plupart des hôpitaux et des hospices n'ont pas
d'autre origine; ainsi l'on peut dire que c'est le vieil
esprit de l'Église, l'esprit de fraternité, qui a inspiré
les créateurs de ces nouvelles maisons hospitalières.

Au moment où la Révolution va bouleverser l'ancienne

---

1. Le grec moderne a conservé le mot, mais avec le sens exclusif
d'auberge.

société française et mettre à néant ses abus aussi bien
que ses grandeurs, deux asiles temporaires, datant du
douzième siècle, fonctionnent encore à Paris et relèvent
de la même congrégation religieuse. Le premier, dont
une charte mentionne l'origine dès 1171, est l'hôpital
Saint-Anastase et Saint-Gervais, dirigé par les Hospitalières de Saint-Augustin, et qui occupait l'emplacement où s'élèvent aujourd'hui les constructions du
marché des Blancs-Manteaux. Là on ne recevait que des
hommes, qui couchaient un peu pêle-mêle, comme il
était d'usage alors dans les hôpitaux; les salles pouvaient abriter jusqu'à deux cents « passagers », auxquels on donnait à souper et qui n'avaient droit de
séjour que pendant trois nuits. *L'Intermédiaire* a
publié, dans sa livraison du 25 mars 1884, l'inscription
entaillée sur la façade de la maison, qui existait encore
au mois d'août 1813 :

L'HOSPITAL

DE SAINT ANASTAZE DIT SAINTS

GERVAIS OU LES PAUVRES ET

RANGERS EN PASSANT PAR

CET VILLE DE PARIS SONT

RESUS A LOGER ET COUCHER

POUR TROIS NUIS

LES PERSONNES CHARITABLES

POURON Y CONTRIBUER DE

LEURS AUMOSNES POUR AYDER

A Y SUBVENIR.

Cet « hôpital » était l'ancien hôtel d'O, que les Augustines avaient acheté en 1655, lorsqu'elles quittèrent la rue de la Tixéranderie; il en reste quelques vestiges qui n'ont point été absorbés par le marché[1].

L'autre asile, situé à l'angle de la rue Saint-Denis et de la rue des Lombards, appartenant également aux religieuses de la règle augustine, était l'hôpital Sainte-Catherine, fondé en 1188, et avait primitivement porté le nom d'hôpital des Pauvres de Sainte-Opportune; les sœurs étaient tenues, par vœu spécial, de donner la sépulture aux cadavres non réclamés exposés à la morgue du Châtelet, aux détenus morts en prison, et d'accorder, pendant l'espace de trois jours, l'hospitalité à des femmes sans domicile, à la disposition desquelles on pouvait mettre soixante-neuf lits; les « Catherinettes n'avaient qu'une seule et unique mense pour elles et pour les pauvres. » Le 18 ventôse an III, la maison des Catherinettes et celle des Hospitalières de Saint-Gervais furent réunies à l'administration centrale des hôpitaux, qui ne rétablit pas « l'Hospitalité de nuit », supprimée de fait pendant la Révolution, « parce qu'on ne voulait pas ouvrir un refuge à la paresse et au vagabondage.[2] »

1. Un décret du 21 mars 1813 prescrit l'établissement du marché des Blancs-Manteaux, qui ne fut inauguré que le 24 août 1819.

2. M. J. Berthelé, archiviste du département des Deux-Sèvres, a publié, sous le titre de *l'Hospitalité de nuit à Paris au quatorzième et au seizième siècle*, une très intéressante notice sur l'hôpital du Saint-Esprit. Paris, imp. P. Faivre, 1883; brochure de 21 pages.

Les administrateurs du système hospitalier de Paris usaient de leur droit en ne réorganisant pas les asiles transitoires, surtout à un moment où l'état lamentable de nos hôpitaux réclamait tous leurs efforts. Gardiens et responsables du bien des pauvres, singulièrement diminué par la ruine de toutes les fortunes, la rareté du métal, la dépréciation des assignats, les confiscations, les disettes et la guerre, les directeurs de ce que nous nommons aujourd'hui l'Assistance publique paraient au plus pressé, c'est-à-dire à la maladie. Ils ne s'intéressaient guère à la pauvreté, qui du reste à cette époque était générale ; ils ne se souciaient pas de savoir si elle couchait à la belle étoile et si elle ne deviendrait pas une recrue pour les rouleurs de plaine, les chauffeurs et les détrousseurs de route. On avait bien autre chose à faire que de continuer l'œuvre des béguines et de donner une étape de repos à de pauvres diables que la misère a forcés. Aux mendiants, aux vagabonds, qui devenaient importuns, on offrait les grabats de Bicêtre ou des Madelonnettes, lorsque les aristocrates, les agents de Pitt et Cobourg, ne les occupaient pas.

La charité administrative pouvait agir ainsi, car, avant tout, elle fait œuvre politique et redoute, comme elle dit, « d'encourager le vagabondage et la paresse. » La charité privée a le cœur plus large et l'esprit moins scrupuleux ; dans l'infortune elle ne recherche pas la cause, vice ou malheur, elle ne voit que l'infortune et s'en approche avec compassion ; elle ne punit pas, elle secourt; elle espère atténuer le vice, elle s'efforce de soulager le malheur. Elle s'offre aux déshérités de la vertu, aux déshérités du sort; elle ne se réserve pas, car elle sait que sa mission est double : en secourant un malheureux, elle rend service à la société, qu'elle sauve du méfait qui pourrait la menacer. Aussi les hommes bienfaisants qui ont rétabli parmi nous l'antique institution de l'Hospitalité de nuit ne demandent point à celui qu'ils accueillent un certificat de bonnes vie et mœurs; il est misérable, il est errant, il a droit à un lit. Si c'est un brave garçon sans argent et sans ouvrage, tant mieux! il reprendra des forces pour courir après la bonne occasion; si c'est un vaurien, tant mieux encore! pendant qu'il dormira dans le dortoir commun, il ne fera point de mauvais coup et les rues de Paris seront plus tranquilles.

C'est dans le comité catholique, siégeant rue de l'Université, que l'œuvre fut ressuscitée. En 1874, on y lut un rapport sur l'Hospitalité de nuit fondée à Marseille par M. Massabo et qui fonctionne depuis le 25 décembre 1872. On fut frappé des résultats obtenus et l'on se demanda s'il ne serait pas possible de doter Paris, la ville par excellence des chercheurs de condition et des vagabonds, d'un établissement hospitalier analogue à celui qui, chaque soir, démontrait son utilité aux environs de la Cannebière. L'idée était née; peu à peu elle se formula, elle mûrit et l'on décida de la réaliser.

Je crois bien que l'initiateur et le plus ardent à l'action fut le comte Amédée Des Cars, un membre du Jockey-Club, dont la race historique n'a manqué ni d'ambassadeurs, ni de chefs d'armée, ni de cardinaux. Son père, qui fut un des mieux méritants de la conquête d'Alger, commandait une division à la journée de Staouéli ; quant à lui, il a consacré sa vie à la bienfaisance ; bon veneur dans la chasse à la misère, lorsqu'il est sur une piste, il ne s'en détourne pas. Autour de lui se groupèrent des hommes pour qui la charité est un besoin : Hector Bouruet, que la mort a saisi trop tôt et dont la bonté fut inépuisable ; M. de Bentque, le secrétaire du conseil général de la Banque de France que je retrouve partout où l'on fait du bien ; M. Dutfoy, un banquier dont la caisse semble s'ouvrir devant les malheureux ; M. Paul Leturc, qui dépense au service des bonnes œuvres une infatigable activité ; d'autres encore, entre les mains desquels le projet prit une consistance définitive.

Un conseil d'administration fut choisi, et la présidence en fut confiée au baron de Livois, qui pendant la guerre franco-allemande porta les épaulettes de colonel. A Paris, la bienfaisance ne s'exerce pas toujours d'emblée, comme on pourrait le croire ; dans bien des circonstances, il lui faut des autorisations, qui ne sont accordées qu'après enquête. On se trouvait en présence d'un cas qui nécessitait l'intervention administrative ; en réalité, on allait ouvrir une maison de logeur; or, gratuite ou rétribuée, la maison d'un logeur — le garni — ne peut fonctionner qu'en vertu d'un permis délivré par la préfecture de police. Les formalités à observer sont prescrites par l'ordonnance du 10 juin 1820; nul ne peut s'y soustraire.

On eut donc à s'adresser à la préfecture de police et l'on se mit en rapport avec le chef de la première division; on eut la main heureuse; la bienfaisance avait trouvé son homme. C'était alors M. Lécour; je l'ai connu, je l'ai vu au labeur; par son excellent livre *la Charité à Paris* (1876), il avait prouvé qu'il avait étudié la question sous toutes les faces et que nulle bonne œuvre ne le laissait indifférent. Ce n'est pas en vain que pendant plus de trente années, employé, chef de bureau, chef de division, il avait concouru ou présidé au fonctionnement de cette énorme machine qui est le maître ressort de la sécurité à Paris. Passionné pour ses fonctions, où il apportait une ampleur de vues, une science de détails, une largeur d'indulgence qui en faisaient un administrateur exceptionnel, il avait imprimé aux multiples services qu'il dirigeait une impulsion dont l'active ponctualité était pour surprendre. Comme les hommes de cœur chevaleresque qui s'attachent d'autant plus à une femme que cette femme est plus injustement calomniée, il aimait la préfecture de police et s'était donné à elle avec un dévouement que rien n'a jamais ralenti. De tous les fonctionnaires qui en étaient l'honneur et la force, il se retira le premier devant les iniquités municipales. Abreuvé de dégoûts, saturé de vilenies, se sentant devenir impuissant au bien devant une opposition systématique et outrée, il donna sa démission et sortit pour toujours de la maison dont on peut dire qu'il avait été l'âme; il la quitta en pleine maturité, à l'heure même où son expérience et sa sagesse le rendaient indispensable. Dans la retraite où il vit aujourd'hui, il a pu emporter la consolation de n'avoir fait que le bien dans les délicates fonctions qu'il a exercées avec une supériorité dont le souvenir n'est pas près de s'éteindre [1].

Avec un pareil homme on pouvait s'entendre et l'on s'entendit. Le baron de Livois ne l'a pas oublié. Par une étrange coïncidence, ce fut M. Lecour qui renouvela un article du règlement des Catherinettes et des Sœurs de Saint-Gervais : il engagea le président de l'œuvre à limiter l'hospitalité de façon à n'accorder le droit de séjour que pendant trois nuits. En faisant incsrire cette clause dans les statuts soumis à son approbation, j'imagine qu'il avait en vue le nombre toujours croissant des provinciaux qui encombrent Paris et qui s'y prolongeraient au détriment de la sécurité publique si on leur ouvrait un refuge permanent, ou même si on les y recevait à des espaces de temps peu éloignés. C'est ainsi que furent déterminées les conditions qui sont la base

---

1. M. Lecour semble avoir résumé sa vie administrative dans cette phrase que je lis, à la page 16 de *la Charité à Paris :* « Sur toutes es espèces, les considérations d'humanité priment la règle écrite. »

même de l'Hospitalité de nuit : on n'y est reçu que la
nuit, on n'y est reçu que pendant trois nuits consécutives, on n'y est reçu de nouveau qu'après un inter-
valle de deux mois ; pour éviter toute fraude, les maisons échangent chaque jour entre elles les feuilles de
présence de la veille.

L'autorisation de la préfecture de police était accordée ;
la première mise de fonds — 50,000 francs environ —
avait été versée par les fondateurs ; on était prêt à fonctionner ; il ne manquait que le local, qui n'était point
facile à trouver. Après bien des recherches, on le découvrit au milieu de la plaine Monceau, dans l'ancienne
rue d'Asnières, qui est aujourd'hui la rue de Tocqueville.
La plaine Monceau, autant parler du chemin de l'égout
de Gaillon, qui est la rue de la Chaussée d'Antin, ou du
port de la Grenouillère, qui est le quai d'Orsay. On a
à peine le temps de vivre une soixantaine d'années
que Paris n'est plus reconnaissable. Là où j'ai vu des
champs couverts de moissons, des prairies artificielles,
des jardins maraîchers, s'est élevée une ville dont
l'avenue de Villiers est l'artère centrale ; des hôtels et
même un palais ont pris la place des masures à toits de
chaume empanachés d'iris qui jadis étaient disséminées dans la plaine, aux environs du petit village de
Monceau.

Je me souviens, lorsque j'étais enfant, d'avoir été
conduit dans une ferme où l'on buvait du lait et où l'on
mangeait de la galette de paysan. C'était une maison

de nourrisseur, qui sentait la vacherie. Une large porte
charretière s'ouvrait sur une cour, où les poules épar-
pillaient le fumier à coups de bec en cherchant la
picorée; à droite, l'étable abritait les bestiaux; en face,
une énorme grange était contiguë aux bâtiments d'habitation; deux charrues rangées contre la muraille
semblaient attendre que les chevaux à forte croupe
eussent fini de manger l'avoine : c'était actif et gras,
comme une bonne exploitation rurale[1].Les champs que
cultivait cette ferme, appelée la ferme de Monceau,
sont à cette heure sillonnés de rues et la vieille maison
est la maison mère de l'Hospitalité de nuit. Là où les
bœufs ont ruminé, où les fléaux ont battu les blés
mûrs, où les moutons se sont tassés dans la bergerie,
les surmenés du sort, les vagabonds, les pauvres, les
abandonnés d'eux-mêmes et des autres, viennent dormir
en paix sous le regard de la charité qui leur a préparé
un asile.

Il a fallu diviser la grange en deux étages, dresser
un escalier de communication, installer des dortoirs,
établir des conduits de gaz, transformer l'étable en
lavabo, organiser une pouillerie et changer si bien les
intérieurs de la ferme, que les anciens fermiers ne la
reconnaîtraient plus. Cela exigea du temps, et le pre-

1. La ferme a été utilisée pendant quelque temps par un marchand de
comestibles qui y avait établi une sorte d'usine pour la torréfaction du
café.

mier workhouse parisien ne fut inauguré que le
2 juin 1878. L'assimilation aux workhouses de Londres
n'est point rigoureusement exacte. Au début les workhouses ont été créés en vue de secourir la pauvreté,
mais aussi et surtout de réprimer la mendicité; ce
dernier caractère tend à s'effacer aujourd'hui, mais il
a été le moteur principal de l'œuvre, et il en reste
quelque chose. Là, nul n'est reçu, encore à l'heure qu'il
est, dans les maisons de Saint-Marylebone, de West
London, de City of London et de Kensington sans avoir
été préalablement fouillé et privé de tout instrument
qui peut ressembler à une arme.

A l'Hospitalité de nuit, rien de semblable ; les statuts
sont explicites : « L'œuvre a pour but : 1° d'offrir un
abri gratuit et temporaire, pour la nuit, aux hommes
sans asile, sans distinction d'âge, de nationalité ou de
religion, à la seule condition qu'ils observeront, sous
peine d'expulsion immédiate, les mesures de moralité,
d'ordre et d'hygiène prescrites par le règlement intérieur; 2° de soulager leurs misères physiques ou morales dans la mesure du possible. » C'est la tradition
du moyen âge qui s'est perpétuée jusqu'à nos jours et
qui se réveille après un siècle d'assoupissement ; je
retrouve là l'esprit des Cathcrinettes et des Augustines
hospitalières de Saint-Gervais. Écoutez ce qu'en a dit
Sauval : « Leur hospital est établi pour recevoir les
pauvres pendant trois jours, afin que dans cet inter-
valle ils puissent trouver de l'emploi ou quelque con-

dition[1]. » Il est impossible de mieux définir le but visé par l'Hospitalité de nuit.

Les débuts furent modestes ; peut-être avait-on trop compté sur les nuits d'été qui conviennent au sommeil en plein air ; car aujourd'hui, comme au temps du neveu de Rameau : « Quand le vagabond n'a pas six sous dans sa poche, ce qui lui arrive quelquefois, il a recours soit à un fiacre de ses amis, soit au cocher d'un grand seigneur, qui lui donne un lit sur la paille, à côté de ses chevaux. Le matin, il a encore une partie de son matelas dans les cheveux. Si la saison est douce, il arpente toute la nuit le Cours ou les Champs-Élysées. » On ouvrit la maison avec vingt lits, qui, selon les prévisions, suffiraient pendant les premiers temps et donneraient le loisir d'outiller de nouveaux dortoirs. On ne tarda pas à être pris au dépourvu.

Le 2 juin, jour de l'inauguration, trois pensionnaires se présentent ; le 3, on en reçoit sept ; le 4, on en voit arriver dix-huit, et, le 11, on se trouve en présence de trente-sept individus qui demandent asile ; on en couche vingt et les dix-sept autres s'étendent sur le plancher entre deux couvertures. Il fallait aviser au plus tôt ; un lit de camp semblable à ceux des postes militaires et vingt nouveaux lits complètement gréés sont établis dès le 28 juin. Donc, en vingt-six jours, on s'était vu dans l'obligation de doubler le mobilier pri-

1. *Antiquités de Paris,* I, 359.

mitif. Rapidement le bruit s'était répandu parmi le
peuple errant de la misère que, là-bas, dans la ville
nouvelle de la plaine Monceau, on pouvait dormir à
l'abri sans redouter les rondes de police et les voleurs
« au poivrier ».

La presse périodique avait immédiatement compris
l'importance et le bienfait de cette fondation. Elle en
avait parlé, l'avait signalée à l'attention publique et ne
lui avait pas ménagé les éloges. En France, toutes les com-
pétitions, toutes les rancunes politiques se taisent lorsqu'il est question de charité. Les journaux des nuances
les plus opposées, représentant des partis hostiles, qui,
bien souvent, entraînés par l'ardeur des polémiques, ne
reculent ni devant l'injustice, ni devant la médisance,
sont unanimes et d'accord dès qu'il s'agit de faire acte
de bienfaisance. On le vit une fois de plus et on reconnut qu'à Paris la presse quotidienne est la grande,
l'infatigable pourvoyeuse des offrandes charitables ; à
elle aussi, comme à la pécheresse de Magdala, il sera
beaucoup pardonné. Grâce à l'empressement des journaux, l'Hospitalité de nuit fut connue et put sans délai
atteindre le but qu'elle s'était proposé, non sans redoubler de sacrifices, car quarante nouveaux lits sont
montés, et, le 8 octobre, le nombre des pensionnaires
est de cent cinq. On peut apprécier l'importance de
l'œuvre par ce fait que du 2 juin au 31 décembre 1878,
c'est-à-dire dans l'espace de sept mois, elle a reçu
2,874 personnes.

Les bonnes œuvres appellent les bonnes fortunes ; les grands magasins de Paris semblent rivaliser de zèle pour aider l'Hospitalité qui vient de renaître et pour secourir les malheureux. Les magasins du Louvre, du Petit-Saint-Thomas, du Gagne-Petit envoient des couvertures et des objets de literie ; M. Théodore Lelong, directeur de la blanchisserie de Courcelles, — une blanchisserie scientifique et modèle, — se charge de blanchir gratuitement le linge de l'hôtellerie de la rue de Tocqueville ; un médecin donne ses soins aux pensionnaires malades ; un pharmacien du quartier fournit, sans rémunération, les médicaments prescrits. Chacun s'empressa ; le bon cœur de Paris s'était ému et la maison d'asile fut fournie de façon à abriter bien des pauvres.

Un homme de caractère original, à la fois défiant et bienfaisant, M. Beaudenom de Lamaze, fils d'un ancien notaire, habitait à cette époque Amélie-les-Bains, où l'avait conduit une maladie mortelle qui touchait à son dénouement. Il lut dans un journal le compte rendu des premières opérations de l'Hospitalité de nuit. Tout de suite il apprécia la grandeur d'une œuvre pareille fonctionnant au milieu d'une population aussi dense et aussi diverse que celle de Paris ; il fit parvenir 15 000 francs au comité directeur par l'entremise d'un abbé de ses amis. Le désir exprimé par M. Beaudenom de Lamaze était que cette somme fût employée à la fondation d'une nouvelle maison d'hospitalité, que l'on établirait, autant que possible, dans la région du Gros-Caillou. Le vœu du donateur ne put être accompli d'une façon absolue. Le quartier du Gros-Caillou, qui renferme le Champ de Mars, le garde-meuble, la manufacture de tabacs, l'hôpital militaire, la pharmacie centrale des hôpitaux militaires, la buanderie de l'hôtel des Invalides, un dépôt de la compagnie des Petites-Voitures et l'hospice Leprince, n'offrait aucun emplacement convenable. On ne voulait pas cependant s'éloigner de la zone indiquée et l'on finit par découvrir au n° 14 du boulevard de Vaugirard un vaste immeuble qui pouvait être aménagé facilement.

C'était un immense magasin, loué à la librairie Hachette, qui y avait installé le dépôt de ses volumes « en feuilles » et des ateliers de reliure. Le bail de 6,500 francs n'expirait qu'au bout de quatre années et représentait une somme de 26,000 francs, trop onéreuse pour l'œuvre qui se fondait. On offrit, en échange d'une cession immédiate du droit de location, les 15,000 francs que l'on devait à la libéralité de M. de Lamaze. Les chefs de la grande maison, que l'on nomme en plaisantant la tribu des Béni-Bouquins, se réunirent pour délibérer. La conférence ne fut pas longue, on échangea un coup d'œil, et, en moins de deux minutes, la librairie Hachette consentait un sacrifice de 11,000 francs au profit de l'Hospitalité de nuit, c'est-à-dire de la misère vague. Est-ce cela qu'en langage anarchiste on appelle la tyrannie du capital? Le 12 juin

1879, un an après l'inauguration de la rue de Tocqueville, l'hôtellerie du boulevard de Vaugirard était ouverte et recevait le nom de maison Lamaze. Ce n'était
que justice, car le bienfaiteur, redoublant de bienfaisance, avait donné 100,000 francs afin que l'on pût se
rendre acquéreur de l'immeuble. Il ne devait pas s'en
tenir là : lorsque, après sa mort, survenue le 15 juillet
1881, on ouvrit son testament, on reconnut qu'il léguait une somme de 112,000 francs à l'œuvre qu'il
avait adoptée. Le peuple de Paris ne devra pas oublier
le nom de M. Beaudenom de Lamaze, qu'il n'a sans
doute jamais entendu prononcer; c'est celui d'un
homme qui lui a voulu du bien et qui lui en a fait.

Au courant de l'été de 1879, l'Hospitalité de nuit était
donc en possession de deux maisons pouvant abriter
ensemble trois cents personnes, et ce fut un secours
extraordinaire pour la population parisienne, car on allait avoir à lutter contre les rigueurs d'un hiver exceptionnel. On se rappelle ce mois de décembre implacable, où, à la suite d'un ouragan qui ensevelit nos
rues sous la neige, le thermomètre tomba et se maintint pendant vingt-neuf jours à plusieurs degrés au-
dessous de zéro[1]. Le froid centuple la misère, tous les
travaux extérieurs sont suspendus, le sommeil en plein
air est meurtrier, les petits enfants n'ont pas encore,

1. Le 7 décembre, 15 degrés; le 10, 17°,3; le 16, 14 degrés; le 17,
16 degrés; le 21, 14 degrés; le 27, 14 degrés. A l'observatoire de
Montsouris, le minimum a été de 23°,9.

les vieillards n'ont plus la force de vivre ; la mort passe
et fait de grandes récoltes. On fut troublé des souffrances que l'on voyait et que l'on soupçonnait. Comme
toujours, la presse quotidienne sonna la diane de la
charité et réveilla les cœurs.

Le Figaro, qui a l'habitude d'arriver « bon premier » dans les courses de bienfaisance, provoqua des
souscriptions, les recueillit, ouvrit des chauffoirs publics dans les boutiques en location et, voulant avoir
son dortoir à lui, son hospitalité de nuit personnelle,
fit organiser et meubler un vaste local au boulevard
Voltaire, n° 81. Lorsque l'hiver fut apaisé, les lits et les
meubles qui avaient servi à outiller cette hôtellerie
transitoire furent donnés par *le Figaro* à l'œuvre de
l'Hospitalité de nuit, valeur totale : 23,357 fr. 40.
C'est à l'aide de ce mobilier et du legs de M. Beaudenom de Lamaze que l'on put installer une troisième
maison, qui est celle de la rue de Laghouat, dans le
quartier de la Goutte-d'Or. C'était l'établissement d'un
loueur de voitures ; les écuries, les remises, les greniers
à fourrages, les hangars furent coupés de refends, di-
visés en dortoirs, en salle d'attente, badigeonnés, béton-
nés, planchéiés, et cent cinquante nouveaux lits furent
occupés chaque soir.

Dans le principe, une société civile s'était formée
pour veiller aux intérêts matériels de l'œuvre : cette
société s'est dissoute lorsque l'Hospitalité de nuit fut
reconnue établissement d'utilité publique par décret

présidentiel, en date du 11 avril 1882. M. Goblet, ministre de l'intérieur, a dit, à la Chambre des Députés, « que l'Hospitalité de nuit est une des œuvres les plus excellentes que connaisse la charité publique à Paris. » Le ministre a eu raison, mais la langue lui a fourché, à son insu, et il a attribué à la charité publique, c'est-à-dire administrative et budgétaire, ce qui est le fait de la charité privée. Erreur n'est pas compte. Il n'existe à Paris qu'une charité, qu'une assistance publique, c'est celle dont le siège central est situé avenue Victoria, n° 3, et que la Constitution de 1848 a rendue obligatoire pour n'avoir pas à inscrire le droit au travail que réclamait Proudhon, appuyé par l'éloquence de M. Billault, le futur ministre de la parole de Napoléon III. A cette heure, l'Hospitalité de nuit a donc une personnalité civile; elle peut posséder, recevoir des legs, accepter des donations; elle en profitera pour donner à ses bonnes œuvres une impulsion que ses débuts et les résultats obtenus depuis cinq ans à peine font déjà pressentir.

Il ne suffisait pas d'avoir des dortoirs et des lits, d'y attirer, d'y retenir les noctambules; il fallait mettre chacune des maisons hospitalières sous la direction d'un homme qui eût de la commisération parce qu'il avait vu la souffrance de près, qui eût l'habitude du commandement parce qu'il avait exercé l'autorité, qui eût la science de la discipline parce qu'il avait appris à obéir. Ces trois conditions, indispensables en présence

d'un public fort mélangé, où la paresse et la misère,
le vice et la souffrance se côtoient, n'étaient pas faciles
à trouver réunies chez le même personnage; on vit
juste, et l'on choisit des capitaines retraités et décorés,
auxquels le ruban rouge passé à la boutonnière et le
képi à trois galons d'or qu'ils portent au front, donnent un prestige réel aux yeux de la tourbe famélique
que l'on doit maintenir dans l'observation d'un règlement très paternel, mais assurant la bonne tenue de
la maison. Les capitaines, on les appelle toujours ainsi,
représentent le pouvoir exécutif; c'est à eux que le
comité a délégué l'autorité disciplinaire, mais il s'est
réservé l'autorité morale qu'il exerce par ses vice-
présidents, qui sont au nombre de trois, et qui ont
chacun une hôtellerie dans leurs attributions.

La maison de la rue Tocqueville est placée sous la
haute main de M. Ch. Garnier, ancien juge au tribunal
de commerce, dont un de ses collègues me disait qu'il
pousse la bonté jusqu'au paroxysme. Il est familier aux
actes de charité prolongée. Son gendre, M. Hamelin,
que je me souviens d'avoir rencontré à Constantinople
au mois de novembre 1850, avait fondé un orphelinat
de jeunes filles dans le quartier de la Glacière. Après
la mort de M. Hamelin (janvier 1880), son fils,
M. Émile Hamelin, alors âgé de vingt ans, a hérité de
cette bonne œuvre, et il veille aujourd'hui sur trois
cents orphelines qui, depuis la guerre de 1870, ont été
transportées, grandissent et travaillent aux Andelys.

La maison du boulevard de Vaugirard reçoit le comte
Amédée Des Cars, qui semble s'être créé l'obligation
d'apporter chaque soir quelques paroles d'encouragement à ceux qu'il appelle volontiers « mes bons amis ».
La maison de la rue de Laghouat, qui a été aménagée
sous la surveillance de M. Paul Leturc, secrétaire de
l'œuvre, dont le dévouement a été de toutes minutes,
relève de M. Th. Sauzier, ancien notaire, à la bienveillance duquel l'esprit ne nuit pas.

Le baron de Livois, qui est président du conseil d'administration, s'est réservé le rôle de visiteur, comme
l'on disait au temps du carbonarisme ; il va d'une maison à l'autre, dans le jour, afin de vérifier les registres,
d'examiner la comptabilité, le soir pour assister au
coucher des pensionnaires, et s'assurer que rien ne
manque au confortable relatif qu'on leur offre. Donc,
par les capitaines, qui sont ses employés, par son président et ses vice-présidents, qui sont ses représentants
immédiats, l'œuvre de l'Hospitalité de nuit s'efforce de
demeurer fidèle à son programme et « de soulager les
misères physiques et morales dans la mesure du possible ».

II. — LE DORTOIR DES HOMMES.

Les maisons. — Le dortoir. — Les noms. — Réception. — La correspondance. — Les costumes. — Maux de tête. — L'inscription. — Les papiers d'identité. — Les bons de pain et les bons de fourneaux. — La lecture du règlement. — La prière. — L'appel. — A la pouillerie. — Les lavabos. — Les pensionnaires. — Provenances. — La noce. — Un garçon marchand de vin. — Un bachelier ès lettres. — Fausse route et abandon de l'outil. — Indulgence du règlement. — Statistique. — Le vestiaire. — Les chaussures. — Les fainéants. — Proportion des Parisiens. — Les vieillards et les jeunes gens. — Sécurité publique. — Offrandes. — Deux lettres. — L'aumône des ouvriers. — M. Meissonier.

Quoiqu'elles aient eu jadis des destinations différentes, les trois maisons se ressemblent aujourd'hui : la ferme, le dépôt de librairie, les remises du loueur de voitures sont pareilles ; on dirait que le même architecte les a disposées sur un plan analogue. Après avoir franchi la porte d'entrée, on pousse une barrière qui doit rester close pendant la nuit et qui précède la cour, pavée et à ciel ouvert, rue de Tocqueville et à Vaugirard ; bétonnée et couverte d'un vitrage à Laghouat. Le logement, le bureau du capitaine occupent une des ailes ; l'autre est réservée à la pouillerie, au vestiaire, au lavabo ; à Vaugirard, une chambre spéciale, munie d'un large lit, forme une infirmerie temporaire où l'on peut garder un malade pendant quelques jours, où l'on héberge une femme ahurie, qui s'est trompée, qui a pris 'Hospitalité de nuit pour la Société philanthropique et qui vient demander un asile. Au fond de la cour, faisant face à la grande porte, s'élève le bâtiment de l'Hospitalité proprement dite. Il est vaste, avec quelques apparences de ces hautes constructions où les théâtres mettent leurs décors en réserve.

Deux étages : au rez-de-chaussée, le bureau d'inscription, la salle d'attente garnie de bancs, une estrade munie de chaises, un dortoir ; au premier, deux dortoirs ; des poêles de fonte dont les tuyaux rampent au-dessous des plafonds, attiédissent les nuits d'hiver ; de distance en distance, des becs de gaz ; sur une table, des bidons pleins d'eau et des gobelets en fer ; au bout de chaque dortoir, une estrade pour le lit du surveillant, qui peut ainsi, d'un coup d'œil, apercevoir toutes les couchettes ; à la muraille, le Christ et un rameau de buis bénit. Les lits, suffisamment espacés, sont en fer, avec un sommier en treillage, un matelas de varech, un traversin, des draps d'excellente toile et deux couvertures, qui m'ont paru plus moelleuses et plus chaudes que les couvertures du soldat en campagne. A l'extrémité du dortoir du rez-de-chaussée, un lit de camp divisé en boxes recueille les retardataires qui ont trouvé les lits occupés, ou est réservé aux « pratiques » trop sales pour être confiées à des draps. Au-dessus des lits une pancarte porte le nom des donateurs ; j'y vois quelques « anonymes », des initiales ; parfois un pseudonyme : « Patchouna ».

La réception des pensionnaires est fixée par le règle-

ment de sept à neuf heures du soir ; j'ai pu me convaincre que l'horloge du règlement n'hésite jamais à
retarder. Les premiers arrivés prennent quelque volume dans la bibliothèque pauvrement approvisionnée,
s'assoient sous un bec de gaz et lisent ; d'autres s'instal-
lent à une table et écrivent des lettres : on leur fournit
le papier, l'enveloppe, et l'on se charge de l'affranchis-
sement ; de ce seul fait, en 1883 l'œuvre a dépensé
482 fr. 75, représentant 3,218 timbres-poste. On reconnaît tout de suite l'homme qui a traversé les prisons : il apporte sa lettre ouverte, pensant qu'elle
doit être lue et visée comme dans le greffe des pénitenciers. Je n'ai pas besoin de dire qu'on l'engage immédiatement à coller son enveloppe.

Peu à peu la salle d'attente se remplit ; le bruit que
le nouvel arrivé produit en entrant est déjà une indication d'origine ; le soulier ferré du terrassier sonne autrement sur les dalles que la savate du rôdeur ou le sa-
bot du paysan. On est silencieux, ou tout au moins l'on
parle à voix basse ; le lieu ne paraît point propre aux
confidences, on a l'air de se méfier de son voisin, et
l'on ne regarde pas trop fixement le surveillant, qui se
promène les mains derrière le dos et le képi galonné
sur la tête. Les costumes sont bien disparates : blouses,
tricots, vestons délabrés, quelques redingotes qui ne
sont plus et s'efforcent d'être encore ; çà et là, sur le
dos des domestiques sans place, un habit noir luisant
aux coudes, fripé aux manchettes et dont les boutons

n'ont que des capsules de métal. Les pantalons sont lamentables, le linge est au moins douteux, quand il y a du linge. À ce sujet j'ai entendu une réponse qui mérite de n'être pas réservée. Un homme allait s'installer au lit de camp; je me suis approché de lui et j'ai été surpris de son odeur, qui me rappelait celle des vieux sangliers à demi forcés, faisant tête aux chiens, à l'instant où l'on va les porter bas d'un coup de carabine. Je lui dis : « Vous n'avez pas de linge? — Non, monsieur. — Pourquoi? — Je ne peux pas en porter. — Pourquoi? — Quand je mets une chemise, ça me donne des maux de tête. »

Il est huit heures. Le capitaine est venu rejoindre le secrétaire assis dans un bureau vitré, ouvert d'un large vasistas devant lequel chaque pensionnaire doit se présenter successivement, tenant en main ses papiers d'identité, s'il en a. Chacun dit ses noms, son lieu de naissance, son âge, sa profession, que le secrétaire inscrit à la suite d'un numéro d'ordre sur « le livre des logeurs », que les agents du service des garnis visent et relèvent tous les jours. Les papiers d'identité sont des passeports d'indigent, des livrets d'ouvrier, des certificats, ou simplement une adresse de lettre. Parfois, à la demande : « Vos papiers? » l'homme répond : « Je n'en ai pas; » on rappelle alors que l'œuvre acquitte les frais du livret et le fait délivrer à ceux qui sont en droit d'en avoir. Lorsque l'inscription est faite, on remet à chaque individu un planchette en bois, sur la-

quelle est timbré le numéro du lit et le nom du dortoir où il doit coucher. Bien souvent le pensionnaire,
muni de la planchette, qui représente pour lui un bon
de sommeil, s'approche du capitaine et lui dit quelques
mots à l'oreille. Le capitaine fouille dans sa poche, en
tire un petit carton carré et le remet, aussi discrètement
que possible, au pauvre homme, qui lui fait un sourire et un clin d'œil de reconnaissance.

Qu'est-ce donc que cette fiche mystérieuse? C'est un
bon de pain, un bon de fourneaux pour le repas de
demain. Pendant l'année 1883, les 34,071 individus
qui ont défilé devant le bureau des capitaines, qui ont
passé 101,482 nuits dans les trois maisons hospitalières, ont reçu 29,485 bons de pain et 18,754 bons de
fourneaux. Ces fourneaux économiques fonctionnent
d'une façon permanente ; les portions que l'on y distribue
sont suffisantes et la qualité de la nourriture est bonne.
Ce système est supérieur aux mesures que l'on adoptait
jadis pendant les jours de grande disette : « Le 2 juillet 1586, on établit dans les vingt-sept rues des marmites, après avoir enjoint aux bourgeois d'y apporter,
vers midi, les restes de leurs « potages et viandes »,
qui seront distribués aux indigents[1]. »

Lorsque la distribution des numéros de lits est terminée, il n'est pas loin de neuf heures ; c'est en général
vers ce moment qu'arrive le vice-président, qui a charge

1. Voyez *Paris, ses organes, etc.*, t. IV; chap. XIX : *L'Assistance
publique. Le Bien des pauvres.*

d'une des trois maisons. Avec le capitaine et le secrétaire, il prend place sur l'estrade faisant face à la
rangée de bancs où sont assis les pensionnaires. Il lit
le règlement[1] et le commente; il parle de courage, de
résignation, du devoir pour tout homme de lutter contre
les difficultés de l'existence, de l'espérance, qu'il ne
faut jamais répudier, et de la dignité humaine, qui
se relève par le travail, quel que soit le travail, quel
que soit le salaire. En deux mots, il explique que, si
tant d'inconnus se trouvent réunis dans un asile
ouvert et subventionné par d'autres inconnus, c'est
que ceux-ci obéissent aux suggestions de la charité
inspirée par la foi et la croyance à une vie future.
Puis il se lève pour réciter la prière, en ayant soin de
faire remarquer que nul n'est forcé de s'y associer,
car on a les hypocrites en aversion, mais que chacun
doit y assister avec décence, tête nue et debout. On dit
l'Oraison dominicale et la Salutation angélique.

Dans chacune des maisons, j'étais présent à l'instant
de la prière ; placé sur l'estrade, je dominais les cent
ou cent cinquante pensionnaires, que j'examinais attentivement. J'ai été très surpris. Le vice-président, à très
haute voix, disait la première partie de la prière ; toute
l'assistance répondait en récitant l'autre moitié, non
pas en forme de murmure, mais d'une façon distincte,
sans fausses simagrées, sans ricanement. Priaient-ils
du fond du cœur, je l'ignore et me garderais de l'affir-

1. Voir *Pièces justificatives*, n° 8.'

mer ; mais les paroles qu'ils prononçaient parvenaient
à mon oreille, ce qui prouve qu'ils les connaissaient,
qu'ils les avaient apprises et ne les avaient pas oubliées.
Écho du souvenir de l'enfance, réveil d'une conscience
endormie, acte d'imitation involontaire, désir de se
soumettre à une formalité facile qui accompagne un
bienfait ? je ne sais ; je raconte ce que j'ai vu ; il m'a
semblé que ceux pour qui la vie est sans clémence
n'étaient pas fâchés de croire qu'il y a des compensations futures,

Après la prière, on fait l'appel ; chacun répond,
gagne son dortoir et se couche. Le coucher est silencieux et d'une extrême décence. Dès qu'un homme est
fourré dans son lit, il rassemble ses vêtements sur lui,
comme si deux couvertures ne suffisaient pas à le ré-
chauffer. Tous ne font pas ainsi, car quelques-uns ont
été se déshabiller à la pouillerie et en reviennent couverts d'une longue chemise de cretonne, qu'on leur a
prêtée pour la nuit ; demain ils reprendront leurs
hardes purgées des parasites qui les habitaient et les
leur rendaient insupportables. Jour et nuit, la pouillerie
chauffe : le jour au profit de la literie, la nuit au profit
des vêtements des pensionnaires. On ne ménage point
les désinfectants ; en 1883, on a dépensé 256 fr. 80
pour le soufre, le chlorure de chaux et l'acide phénique. Mesures excellentes pour les costumes dépenaillés,
meilleures pour les hommes, auxquels on les applique
régulièrement. Les lavabos sont primitifs, et je recon-

nais que les cuvettes ne sont que des baquets; mais
l'eau chaude ne manque pas, ni les outils de propreté,
voire même les rasoirs, que l'on prête à ceux qui les
demandent; le savon est en pâte liquide comme le
savon de Naples, ce qui est de notable avantage dans
ces hôtelleries, car on peut s'en servir et l'on ne peut
l'emporter. Le soir, à l'arrivée, le lavage est facultatif;
le matin, avant le départ, il est de rigueur. Parfois
un homme vient se faire inscrire, reçoit son numéro
de lit et ne répond point à l'appel de son nom. Il sait
que son inscription lui donne droit à une station au
lavabo; il s'y est fourbi des pieds à la tête et s'en est
allé.

D'où vient le monde qui, chaque soir, se presse dans
les salles d'attente? De tous les coins de l'horizon social.
Je ne crois pas que les gens qui viennent là soient tous
dignes d'un prix Montyon; il n'y a pas que des brebis
dans le troupeau humain; mais j'estime que l'on se
tromperait si l'on s'imaginait que le plus fort contingent est fourni par le vagabondage et la fainéantise.
Certes j'ai vu là le rôdeur, « le cagou de vergne, »
comme dit le langage du méfait, le sacripant à longs
cheveux gras et bouclés, baissant les yeux pour cacher
l'inquiétude de son regard, vêtu d'une blouse sous
laquelle on dissimule le produit du vol, portant sous
le bras un petit paquet bien ficelé qui laisserait peut-
être échapper un « monseigneur » si on le dérou-
lait, et tenant en main ce gourdin noueux que les

réquisitoires appellent volontiers un instrument con-
tondant; j'ai vu l'homme sauvage, qui n'a jamais eu
de domicile, qui dort avec le bétail, couche sur la li-
tière des chevaux, s'embusque dans les fossés pour
détrousser les maraîchers endormis, et passe ses journées à flâner du côté d'Asnières ou de la Grande-Jatte,
au long de la Seine, très capable d'y jeter un « pantre »
après l'avoir dépouillé, très capable de repêcher un
baigneur qui se noie afin de toucher la prime de sau-
vetage. J'ai vu le Parisien âgé de seize à vingt ans, le
voyou, apte aux besognes interlopes, dangereux entre
tous, adroit, menteur, fanfaron, sans préjugé ni scru-
pule, sachant ne reculer devant rien, ni devant le délit
ni devant le crime, pour s'approprier de quoi se vautrer
dans les plaisirs crapuleux où il se délecte.

En revanche, combien ai-je vu d'ouvriers, de cour-
tiers en librairie, d'employés, de commis de magasin,
de domestiques brutalisés par la misère, par le chômage, par la malchance, qui viennent demander abri
parce que la vie errante leur fait horreur, auxquels on
tend la main, auxquels on s'intéresse et que l'on aidera
à trouver une condition ou de l'ouvrage. J'ai successivement causé avec trois pensionnaires qui représentent
assez complètement le public de l'Hospitalité de nuit.
L'un était un homme de cinquante-huit ans qui, sur
un visage ravagé et bouffi, conservait quelques traces
de beauté; les cheveux, grisonnants à peine, préten-
tieusement séparés au milieu de la tête, étaient plus

longs qu'il ne convient; l'œil avait de la langueur et la
bouche souriait en découvrant des dents douteuses; les
mains, sales, portaient trois grosses bagues qui semblaient être en or. J'ai pris les papiers d'identité;
c'était une levée d'écrou de la maison de répression de
Saint-Denis : vagabondage et mendicité. La note indiquait que l'homme y était resté sept mois et qu'il en
était sorti la veille avec une masse de trente-neuf francs.
Je l'interrogeai : « Hier matin vous aviez trente-neuf
francs, combien vous reste-t-il? — Pas un sou. — A
quoi avez-vous dépensé votre argent? — J'ai fait la
noce. Dame! vous comprenez, après sept mois de fèves
et d'eau claire, c'est bien naturel. » C'était si naturel
que je ne me permis pas une observation.

L'autre était presque un enfant; dix-sept ans, le nez
en l'air, la bouche large, l'œil éveillé, reniflant à chaque mot et se dandinant d'un pied sur l'autre, le type
même du Parisien. Il avait un livret : garçon marchand
de vin, étant resté trois mois dans la même maison.
« Pourquoi as-tu quitté ton patron? — Parce que c'est
un chien; il devait m'augmenter; il m'avait promis
trois francs dix sous; il n'a voulu me donner que
trois francs; alors j'ai filé. — Si on te propose une
place à cinquante sous par jour, la prendras-tu? —
Ah! mais non! — Pourquoi? » Il sembla hésiter; puis,
baissant la voix, il répondit : « Et les autres, qu'est-ce
qu'ils diraient? » Sans le soupçonner, ce pauvre enfant
venait de prononcer le mot de presque toutes les grèves.

« Et les autres! moi, je voudrais bien; mais les autres? »
— Crève de faim, homme libre, c'est ton droit; mais
si tu acceptes un salaire inférieur à celui que nous
exigeons, tu seras assommé. — Ceci résume à peu près
toute la question économique; Dieu sait les désastres
que produisent la crainte et l'intimidation! Il n'y a
qu'à lire les tables d'importations et d'exportations
pour comprendre que la France industrielle va succomber sous le poids des salaires, qui ne lui permettent
plus de lutter contre la concurrence extérieure. L'esprit
de caste et la haine contre les patrons ont détruit l'idée
de patrie et nous vaudront des défaites plus profondes
que celles des guerres malheureuses.

Le troisième était un jeune homme de vingt-six ans,
blond, très propre, presque soigné, dans des vêtements
faits pour lui, usés, mais brossés avec minutie; le linge
était blanc, bien ajusté aux poignets, à la poitrine et
au cou. Les papiers d'identité m'ont ému : un diplôme
équivalent à celui de bachelier ès lettres, des quittances
d'inscription à des cours de philosophie. Ce garçon est
né à Luxembourg; Paris miroitait dans le lointain, il
y est accouru, s'imaginant qu'avec la connaissance des
langues française, anglaise, hollandaise et allemande,
un bagage de savoir assez considérable, une belle écriture et beaucoup de bon vouloir, il serait aisément
pourvu et s'ouvrirait quelque carrière où le pain de
chaque jour serait facile à ramasser. Malgré une parcimonie excessive, les petites économies furent rapide-

ment épuisées ; nulle porte ne s'entre-bâilla, celle du garni « se ferma » quand le dernier sou fut dépensé, et l'Hospitalité de nuit a recueilli ce malheureux qui demande à vivre, qui implore du travail et se désole de n'en point trouver.

J'ai causé avec lui. Son histoire est celle de tant d'autres qui ont lâché la proie pour l'ombre et sont tombés au gouffre. Il est de famille ouvrière ; son père est charron. Il a été envoyé à l'école ; sa mémoire, son assiduité l'ont fait et l'ont maintenu le premier de sa classe ; on l'a poussé, comme disent les pédagogues. Le père a été fier des succès de son fils, il s'est privé, il s'est réservé en toutes choses pour lui faire donner « une belle éducation ». Le malheureux l'a reçue, cette belle éducation que l'ambition paternelle rêvait pour lui. A vingt ans il savait le latin et le grec « autant qu'homme du monde ». Il était ferré sur l'histoire et raisonnait philosophie sans broncher. Ses connaissances acquises ne lui valurent pas une place de douze cents francs et l'outil qui l'eût fait vivre n'a jamais été dans sa main. Il est misérable et désespéré ; il lui semble qu'il serait heureux si, comme son père, il pouvait assembler les jantes ou cercler de fer le moyeu d'une roue.

On se doute bien que pour des hommes de cette catégorie le règlement n'est pas léonin ; il se laisse toucher sans qu'il soit besoin de le supplier ; il s'élargit de lui-même ; il oublie que l'hospitalité de trois nuits

est un terme de rigueur, et la place au dortoir est
réservée pendant un nombre de jours presque illimité.
Il en est de même pour les ouvriers qui doivent toucher
leur paye ; on les garde sans observation jusqu'à ce
que « la caisse » ait été faite. Si l'on est indulgent et
d'une paternité prévoyante pour les pauvres garçons
qui sont égarés dans Paris, on est sévère à l'égard des
mauvais drôles qui refusent de « donner un coup de
main » pour nettoyer les dortoirs, qui ne veulent pas
faire leur lit le matin, ou qui parfois font « une bonne
farce » en y laissant un témoignage de leur passage.

Du 2 juin 1878 au 31 décembre 1883, l'Hospitalité
de nuit a hébergé 146,238 malheureux ; si l'on décomposait en catégories les individus qui sont venus dormir
sur les matelas de varech, on serait surpris de la
quantité de professeurs, d'instituteurs, d'interprètes,
de clercs de notaire et d'avoué, de journalistes, d'ar-
tistes dramatiques, de pianistes, de musiciens, de typographes et même d'anciens secrétaires généraux de
préfecture que les trois maisons ont abrités. On peut
affirmer avec certitude qu'il y a un tiers des hospitalisés au moins qui sont dignes d'intérêt, dont la vie
a été irréprochable et qui ont été assaillis par les
vents contraires. N'aurait-elle porté secours qu'à ceux-
là, l'Hospitalité doit être encouragée, subventionnée,
développée, car elle fait œuvre de salut. Elle ne se
contente pas de recevoir les pensionnaires pendant trois
nuits, de leur donner des bons de nourriture, elle

les habille quand elle le peut; à cet effet, chaque maison possède un vestiaire où l'on accumule les défroques et le linge « fatigué » que les personnes charitables envoient et que l'œuvre accepte avec gratitude.

Vieux paletots, vieilles redingotes, vieilles vestes, vieux chapeaux, chemises de calicot, bottes ressemelées, souliers rapiécés, tout est reçu, classé, rangé avec soin et réservé à de pauvres gens qui du moins auront un costume à peu près convenable pour se présenter chez les patrons et s'offrir au travail. Le faux-col a dans ce cas une importance exceptionelle : il donne un air propret à celui qui le porte et fait croire au linge. Les chaussures ne restent pas longtemps au vestiaire; ainsi que disent les marchands, « c'est l'article le plus demandé », car la plupart des pensionnaires arrivent marchant « sur les empeignes », quand il en reste. Il y a là une difficulté réelle : la plupart des chaussures réparées que l'on doit à l'initiative de la charité sont trop petites ; on ne se doute pas de la dimension des pieds qui chaque soir franchissent le seuil des hôtelleries; il leur faudrait les bottes de sept lieues, qui étaient fées et s'allongeaient à volonté. Les dons ne suffisent pas; les souliers sont un objet de nécessité première, et l'an dernier on a été obligé d'en acheter pour 807 francs [1]. Une fois chaussés, les hospi-

---

1. Au cours de l'année 1883, l'œuvre a distribué à ses pensionnaires 738 paletots, 743 pantalons, 883 chemises, 3,128 paires de chaussures et 3,702 menus objets d'habilement.

talisés peuvent se mettre en course et aller chercher de
la besogne. Y vont-ils ? Pas toujours.

C'est le matin, au moment du départ, que l'on
reconnaît ceux qui ont, comme l'on dit, du cœur au
ventre et veulent faire effort pour dompter la mauvaise
fortune. Ils vont vite, ne se retournent guère, mâchent
un chiffon de pain en marchant, et se hâtent vers les
emplacements, vers les ateliers où l'on embauche les
ouvriers. Les autres, de volonté flasque et de défaillance chronique, s'arrêtent dans la rue, regardent la
couleur du ciel, lavent le bout de leurs souliers dans
le ruisseau, réfléchissent et semblent se demander ce
qu'ils pourraient bien faire pour ne rien faire. Ils sta-
tionnent devant la porte des magasins où l'on distribue des bons de fourneaux, ils mangeront leur pitance
et retomberont en perplexité. S'il pleut, s'il fait froid,
ils entreront dans une église, se tiendront le plus près
possible d'une bouche de calorifère et tâcheront d'at-
traper quelque aumône ; quand les offices sont terminés,
ils iront s'asseoir dans une salle de l'Hôtel des Ventes ;
s'il y a quelque part une réunion publique, ils iront y
applaudir ou y siffler, selon leur humeur. S'il fai
beau, il passeront leur journée sur la berge des quais
à voir pêcher à la ligne, ou au Jardin des Plantes à jeter
des cailloux aux lions ennuyés et à crier aux ours de
monter à l'arbre. Il y a chaque jour, parmi nous, des
milliers d'individus qui vivent de la sorte, et l'on doit
s'estimer heureux s'ils ne vivent pas autrement.

Comme dans tous les endroits où la charité s'exerce
à Paris, c'est la province qui lève la contribution la
plus lourde; sur 1,985 noms que j'ai relevés, je
trouve 319 Parisiens; tout le reste appartient aux
départements ou à l'étranger. Celui-ci fournit un contingent assez considérable, qui depuis la fondation de
l'œuvre s'est élevé, sur 146,238, à 20,576 individus,
parmi lesquels on compte 3,757 Suisses, 5,195 Allemands et 6,052 Belges. Paris n'y regarde pas de si
près; il donne, il abrite, il nourrit et, sans sourcil-
ler, se laisse calomnier par ceux-là mêmes qu'il a
secourus. C'est la vraie charité, qui ne s'enquiert que
de la souffrance et lui est adjuvante, sans lui demander
d'où elle vient ni où elle va.

Contrairement à ce que l'on pourrait croire, la
vieillesse n'encombre pas les maisons de l'Hospitalité,
et le nombre des jeunes gens y dépasse singulièrement celui des vieillards. De M. La Palisse me dira qu'il
y a, en général, moins de vieillards que de jeunes gens :
je le reconnais, mais la proportion n'en est pas moins
remarquable; elle semble démontrer qu'à Paris
l'homme âgé est occupé, en possession d'un domicile, ou recueilli soit dans sa famille, soit dans un
asile; tandis que l'esprit d'aventure, la recherche
d'une situation, l'instabilité du caractère, la poursuite
de rêves entrevus, l'indépendance poussée parfois jusqu'à la révolte, jettent les jeunes gens sur des routes
sans issue, au bout desquelles ils sont trop heureux

dc trouver la porte de l'hôtellerie où l'on dort. Sur une
moyenne de 1,835 pensionnaires, j'en trouve 279 de
vingt ans et au-dessous, mais seulement 50 de soixante
ans et au-dessus ; la grande majorité du public errant
qui s'adresse à l'Hospitalité de nuit oscille donc
entre la vingtième et la soixantième année, c'est-à-
dire dans la force de l'âge. C'est à ces hommes-là
surtout que l'étape de repos est utile : les uns y ressai-
sissent la vigueur qui leur permet de reprendre le
travail ; les autres sont soustraits aux tentations et aux
occasions de mal faire. N'est-ce donc rien, n'est-ce pas
faire acte de sécurité publique, que d'enlever, chaque
année, 40,000 individus à bout de voie, affamés,
irrités, aux rues de Paris, où le crime nocturne est
facile, où le délit est toujours à portée de la main?

La population parisienne, qui ne pèche pas souvent
par excès de gratitude, s'est intéressée à l'Hospitalité
de nuit, dont le bienfait n'est plus à démontrer. Les
preuves de sympathie adressées aux directeurs de
l'œuvre sont multiples et tirent parfois de leur origine même un caractère touchant dont il est difficile
de n'être pas ému. Parmi les lettres nombreuses qui
ont passé sous mes yeux et que l'on garde dans les
archives du conseil d'administration, comme des titres
de noblesse, il en est deux qu'il convient de citer.
« 18 mars 1884. Monsieur le directeur, je viens de
lire un article sur le *Petit Journal* au sujet de votre
belle institution, l'Hospitalité de nuit ; je la connaissais

depuis longtemps, mais j'ignorais que l'on pût envoyer si peu de chose que ce que je vous envoie de bien bon cœur (six timbres-poste). Mon seul regret est de n'être pas plus riche; pourtant je tâcherai, chaque quinzaine, de vous en envoyer autant, moitié pour les hommes, moitié pour les femmes. Monsieur, je vous remercie, en vous envoyant mes salutations les plus respectueuses. CARTIER, chauffeur mécanicien. » — « 24 mars 1884. Monsieur le président, nous souffrons à la pensée de ne pouvoir soulager ceux qui souffrent. Néanmoins nous vous prions, monsieur le président, de vouloir bien recevoir notre petite obole (dix timbres-poste), pour ceux pour qui vous êtes bon, charitable et dévoué. Une Famille d'ouvriers. Vos bien dévoués serviteurs. *Signature illisible.* »

Non seulement ces faits ne sont pas rares, mais ils se renouvellent quotidiennement et prouvent combien la vertu vibre encore dans le cœur de la grande ville que la rhétorique des étrangers appelle la Babylone moderne. Qui ne se souvient de l'estampe allemande publiée après la capitulation de Paris : « Tombée! tombée! la Babylone orgueilleuse! » Oui, tombée sous les armes, à son tour, comme les autres capitales de l'Europe, mais si haute, si solide par sa charité, qu'elle est indestructible. Parfois, dans l'exercice de cette charité, il y a des délicatesses infinies et vraiment exquises : un ouvrier plein de foi et sincèrement attaché à ses devoirs religieux est forcé de travailler le dimanche, ce qui est contraire aux prescriptions de l'Église. Sa conscience se trouble, et il la met en repos par un subterfuge admirable : il porte à l'Hospitalité de nuit le gain de sa journée dominicale ; qui travaille au profit du pauvre a travaillé pour Dieu et n'a point péché.

Chez les ouvriers, chez les pauvres gens auxquels la vie est la permanence du labeur et de la lutte, le bonheur est une excitation à la bienfaisance. A une noce que l'on célébrait dans un restaurant champêtre, le marié se lève au dessert et quête; il recueille quatre francs quatre-vingts centimes, qui le lendemain sont versés à la caisse de l'Hospitalité. Se souvient-on qu'à l'Exposition universelle de 1878 la Société de l'assistance aux mutilés pauvres[1] avait un pavillon particulier où s'ouvrait un tronc destiné à recevoir les offrandes? Plus de 9,000 francs y tombèrent, dont le tiers au moins, en gros sous, était le produit des visites du dimanche, c'est-à-dire sortait de la poche des ouvriers.

Les malheureux qui, dans un jour de détresse, ont été dormir sur les lits des maisons hospitalières en ont parfois gardé le souvenir. Sauvés par quelques heures de repos, secourus, placés par les directeurs, ils n'ont point répudié la gratitude et reviennent visiter l'asile où ils sont tombés de fatigue et de désespérance. A

---

1. Fondée en 1868 par le comte de Jay de Beaufort.

leur tour et selon leurs ressources, ils veulent concourir à l'œuvre, car mieux que d'autres ils l'ont
appréciée; ils apportent quelque argent, ou un pain et
de la viande pour ceux qui ont faim. Si jamais ceux-là
font fortune, l'Hospitalité de nuit s'en apercevra. De
quoi vit-elle, cette hospitalité? Comment pourvoit-elle
aux nécessités permanentes, souvent aiguës, qui l'assaillent et qui en 1883 ont exigé une dépense de
plus de 132,000 francs? Comme tant d'œuvres dont j'ai
déjà parlé, par la charité. Il faut lire la liste des donateurs, elle est instructive : toutes les classes du monde
parisien y sont représentées, tous les chiffres s'y
côtoient; ici, 2,500 francs; là, 1 franc, « par un
ex-pensionnaire; » plus loin, 50 centimes, « en souvenir d'un ancien bienfaiteur. » Paris donne et Paris
continuera à donner, car l'œuvre est à la fois de secours
pour les malheureux et de préservation sociale.

Quelquefois les dons révèlent un caractère de muni-
ficence qui rappelle les largesses royales. Le 22 février 1884 M. Charles Garnier reçut le billet que voici :
« Mon vieil ami, peux-tu venir aujourd'hui? je voudrais causer un peu de l'Hospitalité de nuit, ayant
l'intention de lui être agréable. — MEISSONIER. » Pour
célébrer son jubilé, c'est-à-dire sa cinquantième année
de peinture et de gloire, M. Meissonier va exposer tous
ceux de ses tableaux qu'il aura pu réunir. Ce sera une
fête pour l'intelligence, pour l'art, pour le goût. La
foule se portera à cette exhibition des chefs-d'œuvre

d'un maître qui se verra entrer vivant dans la postérité.
M. Meissonier réserve pour les pauvres de la commune
de Poissy, où il a sa maison de campagne, le cinquième
du produit des entrées ; il abandonne le reste à l'Hospitalité de nuit. Si, grâce à cette libéralité, que l'empressement du public rendra considérable, une quatrième
maison est ouverte dans Paris, je sais bien quel nom je
lui donnerais. L'art et la charité vont bien ensemble et
grandissent singulièrement celui qui, en les pratiquant,
fait servir l'un à l'expansion de l'autre.

CHAPITRE IX

LA SOCIÉTÉ PHILANTHROPIQUE

I. LE DORTOIR DES FEMMES.

Souvenir de Valentin Haüy. — Destruction de la Société. — Reconstitution.
— Les soupes économiques de Rumford. — Courant d'idées semblables. —
La maison de la rue Saint-Jacques. — Cinquante francs de loyer. — La
directrice. — Placement. — L'enfant. — Prévisions erronées. — Salle
d'attente de la Maternité. — Le dortoir des mères de famille. — Après la
sage-femme. — Effarée. — Le groupe aristocratique. — Les servantes. —
La tête hors de l'eau. — La visite. — Le lit de camp. — Une Badoise. —
Affamée. — Une infirmière. — Les recommandations. — L'allocution. —
La soupe. — Bonne nuit. — La salle de bains. — La lessive. — Les
défroques. — Le vêtement de l'enfant mort.

Si l'Hospitalité de nuit représente les Augustines de
Saint-Gervais, la Société philanthropique semble avoir
recueilli l'héritage des Catherinettes, car c'est aux
femmes qu'elle ouvre ses maisons. Je la connais depuis
longtemps, cette Société philanthropique; je l'ai déjà
rencontrée sur ma route lorsque j'étudiais l'enseignement exceptionnel à l'aide duquel on neutralise en
partie la cécité, car, en 1785, elle accordait une pension mensuelle de douze livres à chacun des jeunes aveu-

gles qu'elle avait confiés Valentin Haüy. Elle est née
en 1780, à l'heure où « les cœurs sensibles, pénétrés
des doctrines de J.-J. Rousseau, tournaient à la maternité universelle. Animés d'un désir vague et ardent de
faire le bien, les membres de la Société se bornaient
à distribuer en quelque sorte aux premiers arrivants
l'argent dont ils disposaient[1] ». La Société ne tarda
pas à reconnaître que la charité diffuse ne produit le
plus souvent que des résultats négatifs et elle limita
son action à six classes d'indigents : 1° les octogénaires; 2° les aveugles-nés; 3° les femmes en couches
de leur sixième enfant légitime; 4° les veuves ou veufs
chargés de six enfants légitimes; 5° les pères et les
mères chargés de neuf enfants; 6° les ouvriers estropiés. Louis XVI avait pris la Société sous sa protection
et lui accordait une allocation de cinq cents livres par
mois. La Révolution emporta le protecteur et sa protégée.

Ce fut vers l'an VIII que la Société philanthropique
se reconstitua sous l'impulsion des « citoyens » Pastoret
et Mathieu de Montmorency. Il s'agissait d'ouvrir, dans
divers quartiers, des fourneaux où l'on confectionne-
rait et où l'on distribuerait ces fameuses soupes inven-
tées par le chimiste Rumford, et que déjà l'on appelait

---

1. Centenaire de la Société : *Notice historique et rapport*, par le
vicomte Othenin d'Haussonville, membre du comité d'administration;
c'est à cette excellente étude que j'emprunte les détails relatifs à la
Société philanthropique.

des soupes économiques[1]. L'origine des fourneaux, qui rendent tant de services à la population pauvre de Paris, remonte donc à la Société philanthropique; c'est à elle que l'on doit aussi le développement de l'enseignement primaire, l'organisation de l'assistance judiciaire, la création des sociétés de secours mutuels, des écoles du soir pour les adultes et l'idée première des crèches. Elle semble avoir pris à tâche d'être la tutrice des malheureux et elle persiste à bien mériter de Paris, dont elle est un des plus infatigables instruments de charité. Veut-on savoir ce que ses seuls fourneaux ont distribué pendant l'année 1883? — 2,376,168 portions.

On a remarqué que certains courants d'idées se produisent en même temps, ayant l'air de s'engendrer les uns les autres et nés cependant de combinaisons individuelles qui n'ont eu aucun point de contact. Pendant que l'Hospitalité de nuit ouvrait, rue de Tocqueville, son premier dortoir pour les hommes, la Société philanthropique, sur l'initiative de M. Nast, un de ses membres les plus actifs, cherchait à créer des asiles de nuit pour les femmes. Sans s'être donné le mot, deux œuvres secourables avaient eu la même pensée et lui donnaient un corps. L'ancienne ferme de Monceau

---

1. Benjamin Thompson, citoyen américain né à Woburn (Massachusets) en 1753, fut nommé comte de Rumford en 1790 par l'électeur de Bavière. Il avait épousé Mlle Paulze-d'Ivoy, veuve en premières noces de Lavoisier; il est mort à Auteuil en 1814.

avait été inaugurée le 2 juin 1878 ; le premier asile de
femmes fut inauguré le 20 mai 1879, sous la présidence du marquis de Mortemart.

La maison n'est pas luxueuse ; elle est située au
numéro 255 de la rue Saint-Jacques : porte bâtarde,
couloir étroit, jardinet en boyau, murailles en plâtras,
toiture à réparer ; c'est une vieille masure. Cela ne me
déplaît pas. La charité est ingénieuse et tire parti de
tout : les Petites Sœurs des Pauvres accommodent les
rogatons pour nourrir les bons petits vieux et les bonnes
petites vieilles ; la Société philanthropique utilise une
construction fatiguée de son grand âge pour abriter des
femmes éperdues, qui sans elle risqueraient de dormir à la laide étoile. Cela est bien : la première vertu
de la bienfaisance doit être l'économie, qui lui permet
de se répandre sur un plus grand nombre de malheureux. Avant d'être prise à bail par la Société, la maison
était une sorte d'école, ou plutôt de garderie d'enfants,
si misérables qu'ils ne vivaient que de la charité des
voisins. Jamais la directrice, aussi dénuée que ses
élèves, n'avait payé son terme ; on ne la tourmentait
guère, car l'immeuble appartient au domaine de l'Assistance publique. C'est vraiment le bien des pauvres.

Quelque délabrée que soit la maison, elle a de la
valeur ; le terrain qu'elle occupe est presque vaste, la
superposition de quatre étages y crée des logements
assez spacieux ; le jardin y donne de l'air et du soleil ;

aux enchères elle se vendrait une centaine de mille francs ; un loyer de 4,000 francs n'aurait rien d'excessif. L'Assistance publique se trouvait en présence d'une Société qui compte parmi ses adhérents et ses bienfaiteurs des personnages riches ; elle avait un droit de propriété à maintenir, et elle le maintint, comme une bonne mère de famille qu'elle est, en fixant le taux du bail annuel à la somme de cinquante francs. C'est une subvention déguisée accordée par une administration qui, maniant les misères de Paris, sait mieux que nul autre comment on les soulage et n'ignore pas que, toutes les fois que l'on fait du bien, c'est à elle-même que l'on vient en aide. Les réparations sont laissées au compte de la Société ; malheureusement elles sont lourdes, elles sont fréquentes et finiront par coûter plus cher qu'un bail sérieux.

La directrice de l'asile, Mme Horny, pour ne porter ni guimpe, ni béguin, ni rosaire, n'en est pas moins une sorte de sœur de charité ; intelligente, active, elle excelle à confesser ses pensionnaires, à leur rouvrir l'espérance, à les remettre en bonne voie et souvent, très souvent, à les pourvoir d'une bonne condition. Car là aussi, comme à l'Hospitalité du travail, comme à l'Hospitalité de nuit, on s'efforce de procurer un gagne-pain aux pauvres que la misère a courbatus, et l'on réussit dans de notables proportions, que des chiffres feront apprécier. Sur 16,897 femmes qui, depuis le 20 mai 1879 jusqu'au 31 décembre 1883, ont passé dans les asiles de la Société, 2,629 ont pu, grâce à l'intervention philanthropique, trouver le gain d'un travail assuré.

Ouvrir un asile à la femme, c'est ouvrir un asile à l'enfant; on ne peut dire à la mère : « Laisse ton fils dans la rue si tu veux dormir sous mon toit. » Aussi le nombre des enfants hospitalisés a-t-il été considérable, car j'en compte 5,580 que la bonne maison a recueillis. On ne s'attendait pas à cela lorsque le refuge de la rue Saint-Jacques fut crée; on s'était imaginé que là, au sommet de la Montagne des Écoles, *Mons Scholarum*, comme disait le moyen âge, on serait envahi par des bandes d'étournelles, étudiantes en chômage d'étudiants, grisettes en rupture de magasin, ouvrières en chorégraphie naturaliste. Les prévisions furent trompées. La bise eut beau venir, les cigales ne vinrent pas avec elle. On s'aperçut que, si l'on était dans le quartier des mœurs faciles et des bals publics, on était surtout dans le voisinage des hôpitaux; ce n'est pas l'insouciance prise au dépourvu qui vint frapper à la porte, c'est la souffrance qui succède à une faute dont le résultat pèsera sur toute la vie. L'asile de la rue Saint-Jacques semble être la salle d'attente et la salle de convalescence de l'hospice de la Maternité, qui fut jadis l'abbaye de Port-Royal, qu'un décret du 13 juillet 1795 convertit en hôpital. On se hâta de se mettre en mesure contre cette éventualité à laquelle personne n'avait songé et près des lits on installa des berceaux.

Pour accueillir ces malheureuses on ne leur demande
point un certificat de mariage ; la Société philanthropique, qui à ses débuts spécifiait qu'elle ne s'occupait
que des mères ayant des enfants légitimes, rejette aujourd'hui toute restriction de ses asiles. Elle sait qu'en
repoussant la fille oublieuse de ses devoirs elle frappe-
rait l'enfant, qui, à coup sûr, est irresponsable ; elle
prend l'une et l'autre, ne les sépare pas et leur fait
bonne place. Une salle spécialement outillée porte le
nom explicatif de dortoir des mères de famille. Il n'y
a que la vertu bien forgée pour compatir aux défaillances humaines. Ce dortoir est une création particulière; il est le produit d'une rente perpétuelle fondée
par Mme Hottinguer, qui par sa naissance appartenait
à cette grande famille Delessert chez laquelle le bienfait
est chronique et la charité permanente.

En dehors des pauvres créatures qui viennent de
« la Bourbe », qui vont y entrer, qu'on y a parfois
refusées malgré des symptômes trop visibles, l'asile
reçoit encore une autre catégorie de femmes dont le
sort est digne de compassion. Ce sont celles qui sortent
de chez la sage-femme, que l'Assistance publique paye,
à forfait, cinquante francs par accouchement. Il y a
peu de temps, ces malheureuses étaient mises sur le
pavé dès le neuvième jour; actuellement on leur accorde douze jours pleins, et encore ne peuvent-elles
être congédiées qu'après examen et approbation d'un
médecin. Neuf jours, c'était impitoyable ; douze jours,

c'est bien peu ; après de telles souffrances et un si profond affaiblissement, regagner sa mansarde ou son
grenier, descendre, gravir cinq étages, peut-être plus,
pour aller à la provende, pour « monter l'eau » ; être
obligée, lorsque l'on part en recherche de travail, d'emporter l'enfant qui est une cause de refus et que l'on
ne peut abandonner seul, dans la chambrette, sans
allaitement, sans surveillance et sans soins, c'est dur,
c'est doubler sa misère et c'est souvent la rendre si implacable que l'on se décourage, que l'on pleure sans
garder la force de lutter. Elles savent bien cela, les pauvrettes ; à cette heure, au lieu de rentrer dans leur
taudis, elles arrivent à la maison de la rue Saint-
Jacques, elles y restent pendant les trois nuits règle-
mentaires, auxquelles on leur permet souvent d'en
ajouter quelques autres, et retrouvent par ce repos
prolongé assez de vigueur pour faire face à la vie.

A côté de ces infortunées on voit les ouvrières sans
ouvrage, les femmes de ménage qui chôment parce que
leurs clients sont partis, les convalescentes sans domicile qui sortent de l'hospice du Vésinet, les étrangères
sans ressources qui ne savent où aller coucher, et parfois une pauvre fille effarée, toute tremblante, qui
vient demander un refuge où nul péril ne peut l'atteindre. Une nuit, bien après l'heure de la fermeture,
on entendit sonner coup sur coup à la porte ; on alla
ouvrir ; une jeune fille, de bonne tenue, se jeta dans la
maison. C'était une institutrice, employée dans un pen-

sionnat des environs de Paris. Pendant une semaine
de vacances, la maîtresse, afin de n'avoir pas à la
nourrir, lui avait imposé un congé. La malheureuse,
qui n'avait d'autre rétribution que la table et le logement, ne sachant où aller, vint à Paris, avec toute sa
fortune : douze francs. Elle descendit dans un petit
hôtel du quartier latin. C'était, je crois, en temps de
carnaval ; des étudiants un peu trop joyeux l'avaient
vue monter et avaient remarqué son joli visage. On
voulut forcer sa porte ; elle put s'échapper et gagner la
rue, toujours courant ; un sergent de ville lui montra
du doigt la lanterne rouge de l'asile Saint-Jacques et
lui dit : Allez là ! Elle y resta pendant son congé.

Ce n'est pas la seule institutrice qui ait demandé
asile à la Société philanthropique ; j'en compte vingt-
cinq sur les 5,595 femmes qu'elle a abritées en 1883 ;
si l'on y ajoute deux maîtresses de musique, sept dames
de compagnie et cinquante-deux demoiselles de magasin, on aura la totalité du groupe aristocratique des
pensionnaires ; le reste se compose de domestiques,
c'est-à-dire de bonnes à tout faire, 1,552 ; de cuisinières, 487 ; de femmes de chambre, 560 ; de femmes
de ménage, 256 ; d'ouvrières, 1,543 ; la réalité du métier des blanchisseuses, 254, et des journalières, 716,
ne m'inspire qu'une confiance limitée ; quand on
interroge sur sa profession une femme qui n'en
a pas, il est rare qu'elle ne réponde pas journalière
ou blanchisseuse ; cependant je trouve 86 pension-

sionnaires indiquées sans profession : je me doute de
ce qu'elles peuvent faire et j'admire leur franchise ;
celles-là, comme disait Diderot, « sont dédommagées
de la perte de leur innocence par celle de leurs préju-
gés. »

Comme toujours, c'est la province qui fournit le plus
gros contingent, car, sur le chiffre total, le département de la Seine ne figure que pour 913 ; les femmes
jeunes sont aussi bien plus nombreuses que les vieilles ;
j'ai relevé 1,040 inscriptions sur « le livre de logeur » ;
j'ai trouvé 51 femmes de soixante ans et au-dessus contre 155 de vingt ans et au-dessous. Cela se
comprend sans qu'il soit besoin d'entrer en explication. Il y a peut-être là quelque vieille, décrépite et
morose, qui jamais n'aurait eu à réclamer un lit dans
le dortoir commun si les asiles de nuit avaient existé
au temps de sa vingtième année ; il suffit parfois d'une
main tendue au moment opportun pour sauver une
existence entière. Trois nuits seulement, qu'est-ce cela ?
C'est une minute, la tête hors de l'eau, pour l'homme
qui se noie, la minute pendant laquelle il reprend haleine et la force de gagner la rive. Si court que soit
l'instant du repos pour les surmenés, ils y peuvent
trouver le salut.

C'est de sept à neuf heures du soir que les pensionnaires arrivent ; avant de se présenter au bureau vitré
où se font les inscriptions, elles doivent passer entre
les mains des surveillantes auxiliaires, qui, elles aussi,

ont été des réfugiées dont la maison utilise les services, parce qu'elles ont fait preuve d'intelligence et de bon vouloir. On les nourrit, on les héberge, on les revêt d'une défroque à leur taille, et en échange on leur confie quelques besognes, dont la plus délicate est de vérifier l'état de propreté des nouvelles venues. Cela se fait rapidement, dans un cabinet attenant à la salle d'attente. On entr'ouvre le corsage et au premier coup d'œil on reconnaît si le linge porte trace de ces parasites dont le *Petit Mendiant* de Murillo cherche à se débarrasser. Les malheureuses qui n'en sont point indemnes reçoivent les numéros de un à vingt correspondant aux couchettes du lit de camp, lequel, isolé au fond du jardinet, est contenu dans une salle spéciale de construction récente. Il ne faut pas prendre l'expression lit de camp au pied de la lettre, car ce n'est pas une simple planche placée dans un box, comme à l'Hospitalité de nuit. La Société philanthropique sait qu'elle a affaire à des femmes; elle leur donne un véritable lit, garni d'un matelas, d'un traversin et de deux couvertures que les fumigations de soufre répétées ont rendues un peu rêches.

Une à une, les pensionnaires passent devant le guichet du bureau, car elles sont soumises aux formalités de l'inscription et doivent fournir, autant que possible, une pièce qui permet de constater leur identité ; on n'est pas très exigeant. Une femme jaunâtre, ridée et clignotant des yeux, s'est présentée; elle répond difficilement aux questions qui lui sont adressées; à son accent, on reconnaît sa nationalité : on l'interroge en allemand, elle n'est guère plus explicite. Elle est née à Baden-Baden; elle parle de Bâle et de Pforzheim. Lorsqu'on lui demande si elle a un passeport et pourquoi elle est à Paris, elle montre un papier sur lequel je lis : « Je certifie que Bertha H. est restée chez nous dix-huit jours. Signé : Héloïse. » La surveillante dit : « Elle est très propre; » on lui remet son numéro d'admission.

Celles dont l'état de maternité imminente est apparent, celles qui portent des nourrissons dans les bras sont nombreuses, et le cœur se serre en les voyant. Une d'elles, coiffée d'un bonnet à la paysanne, de face large et d'expression résignée, tapotait le dos de son enfant pour l'empêcher de crier. Je l'interrogeai : « Est-ce que vous êtes malade? — Non, monsieur. — Pourquoi êtes-vous si pâle? — Monsieur, je n'ai pas mangé depuis hier. » Tout de suite on donna des ordres, et l'on apporta une soupe, du pain, des pommes de terre, des saucisses, du fromage. Elles ont défilé devant moi, les mères de demain et les mères d'il y a quinze jours. Sur leurs papiers d'identité je lis la même qualification : domestique. — O maîtres, vous n'êtes guère indulgents pour la faute de ces pauvres filles, et peut-être pour la vôtre!

J'en ai remarqué une qui se distinguait des autres et montrait quelque élégance au milieu du groupe aux

vêtements flétris qui l'entourait. Elle paraît très jeune,
elle est presque jolie; un beau chignon d'or apparaît
sous le bavolet de son chapeau en fausses dentelles
noires; elle a écarté son mantelet garni de jais; son fils
boit avec avidité. Les langes éclatants de blancheur
apparaissent sous une couverture de laine à carreaux
bleus. Elle n'est pas domestique, celle-là, elle est infirmière. On l'a mise à la porte de l'hôpital où elle
servait. Elle a reconnu son enfant, dont le père s'est
détourné; la Société philanthropique la gardera jusqu'à
ce qu'elle lui ait procuré une condition.

Les inscriptions sont terminées; toutes les pensionnaires sont réunies dans la salle d'attente, triste salle,
nue, garnie de bancs de bois, éclairée par un bec de
gaz dont la lumière tremblotante vacille sur les visages
maigris. C'est un radeau, il n'y a là que des naufragés.
On est silencieux, on paraît déprimé comme si l'on était
étreint par une insurmontable lassitude. La directrice,
Mme Horny, fait quelques recommandations, qui sont
écoutées avec recueillement et auxquelles toutes les
voix répondent : « Oui, madame. » Un des membres
de la Société philanthropique, M. René Fouret, qui est
en quelque sorte délégué près de la maison de la rue
Saint-Jacques, se lève et lit une courte allocution qui
cherche à ranimer l'espérance et fait entrevoir un sort
meilleur. A lui aussi on répond par un murmure qui
ressemble à un remerciement. On entend alors un cli-
quetis de cuillers et d'écuelles. Ce sont les soupes que

l'on apporte ; chaque pensionnaire reçoit la sienne, et la façon dont elle la mange prouve combien elle en avait besoin. On monte au dortoir, les berceaux sont rapprochés des lits ; quelques femmes s'agenouillent et font leur prière. — Bonne nuit, mes filles ! que vos rêves soient de belle couleur et vous enlèvent à la réalité !

Au matin, après le lever, chaque femme est tenue de prendre un bain ou, pour parler plus exactement, de se soumettre à une aspersion d'eau tiède. La salle de bains est à visiter, elle a été disposée sur les instructions de M. Nast. Pas de baignoires, mais des sortes de niches dont les séparations sont fermées par des lés de toile cirée ; les baigneuses sont donc isolées. L'appareil est simple : une chaise à claire-voie, un baquet où les pieds doivent être placés ; au-dessus de la tête, à un demi-mètre d'élévation environ, une planche trouée qui supporte un seau ouvert dans la partie inférieure d'une pomme d'arrosoir. Il suffit de tirer une ficelle pour déplacer un obturateur ; l'eau tombe en pluie pendant trois minutes et fait office de douche. Une surveillante me disait : « Ça enlève le plus gros. » Soit, mais dans bien des cas une friction prolongée ne serait pas superflue pour « enlever le plus mince ». Après le bain, la soupe et la sortie. Lorsque toutes les pensionnaires sont parties en recherche de travail ou d'autre chose, la lessive commence ; les draps sont lavés tous les jours, car chaque soir les lits sont garnis à nouveau, mesure coûteuse, mais mesure hygiénique devant laquelle la bienfaisance n'a point reculé.

Les plus dépenaillées parmi ces malheureuses échangent leurs haillons contre un costume convenable, car, comme l'Hospitalité de nuit, la Société philanthropique a des vestiaires qui sont fournis par la charité privée. Les objets neufs en laine, jupons, bas, camisoles, y sont en abondance, car les dames patronnesses ou bienfaitrices n'épargnent point les cadeaux de ce genre et savent glisser sous la robe d'indienne le vêtement chaud qui l'empêche d'être mortelle en hiver. Il y a bien des défroques aussi, vieilles jupes et vieux corsages, au milieu desquelles j'aperçois une robe en mousseline bouillonnée, parsemée de pasquilles en clinquant, et des souliers de satin blanc à hauts talons, reste de quelque travestissement qui s'est trémoussé dans les bals masqués. Çà et là de petits paquets contiennent un habillement complet d'enfant ; une mère qui pleure et qui a vu partir un léger cercueil où tout son cœur est renfermé, a apporté ces tristes reliques et les consacre, comme un ex-voto, à la souffrance des tout petits, en souvenir de celui qu'elle a perdu.

II. — LE DISPENSAIRE DES ENFANTS.

M. Émile Thomas. — Mlle Camille Favre. — Largesses. — Rue Labat. — Rue de Crimée. — Notre-Dame du Calvaire. — Les infirmières. — Les draps du lit de camp. — Bonjour, ma sœur! — Le docteur Comby. — Les enfants chétifs. — L'alimentation périlleuse. — Le lait, aliment unique de l'enfant. — Les scrofuleux. — Tumeurs blanches. — Méningite. — Les bonbons de la supérieure. — Le traitement. — Les bains. — Les dispensaires d'adultes. — Il faut multiplier les dispensaires d'enfants. — La *Charité* d'André del Sarto. — Le grand œuvre. — La glane et la moisson. — L'abbé Roussel. — L'abbé Bayle. — La baronne de Saint-Didier. — Les enfants vagabonds. — Les maisons à fonder. — Action combinée de l'Hospitalité de nuit et de la Société philanthropique.

Si vieille que soit la maison de la rue Saint-Jacques, si raides que soient les escaliers, si pauvre que soit son apparence, elle rend d'inappréciables services. Elle ressemble à ces vieilles femmes déguenillées des contes du bon vieux temps, qui étaient des fées et faisaient des prodiges. Ces prodiges sont tels, qu'ils ont été appréciés et favorisés dans des proportions qu'il faut dire. Un homme bienfaisant, M. Émile Thomas, vint un soir visiter l'asile de la rue Saint-Jacques; il en étudia le fonctionnement, regarda avec compassion le troupeau affamé qui se pressait vers la bergerie, et, en s'en allant, laissa une aumône de vingt francs. Peu de mois après, il mourait, et, par son testament, léguait à la Société philanthropique, pour développer l'institution des asiles de femmes, une

somme de 200,000 francs[1]. En reconnaissance de
cette largesse, la maison de la rue Saint-Jacques s'appelle la maison Émile Thomas.

Un autre don considérable devait bientôt encourager
les efforts des gens de bien qui s'appliquent à venir
en aide au dénuement des femmes. Une personne qui,
sous des dehors modestes, cachait une ardente charité,
Mlle Camille Favre, versa d'un geste 120,000 francs
dans la caisse de l'œuvre[2]. Afin de mieux obéir aux
vœux des donateurs, on s'empressa d'acheter deux
maisons : l'une rue Labat, près de l'ancienne chaussée
de Clignancourt, et l'autre rue de Crimée, dans le
quartier de La Villette. Quoique supérieures par l'amé-
nagement et la construction à l'asile de la rue Saint-
Jacques, ces maisons sont relativement peu fréquentées,
et celle du Mont des Écoles reste encore, pour les différentes causes que j'ai dites, le refuge où le plus
grand nombre de malheureuses viennent chercher le
repos de la nuit[3].

1. La Société philanthropique a été reconnue d'utilité publique par
ordonnance royale du 27 septembre 1839.

2. Mlle Camille Favre, décédée le 14 juillet 1883, a légué à l'Académie française une somme considérable, destinée à récompenser les
actes vertueux. Voir *Pièces justificatives*, n° 9.

3. Il en est de la Société philanthropique comme de l'Hospitalité de
nuit : chacun des asiles est, en quelque sorte, sous la surveillance spéciale d'un des membres du comité ; la rue Saint-Jacques est attribuée à
M. René Fouret ; la rue de Crimée au vicomte Othenin d'Haussonville ; la
rue Labat à M. Mansais, référendaire aux sceaux ; le président, qui est le
marquis de Mortemart, se transporte de l'une à l'autre des trois maisons.

La maison de la rue Labat, qui garde trace de dorures dans un salon servant aujourd'hui de salle d'attente, n'est qu'un dortoir temporaire auquel est annexé un fourneau; en outre, trois fois par semaine, un médecin y donne des consultations gratuites. Rue de Crimée, la maison qui porte le nom de Camille Favre est plus importante; elle se compose d'un corps de bâtiment, situé au delà d'une cour et d'un petit jardin; deux ailes la complètent et s'appuient à la muraille, qui s'ouvre sur la rue par une large porte cochère. Dans l'aile de gauche on a installé les dortoirs de l'asile de nuit. Le bâtiment du fond est occupé par une maison de retraite où vingt vieilles femmes peuvent trouver un abri jusqu'à leur dernier jour moyennant une pension annuelle de cinq cents francs. L'aile de droite renferme un nouvel établissement créé par la Société philanthropique, qui ne sait qu'imaginer pour faire le bien : je veux parler d'un dispensaire pour enfants, inauguré le 15 mai 1885, qui fonctionne avec régularité et où déjà plus de 3,000 consultations ont été données.

Dans quelques pièces, au rez-de-chaussée, la communauté a pris logement. Je dis bien : la communauté, car, par exception, la maison Camille Favre a été confiée aux sœurs de Notre-Dame du Calvaire, que j'ai rencontrées à Auteuil, à l'Hospitalité du travail. On a bien fait de s'adresser à elles, car, pour soigner des enfants malades, il faut, avant tout, des infir-

mières, et — j'en demande pardon à la laïcisation —
en fait d'infirmières, il n'y a encore que celles qui
portent le voile noir et la guimpe. Un détail fera comprendre tout de suite l'influence de l'élément féminin
religieux dans de telles maisons. J'ai fait remarquer
que, dans les asiles de nuit, le lit de camp était affecté
aux femmes dont la malpropreté n'est point douteuse.
Le lit de camp de la rue Saint-Jacques n'a point de
draps ; celui de la rue Labat est moins réservé et accorde
un drap ; rue de Crimée, la couchette du lit de camp
est semblable à celle des dortoirs : complète et munie
de deux « linceuls », comme disaient nos grands-pères.
On en est quitte pour brûler un peu plus de soufre à la
pouillerie ; mais, du moins, une pauvre femme peut
quitter ses vêtements et dormir dans le contact de la
toile.

Ouvriers pour la plupart, gagnant strictement leur
vie, éloignés des hôpitaux du premier âge, qui sont
situés rue de Sèvres et rue de Charenton, les gens du
quartier ont tout de suite apprécié les bienfaits du
dispensaire que l'on ouvrait à leurs enfants ; soins
gratuits, médicaments gratuits, traitement gratuit,
cela compte et vaut aux religieuses, lorsqu'elles passent dans la rue, un « Bonjour, ma sœur ! » où il y
a encore plus de gratitude que de politesse. Trois fois
par semaine, les lundi, mercredi et vendredi, un
jeune médecin, expert et paternel, le docteur Comby,
vient prendre place dans son cabinet de consultation,

dont l'antichambre est encombrée de mères amenant ou portant leurs enfants malades. On distribue des numéros d'ordre afin d'éviter les altercations, car chacune de ces malheureuses voudrait entrer la première. Dans une salle voisine, deux religieuses sont en permanence, prêtes à faire les pansements; la supérieure est debout à côté du médecin, transcrivant « l'observation » et ayant sous la main les médicaments les plus usuels. J'ai assisté à la consultation, qui, commencée à midi et demi, ne s'est terminée que vers trois heures. Je n'étais pas seul : M. le marquis de Mortemart était venu voir fonctionner ce nouveau mécanisme de son œuvre, auquel il attache, avec raison, une importance exceptionnelle. Je ne serais pas surpris qu'au cours des visites sa bourse se fût ouverte plusieurs fois.

Ce que l'on amène là, c'est l'accident, mais surtout le résultat. Je veux dire que si les maladies sporadiques des enfants, la coqueluche, le muguet, viennent en quantité appréciable, le plus grand nombre des cas pathologiques soumis au médecin sont représentés par les scrofules et par le rachitisme. Blafards, arqués des jambes, voûtés des épaules, de paupières faibles et de chétive ossature, les êtres débiles que j'ai vus peuvent se retourner vers leurs parents et leur dire : « C'est votre faute! » Ils ne ressemblent pas aux embryons noueux que j'ai regardés avec effroi dans l'infirmerie de la rue Lecourbe; ils sont d'apparence humaine et seront des hommes, grâce aux soins qui les entourent à la maison Camille Favre et les empêcheront peut-être de tomber dans la difformité. La plupart des êtres frêles et bouffis que j'ai entendus geindre pendant que le médecin les palpait sont les victimes d'une alimentation défectueuse ; on ne se doute guère du nombre d'enfants que le biberon et les soupes prématurées ont tués ou rendus rachitiques[1].

Ce n'est jamais sans péril pour ses jours ou pour sa santé future que le nouveau-né est soustrait à l'allaitement naturel ; le lait de femme, qui se modifie selon l'âge de l'enfant, doit être la nourriture exclusive de celui-ci, tant que la dentition n'a pas démontré qu'il peut s'assimiler des aliments à demi solides. Les mères qui, sous prétexte de fortifier un nourrisson, le bourrent de panade, de jaune d'œuf, de mie de pain imbibée de jus de viande, l'affaiblissent, l'étiolent, le détruisent, car elles imposent à son estomac des matières qu'il est impuissant à triturer et à digérer. Ce régime est pernicieux. Un chapelet de nodosités placées au point d'intersection des côtes et du ster-

---

1. Je lis dans le *Bulletin hebdomadaire de statistique municipale*, du 12 juillet 1884 : « Les décès par athrepsie (diarrhée cholériforme des jeunes enfants non sevrés) ont monté cette semaine à 128. Ce chiffre de 128 décès se décompose ainsi : enfants nourris au sein, 34 ; — enfants nourris de manière inconnue, 8 ; — *enfants nourris au biberon*, 86. »

num est l'indice presque immédiat, qui dénonce le danger ; l'amaigrissement des membres inférieurs, le ballonnement du ventre s'accusent de plus en plus : c'est le début du rachitisme. Il n'y a pour l'enfant qu'un garde-manger, le sein de la nourrice. Le docteur Comby ne s'y trompe pas ; il regarde un des avortons et dit à la mère : « Cet enfant a été élevé au biberon ou au petit pot ? » La réponse est invariable : « Oui, monsieur. »

Les scrofuleux, si nombreux dans les agglomérations ouvrières, sont le produit d'une ascendance viciée : l'alcoolisme, la débauche, la misère, forment ces générations souffreteuses, malsaines, incomplètes, où se recrute la légion des incurables. La charité les soigne, les adopte, les garde dans ses asiles ; elle répare le mal autant qu'il est en elle, mais elle ne peut le guérir. Le seul bien que l'on aurait pu faire à ces malheureux est en dehors de la puissance humaine : c'eût été de les empêcher de naître. Une femme large et répandue, de très douce expression, est entrée conduisant un enfant de sept ou huit ans, édenté, ayant l'air d'un gnome et boitant très bas. En lui tout est grêle, excepté le genou, que gonfle une tumeur blanche ; on essaye de mouvoir le membre pour s'assurer qu'il n'est pas encore saisi par l'ankylose ; le pauvre petit crie : « Non ! non ! » et se met à pleurer. Sa mère se jette sur lui et l'embrasse en pleurant. On lui dit : « Menez votre enfant à l'hôpital. » Elle se tord les bras et répond : « Jamais, il y mourrait ! »

Une autre femme vient; figure longue et terne, menton de galoche, dents démesurées, très simplement, très proprement vêtue. Un enfant de quelques mois repose dans ses bras; elle le regarde et pleure. Le petit est de couleur terreuse, sa tête vacille, on dirait qu'il n'a pas la force de la porter; il contracte les sourcils, sa pupille est énorme, comme si elle avait été baignée de belladone; il a une méningite, il est perdu. La pauvre femme a eu neuf enfants, quatre sont morts, le dernier va mourir; à peine a-t-elle le temps d'accourir au dispensaire, car elle ne peut guère quitter sa chambre, où elle soigne son père paralysé. On lui dit : « Bon courage ! » On ordonne quelques médicaments pour lui laisser de l'espoir plutôt que pour tenter une cure impossible; elle s'en va en secouant la tête et j'entends le bruit de ses sanglots pendant qu'elle descend l'escalier. Deux heures durant, il en est ainsi. On reconnaît tout de suite les enfants qui ne viennent pas pour la première fois dans le cabinet des consultations; ils s'approchent de la supérieure, se frôlent à sa robe et tâchent de fourrer la main dans sa poche : c'est que dans la poche il y a une bonbonnière et qu'ils savent bien que les bonbons sont pour eux.

Trois fois par semaine consultation gratuite et prolongée; tous les matins, de huit à dix heures, traitement gratuit. Ils viennent, les malingres et les éclopés, on leur verse de l'huile de foie de morue, on leur fait avaler la « prise » de bromure, on les barbouille de teinture d'iode, on leur administre les douches prescrites et on les plonge dans des bains d'eau salée qui ressemblent, — d'un peu loin, — à des bains de mer. Le système balnéaire est aussi complet que possible ; il y a des enfants si petits, que la baignoire serait périlleuse pour eux et qu'on la remplace par un baquet, où du moins ils peuvent barboter sans se noyer. On les rend plus robustes, on en sauve beaucoup ; je ne puis citer de chiffres, car le dispensaire, ne fonctionnant que depuis une année, n'a pas encore rédigé son tableau statistique ; mais j'ai parcouru le registre où le docteur Comby inscrit ses observations, et le mot « guéri » a souvent frappé mes regards.

La Société philanthropique, qui possède dans Paris onze dispensaires d'adultes, où, pendant le cours de l'année 1883, 3,595 consultations ont été données à 1,387 malades traités gratuitement sur la recommandation des membres de l'œuvre, n'a encore ouvert qu'un seul dispensaire pour les enfants, celui de la rue de Crimée, que nous venons de voir. C'était une tentative. L'essai a réussi au delà de l'espérance, il faut le renouveler. Il y a là un instrument de salut de premier ordre, qu'il sera bon de multiplier. L'expérience n'est plus à faire : on sait aujourd'hui ce que peut produire une telle infirmerie patronnée par des gens de bien, dirigée par un médecin habile et surveillée par

des religieuses. Je serais bien surpris si le rêve de la
Société philanthropique n'était point d'ouvrir un dispensaire pareil dans chacun des arrondissements de
Paris. Ce rêve sera réalisé, car il correspond au
besoin le plus ardent de la bienfaisance. Rappelez-
vous la *Charité* d'André del Sarto, « pâle, entourée de
ses chers enfants qui pressent sa mamelle. » C'est la
parole d'Alfred de Musset.

En se penchant vers l'enfant, en l'arrachant au mal
physique qui l'appauvrit, au mal moral qui le décompose, en fortifiant son corps, en virilisant son âme, la
charité accomplit le grand œuvre entrevu par les her-
métiques : elle donne l'élixir de vie, de la vie individuelle et de la vie sociale. On n'a de belles forêts qu'à
la condition de ne répudier aucun sacrifice pour ferti-
liser les pépinières. Le vagissement du nouveau-né est
peut-être la première inflexion de la voix d'un grand
homme. Il est beau d'adopter les vieillards et de les
conduire en paix jusqu'au seuil de l'éternité ; il est
bien de soigner les maux incurables et d'en adoucir la
souffrance ; mais il est mieux, il est plus utile au groupe
humain dans lequel la destinée nous a vus naître, de
récolter les enfants, car ils gardent en eux un avenir
dont on peut se rendre le maître et le bienfaiteur. Cette
glane à travers l'enfance maladive, vagabonde, vicieuse,
moralement abandonnée, sera peut-être une moisson
opulente. C'est de ce côté qu'il convient surtout de
regarder et de diriger les impulsions charitables. Je

sais que les âmes généreuses se préoccupent de l'enfance et cherchent à l'enlever aux milieux contaminés où la promiscuité des grandes villes la force de vivre et la compromet à toujours.

J'ai raconté les efforts de l'abbé Roussel, que rien ne décourage, qui à son Orphelinat d'Auteuil vient d'ajouter une maison pour les petites filles à Billancourt, et une colonie agricole pour les garçons, au Fleix, dans le département de la Dordogne. Je n'ignore pas les fondations de l'abbé Bayle, qui dépensa toute sa fortune à créer des asiles pour les orphelins de Paris et qui, n'ayant jamais fait que du bien, fut naturellement un des otages de la Commune; je connais l'œuvre que préside la baronne de Saint-Didier et qui, sous l'appellation un peu prétentieuse des Saints-Anges, prend les orphelines dès la deuxième année, les élève, les instruit, leur apprend un bon métier et ne les quitte qu'à l'âge de vingt et un ans; là les besoins sont excessifs, car les subventions accordées autrefois par la préfecture de la Seine, par les ministères de l'intérieur et de l'instruction publique, qui favorisaient le développement d'une institution si particulièrement bienfaisante à l'enfance délaissée, ont été supprimées, parce que la maison est sous la main des Sœurs de la Sagesse. En agissant de la sorte, avec une si brutale persévérance, ne s'aperçoit-on pas que c'est aux enfants malheureux que l'on nuit et non pas aux congrégations religieuses?

Malgré les maisons secourables que je viens de citer, malgré bien d'autres qui s'ouvrent toutes grandes devant les pauvres petits sans mère, sans pain, sans abri, on peut multiplier presque indéfiniment les orphelinats où on les recueille, les dispensaires où on les guérit; il n'y aura jamais assez de places, assez de secours, assez de maternité pour eux. Il y en a tant qui souffrent, qui vaguent à travers les rues, qui volent pour vivre dès l'âge de cinq ou six ans, qui, faute d'un peu d'aide, « tournent mal », qui auraient fait de braves gens si on les eût soutenus en temps opportun, que le premier devoir de la charité est de regarder vers eux, de les défendre contre les tentations mauvaises, de les protéger contre eux-mêmes. Dans cette croisade en faveur de l'enfance qui va défaillir, j'estime que des œuvres comme l'Hospitalité de nuit et comme la Société philanthropique peuvent revendiquer la mission de diriger vers une commisération supérieure cette masse charitable qui est à Paris et ne demande qu'à bien faire. Il suffit souvent de lui montrer le but, pour qu'elle coure y déposer l'offrande qui amoindrit l'infortune et relève la volonté.

L'Hospitalité de nuit sait le nombre des enfants errants, égarés sinon perdus, qui viennent implorer une couchette dans ses dortoirs; elle s'en occupe, elle cherche où les placer, elle se demande dans quelle maison ils trouveront la moralité et l'apprentissage qui leur sont indispensables pour devenir des hommes de

travail et de probité. Cette maison, pourquoi ne la fon-
derait-elle pas elle-même? Trois nuits pour l'homme
qui a besoin de repos; dix ans, quinze ans, s'il le faut,
pour l'enfant qui doit apprendre à marcher droit
sur le chemin de l'existence. Il ne manque pas de landes
en France; la Bretagne et le Berry offrent bien des emplacements que les bruyères couvrent aujourd'hui,
qu'il serait facile de convertir, à bas prix, en établissements que l'enfance vagabonde peuplerait bientôt
et où elle recevrait les enseignements qui lui font souvent défaut dans les grandes villes.

De son côté, la Société philanthropique, qui a déjà
tant fait pour les tribus de la misère, augmentera le
nombre de ses dispensaires, afin de mieux attaquer et
de vaincre plus sûrement le mal à son origine même,
c'est-à-dire dans l'enfant. Elle sait aujourd'hui à
quoi s'en tenir; la quantité de petits malades qui se
pressent aux consultations de la rue de Crimée lui a
prouvé qu'elle avait été bien inspirée; si elle mesure
sa satisfaction aux services qu'elle a rendus par cette
nouvelle fondation, elle doit se sentir en joie. La double
action, l'action combinée que l'Hospitalité de nuit et
la Société philanthropique peuvent exercer en faveur de
l'enfance aurait un résultat précieux : on verrait moins
de malades dans les hôpitaux, moins de détenus dans
les prisons, moins d'ivrognes dans les cabarets. Je sais
bien que le vice et la maladie ne sont pas près de
chômer, mais on peut en diminuer l'intensité; ce serait

déjà un inappréciable bienfait pour la civilisation. Il y
a là de quoi tenter le grand cœur des hommes que j'ai
vus à la tête de ces deux œuvres qui se complètent,
qui débutent et dont l'urgence même des maux à soulager assurera le développement.

POST-SCRIPTUM

J'arrête ici cette série d'études, car, si la charité s'exerce sur différentes sortes d'infortune, elle s'exerce toujours de la même façon, et je ne pourrais que me répéter indéfiniment. Pour faire apprécier la bienfaisance parisienne, j'ai dû limiter mon enquête, regarder surtout vers des œuvres exceptionnelles et mettre en lumière les actes de « ces grands aventuriers de la charité, comme a dit Edmond Rousse, qui s'en vont droit devant eux, le cœur ouvert à toutes les souffrances, les bras tendus à toutes les misères, les yeux fermés à toutes les fautes, ramassant au hasard les enfants abandonnés et les femmes perdues, recueillant les vieillards, relevant les blessés et les malades, n'ayant pour les nourrir que la quête et l'aumône, les mains vides chaque matin et chaque soir les mains pleines, créanciers impitoyables de la Providence, dont aucun doute n'a jamais troublé la foi intrépide et dont

aucun mécompte n'a jamais châtié les saintes témé-
rités[1]. »

En choisissant pour ainsi dire des types particuliers,
j'ai voulu démontrer qu'il n'y a pas une forme de la
misère que notre charité n'ait adoptée et qu'elle ne
s'ingénie à soulager. Pour s'en convaincre, il suffit de
lire la *Charité à Paris* de Ch. Lecour, le *Manuel de
l'assistance* de Jules Arboux, le *Manuel des œuvres
(institutions religieuses et charitables de Paris)* de
Mme de Serry, et surtout les substantiels articles sur
Paris charitable que Victor Fournel a publiés dans le
journal *le Monde* et qui bientôt, j'espère, seront réunis
en volume. On sera étonné, on sera émerveillé de la
quantité, de la qualité des œuvres qui combattent le
vice, l'infirmité, l'abandon et le dénuement. La lutte
est incessante, et ce n'est pas toujours le mal qui rem-
porte la victoire. La charité a ses triomphes, mais,
comme elle est humble, elle n'en parle pas, et on ne
les connaît guère.

Bien souvent j'ai essayé de me figurer ce que pouvait
être la famille humaine avant l'invention du feu, avant
que le Pramantha eût fait jaillir la première étincelle
aryenne qui devait éclairer le monde, avant que Pro-
méthée le Titanide eût été enchaîné sur le roc pour
« avoir outragé les dieux ». Je n'ai pas réussi; jamais

---

1. Rapport sur les prix de vertu, lu dans la séance publique annuelle
de l'Académie française du 15 novembre 1883, par M. Edmond Rousse,
directeur.

je n'ai pu me représenter le mode de vivre de la bête
que nous étions alors et dont nos mauvais instincts
prouvent que quelque chose subsiste. De même il
m'est impossible d'imaginer ce que serait Paris si la
charité ne veillait sur lui comme une sœur de Bon-
Secours veille au chevet des malades. Si demain le
caprice d'un génie malfaisant fermait les hôpitaux, les
hospices, les asiles, les maisons religieuses, les ouvroirs, les crèches, et poussait dans la rue le peuple
lamentable qui les habite, nous serions épouvantés du
spectacle que nous aurions sous les yeux. Paris deviendrait subitement une cour des miracles et toute sécurité disparaîtrait; les mourants encombreraient les
trottoirs, les vagabonds chercheraient aventure, les
affamés forceraient les portes, les enfants pleureraient
de débilité, les femmes ramasseraient publiquement
le pain de la débauche et les vieillards s'assoiraient
contre une borne pour attendre leur dernière minute.
Ce serait horrible; le flot des misères submergerait
toute civilisation.

Contre l'envahissement du mal et le débordement
de la perversité, la charité est peut-être la meilleure
barrière. Elle n'obéit, je le sais, qu'au besoin de se
dévouer qui la presse; elle est sans arrière-pensée et
n'a d'autre visée que celle du bien; mais elle n'en est
pas moins, qu'elle le veuille ou non, un instrument de
préservation sociale. La suspension forcée de la charité
à Paris a été pour beaucoup dans la durée et dans la

violence de la Commune. Les maîtres de l'Hôtel de Ville ont su ce qu'ils faisaient en vidant les maisons religieuses. Les pauvres diables que l'on y nourrissait chaque matin se sont enrôlés dans le troupeau de la Fédération pour avoir de quoi manger. Plus d'un me l'a raconté qui n'a pas menti. C'est pourquoi j'estime que tout gouvernement, quelles que soient ses origines et ses tendances, a pour devoir de respecter la charité privée sans s'inquiéter sous quel costume, sans demander au nom de quel principe elle s'exerce. Qu'importe d'où tombe l'offrande, pourvu qu'elle tombe!

Souvent l'État inscrit à son budget des sommes qui, à peine hors de ses caisses, sont converties en aumônes. C'est le cas du traitement des fonctionnaires ecclésiastiques. Le budget des cultes, autour duquel on aime à faire quelque bruit et qui est le résultat d'un contrat bilatéral[1], est une aumônière, au sens strict du mot, mise entre les mains du clergé. Qui se souvient des soutanes de M. Dupanloup n'en peut douter. Lorsque l'on enlève à un archevêque une partie de son traitement, ce n'est pas lui que l'on appauvrit, ce sont les pauvres; lorsque, pour punir un prêtre qui résiste à des injonctions administratives, on fait une

---

1. Le décret du 2 novembre 1789 dit : « Tous les biens ecclésiastiques sont à la disposition de la nation, à la charge de pourvoir, d'une manière convenable, aux frais du culte, à l'entretien de ses ministres et au soulagement des pauvres. » La proclamation du 27 germinal an X consacre le nouvel état de choses consenti par l'Église et en accepte les conséquences.

retenue sur ses émoluments, c'est aux malheureux de sa paroisse que l'on porte un préjudice matériel.

J'ai vu vivre de près certains « princes de l'église », et j'en suis resté surpris ; maigre chère, à peine suffisante, dont plus d'un sous-chef de bureau ne se contenterait pas, mais qui permet du moins de recueillir les orphelins, de distribuer des soupes aux indigents et d'ouvrir des asiles aux vieillards. Cela se passe ainsi bien près de nous et je crois pouvoir affirmer qu'il en est de même dans toute la France. Si la charité recherche la misère, elle ne recule pas toujours à l'aspect du crime : « Entrez, disait un prêtre à un général communard qu'il ne connaissait pas et qui venait de se nommer ; entrez, les églises ont été lieux d'asile : vous êtes en sûreté chez moi. » N'est-ce pas dans la maison des Moulineaux, occupée par les jésuites, qu'un membre du Comité central a pu se cacher après la défaite de sa bande ? L'esprit de parti peut avoir intérêt à ne point ménager les calomnies, mais l'esprit de justice enseigne à les répudier.

Il n'y a pas que le prêtre, il n'y a pas que la religieuse qui soient charitables, je m'en doute bien ; mais j'ai vu que, de tous les moteurs de la charité, le plus infatigable était la foi, et je le dis. Voici un homme qui sort tous les matins de chez lui ; il ne se glisse ni hors d'un couvent, ni hors d'un presbytère ; non, le concierge de son hôtel a poussé la porte à deux battants. Il est à pied, quoique les chevaux ne man-

quent point à ses écuries, ni les voitures à ses remises;
son paletot est de forme singulière, gonflé au-dessous
des hanches et comme surchargé; si l'on y fouillait,
on y pourrait compter cinquante petits pains. L'homme
marche rapidement, il va dans des quartiers pauvres,
il gravit de nombreux étages, ouvre des mansardes et,
chaque fois qu'il en descend, son vêtement est allégé.
S'il apprend que dans quelque famille dénuée il y
a un malade, il y court, il y amène le médecin et con-
tresigne l'ordonnance; le pharmacien sait ce que cela
veut dire. Aux pauvres vieux qui toussent, il donne des
sucres d'orge; aux femmes en couches, il envoie des
layettes; aux enfants, il ouvre l'école et s'assure, le
soir, que les vagabonds et les malheureux sont bien
couchés. Est-ce un prêtre qui se déguise, un moine
qui a quitté le froc pour n'être point reconnu? Non pas.
Il ira dans la journée au cercle de l'Union, il passera
sa soirée au Jockey-Club; quand il y a des courses, il
y prend intérêt, et s'il se promène dans la salle des
Croisades au château de Versailles, il y peut voir
l'écusson de ses aïeux. Il a la foi, et aux heures de la
prière son âme n'est plus ici-bas.

Voilà une femme qui est encore jeune et qui est
belle; son large sein est fait pour un grand cœur, ses
yeux sont pleins d'azur. Sa maternité a été déçue;
l'amour qu'elle eût ressenti pour l'enfant vainement
espéré, elle le répand sur les vieillards que la misère
étreint et que la caducité déforme. Près des anciens

boulevards extérieurs, non loin de l'endroit où Des
Grieux, recevant Manon dans ses bras, criait au cocher :
« Touche au bout du monde ! » elle a acheté une maison
et y a installé des vieux et des vieilles dont elle est la
jeune mère ; elle pourvoit à tout et s'en va, florissante
et gaie, leur porter les grâces dont leur grand âge est
rajeuni. Pour aller les voir, elle saute en omnibus,
lestement, tenant en mains de gros paquets qu'elle ne
rapportera pas. Pendant quelques semaines, elle a eu
voiture, mais bien vite elle a mis bas les équipages,
dont l'entretien diminuait la part de ses vieux enfants.
Cette œuvre, — c'en est une, — ne pèse que sur elle.
Ce n'est pas tout : je n'ai point feuilleté le registre
d'une des institutions secourables de Paris sans y trouver son nom. Elle aussi, elle est animée d'une foi qui
ne pourrait discuter, et lorsqu'elle communie, c'est
son Dieu qu'elle reçoit.

Je citerai un dernier exemple : Un ménage de négociants retirés après avoir fait fortune n'avait qu'un
enfant, un fils sur la tête duquel reposaient toutes les
espérances et toutes les illusions. Vers sa dix-huitième
année, ce garçon fut atteint d'une fièvre typhoïde.
L'inquiétude des parents fut extrême ; la mère, qui
était pieuse, priait ; le père, qui estimait volontiers
que « tout ça, c'est des bêtises », se désespérait. La
maladie s'aggrava, l'enfant était en péril, les médecins
hochaient la tête et disaient : « Tout espoir n'est point
perdu. » La femme entraîna son mari dans une église,

et là, tous deux agenouillés devant un autel, sanglotant, éperdus, ils firent vœu, si leur fils était sauvé, de consacrer une somme importante au soulagement des pauvres de Paris. L'enfant ne devait pas mourir. Dès que sa convalescence eut pris fin, ses parents achetèrent un terrain, où, par leur ordre et de leurs deniers, on construisit un hospice, qu'ils meublèrent et qui peut contenir près de trois cents vieillards. Cette fois, on n'a pas gabé le saint; la meilleure maison des Petites Sœurs des Pauvres, dans un de nos arrondissements, n'a point d'autre origine.

Il n'en faut point sourire : si ces braves gens n'avaient pas eu la foi, bien des malheureux décrépits n'auraient point d'asile. Il n'est que loyal de reconnaître que toutes les fondations charitables, où tant d'infortunes ont été secourues jadis et le sont aujourd'hui, sont dues, en principe, à la croyance religieuse. J'en conclus que, dans le labyrinthe de la vie, le meilleur fil conducteur est encore la foi. Je parle d'une façon désintéressée, car je n'ai pu la saisir; j'ai eu beau étudier et admirer ses œuvres, je lui reste réfractaire malgré moi; mais si je savais où est le chemin de Damas, j'irais m'y promener.

Pour l'État, l'assistance publique est une obligation inscrite dans la loi et à laquelle il ne peut se soustraire. Pour la foi, la charité qui soulage les misères de ce bas monde et entr'ouvre les horizons de la vie future est le plus poignant des besoins et une jouissance

ineffable. Le premier devoir de l'homme collectif est
la charité; la charité est le plus grand plaisir de
l'homme religieux. En ce temps d'égalité politique et
d'inégalité sociale, la charité est la soupape de sûreté
de notre civilisation; attaquer la religion qui la provoque, supprimer les associations qui l'exercent, c'est
faire un pas vers la barbarie. On prétend que la
morale suffit; je n'en crois rien, et je suis de l'avis de
Rivarol, qui disait : « La morale sans religion, c'est
la justice sans tribunaux. »

Les œuvres inspirées par la foi ont ceci de particulier qu'elles profitent même aux incrédules. Nous en
avons à Paris un exemple qui ne peut faire doute pour
quiconque a étudié les origines de l'Institut des Sourds-
Muets. La foi fut le seul guide de l'abbé de l'Épée,
qui était un homme de ferveur et de naïveté extrêmes.
Lorsqu'il se suscita pour donner l'enseignement à ceux
qui ne parlent pas, le sourd-muet de naissance était
hors de la communion des fidèles; sa situation sociale
était déplorable, il était forclos du droit commun, son
infirmité entachait ses actes de nullité et l'on citait
alors avec étonnement un arrêt du parlement de
Toulouse qui, en 1679, avait homologué le testament
holographe d'un sourd-muet. Pour réduire ces infortunés à une telle condition, on s'appuyait sur un texte
mal interprété de saint Paul, qui, au verset 17 du
dixième chapitre de l'Épître aux Romains, dit : *Ergo
fidès ex auditu :* « La foi provient donc de ce que l'on

entend. » On en concluait que celui qui n'entend pas
ne peut avoir la foi. Ce fut le désir passionné d'initier des intelligences aux dogmes de la religion catholique, d'éclairer des âmes, qui émut l'abbé de l'Épée
et le contraignit à s'ingénier jusqu'à ce qu'il eût
inventé sa méthode; les sourds-muets de toute race et
de toute secte en ont été sauvés; c'est parce qu'il a
voulu leur ouvrir le ciel qu'il leur a ouvert l'humanité[1].

La foi est exclusive, mais la charité ne l'est pas,
nous l'avons vu; elle ne tient compte que de la souffrance, et sur le reste ferme les yeux. Lorsque la foi
crie au secours en faveur des malheureux, elle ne
stipule pas, elle invoque. C'est en son nom que l'abbé
Gratry, — que j'ai l'honneur excessif de compter au
nombre de mes ancêtres académiques, — a dit :
« Ouvrez vos âmes à la compassion, à la miséricorde,
à la pitié, à l'amour! Aimez beaucoup et donnez har-
diment, follement! » C'est la foi qui parle ainsi;
plaise à Dieu que sa voix soit toujours écoutée! La foi
régularise et utilise les forces désordonnées de l'âme
humaine; elle leur imprime une direction et leur
inspire de fortes espérances.

---

1. Le préjugé a persisté longtemps. Le 25 décembre 1833, la Chambre
des Députés eut à décider si le vote d'un sourd-muet n'invalidait pas
nécessairement une élection législative. Le vote fut considéré comme
valable. Il est au moins étrange qu'à pareille époque la question ait pu
être posée et surtout discutée.

Ce qu'il y a d'affreux pour l'homme, c'est qu'il conçoit l'idée du bonheur, et que jamais il ne peut le saisir. Ne le trouvant pas sur terre, il l'a placé au delà, dans cette région idéale qu'il appelle le ciel; la foi le lui montre et la charité l'y conduit. Superstitions! me dira-t-on. Il se peut; mais qu'importe, si ces superstitions font du bien à celui qui les pratique, correspondent aux besoins de son âme et l'encouragent à secourir son prochain! Qui de nous n'a béni l'illusion, n'a chéri le souvenir de l'erreur qui l'a rendu heureux? « Notre foi est un soupir inexprimable; » le mot est de Luther. C'est en même temps une aspiration et un soutien; le point d'appui aide à s'élever. Supprimer Dieu, c'est rendre le monde orphelin. Il vaut mieux se prosterner devant une étoile que de ne se prosterner devant rien; il vaut mieux croire à la magie que de croire au néant: le nihilisme de l'âme est le pire de tous, car lorsque l'on n'adore rien, on est bien près de s'adorer soi-même. Les Narcisses de la libre pensée le démontrent assidûment.

Je parle de la foi, et non de l'Église, qu'il ne faut pas confondre, comme on le fait souvent. L'Église, tirant sa puissance de Dieu même qui est toute autorité, aspire à exercer le gouvernement du monde; on le lui dispute. Lorsqu'elle y aura résolument renoncé, elle sera invincible. A son tour, la libre pensée veut s'emparer de la direction des hommes. La tâche est au-dessus de ses forces, elle y succombera. Elle sera brutale et persécutera; elle ne s'en évanouira que plus rapidement. L'Église a eu ses heures de violence, elle y a plus perdu que gagné; le mauvais vouloir qu'on lui témoigne aujourd'hui lui causera peut-être un préjudice matériel, mais lui vaudra certainement un bénéfice moral. Par respect pour la conscience humaine, il faut combattre l'intolérance, de quelque côté qu'elle se produise, et cependant sa durée est éphémère, car l'arme qu'elle manie se retourne contre elle.

J'admets que l'on parvienne à tuer le catholicisme, et même le christianisme; ils se tiennent de si près que la chute de l'un peut entraîner celle de l'autre. — Une vieille légende, qui est peut-être une prédiction, raconte que saint Pierre et saint Paul se rencontrèrent à Rome, se frappèrent au visage, et, après s'être réconciliés, furent mis à mort à la même heure. — On aura anéanti une forme religieuse, mais cela n'empêchera pas les religions d'exister; il s'en créera de nouvelles pour répondre aux premiers besoins de l'âme humaine, qui est l'idéal, et par conséquent le surnaturel. Edgard Quinet a dit : « Ballotté de la naissance à la mort dans ce berceau qu'on appelle la vie, l'homme puisera dans cet inconnu des merveilles qui ne tariront pas; il y aura toujours des questions auxquelles la science ne pourra pas répondre. Ce mystère formera le fonds inépuisable des religions. »

L'âme ne se soucie ni des anathèmes du *Syllabus*, ni

des proscriptions de la libre pensée : elle croit, parce qu'elle ne peut pas ne pas croire; l'idée religieuse, quel que soit le dogme qui l'enveloppe, est immortelle, car la religion est une affaire de sentiment. La science et la logique se sont épuisées à démontrer tantôt que Dieu existait, et tantôt que Dieu n'existait pas; elles n'y sont point parvenues; rien ne prévaut contre la foi. « Pourquoi crois-tu? — Parce que je crois. » Nul argument n'affaiblira la valeur d'une telle parole.

Nous savons tous de quelles attaques le catholicisme a été l'objet depuis une centaine d'années; la puissance de l'Église a pu s'en ressentir; la puissance de la foi n'a même pas été effleurée. On parle volontiers de l'incrédulité du siècle, les dévots se désolent, les philosophes applaudissent. Dans cette question qu'ils semblent s'efforcer d'embrouiller, les uns et les autres ont tort. Ce n'est pas sans intention que j'ai fait un choix parmi les œuvres pieuses où vibre l'âme charitable de la France. J'ai voulu prouver que notre temps, — ce temps d'assaut contre toutes les croyances, ce temps de perversité, d'iniquité, de désolation, d'abomination, — était aussi fertile que nul autre, et que les moissons de sa foi s'épanouissaient au soleil. La fondation la plus ancienne que j'aie étudiée n'a pas cinquante ans.

Voyez les dates : Petites Sœurs des Pauvres, 1842 ; Sœurs Aveugles de Saint-Paul, 1853 ; Asile des Enfants incurables, 1858; Dames du Calvaire à Paris, 1874 ;

Orphelinat des Apprentis, 1876; Hospitalité de nuit pour les hommes, 1878 ; Hospitalité de nuit pour les femmes, 1879 ; Jeunes Poitrinaires, Hospitalité du travail, 1880 ; Dispensaire pour les enfants, 1883. A ceux qui parlent de l'impiété de Paris ceci répond. Si l'on a, dans la même proportion, créé des œuvres contemplatives, je l'ignore et je n'y regarde; je crois au travail plus qu'à la prière, à l'action plus qu'aux hymnes sacrées. Le secours porté à celui qui souffre, les soins donnés à la vieillesse infirme, l'adoption de l'enfance délaissée, doivent être plus agréables à Dieu que le murmure des oraisons. S'il y a un chemin vers le ciel, c'est la charité qui en marque les étapes.

L'administration municipale, maîtresse en ses hospices et en ses hôpitaux, est résolue d'en exclure la charité qui y fructifiait; elle a commencé cette vilaine besogne. Dans plus d'une maison hospitalière, les sœurs ont plié leur cornette et s'en sont allées chercher d'autres maux à guérir, d'autres plaies à panser. L'aumônier, lui aussi, a été congédié; il est consigné à la porte comme un créancier exigeant; il doit attendre qu'on l'appelle; on vient vers lui, il accourt et souvent il arrive trop tard. Les gens qui ont inventé cela ne croient pas à l'âme; mais ceux qui meurent sur le grabat, après une vie de misères, y croient, ont besoin d'y croire, et c'est être inhumain que de les priver d'une suprême consolation. N'est-ce donc rien de mourir persuadé que l'on entre dans la lumière et dans la félicité? O libres penseurs, si vous arrachez l'espérance du cœur de l'homme, que lui restera-t-il? On est moins cruel pour les condamnés à mort, le prêtre les conduit jusqu'au pied de l'échafaud et leur donne le baiser de paix.

Donc on substitue les services du devoir professionnel au dévouement de la charité religieuse. Au nom du salut des malades et de la gratuité des soins hospitaliers, la science médicale a protesté; sa voix s'est perdue au milieu du bruit des applaudissements que s'accordent l'athéisme et l'intolérance. Le résultat de ces modifications ne paraît pas, jusqu'à présent, avoir été heureux. Les nouvelles infirmières se trompent parfois de fioles; elles déposent sur un poêle brûlant un nouveau-né qui les embarrasse; elles ne distinguent pas toujours une poudre blanche d'une autre poudre blanche; le malade cesse alors de souffrir plus tôt qu'il n'aurait voulu, l'enfant n'aura pas à supporter les luttes de la vie, et les quelques semaines de prison infligées par les tribunaux ne rendent l'existence à personne[1].

De semblables accidents ne se produisent pas dans les maisons charitables où j'ai conduit le lecteur, car il y a des yeux attentifs à bien regarder et des cœurs qui s'attendrissent à la souffrance. Lorsqu'un bon petit

---

1. Voir la *Gazette des tribunaux*, 11 août 1883, 21 mars 1884, 28 avril 1884; le *Moniteur universel*, 16 décembre 1883.

vieux à demi paralysé désire être retourné dans son lit, il n'a pas besoin de donner un pourboire à la Petite Sœur des Pauvres; la sœur pharmacienne de Villepinte ne confond pas le phosphate de chaux avec le chlorate de potasse, et les frères de Saint-Jean-de-Dieu n'assoient pas leurs avortons déformés sur le couvercle rougi d'un poêle en fonte. Là le malade, le vieillard, l'infirme est une sorte de propriété collective, autour de laquelle chacun s'empresse; on ne le bat pas pour lui voler son vin, mais on prie pour lui, et je crois qu'il ne s'en trouve pas plus mal.

Qui sait si cette expulsion des sœurs et des aumôniers ne sera pas le point de départ d'un nouveau bienfait de la charité privée dont les malheureux recevront quelque soulagement? J'imagine que la foi protestera moins platoniquement que la science. On a créé des écoles libres où les enfants reçoivent un enseignement qui ne détruit pas l'espérance et leur apprend qu'il y a pour les esprits respectables d'autres opérations que les opérations de la matière; de même on pourra fonder des hôpitaux libres où l'on soignera les âmes inquiètes en même temps que les corps malades. Plus on a souffert au cours de sa vie, plus à l'heure de la mort on a besoin d'être fortifié et de recevoir l'assurance d'une compensation prochaine. Ne pas le savoir, c'est ne rien comprendre à la nature de l'homme.

Il y a bien longtemps, sur la frontière du Maroc, aux environs d'Ouchda, j'ai vu mourir un soldat sur

le champ de bataille. J'avais suivi une expédition. On
était en escarmouche avec une fraction de tribu, qui
était, je crois, celle des Beni-Snassem. Un zouave était
tombé frappé d'une balle qui lui avait traversé la poitrine. Il s'était traîné jusqu'à une touffe de chênes
nains, contre laquelle il cherchait à s'adosser. Je l'avais
aperçu, j'étais descendu de cheval et j'essayais un pansement inutile. Le pauvre homme secouait la tête et
disait : « J'ai mon affaire. » L'aumônier, un père jé-
suite à longue barbe noire, le vit et accourut. Je voulus
m'éloigner, le soldat dit : « Ce n'est pas la peine, sou-
tenez-moi. » Je me plaçai derrière lui, je m'agenouillai,
et, le prenant dans mes bras, je l'accotai contre ma
poitrine. J'ai entendu la confession, elle ne fut pas
longue. Le prêtre tutoyait le moribond et lui parlait
en langage de caserne : « Tu t'es soûlé? — Oui. — Tu
as fait les cent dix-neuf coups? — Oui. — Tu as cha-
pardé? — Oui. — As-tu volé? — Non. — Tu as aimé
le régiment? — Oui. — Tu as été fidèle au drapeau?
— Oui. — Tu t'es bien battu? — Oui. — Tu meurs
de bon cœur pour la France? — Oui. — Sois en repos,
mon vieux, le ciel est fait pour les braves comme toi.
Dieu t'attend! » Il l'embrassa; je sanglotais. Les traits
du soldat étaient illuminés; ses yeux, pleins d'extase,
regardaient le ciel et le regardèrent jusqu'à la seconde
où ils se fermèrent pour toujours. Voilà quarante ans
de cela; j'ai encore dans l'oreille le son de voix affaibli du blessé et je revois l'expression de béatitude

qui éclairait son visage. C'est être impitoyable que d'empêcher de mourir ainsi.

« Je ne vois pas, écrivait Horace Walpole à George Montagu, pourquoi il n'y aurait pas autant de bigoterie à tenter des conversions pour que contre une religion. » Soit; mais quel nom donner aux efforts qui visent à détruire la religion elle-même dans ses formes extérieures? Que l'on empêche l'Église d'empiéter sur l'État et de s'y glisser, cela est bien; mais que l'on essaye d'empêcher l'Église de coexister à l'État, cela est criminel. La religion ne doit point diriger la politique, mais la politique ne doit pas opprimer la religion; que César conserve ce qui lui appartient et que Dieu garde ce qui est à lui. S'y opposer, c'est n'être pas juste. Je dirai plus : il n'est pas prudent, il est malhabile de grouper contre soi ceux qui ne luttent que par la prière et les armes. La plainte est une arme plus forte que l'épée; celle-ci transperce les cœurs, celle-là les pénètre. Pierre l'Ermite pleura en parlant du tombeau de son Dieu et il entraîna la foule vers Jérusalem.

Il faut laisser les gens se réunir, se vêtir et prier comme il leur plaît. La liberté ne consiste pas seulement à faire sa volonté; elle consiste surtout à respecter la volonté d'autrui; elle est l'exercice légal des droits et des devoirs, de ceux de la conscience aussi bien que de ceux de l'intelligence ou de la discussion. Ceci semble une vérité élémentaire, et cependant chaque jour elle est démentie par les faits. Il m'a fallu l'expé-

rience de bien des années et le spectacle de plus d'une
révolution pour m'apercevoir, pour constater que ceux
qui recherchent le pouvoir n'aiment point la liberté,
et que, par conséquent, ceux qui aiment la liberté ne
recherchent pas le pouvoir. Le prêtre sait cela ; il l'a
appris en regardant sa propre destinée à travers l'histoire : persécuteur ou persécuté, plus ou moins, selon
les temps et selon les mœurs ; ni l'un ni l'autre, mais
simplement libre, c'est le rêve que je conçois pour lui.

La religion y gagnerait et la morale aussi qui en
découle et la charité qui est sa meilleure avant-garde.
Expliquer à l'homme qu'il a été animé par le souffle
divin, lui promettre les joies futures en récompense de
ses bonnes actions, c'est lui imposer des conceptions
dont la science n'a point démontré la réalité, mais
c'est lui donner le respect de soi-même, c'est développer en lui le goût du bien et l'appeler à des œuvres où
les malheureux trouveront de l'apaisement. Une fois
pénétré de ces idées, on va loin, on ne s'arrête plus
et l'imagination s'efforce en bienfaits nouveaux. « Regarde en toi, disait Marc-Aurèle, il y a une source qui
toujours jaillira si tu creuses toujours. » On dirait que,
parmi nous, la charité s'est approprié cette maxime ;
la source est profonde, elle est abondante, elle est intarissable.

Il n'y a pas que les gens riches qui l'alimentent : à
côté des dons de la fortune, on y voit l'obole de la pauvreté ; dans la bourse de quête, le denier de la veuve

n'est point rare. J'ai parcouru avec intérêt et souvent
avec émotion le carnet sur lequel les religieuses inscri-
vent le nom et l'aumône des donateurs. Parfois elles
ont sonné à toutes les portes d'une maison ; au fur et
à mesure qu'elles ont gravi les étages, l'offrande s'atténue ; dix francs, parfois vingt francs au premier ;
cinquante centimes ou même moins au cinquième ; là
est le sacrifice : on n'a rien retranché sur le superflu,
on a emprunté au nécessaire. J'en conclus que tout
le monde donne et que, selon la parole de l'abbé Gratry, tous les cœurs s'ouvrent à la pitié. Il y a des escarcelles où la pudeur religieuse se refuse à puiser et qui
cependant seraient généreuses.

Deux quêteuses d'une œuvre dont j'ai parlé se trom-
dèrent de porte dans une maison du quartier de la
Chaussée-d'Antin. Reçues par une soubrette, elles
furent introduites dans un salon : « Madame va venir. »
Le salon était imprégné d'une vague odeur de musc et
de coldcream ; les jardinières étaient épanouies ; il y
avait des bougies roses dans les candélabres ; ameublement disparate, un peu criard, représentant un luxe
factice. « Madame » entra ; peignoir trop entr'ouvert,
des bracelets aux bras nus, les cheveux pendants sur
les épaules, les lèvres teintes, une raie noire sous la
paupière, aux pieds des savates qui avaient été des pan-
toufles brodées d'or. Les quêteuses comprirent et voulurent se retirer. La pauvre fille prit son porte-monnaie
traînant sur la cheminée et le vida dans leurs mains ;

elle enleva ses bracelets et les leur donna. Les religieuses résistaient et gagnaient la porte : la malheureuse disait : « Je vous en prie ! » Elle saisit le bas de la robe de bure et la baisa. Les quêteuses effarées se sauvèrent. L'une d'elles me disait : « Cet argent me brûlait la main ! » — Pourquoi, ma sœur ? le parfum de la Madeleine n'a pas brûlé les pieds du Christ.

Quelle somme la charité privée glisse-t-elle, tous les ans, dans la main du Paris misérable ? Il est impossible de le deviner, même approximativement ; mais le total oscillerait entre soixante et quatre-vingts millions, je n'en serais pas surpris. Un tel budget est-il versé par la charité abstraite, c'est-à-dire par celle qui se laisse ignorer et qui ne fait le bien que pour faire le bien ? Je voudrais et je n'ose le dire ; les dons anonymes sont cependant fréquents, bien plus que l'on ne suppose ; et, à ce sujet, qu'il me soit permis de remercier ici les personnes dont je n'ai jamais su le nom, les amis inconnus, qui ont bien voulu me choisir pour intermédiaire et m'ont adressé des offrandes que j'ai été heureux de faire parvenir aux œuvres que l'on me désignait.

Tout le monde n'a pas cette vertu délicate et plus d'un ne donne que pour lire son nom imprimé dans les journaux ou dans le compte rendu des associations secourables. Le donateur baisse les yeux et dit : « Pourquoi m'avez-vous nommé ? » Sa modestie cependant n'a pas trop souffert. Si l'on décomposait la charité, il est probable que l'on y trouverait plus d'un mobile dont l'élévation est douteuse. Il y a des gens qui ne donnent que lorsqu'on les regarde; eh bien! il faut les regarder. Ce n'est pas à nous à sonder les cœurs. La haine conçue contre un héritier a déterminé plus d'une fondation hospitalière où des infortunés ont trouvé le repos et la guérison. L'effet rachète la cause.

La charité suscite-t-elle beaucoup de reconnaissance? Oui, dans le cœur de ceux qui donnent. Celui qui demande fait volontiers remonter à la Providence l'impulsion première de l'aumône qu'on lui a confiée pour être employée au service de la misère. Ceux qui bénéficient de l'offrande trouvent généralement, comme ils disent, « que l'on ne fait pas assez pour eux, » ce qui est naturel ; il faut en outre remarquer que ce sont des malades uniquement occupés de leur mal, des enfants trop jeunes, des vieillards trop âgés pour être reconnaissants. Ils acceptent le bienfait sans en rechercher l'origine et se plaignent plus souvent qu'ils ne remercient. Le sentiment délicieux de la gratitude, je ne l'aperçois guère que chez l'être charitable qui rend grâce au ciel d'avoir une bonne action à commettre, une infortune à soulager, un sacrifice à consommer. Pour celui-là la jouissance est double, il a fait du bien aux autres et il s'est fait du bien à lui-même. Souvent, au cours de ces études, lorsque je voyais l'humble berceau d'une œuvre dont la dilatation a été rapide, j'ai entendu dire : « C'est un miracle! » Je ne contes-

terai pas; ce miracle, c'est l'homme qui l'accomplit,
l'homme vicieux, paillard, avide et menteur, mais
s'émouvant au spectacle des souffrances, ne ménageant
point ses aumônes, et les faisant telles qu'on les convertit en prodiges.

A la misère qui l'implore la charité répond par des
largesses que la foi administre au meilleur avantage
des malheureux, car c'est elle qui, sous la guimpe
de la religieuse, la soutane du prêtre, le scapulaire du
moine, veille dans les asiles et ne recule devant aucun
labeur pour atténuer le mal. Ses croyances lui inspirent
l'esprit de sacrifice, où elle trouve une quiétude que
rien ne trouble. Les sœurs que j'ai vues dans leurs
maisons autour des impotents, des phtisiques, des
aveugles, ont une sérénité que j'ai admirée et qui est
enviable. La continuité du dévouement engendre la paix
de la pensée et le contentement du cœur; se consacrer
aux douleurs d'autrui, c'est oublier les siennes. Il
n'est pas besoin de porter le rosaire ou la tonsure pour
l'avoir éprouvé. Quelle qu'ait été notre existence, nous
avons tous marché de déceptions en déceptions, et
nous avons déçu les autres autant qu'ils nous ont déçus
nous-mêmes; nos éternités ont été de courte durée,
nos toujours n'ont pas eu de lendemains, nos résistances
ont été fragiles; nous avons vu que le travail est le
grand consolateur des désillusions dont l'homme est
assailli, et qu'aux âmes troublées la charité apporte le
calme.

Si nous n'avons pas la foi, nous aspirons du moins vers les hauteurs du spiritualisme, nous savons que l'idée que l'on se fait de Dieu n'est jamais assez pure, que la conception des destinées d'outre-tombe n'est jamais assez élevée. Cela ne nous suffit pas; au soir de l'existence, lorsque le crépuscule de l'âge nous enveloppe, nous nous interrogeons et nous cherchons dans le passé un point d'appui pour nos espérances. Amours, glorioles, vanités, ambition, tout s'est dispersé au souffle des années; parfois il n'en reste qu'un regret. On se répète alors le mot de Michelet : « Le sacrifice est le point culminant de la vie humaine, » et l'on regarde avec complaisance, avec attendrissement vers les heures où l'on s'est dévoué sans réserve et sacrifié sans mesure. On estime que cela seul mérite d'être embaumé dans le souvenir et l'on reconnaît que l'on n'aime plus de soi que ce que l'on en a donné.

« Le but d'une noble vie, a écrit Ernest Renan, doit être une poursuite idéale et désintéressée. » Ce but est celui des femmes et des hommes dont j'ai raconté les actes en dévoilant les merveilles de la charité privée.

Beaucoup d'autres capitales offrent-elles comme Paris l'exemple d'une charité que rien ne lasse? J'en doute. Je crois pouvoir affirmer que je ne suis pas atteint de chauvinisme; tout en aimant mon pays d'un amour profond et douloureux, j'ai trop voyagé pour croire que j'appartiens au plus noble peuple de la terre. Nulle nation n'est, au sens absolu du mot, la Grande Nation;

mais toutes ont leur grandeur, qu'il serait injuste de
méconnaître, qu'il est puéril de nier; notre part est
assez belle pour que nous ne disputions point la part
des autres. Il en est de même pour les capitales, pour
ces agglomérations d'hommes où tout orgueil semble
être permis; chacune d'elles a sa splendeur spéciale
et exerce la suprématie en quelque chose. Il n'est pas
une grande ville qui n'ait droit à toutes les vanités, et
à laquelle on ne puisse conseiller toutes les modesties;
cela dépend du point où l'on s'arrête pour la regarder.

Je connais Paris, que, comme Montaigne, j'aime jusqu'en ses verrues; je n'en ignore ni les faiblesses,
ni les héroïsmes, ni les vices, ni les vertus; pareille
aux cités orgueilleuses qui en jasent parfois avec un
sourire, pareille à Berlin, à Londres et à bien d'autres,
c'est un fumier où les perles ne manquent pas. Elle ressemble à une reproduction en miniature de l'humanité,
elle mêle si étroitement le bien et le mal, qu'il est difficile de distinguer l'un de l'autre.

Je ne suis cependant pas inquiet du verdict définitif
que prononcera l'avenir. Lorsque les temps seront accomplis et que l'on jugera la capitale de la France
comme nous jugeons la Rome des Antonins, l'Athènes
de Périclès, la Byzance de Léon l'Arménien, on lui
rendra justice et l'on reconnaîtra que sa bienfaisance
seule suffirait à lui garder place au premier rang. Paris
peut attendre sans crainte l'heure de l'histoire; dans
l'impartiale balance, le plateau de ses bonnes actions

ne sera pas trouvé léger, car il y pèsera du poids de sa charité, de cette charité que le monde antique n'a point connue et dont, pour toujours, la religion chrétienne a pénétré les cœurs.

PIÈCES JUSTIFICATIVES

NUMÉRO 1

RELEVÉ DES SOUSCRIPTIONS

Faites par le *Figaro* **de 1871 à 1882.**

1871. Ducatel.........................	129 473,85
1871. Femmes et orphelins des gendarmes victimes de la Commune..............	280 289,85
1872. Orphelins des Alsaciens-Lorrains.......	12 585,65
1872. Inondés.........................	338 379,90
1873. Incendiés de la rue Monge...........	19 649,40
1874. Fourneaux économiques.............	27 150,95
1874. Mont-de-piété, draps et couvertures.....	21 584,88
1874. Incendiés de la rue Cîteaux..........	42 909,30
1876. Inondés.........................	124 283,85
1876. Subventions aux établissements de charité.........................	96 584,15
1877. Matelots naufragés de la *Revanche*......	46 120,75
1878. Orphelinat d'Auteuil...............	331 167,35
1878. Frères de Blois...................	56 842,20
A *reporter*.........	1 526 882,08

Report	1 516 882,08
1879. Pauvres de Paris................	933 321,50
1881. Bourbaki.....................	25 587,30
1882. Écoles libres.	1 055 382,75
	3 541 063,63

A ce total il convient d'ajouter environ 15,000 francs donnés par petites sommes pour soulager des misères que le journal a signalées.

NUMÉRO 2

COMMUNE DE SAINT-SERVAN
ARRONDISSEMENT DE SAINT-MALO
(Ille-et-Vilaine)

Mémoire relatif à Jeanne Jugan

Les soussignés, témoins de la charité héroïque d'une pauvre fille qui depuis plusieurs années se dévoue au soulagement des malheureux dans la ville de Saint-Servan (Ille-et-Vilaine), ainsi qu'il va être constaté plus bas, croient devoir produire une vertu si généreuse, et la soumettre à MM. les Membres de la Commission concernant les prix de vertu fondés par M. de Montyon. Du reste, les soussignés déclarent que la démarche qu'ils font ne leur a point été suggérée par celle qu'ils recommandent, mais que, de leur propre mouvement, ils ont témoigné à cette pauvre fille leur intention à cet égard. Elle, bien éloignée de penser qu'elle méritât des éloges, a conjuré aux larmes qu'il ne fût fait aucune mention d'elle, mais enfin elle a consenti dans l'intérêt de ses pauvres.

Jeanne Jugan est née à Cancale, petit port de mer, le 28 octobre 1792, de parents pauvres, mais honnêtes et vertueux. Obligée de quitter la maison paternelle à cause de la pauvreté de sa famille, elle est venue à Saint-Servan à l'âge de vingt-cinq ans. Elle y a servi en plusieurs maisons avec une grande fidélité, et sa conduite y a toujours été d'une régularité parfaite. Elle a servi entre autres personnes une ancienne demoiselle tout occupée de bonnes œuvres, et alors sa joie la plus douce était de seconder sa chère maî-

tresse dans les pieux exercices de sa charité. Celle-ci étant morte,
Jeanne s'est retirée à sa part, sans revenus et travaillant pour vivre.
Mais, pressée du désir de faire le bien, elle n'a pas été longtemps
sans trouver l'occasion d'exercer son zèle.

Saint-Servan, quoique comptant une population assez considérable, et une population de marins, qui trop souvent décimés
par les dangers de la mer laissent leurs vieux parents sans ressources, Saint-Servan n'avait point d'hospice ni aucun lieu
pour recevoir la vieillesse indigente de l'un et l'autre sexe,
de sorte que beaucoup de malheureux vieillards y étaient exposés à toute sorte de misères. Leur triste position attendrit
le cœur de Jeanne, elle entreprend de venir à leur secours. Mais
comment fera-t-elle ? Elle n'a pas de fortune, n'importe. Elle
se confie en Dieu.... Au commencement de l'hiver de 1839,
elle apprend qu'une vieille femme pauvre, infirme et aveugle
vient de perdre sa sœur, l'unique personne qui la soignait et
qui allait lui chercher son pain ; touchée de son sort, Jeanne la fait
transporter dans sa maison et l'adopte pour sa mère. La nourriture de cette première ne l'inquiète pas beaucoup : pour la faire
vivre, elle travaillera plus avant dans la nuit [1].

Peu de temps après, une ancienne servante qui avait fidèlement
servi, et sans gages, jusqu'à leur mort ses maîtres tombés dans la
détresse, et qui non seulement les avait servis ainsi, mais avait
dépensé pour eux toutes ses économies, et, tout étant épuisé, avait
fini par aller leur chercher du pain et à elle aussi ; après leur
décès, faible et infirme, elle expose à Jeanne son triste sort : celle-
ci à l'instant la recueille avec joie.

Cette double conquête ne fait que stimuler son zèle. Ne pouvant plus, dans sa maison trop petite, recevoir d'autres malheureux, elle en loue une plus grande et y entre le 1er octobre 1841.
Un mois après sa nouvelle maison est remplie partout : douze
pauvres vieilles femmes y trouvent un abri. Mais pour les nour-

1. Le nom de la première est Anne Chauvin, veuve Harraux : elle existe
encore ; le nom de la servante est Isabelle Quéru : elle est morte, il y a dix
mois, dans la maison de Jeanne.

rir que fera Jeanne? Quelque peu d'argent qu'elle avait réservé
est bientôt consommé. Alors sa charité la rend ingénieuse. Puisque je n'ai plus de pain à leur donner, dit-elle, eh bien, j'irai
leur en chercher: aussi bien, cette tâche me convient mieux qu'à
ces misérables, cassées par les ans et les infirmités. Elle réalise
ainsi sa pensée : elle demande à chacun de ses pauvres le nom
des personnes bienfaisantes qui l'assistaient, et elle va elle-même
solliciter leurs aumônes. Tous consentent volontiers, et avec juste
raison ; car, au lieu qu'auparavant ces malheureuses avaient la fatigue et l'humiliation de mendier, et souvent elles abusaient de
ce qui leur était donné, Jeanne remplit cette tâche à leur place,
et chacun est sûr que son aumône est bien placée.

Cependant on va visiter la maison de Jeanne, l'intérêt général
s'attache à une œuvre si douce. On sent le besoin de donner enfin un asile à la vieillesse abandonnée. Plusieurs personnes généreuses se réunissent pour procurer une maison plus spacieuse.
Cette maison est acquise. On la cède à Jeanne ; mais on ne peut
faire davantage; ainsi on la prévient que si le nombre de ses
pauvres augmente, ce sera à elle à pourvoir à leur nourriture et
à leur entretien. N'importe, Jeanne accepte, pensant que la
Providence qui l'a si bien servie jusqu'ici ne lui fera pas défaut, et elle entre avec joie dans sa nouvelle demeure le 1er octobre 1842.

Bientôt, au lieu de douze pauvres, elle en a vingt, de vingt
elle passe à trente; un an après, vers la fin de 1843, elle en
avait quarante, et aujourd'hui, ô bénédiction ! elle compte autour
d'elle une famille de soixante-cinq misérables des deux sexes,
tous vieux ou infirmes, ou estropiés, ou manchots, ou idiots, ou
atteints de maux incurables, tous arrachés à la misère dans leur
grenier, ou à la honte de mendier dans les rues, beaucoup arrachés aux vices que le vagabondage traîne après soi.

Mais qui pourrait dire le zèle de cette fille à recueillir les pauvres? Que de fois, allant elle-même les chercher en leur triste réduit, elle les a déterminés à la suivre ou, s'ils ne pouvaient marcher, se chargeant d'eux comme d'un précieux fardeau, elle les a

36

emportés avec bonheur dans sa maison. Un jour, elle apprend qu'un vieillard de soixante-douze ans, Rodolphe Lainé, ancien marin non-pensionné, est abandonné dans un caveau humide. Elle s'y rend, elle aperçoit un homme au visage exténué, couvert de haillons à moitié pourris, et jeté sur ce qui avait été de la paille autrefois et n'était plus qu'un hideux fumier. Ce malheureux avait une pierre pour oreiller; son caveau étant au bas d'une maison de pauvres, ceux-ci lui donnaient quelques morceaux de pain, et il vivait ainsi depuis deux ans. A cet aspect Jeanne est émue de la plus vive compassion, elle sort, va confier ce qu'elle a vu à une personne bienfaisante, et arrive un instant après avec une chemise et des vêtements propres. Quand le vieillard est changé, elle transporte ce nouvel hôte en sa maison, et aujourd'hui il jouit d'une bonne santé. On pourrait citer bien d'autres traits du même genre. Elle a recueilli une petite fille de cinq ans, Thérèse Poinso, orpheline et estropiée, de laquelle personne ne voulait; une autre fois, une jeune personne de quatorze ans, Jeanne Louette, que ses parents dénaturés, quittant notre ville, avaient abandonnée; elle a recueilli cette malheureuse lorsqu'on la traînait à un lieu de prostitution. Un jour, une fille de mauvaise vie, ne voulant plus sustenter sa vieille mère, la veuve Colinet, l'apporte et la jette dans la rue en face de la maison de Jeanne: cette pauvre femme avait à la jambe un ulcère horrible, c'est une raison pour qu'elle soit reçue avec plus de bonté. Un autre jour, c'était au milieu de l'hiver par un froid rigoureux et à la nuit tombante, deux enfants de neuf à dix ans, du fond de la Basse-Bretagne et ayant fui, parce qu'ils n'avaient plus de pain, la maison paternelle, sont trouvés dans nos rues errant et frappant à toutes les portes: personne ne reçoit les pauvres petits, car ils n'ont pas d'argent. Une voix s'écrie: Il faut les conduire à Jeanne; Jeanne en effet les reçoit et les nourrit jusqu'à ce que, par les soins de l'Administration, qu'elle en informe, ils soient reconduits au domicile de leurs parents. (A l'exception de ces deux enfants, les autres malheureux que Jeanne a recueillis, ceux ci-dessus dénommés et les autres, sont domiciliés à Saint-Servan.)

Excitées par son exemple, trois personnes se sont unies à elle pour partager ses soins et ses fatigues. Celles-ci vaquent à l'intérieur à tous les ouvrages les plus pénibles avec un dévouement admirable et même au détriment de leur santé, tandis qu'à l'extérieur Jeanne, infatigable, se multiplie en proportion du nombre de ses pauvres. Elle est sans cesse en marche, quelque temps qu'il fasse, un panier au bras, et elle le rapporte toujours plein. Car, non seulement, ainsi que nous l'avons dit, elle recueille les aumônes des personnes charitables qui veulent bien l'assister pour les pauvres qu'elle a chez elle et qui ne fréquentent plus leur porte, mais elle recueille encore, par une pieuse industrie, les restes de leur table, le vieux linge et les vêtements qui ne servent plus ; et ainsi, ce qui souvent serait perdu lui aide à vêtir et à nourrir ses pauvres. Pour plaider leur cause, elle est vraiment éloquente, on l'a vue souvent fondre en larmes en exposant leurs besoins ; aussi il est difficile de lui résister, et presque toujours elle a réussi à amollir les cœurs les plus durs. Du reste elle n'importune personne : si on la rebute, elle se retire aussitôt sans manifester le moindre mécontentement, disant : Une autre fois vous nous assisterez.

Elle a identifié véritablement son sort avec celui des pauvres, elle est vêtue comme eux de ce qu'on lui donne, elle se nourrit comme eux, ayant soin de réserver toujours la meilleure part à ceux qui sont malades ou plus infirmes ; et les personnes qui la secondent imitent son exemple.

Enfin l'ordre règne dans cette maison. Le travail y est organisé. Un docteur médecin a la bonté de visiter gratuitement ceux qui sont malades, il y a même élevé une petite pharmacie. Les pauvres sont traités avec douceur et tenus avec une grande propreté. Ceci est à la connaissance de tous ceux qui ont visité la maison, et est attesté par les vieillards eux-mêmes, qui s'y plaisent.

Ainsi par tant de soins et par les moyens faciles qu'elle a su employer et qui ne grèvent personne, en même temps qu'elle a gagné la confiance de la ville, Jeanne Jugan est parvenue à arracher soixante-cinq malheureux au froid, à la misère, elle a débarrassé nos rues du hideux spectacle de leur mendicité, et en moins de quatre ans elle a commencé de fonder un véritable hospice ou, comme on l'appelle généralement, une maison d'asile pour les pauvres vieillards et infirmes.

Nous avons cru devoir exposer à Messieurs les Membres chargés de statuer sur les prix de vertu une partie du bien que fait cette pauvre fille, et si leur jugement favorable croit devoir couronner tant de zèle et de charité, nous avons la certitude que la récompense qui lui sera décernée, tournera au bénéfice de ses pauvres chéris.

Signé : M. S. Hay de Bonteville, chanoine honoraire, curé de Saint-Servan ; E. Girodroux ; Le Mareinac ; Dupont ; De Bon ; Jevin ; H. Longueville ; Louyer Villerman ; Mourarvier ; Turmel ; Bourdin ; P. Roger ; Duhantailly ; Bourdas ; E. Gorazos.

Le maire de la commune de Saint-Servan, en légalisant les quinze signatures ci-dessus apposées des membres du conseil municipal et de M. le curé, certifie que tous les faits mentionnés dans l'exposé sont à sa parfaite connaissance.

Saint-Servan, le 21 décembre 1844.

Signé : DOUVILLE.

Le soussigné membre du Conseil général faisant fonctions de sous-préfet de l'arrondissement de Saint-Malo, par délégation de M. le préfet d'Ille-et-Vilaine, le titulaire étant en congé, s'est fait rendre compte de toutes les belles actions de la demoiselle Jeanne Jugan. Les témoignages des personnes honorables qu'il a recueillis ont été unanimes sur tous les faits consignés dans le rapport ci-contre. Il recommande donc avec le plus vif empressement cette vertueuse fille le bienveillant intérêt de Messieurs les Membres de la Commission établie pour la distribution des prix de vertu fondés par M. de Montyon.

Le Conseiller général,

Signé : Louis BLAIRE.

NUMÉRO 3

LETTRE PASTORALE

DE MONSEIGNEUR L'ARCHEVÊQUE DE PARIS

POUR RECOMMANDER

l'œuvre des orphelins qu'il a adoptés

Nos très chers Frères,

Nous étions encore loin de vous, quand nous avons eu connaissance du grand nombre d'orphelins que la guerre avec l'étranger et la guerre civile laissaient à la charge de la charité dans la ville et la banlieue de Paris. Nous n'avions pas qualité alors pour intervenir d'une manière directe en faveur de ces pauvres enfants. Mais, en nous abstenant de toute immixtion dans les mesures qu'il y avait à prendre, nous crûmes qu'il nous était permis de signaler à MM. les Vicaires généraux capitulaires des besoins qui réclamaient un prompt soulagement. Nous ne laissâmes pas ignorer à l'administration intérimaire du diocèse combien il nous serait agréable qu'elle n'attendît pas notre arrivée pour venir au secours de ces orphelins abandonnés. Elle entra sans différer dans notre pensée et ordonna une quête dans toutes les églises. Le résultat de cet appel à la charité des fidèles fut tel qu'on devait l'attendre de la générosité bien connue des habitants de la capitale.

Les orphelins des deux sièges, que nous recevons sans distinction, se présentent à nous en grand nombre, et les demandes d'admission se multiplient chaque jour. Il faudrait des ressources plus abondantes que celles dont nous disposons pour arracher tant de pauvres enfants aux souffrances de la misère et bien souvent au malheur de grandir sans le secours d'une éducation chrétienne, qui forme les populations honnêtes et utiles au pays.

Heureusement Dieu a inspiré à quelques âmes généreuses un vif intérêt pour le succès de notre œuvre. Nous avons à leur exprimer ici toute notre reconnaissance. Nous avons reçu de leurs mains des secours sans lesquels nous aurions été arrêté dès le commencement. Au moyen des offrandes qu'elles ont ajoutées au produit de la quête, il a été possible de recueillir déjà plus de deux cents enfants des deux sexes. Ainsi le bien se poursuit sans interruption; mais nous sommes loin encore de pouvoir accorder l'admission à tous les orphelins délaissés dans notre immense cité. Quand on pénètre dans l'intérieur des familles, on trouve une foule d'enfants privés, par suite de nos désastres, de leurs appuis naturels et livrés en proie à tous les genres de souffrances physiques et morales.

Pour nous, N. T. C. F., qui voyons dans ces êtres si faibles des créatures de Dieu formées à son image, nous ne pouvons nous empêcher de leur ouvrir les bras. Nous sentons nos entrailles émues à l'aspect de leur malheur, qui parle à notre âme de pasteur et de père. En nous confiant la charge des âmes, Dieu nous a particulièrement imposé le soin des pauvres. Ah! que ne pouvons-nous leur dire à tous comme le Sauveur : *O vous qui êtes dans la tribulation et sous le poids de la souffrance, venez à moi et je vous soulagerai!* Nous voudrions surtout, représentant le Père qui est dans les cieux, appeler à nous tous ceux qui n'ont point de père sur la terre, et leur procurer tous les soins nécessaires au corps et à l'âme. Nous nous considérons au milieu d'eux comme entouré de notre famille, et vous pouvez penser combien est poignante la douleur que nous avons de ne pouvoir, par nos propres ressources, ni les habiller, ni les nourrir, ni les élever. *Ils demandent le pain, et il est impossible de le leur rompre. Parvuli petierunt panem, et non erat qui frangeret eis.*

Mais que disons-nous, N. T. C. F.? Vous nous fournirez vous-mêmes, pour eux, le vêtement, la nourriture et les moyens de pourvoir à leur éducation. Nous avons besoin d'être soutenu par le zèle des âmes généreuses que Paris possède en si grand nombre. Nous applaudissons bien volontiers au zèle qui s'applique à relever les ruines matérielles faites par la barbarie moderne sur nos places et dans *les voies publiques qui pleurent*, selon l'expression des Livres saints, *viæ Sion lugent;* mais n'oublions pas qu'il y a d'autres larmes plus amères à essuyer et des douleurs plus grandes à consoler, là où la mort a moissonné les chefs et les soutiens des familles, ne laissant subsister la vie que dans le berceau ou dans la faiblesse de l'âge. C'est là qu'il faut surtout réparer le mal, en adoptant cette génération naissante si cruellement frappée dans les auteurs de ses jours.

Dès notre arrivée, nous avons complété le comité qui nous assiste dans notre charitable entreprise : chacune de nos réunions nous fournit l'occasion de bénir et d'admirer le zèle des messieurs et des dames qui veulent bien nous prêter leur concours. Ce sont les membres du comité qui se chargent de tous les détails ; ils nous aident dans les renseignements à prendre pour constater la position de chacun de nos petits orphelins, et dans le choix des établissements où il convient de les placer. Comment pourrions-nous, au milieu des soins de l'administration diocésaine, suffire seul à une tâche si difficile et si étendue? Nous demandons à Dieu qu'il récompense, comme ils le méritent, ces fervents chrétiens, qui ont reçu du Ciel non seulement le don de la charité, mais l'intelligence et le dévouement de cette sublime vertu : *Beatus qui intelligit super egenum et pauperem.*

Nous avons la confiance, N. T. C. F., que vous ne nous laisserez pas seul aux prises avec les besoins de nos chers orphelins, mais que vous voudrez nous soutenir dans cette œuvre si digne de votre intérêt. Il est nécessaire que l'on soit généreux et que l'on s'impose des sacrifices pour sauver le présent et l'avenir. Nous ne prescrivons pas pour le moment une nouvelle quête, dans la crainte de nuire aux nombreuses collectes qui sont faites pendant le carême pour d'autres besoins également dignes de votre charité. Nous nous bornons à inviter les personnes qui auraient la sainte aspiration de nous venir en aide, à nous adresser leurs offrandes ou à les déposer entre les mains des membres de notre comité, dont nous indiquons les noms et la demeure à la suite de notre lettre pastorale.

Notre présente lettre sera lue dans toutes les églises du diocèse, le dimanche qui en suivra la réception.

Donné à Paris, le 15 février 1872.

† J. HIPPOLYTE, *archevêque de Paris.*

NUMÉRO 4

Mémoire relatif à l'abbé Roussel

11 décembre 1877.

MONSIEUR LE SECRÉTAIRE PERPÉTUEL,

Au moment où l'Académie recherche avec la plus grande sollicitude les actes de dévouement qui donnent droit au prix Montyon, permettez-moi de vous soumettre un rare exemple de vertu, se renouvelant chaque jour depuis douze ans environ et intéressant la société tout entière.

Quelques détails succincts mettront en relief le dévouement constant et absolu de l'homme bienfaisant sur lequel j'ai l'honneur, monsieur le Secrétaire perpétuel, d'appeler votre bienveillante attention.

Un humble prêtre qui déjà s'était dépensé dans les bonnes œuvres, soit comme directeur de patronages ouvriers, soit comme aumônier militaire, éprouvait une profonde douleur en voyant le nombre considérable d'enfants orphelins ou abandonnés, qui errent jour et nuit dans les rues de la capitale et des faubourgs. Dépourvus de tout soutien, ces infortunés en viennent forcément et logiquement à grossir le nombre des voleurs, des chevaliers d'industrie, parfois même des criminels et toujours des fauteurs de désordres.

Sans ressources personnelles, cet homme de bien que les malheureux nomment aujourd'hui « le bon abbé Roussel », inspiré par la foi, résolut d'apporter remède à ce déplorable état de choses. De l'or, il n'en avait pas, mais il avait la vertu qui a fait les Vincent de Paul et tous les bienfaiteurs de l'humanité.

Un soir, vers la fin de l'hiver 1865-66, pendant qu'il se demandait s'il serait bientôt en mesure de commencer sa mission charitable, il aperçut, malgré l'obscurité, une forme humaine penchée sur un ruisseau. L'abbé Roussel s'approcha et vit un adulte d'une quinzaine d'années occupé à fouiller consciencieusement les ordures. — Que fais-tu là? dit le prêtre. — Je cherche à manger, lui répondit l'enfant.

L'abbé Roussel comprit que son heure était arrivée et emmena le jeune homme; le lendemain, un second vagabond avait rejoint le premier. Bientôt ils furent six. Et six qui avaient l'appétit de leur âge... aiguisé encore par les privations. Mais les ressources du digne prêtre s'épuisaient sensiblement, et un moment arriva où bienfaiteur et protégés se virent réduits à la portion congrue... puis au pain sec... puis... au coucher sans souper. La situation devenait inquiétante et pourtant l'abbé Roussel ne désespérait pas. Quelques amis charitables qui savaient lire dans sa belle âme lui vinrent en aide. Et ce peu était d'un prix inestimable pour le père adoptif comme pour les enfants.

L'œuvre était fondée. La misère lui ayant donné sa consécration, elle avait désormais droit de vivre. Toutefois une autre pensée préoccupait le vertueux fondateur : le local était trop exigu et sept personnes s'y trouvaient mal à l'aise. D'ailleurs il fallait prévoir que le nombre des enfants augmenterait. Car beaucoup d'autres mouraient de faim dans ce Paris ou se livraient à toutes les licences du vagabondage. Ayant appris qu'il existait à Auteuil une villa abandonnée, l'abbé Roussel la visita. Cette maison, située au fond d'une avenue, perdue au milieu des broussailles, n'était plus qu'une masure. Néanmoins elle plut au serviteur de Dieu. Or, pour l'acheter, l'abbé Roussel était plus riche de bon cœur que d'argent. Emprunter n'était point chose facile. Enfin il lui vint une inspiration : s'armant de courage, il se résigna à faire pour ses orphelins ce qu'il n'eût jamais fait pour lui-même. Il frappa aux portes. Ce que cette situation précaire a d'humiliant lui seul peut le dire. Mais le ciel bénit cette généreuse entreprise et la maison fut acquise à l'*Œuvre de la première communion.*

C'est ce nom que l'abbé Roussel donna à son œuvre naissante, car la plupart des infortunés qu'il recueillait ainsi, n'avaient jamais fréquenté les catéchismes. Dès le début, il fixa à trois mois le temps qu'ils devaient passer dans la maison. La première communion faite, il les plaçait en apprentissage chez des patrons consciencieux, qui les laissaient libres d'accomplir leurs devoirs religieux. Aussi, les places vacantes étaient immédiatement prises par de nouveaux venus. Ce système a été maintenu et tous les trois mois il faut dégrossir et moraliser ces pauvres enfants. Et certes ce n'est pas le côté le moins ingrat de la mission de l'abbé Roussel et de ses collaborateurs, car ces natures incultes, vagabondes, se plient difficilement aux exigences de la vie civilisée. Que de peines ! que de fatigues ! que de privations pour ce digne prêtre ! Levé matin, couché tard, se donnant tout à tous, voilà sa vie depuis qu'il s'est lui-même sacrifié volontairement pour ses enfants d'adoption. Un père veille sur ses enfants jusqu'au jour où Dieu l'appelle au repos. Aussi l'abbé Roussel, pour maintenir les siens dans la pratique du bien et les soustraire autant que possible aux tristes influences de la rue et des ateliers, entreprit-il de compléter l'œuvre de la première communion par l'œuvre des apprentis orphelins. Cette résolution était arrêtée depuis longtemps, la guerre seule l'empêcha de l'exécuter. A cette époque malheureuse, il dut même demander à la Sarthe un abri pour les siens. Dès 1869, il avait cependant installé sous un hangar un patron cordonnier avec deux apprentis. Ce patron est resté à l'œuvre, et aujourd'hui il dirige vingt enfants. Après la signature de la paix, l'abbé Roussel se hâta de créer d'autres ateliers, car le nombre de ses protégés s'était triplé. Bientôt tailleurs, peintres, menuisiers, serruriers et feuillagistes rivalisaient de zèle et de bonne volonté.

Mais, pour nourrir tout ce petit monde de travailleurs, l'abbé Roussel ne pouvait songer au produit du travail et force lui fut de reprendre sa vie de mendiant... au nom du Christ ! Aujourd'hui ses ateliers sont en bonne voie, et pourtant on comprendra aisément qu'ils sont bien éloignés de pourvoir au lourd budget de la maison, qui s'élève, par an, à plus de cent cinquante mille francs ! Le dévouement sublime du fondateur sait se plier à toutes ces exigences, comme son corps semble s'être fait aux excès du travail et des veilles prolongées. Son imprimerie catholique fut installée en 1874. A elle seule et par ses annexes, elle occupe plus de cent enfants. En effet, les compositeurs, les machinistes, les brocheurs, les clicheurs et les fondeurs de caractères peuvent s'initier là à un art qui leur permettra un jour de gagner honnêtement leur vie. Un grand nombre des plus âgés la gagnent déjà dans les imprimeries de Paris. Plus de 3,000 enfants ont retrouvé dans cette maison un asile, ou mieux le toit paternel. Et maintenant, ils peuvent se dire avec une légitime fierté : « Nous ne sommes plus des abandonnés, car l'Œuvre d'Auteuil est notre maison et M. l'abbé Roussel est notre père. »

Voilà en quelques mots, Monsieur le Secrétaire perpétuel, ce qu'a engendré le dévouement d'un saint prêtre. Les récompenses de la terre ne sont point venues l'encourager et lui faire oublier ses peines et sa misère ; mais, à défaut des honneurs, il possède un trésor bien précieux, la reconnaissance des malheureux que sa charité a secourus.

Bien qu'il n'ait sollicité pour lui-même aucune distinction honorifique, ne pensez-vous pas, Monsieur le Secrétaire perpétuel, que ce père des orphelins a quelque droit au prix de vertu institué par M. de Montyon, prix dont bénéficieraient ses enfants adoptifs et dont ils seraient tous fiers pour lui.

Signé : MAILLARD DE BROYS.
Rédacteur du Journal *le Monde*.

C'est de tout cœur que j'apostille la présente pétition ; témoin depuis de longues années du zèle infatigable et éclairé de

M. l'abbé Roussel, ayant apprécié tout le bien qu'il fait, je serais très heureux qu'il fût l'objet du haut témoignage d'estime et de reconnaissance demandé en sa faveur.

Signé : G. GIROD,
Maire du XVIᵉ arrondissement.

Je connais depuis plus de vingt ans M. l'abbé Roussel, et j'affirme que l'œuvre qu'il a fondée est simplement admirable au point de vue social. Jamais on ne pourra savoir tout ce qu'il a fallu de courage, de patience, d'abnégation pour organiser une pareille œuvre. M. l'abbé Roussel est un vrai prodige de dévouement. On se demande comment avec des moyens en apparence si faibles il a pu arriver à des résultats qui sont un sujet de stupéfaction pour ceux qui en sont les témoins quotidiens.

Signé : LAMAZOU,
Curé de Notre-Dame d'Auteuil.

Je me joins de tout cœur à M. Girod, maire du XVIᵉ arrondissement, et à M. l'abbé Lamazou, curé d'Auteuil, pour appuyer la demande de M. Maillard de Broys en faveur de M. l'abbé Roussel.

M. l'abbé Roussel est digne à tous égards d'obtenir la récompense que ceux qui le connaissent ambitionnent pour lui.

Signé : BENI BARDE,
Adjoint au maire du XVIᵉ arrondissement.

Connaissant depuis onze ans l'œuvre de M. l'abbé Roussel, et ayant été un témoin assidu des prodiges de charité accomplis

depuis ce temps par un homme d'une abnégation et d'une simplicité admirables, je m'associe de tout mon cœur à la demande
présentée à l'Académie française pour lui faire obtenir le prix
Montyon.

Signé : Dʳ MALHENÉ.

Jamais l'intention philanthropique de Montyon n'aura pu être
plus parfaitement remplie que par un prix accordé à cet admirable bienfaiteur de l'enfance, à cet évangélique serviteur du
peuple.

Signé : PELLISSIER,
42, rue Molitor.

Depuis la fondation de l'œuvre admirable de M. l'abbé Roussel,
j'en ai suivi les progrès avec le plus vif intérêt ; c'est une bonne
inspiration d'avoir pensé à obtenir pour lui la récompense que
sa vertu, son dévouement et son abnégation désignent pour ce
choix. Tous ceux qui connaissent les résultats obtenus par
M. l'abbé Roussel dans son établissement, applaudiront au succès
de cette pétition.

Signé : LECLERC,
Ancien Conseiller municipal.

ŒUVRE D'AUTEUIL

NUMÉRO 5

EXTRAIT DES OPÉRATIONS ANNUELLES 1882

MONTANT DES RECETTES

Souscriptions de lits................ 100 000 »

Produit de la pension des enfants payants, savoir :

28 à 10 fr. par mois....	3 360
22 à 15 fr. par mois....	3 960
27 à 20 fr. par mois....	6 480
18 à 25 fr. par mois....	5 400
15 à 30 fr. par mois....	5 400

  24 600 »

TOTAL........ 124 600 »

Excédent des dépenses............ 87 153 50

TOTAL ÉGAL... 211 753 50

MONTANT DES DÉPENSES

Alimentation :

Pain, viande, légumes, boissons, chauffage, etc..... 91 155 40

Frais généraux :

Habillement, literie, lingerie, chaussures, personnel de l'œuvre, etc.. 102 148 10

  193 303 50

Entretien de l'œuvre et de ses dépendances........ 18 450 »

TOTAL........ 211 753,50

  211 753 50

L'excédent des dépenses, 87 153 fr. 50, a été couvert par les *dons, quêtes, sermons et ventes de charité*, etc.

Le nombre des enfants est de *trois cents*, la dépense *journalière* de chacun est donc de 1 fr. 77, et si dans ces dépenses nous comprenons les frais d'entretien de l'œuvre, la dépense serait alors de 1 fr. 94.

Le produit des ateliers suffit à peine à couvrir les frais de main-d'œuvre des ouvriers nécessaires à l'éducation professionnelle de ces enfants.

NUMÉRO 6.

ATELIERS DE L'ŒUVRE D'AUTEUIL

ANNÉE 1882

JOURNAL FRANCE ILLUSTRÉE

Montant des ventes.		*Montant des dépenses.*	
Abonnements et librai-res.....	127 020 45	Dessins, clichés et im-pressions..........	129 051 75
Annonces et chroniques.	16 444 90	Affranchissements et courses	20 750 15
Diverses ventes.......	7 252 05	Appointements	16 000 65
Perte..........	15 106 15		
Total......	165 802 55	Total..... .	165 802 55

AMI DES ENFANTS

Montant des ventes.		*Montant des dépenses.*'	
Abonnements et librai-res..............	7 676 »	Impressions..........	9 317 30
Perte..	5 069 60	Frais généraux........	3 428 30
Total.	12 745 60	Total.......	12 745 60

IMPRIMERIE

Montant des ventes.		*Montant des dépenses.*	
A l'extérieur et à l'œu-vre...............	236 756 05	Achats de marchandises.	116 432 50
		Main-d'œuvre des ou-vriers.............	99 793 65
		Frais généraux........	10 587 25
		Bénéfice.........	9 942 65
		Total.......	236 756 05

MAGASIN

Montant des ventes....	23 936 75

Montant des dépenses.

Achats de marchandises.	14 587 55
Appointements........	2 157 45
Frais généraux........	970 75
Bénéfice.	6 241 »
Total.......	23 936 75

CORDONNIERS

Montant des ventes...	30 220 50

Montant des dépenses.

Achat de marchandises.	15 139 15
Main-d'œuvre, ouvriers.	13 737 70
Frais généraux...	396 »
Bénéfice..	947 65
Total......	30 220 50

TAILLEURS

Montant des ventes...	18 094 »

Montant des dépenses.

Achat de marchandises.	6 882 90
Main-d'œuvre, ouvriers.	8 746 40
Frais généraux.......	589 15
Bénéfice..	2 075 55
Total.......	18 094 »

MENUISIERS

Montant des ventes. ..	31 296 15

Montant des dépenses.

Achat de marchandises..	8 307 60
Main-d'œuvre, ouvriers.	14 682 70
Frais généraux........	218 10
Bénéfice...	8 087 75
Total.......	31 296 15

SERRURIERS

Montant des ventes..	13 182 25
Perte..........	1 791 80
Total......	14 974 05

Montant des dépenses.

Achat de marchandises.	5 569 65
Main-d'œuvre, ouvriers.	8 677 70
Frais généraux......	726 70
Total......	14 974 05

CHRISTS

Montant des ventes...	7 233 65
Perte...........	52 20
Total......	7 285 85

Montant des dépenses.

Achat de marchandises.	3 070 30
Main-d'œuvre, ouvriers.	3 854 05
Frais généraux.......	361 50
Total.......	7 285 85

JARDINIERS

Montant des ventes...	1 850 »

Montant des dépenses.

Achat de marchandises .	1 216 »
Main-d'œuvre d'ouvriers.	4 240 »
Total.	5 456 »
Perte...........	3 606 »

PEINTRES

Montant des ventes...	3 221 10
Perte......... ..	4 020 »
Total.......	7 241 10

Montant des dépenses.

Achat de marchandises .	2 816 »
Main-d'œuvre d'ouvriers.	4 425 10
Total.......	7 241 10

RÉCAPITULATION

ATELIERS.	PERTE.		BÉNÉFICE.	
France Illustrée.............	15 106 15		»	»
Ami des Enfants	5 069 60		»	»
Imprimerie.................	»	»	9 942 65	
Magasin...................	»	»	6 241	»
Cordonniers................	»	»	947 65	
Tailleurs..................	»	»	2 075 55	
Menuisiers.................	»	»	8 087 75	
Serruriers.................	1 791 80		»	»
Christs...................	52 20		»	»
Jardiniers	3 606	»	»	»
Peintres..................	4 020	»	»	»
Total...........	29 645 75		27 294 60	
Excédent en perte.........			2 351 15	
{Total égal.........	29 645 75		29 645 75	

NUMÉRO 7.

La Lèpre.

Depuis que ce chapitre a paru dans la *Revue des Deux Mondes* (15 mai 1883), j'ai acquis la certitude que je n'avais pas été rigoureusement exact en parlant de la lèpre. Il existe encore à San Remo un hôpital spécialement consacré aux lépreux. Fondée en 1846 par Charles-Albert, qui la dota d'une rente annuelle de 25,000 francs, cette maison, dirigée par les religieuses de la Vierge du Jardin, contenait au mois de janvier 1884 deux lépreuses et un lépreux caractérisés. Cet hôpital, placé sous le vocable des saints Maurice et Lazare, a pour chirurgien en chef le chevalier C. Ajcardi, qui reconnaît dans la lèpre proprement dite une tuberculose du derme.

J'ajouterai qu'un de nos hôpitaux s'est ouvert récemment devant un lépreux qui n'y a pas fait un long séjour. En effet, on lit dans *le Moniteur universel* du 20 février 1884 : « A la dernière séance du Conseil d'hygiène et de salubrité de la Seine, M. le docteur Lancereaux a rendu compte d'un cas *de décès* par lèpre observé à l'hôpital Saint-Louis. La victime de cette maladie était un jeune homme de vingt et un ans, né à l'île Maurice, et venu en France depuis dix-neuf mois pour s'y faire soigner. Les premiers symptômes du mal se manifestèrent chez lui à l'âge de dix ans, mais ce n'est qu'à dix-huit ans que les tubercules de la lèpre se montrèrent sur différents points du corps. Aucun membre de la famille de ce jeune homme n'avait jamais été atteint de la lèpre. Malgré une médication énergique, le malade s'éteignit le 12 janvier 1884, sans agonie et sans avoir perdu connaissance. »

NUMÉRO 8.

Règlement intérieur de l'Hospitalité de nuit.

ARTICLE PREMIER. — L'Œuvre de l'Hospitalité de nuit offre un abri gratuit et temporaire pour la nuit aux personnes sans asile, sans distinction d'âge, de nationalité ou de religion, et soulage dans la mesure du possible leurs besoins les plus urgents, à la condition qu'elles observent les mesures prescrites par le présent règlement, notamment celles de moralité, d'ordre et d'hygiène.

ART. 2. — L'entrée de l'établissement a lieu tous les soirs de 6 heures à 9 heures en hiver et de 7 heures à 9 heures pendant le reste de l'année.

ART. 3. — L'obéissance et la déférence sont dues au gérant et aux employés.

ART. 4. — Les personnes qui désirent bénéficier de l'Œuvre sont tenues de donner tous les renseignements sur leur individualité.

ART. 5. — Tous objets d'une valeur quelconque peuvent être confiés en garde au gérant.

Les paquets doivent être déposés à la consigne; ils ne seront restitués qu'après l'heure réglementaire du lever.

Au bout d'un an, l'Œuvre n'est plus responsable des objets déposés ou abandonnés. Elle peut en disposer alors au profit de l'Œuvre.

ART. 6. — Les personnes admises ne peuvent coucher à l'établissement plus de trois nuits consécutives, à moins d'une autorisation spéciale d'un des membres du Conseil. La nuit du samedi au dimanche n'est pas comptée dans ces trois nuits.

Art. 7. — Il est remis à chaque personne admise un numéro d'ordre désignant la place qu'elle devra occuper.

Au moment du coucher, chaque pensionnaire est tenu de suspendre son numéro à la tête de son lit.

Art. 8. — L'heure du coucher est fixée à 9 heures et demie.

La décence en se déshabillant et en s'habillant et la plus grande moralité sont rigoureusement exigées pendant le séjour dan l'établissement.

Art. 9. — Le lever a lieu (sauf les cas exceptionnels ou de force majeure) de 5 heures à 6 heures, suivant l'époque de l'année.

Art. 10. — Toutes les conversations, lectures et entretiens politiques ou malsains sont défendus.

Art. 11. — Le soir avant le coucher et le matin au lever, la prière est dite en commun. On doit, à quelque religion qu'on appartienne, observer le silence, se découvrir et rester à genoux ou debout.

Art. 12. — Après la prière, tous les pensionnaires se rendent dans les dortoirs, où le silence le plus rigoureux est exigé.

Toute personne entrée ne pourra sortir de toute la nuit.

Art. 13. — En arrivant, chacun est tenu de se soumettre aux mesures de propreté en usage dans l'établissement.

Avant de partir, chacun est tenu de faire son lit et de balayer sa place, ainsi que de se laver.

Tout pensionnaire dont le lit sera trouvé en état de malpropreté en sera privé.

A tour de rôle, chacun devra se prêter à donner la main pour la propreté du local.

Art. 14. — Il est défendu de fumer dans l'établissement.

Art. 15. Une demi-heure après le lever, tous les pensionnaires devront quitter l'établissement pour aller se procurer du travail.

Art. 16. — Toute personne qui se conduira mal ou qui ne se conformera pas au présent règlement sera expulsée immédiatement, et toute personne qui aura été expulsée de l'établissement ne pourra plus y être admise.

NUMÉRO 9.

Testament de mademoiselle Camille Favre.

Ceci est mon testament.

J'institue mon frère Adolphe Favre, demeurant à Paris, place de la Bourse, n° 8, mon légataire universel, à la charge de faire exécuter les legs ci-après :

Je lègue à l'Institut de France une somme nécessaire à l'achat de quatorze mille cinq cents francs de rente annuelle de trois pour cent français, pour vingt-huit prix de cinq cents francs chacun : soit 14,000 francs.

Ces prix seront donnés pour récompenser le dévouement filial et de préférence aux plus pauvres : les cinq cents francs de rente qui restent seront employés à l'acquisition pour chaque lauréat d'une médaille en bronze que l'on remettra avec les cinq cents francs et aux divers frais du concours ; la fondation sera appelée Camille Favre ; on observera les règles établies pour les concours des prix de vertu.

Cette fondation se composera de vingt-sept prix et ne sera portée au nombre de vingt-huit qu'après le décès de ma cousine Élise Favre, à qui je lègue une rente viagère de cinq cents francs ; cette rente devant faire retour à la fondation après son décès.

Si, contre mes prévisions, le total de ma succession ne permettait pas de remplir toutes les charges de mon testament, le legs que je fais à l'Institut serait seul réduit, en conservant néanmoins la rente viagère que je fais à ma cousine Élise Favre ; dans ce cas, mon légataire universel aurait le droit de prélever avant tout quinze mille francs, plus mon mobilier, ma garde-robe et mes bijoux.

Si pour un motif quelconque mon frère Adolphe Favre ne recueillait pas mon legs universel aux charges imposées, j'institue, pour ce cas seulement, pour mon légataire universel, mon cousin Lazare Favre, demeurant à Paris, avenue Wagram, n° 50, aux mêmes charges et conditions, bien entendu.

Je nomme M. Sorbet, notaire, mon exécuteur testamentaire.

Signé : C. FAVRE[1].

Paris, le 15 juin 1881

1. Décédée le 14 juillet 1883.

TABLE DES MATIÈRES

Dédicace. . . . . ı

Avant-Propos. 1

CHAPITRE PREMIER

LES PETITES SŒURS DES PAUVRES

I. — A SAINT-SERVAN.

La mer brutale. — La commisération des malheureux. — Jeanne Jugan. — La vie bretonne. — Servante. — Les économies. — La première pensionnaire. — Déménagement. — Mendiante pour les mendiants. — La première maison. — Le matelot. — Les enfants égarés. — Prix Montyon. — Le petit sou. — Fanchon Aubert. — Les fondatrices réelles. — Marie-Catherine Jamet. — Virginie Trédaniel. — La première supérieure générale. — Le directeur. — L'abbé Le Pailleur. — La bonté. — Foi en l'humanité. — Les sacrifices. — Les Sœurs maçons. — L'abbé Le Pailleur limite l'œuvre. — La mendicité en Bretagne. — Fondation à Rennes. — Fondation à Dinan. — La prison abandonnée. — Fondation à Nantes. — Vingt francs. — La dilatation de l'œuvre. 17

II. — A PARIS.

Cinq maisons. — Le costume. — Servantes de la caducité. — La maternité persistante. — Les vieux enfants. — La quête. — Les quêteuses. — La

desserte. — Les mauvais mois. — Le pain. — Les lycées vendent les débris
de pain. — Un vieux pédagogue. — La voiture. — M. Maurice Bixio. —
Les marchés. — L'hôtel du Louvre. — Brébant. — Le marc de café.. —
La cuisine. — La basse-cour. — Les détritus. — Les échantillons. —
Vieilles chaussures. — Les gâteaux. — Naufrages. — Les petites vieilles.
— L'eau-de-vie. — A quoi l'on peut reconnaître qu'un homme est ivre. —
Ces messieurs et ces dames. — La messe. — Les admissions. — La fête
de la Bonne Petite Mère. — Orchestre, danse et couplets. — Les para-
lytiques. — Le jardin. — Le dortoir des sœurs. — Abdication. — Propreté.
— Rue Saint-Jacques. — Vieille maison. — La lingerie. — Les draps man-
quent. — La toile. — Les vieillards abandonnés. — Il faudrait vingt maisons à Paris. — La part la meilleure.   42

CHAPITRE II

LES FRÈRES DE SAINT-JEAN-DE-DIEU

I. — JEAN CIUDAD.

Naissance de Jean. — Esprit d'aventure. — Berger. — État de l'Espagne. —
La fin du moyen âge. — François Ier et Charles-Quint. — Ignace de Loyola.
— Jean se fait soldat. — La guerre. — Le vol. — La potence. — Le siège
de Vienne. — Enrôlé. — Les pirates barbaresques. — Le rachat des captifs.
— A Ceuta. — Libraire à Grenade. — L'accès de folie. — Le traitement
des aliénés. — A l'hôpital. — Le pèlerinage. — La vision. — La mission. —
La foi. — Première maison. — Mendicité. — Révolution hospitalière. —
Changement de nom. — Les aumônes. — Créateur de l'hôpital moderne. —
Jean de Dieu et Philippe II. — Épuisement. — Mort de Jean. — Ses funé-
railles. — Canonisé. — Développement de l'œuvre. — *Fate bene, Fratelli.*
— L'hôpital de la Charité.   82

II. — LA MAISON DE SANTÉ.

Le décret du 15 février 1790. — Dispersion. — Un déserteur. — Le capitaine
de Magalon. — Un remords. — Reconstitution. — A Marseille. — Maison
d'aliénés. — Maison de santé. — La rue Plumet. — Le Père provincial. —
Le jardin. — Le frère François. — « L'homme à la fourchette. » — Le
sculpteur Paul Cabet. — Les chemins de fer. — Les pensionnaires de la
maison. — Le général Félix Douay. — Mutelot. — Infanterie de marine. —
États de service. — La Crimée. — En Italie. — Au Mexique. — La reprise
de Paris sur la Commune. — Le coup mortel. — Botanique. — La mort
du brave. — Souvenir.   101

III. — LES ENFANTS SCROFULEUX.

Vaugirard. — Rendez-vous de chasse. — Hygiène. — La masure. — Les quêtes. — Frère architecte. — Conseil d'administration. — Gratitude. — Au Conseil municipal. — Pendant la Commune. — Le délégué au XVᵉ arrondissement. — La guerre civile. — Séparation. — Admissions. — Minimum. — Abandon. — Dons en argent et dons en nature. — Difformités. — Le gouverneur des Invalides. — Crime des ascendants. — Les produits du vice. — Le parloir. — Augustin Cochin. — Bonne distribution. — L'alimentation. — L'école. — Les bossus. — Aspect lamentable des classes. — Les costumes. — Discipline. — De douze à quatorze ans l'enfant est un malade. — Insouciance universitaire. — Ceux qui ne peuvent vivre. — Les aveugles. — L'harmonie. — Instruments de cuivre. — Les métiers. — Hospitalité prolongée. — Les bains. — L'infirmerie. — Coxalgie. — Les livres. — Autodafé. — Le quartier des paralytiques. — Larves et embryons. — Choréique. — Frère Simon. — Fête de saint Jean de Dieu. — Le salut. — Trop de fanfares. — La cellule des frères. — La parole du fondateur. 117

CHAPITRE III

L'ORPHELINAT DES APPRENTIS

I. — L'ABBÉ ROUSSEL.

Enfants pauvres. — Filles de la Charité. — Scrofules morales. — La Petite-Roquette. — Antichambre de la Grande-Roquette. — Un petit vagabond. — Est-ce là votre justice? — Les petites filles. — Bestialité. — Le refuge des enfants. — Dom Bosco. — Le tas d'ordures. — Le premier pupille. — Dans la Sarthe. — La vocation. — La villa. — L'œuvre de la première communion. — Les ankyloses de l'esprit. — Modification. — Le premier atelier. — La guerre. — Les orphelins de la Commune adoptés par l'archevêque de Paris. — Les apprentis devenus ouvriers. — Prix Montyon. — Dettes. — H. de Villemessant. — Saint-Genest. — 133,167 francs en une semaine. . . 147

II. — LA MAISON D'AUTEUIL.

Auteuil il y a cinquante ans. — Rue La Fontaine. — Le parloir. — La récréation. — Le costume. — Exubérance. — Les haltères. — Énergie physique. — Les anciens. — Les nouveaux. — Dépaysés. — Les évasions. — Attention limitée. — De tous pays. — Le voyou. — L'atavisme. — L'influence.

— Un exemple. — Au spectacle. — Évadé. — Voleur. — Un volontaire. —
Le moucheron. — Les juges du petit parquet. — Sortis de la Petite-
Roquette. — Intervention de la préfecture de police. — Exclusion des con-
damnés. — Les révoltés. — Appel aux bons sentiments. — Les bienfaiteurs.
— Le marchand de mouron. — Le jeune anthropophage. — « Papa
Roussel. ». 169

III. — LES ATELIERS.

Malpropreté. — Six mille enfants. — Le décret du 19 janvier 1811. — Le
jardin. — Le raccommodage. — Les cordonniers. — Les menuisiers. — La
forge. — Les mouleurs. — L'imprimerie. — Les journaux. — Les travaux
faciles. — Les bons métiers. — Mauvais propos. — Doit et avoir. — La
dépense. — Les bains froids. — Quatre-vingts pour cent. — Les parents. —
Influence néfaste de la famille. — « Il faut que l'enfant rapporte. » — Les
moyens d'existence. — Bénéfice perdu. — Le jour de congé. — La puissance
paternelle. — Opinion de la Société des agriculteurs de France. — La maison est trop petite ; elle est trop pauvre. — La dîme du succès. — Les
patrons futurs. — Les fondateurs d'œuvres secourables. — Le devoir de la
charité. 191

CHAPITRE IV

LES DAMES DU CALVAIRE

I. — MADAME VEUVE GARNIER.

L'instinct céleste. — Jeanne-Françoise Chabot. — Les Visitandines. — La discipline scolaire. — Mariage. — Veuvage. — Pauvreté. — Lyon. — Dévouement. — La lépreuse. — Job. — Conception de l'œuvre. — Marie la
Brûlée. — Quêteuse. — Entrevue avec M. de Bonald. — Le baptême
de l'œuvre. — Les Bains-Romains. — Règlement. — Une folie. — Le
clos de La Sarra. — Sacrifices. — Une repentie. — Épuisement prématuré.
— La croix de saint François de Sales. — Mort de Mme Garnier. . . 213

II. — L'INFIRMERIE DES CANCÉRÉES.

Le Calvaire à Paris. — Mme Jousset. — Mme Lechat. — La première étape. —
La rue Léontine. — L'ancien ouvroir. — L'inondation et les chiffonniers.
— L'abbé Raymond. — A Champigny. — Nouvelle installation. — Les
donatrices. — La maison de la rue Lourmel. — Bonne distribution. —

Les dames résidentes. — Les filles de service. — Le dortoir, — Les lépreux de Damas. — Les ladres d'autrefois. — *Noli me tangere!* — Souvenir de la Salpêtrière. — Une malade guérie. — Pas de phosphate de chaux. — Le phoque. — L'éléphantiasis. — L'asthme. — La fiole d'eau de Cologne. — Morsure à l'artère fémorale. — Mort subite. — Le petit fantôme bretonnant. — Les nodosités cancéreuses. — Désespoir, — « Tuez-moi ! » — Les consolations. — La prière. — *Et libera nos a malo!* — La tradition musulmane. — Eblis et Zohak. — Le pansement. — La main des femmes. — Une chasseresse. — Saint Louis. — La foi. — Souvenir de jeunesse. — Consultations gratuites. — Vanités du cancer. — Le bouquet spirituel. — Femme du monde et sœur hospitalière. 234

CHAPITRE V

L'ŒUVRE DES JEUNES POITRINAIRES

I. — LES PREMIÈRES ÉTAPES.

La Chevalerie. — La devise. — Charité spécialisée. — L'abbé de Soubiran. — Le béguinage. — La recherche d'une condition. — La communauté des Sœurs de Marie Auxiliatrice. — Castelnaudary. — Toulouse. — Paris. — Dilatation. — La maison de la rue de Maubeuge. — Basse-cour. — Costume. — L'école. — Le pensionnat. — Les institutrices. — Le chômage. — L'hôpital. — Malades. — Incident. — Le vieux troupier. — La première phtisique. — L'Assistance publique ne peut accueillir la phtisie. — Résolution. 273

II. — LA PHTISIE.

La première donatrice. — A Livry. — Les quatre pavillons. — Le domaine de Villepinte. — Souvenir du Hueleu. — Le cabinet de consultation à Paris. — Le laryngoscope. — L'auscultation. — Les petites filles anémiques. — Le château rouge. — La cuisine. — Souvenir de Millevoye. — L'illusion des phtisiques. — L'emploi de la journée. — L'hygiène. — Les catégories de malades. — Le rhume négligé. — Donateurs. — Duchépairie. — Femmes du monde. — La chambre des agonisantes. — L'espérance et l'agonie. — La chambre des mortes. — Le costume de la mort. — Chambre de la délivrance. — La chapelle. — Le logement des religieuses. — L'arrière-petite-fille d'un maréchal de France. — Fantaisies de malade. — Statistique des malades. — Le parloir. — La famille. — Les pensionnaires. — Les demoiselles de magasin. — La ferme. — Un prix Montyon. — Mariette. — Visite inopinée. — Tout est bien. — La petite morte aux cheveux d'or. 296

III. — LA FONDATION HOCHON-LEFUEL.

L'enfant mort et la mère. — L'ancienne grange. — Mme Louise Hochon. — Les petites filles anémiques. — Donation et convention. — Dortoir. — Lavabo. — Les poupées. — Un père ingénieux. — La tuberculose. — L'école. — Le jardinet. — Peut-on modifier le tempérament? — Le parc. — L'arbre vert. — Résine. — Les sabots. — Le lac. — Le canotage et le jeu des grâces. — Les privilégiées. — Celles qui souffrent et qui meurent à domicile faute de place à Villepinte. — Le rêve des religieuses. — L'hospice futur. — « Ne jamais refuser une malade! » — Appel à la bienfaisance. — Tentation pour les grands cœurs. 327

CHAPITRE VI

LES SŒURS AVEUGLES DE SAINT-PAUL

I. — LA PREMIÈRE SUPÉRIEURE.

Anne Bergunion. — Contraste. — Contemplation et action. — Au couvent. — L'ouvroir. — Au Sacré-Cœur. — Le docteur Ratier. — Les jeunes aveugles. — Édouard Pélicier. — Les deux premières aveugles. — Vanité. — Douceur. — Emploi des aveugles. — Mlle de Lamourous. — Préoccupation. — Le rêve de la maison future. — La vie religieuse. — Déplacement. — La communauté est fondée. — L'aumônier. — L'abbé Juge. — Nouveau déplacement. — Bourg-la-Reine. — Défaillance de l'aumône. — Le terrain de Marie-Thérèse. — La construction. — Retour à Paris. — La Mère. — Maladie organique. — Mort d'Anne Bergunion. — 1870. — La Commune. — Les religieuses expulsées. — L'abbé Juge incarcéré comme otage. — Délivrance. — Dénuement 341

II. — LA COMMUNAUTÉ ET L'OUVROIR.

Via inferior. — Le voisinage. — Maison de Chateaubriand. — Les sœurs aveugles. — Les cellules. — Le noviciat. — Les conceptions aveugles et le langage voyant. — La cave-réfectoire. — L'anémie. — L'atelier. — Les formes de la cécité. — Aveugles-nées. — Le pinson. — Le coq. — Le coup de fusil. — Sœur Marie-Émilie. — Une mère folle. — Les yeux arrachés. — La mort de Marie-Émilie. — Le chœur d'Œdipe roi. — Le bruit. — La musique. — Une ancienne virtuose. — La rime de triomphe. — Le tricot. — Rémunération dérisoire. — Impossibilité pour la femme aveugle de subvenir à ses besoins. — Le filet. — Le tour. — Les chômages. — Le travail. — Professeur de musique. — Tricotons! 363

III. — LES CLASSES ET L'IMPRIMERIE.

L'école. — L'écriture Braille. — Le système Foucaut. — La méthode du comte de Beaufort. — La stylographie. — Écriture nocturne et voyante. — Le style. — Promenade à la campagne. — Interversion des sens. — Les songes de l'aveugle. — Lumière ou chaleur. — Sensibilité du tact. — Aveugler un aveugle. — Les jeux violents. — Cécité héréditaire. — Lutte contre les familles. — Éducation. — Bertha de Calonne. — Aveugle et sourde. — Intelligence. — Poésie. — L'infirmerie. — La lecture. — L'atelier typographique. — Les journaux pour les aveugles. — Maurice de la Sizeranne. — Copie de musique. — Les livres à imprimer pour les aveugles. — Misère et charité. — Les dames auxiliaires. — L'œuvre doit être secourue et développée. 384

CHAPITRE VII

L'HOSPITALITÉ DU TRAVAIL

I. — LE BERCEAU DE L'ŒUVRE.

Les œuvres transitoires. — Voyageurs égarés. — Souvenir des carrières d'Amérique. — Dortoirs publics. — L'indigence provinciale. — L'illusion. — L'écu de six livres. — La femme pauvre. — Que devient la vieille indigente? — Idéal de pureté morale. — Les victoires. — Refuge temporaire. — Début. — Rue d'Auteuil. — La congrégation de Notre-Dame-du-Calvaire. — La supérieure. — La maison. — Le livre des garnis. — Interrogatoire. — Proportion. — La pouillerie. — Le bain. — Le dortoir. — Les berceaux. — Les pensionnaires des couvents riches interviennent. — L'alliance. — Les filles-mères. — Le préau. — Institutrice veuve. — Statistique. — Les convalescentes. — La maison d'Auteuil complète l'œuvre des hôpitaux et de l'hospice du Vésinet. 407

II. — LES ATELIERS.

La préfecture de police. — Sa bienfaisance. — Circonstances exceptionnelles. — Histoire d'une aveugle-née. — Les règlements sont faits pour être violés. — Une femme sauvée. — Les impotentes. — Exiguïté des locaux. — Il faut s'agrandir. — L'ouvroir. — Les surmenées. — « Il n'y a que la mort qui soit sans remède. » — Sorties. — Expulsion. — Les amies. — Loyauté.

— Placement. — Adieu. — Les institutrices. — Fausse route. — Les misérables et les vicieuses. — Les malades guéries. — Nombre des pensionnaires. — Doit et avoir. — L'alimentation. — Déficit comblé par la charité. — Subvention ministérielle. — Au conseil municipal. — Visite des conseillers municipaux. — Bon cœur et bon esprit. — La blanchisserie. — Le rêve de la supérieure. — Neuf religieuses. — Labeur sans trêve. — Le dévouement de la foi. — Le surnaturel. — Le vide. 430

CHAPITRE VIII

L'HOSPITALITÉ DE NUIT.

I. — LES BIENFAITEURS.

Œuvre laïque. — Bienfait de la charité. — Renouvelé des Grecs. — Au douzième siècle. — L'hôpital Saint-Anastase et Saint-Gervais. — Inscription. — Les Catherinettes. — Pendant la Révolution. — La charité administrative et la charité privée. — Le comité catholique. — Les promoteurs. — Le conseil d'administration. — M. Lecour, chef de la première division de la préfecture de police. — Le règlement des Catherinettes. — La ferme de Monceau. — Les workhouses de Londres. — La tradition du moyen âge. — Le neveu de Rameau. — Inauguration. — Prévisions dépassées. — L'action de la presse quotidienne. — Les grands magasins. — M. Beaudenom de Lamaze. — Bienfaisance et largesse. — Boulevard de Vaugirard. — La librairie Hachette. — Le mois de décembre 1879. — L'hospitalité du *Figaro*. — Rue de Laghouat. — Établissement d'utilité publique. — Les capitaines. — Les vice-présidents. 457

II. — LE DORTOIR DES HOMMES.

Les maisons. — Le dortoir. — Les noms. — Réception. — La correspondance. — Les costumes. — Maux de tête. — L'inscription. — Les papiers d'identité. — Les bons de pain et les bons de fourneaux. — La lecture du règlement. — La prière. — L'appel. — A la pouillerie. — Le lavabo. — Les pensionnaires. — Provenances. — La noce. — Un garçon marchand de vin. — Un bachelier ès lettres. — Fausse route et abandon de l'outil. — Indulgence du règlement — Statistique. — Le vestiaire. — Les chaussures. — Les fainéants. — Proportion des Parisiens. — Les vieillards et les jeunes gens. — Sécurité publique. — Offrandes. — Deux lettres. — L'aumône des ouvriers. — M. Meissonnier. 479

CHAPITRE IX

LA SOCIÉTÉ PHILANTHROPIQUE

I. — LE DORTOIR DES FEMMES.

Souvenir de Valentin Haüy. —Destruction de la Société. — Reconstitution. — Les soupes économiques de Rumford. —Courant d'idées semblables. — La maison de la rue Saint-Jacques. — Cinquante francs de loyer. — La directrice. — Placement. — L'enfant. — Prévisions erronées. — Salle d'attente de la Maternité. — Le dortoir des mères de famille. — Après la sage-femme. — Effarée. — Le groupe aristocratique. — Les servantes. — La tête hors de l'eau. — La visite. — Le lit de camp. — Une Badoise. —Affamée. — Une infirmière. — Les recommandations. — L'allocution. — La soupe. — Bonne nuit. — La salle de bains. — La lessive. — Les défroques. — Le vêtement de l'enfant mort. 501

II. — LE DISPENSAIRE DES ENFANTS

M. Émile Thomas. — Mlle Camille Favre. — Largesses. — Rue Labat. — Rue de Crimée. — Notre-Dame du Calvaire. — Les infirmières. — Les draps du lit de camp. — Bonjour, ma sœur! — Le docteur Comby. — Les enfants chétifs. — L'alimentation périlleuse. — Le lait, aliment unique de l'enfant. — Les scrofuleux. — Tumeurs blanches. — Méningite. — Les bonbons de la supérieure. — Le traitement. — Les bains. — Les dispensaires d'adultes. — Il faut multiplier les dispensaires d'enfants. — La *Charité* d'André del Sarto. — Le grand œuvre. — La glane et la moisson. — L'abbé Roussel. — L'abbé Bayle. — La baronne de Saint-Didier. — Les enfants vagabonds. — Les maisons à fonder. — Action combinée de l'Hospitalité de nuit et de la Société philanthropique. 516

POST-SCRIPTUM. 531

PIÈCES JUSTIFICATIVES

Nº 1. — Relevé des souscriptions faites par le *Figaro* de 1871 à 1882. 557
Nº 2. — Mémoire relatif à Jeanne Jugan. 559
Nº 3. — Lettre pastorale de Monseigneur l'archevêque de Paris pour recommander l'œuvre des orphelins qu'il a adoptés. 566

Nᵒ 4. — Mémoire relatif à l'abbé Roussel. 570
Nᵒ 5. — Œuvre d'Auteuil. Extrait des opérations annuelles 1882. . . 576
Nᵒ 6. — Ateliers de l'œuvre d'Auteuil. 577
Nᵒ 7. — La lèpre. 580
Nᵒ 8. — Règlement intérieur de l'Hospitalité de nuit. 581
Nᵒ 9. — Testament de mademoiselle Camille Favre. 584

FIN DE LA TABLE DES MATIÈRES.

TABLE ANALYTIQUE

A

Arboux (Jules) — Auteur du *Manuel de l'Assistance*, 532.

Assistance publique a Paris (L'), 1.

Aubert (Fanchon). — Première associée de Jeanne Jugan aux Petites Sœurs des Pauvres, 28.

Auteuil (La Maison d'). — Voyez *Orphelinat des Apprentis*.

B

Bayle (L'abbé). — Il dépensa toute sa fortune à créer des asiles pour les orphelins de Paris et fut un des otages de la Commune, 526.

Beaudenom de Lamaze (M.). — Envoie au comité directeur de l'Hospitalité de nuit une somme de 15,000 francs pour la fondation d'une nouvelle maison dans un quartier de Paris, 472. — La fondation reçoit le nom de Maison Lamaze, dénomination justifiée par deux nouveaux dons du bienfaiteur, l'un de 100,000 francs, destiné à l'acquisition de l'immeuble, l'autre d'une somme de 112,000 francs, inscrite dans son testament, 474.

Bentque (M. de). — Un des promoteurs de l'œuvre de l'Hospitalité de nuit à Paris, 464.

Bergunion (Anne). — Fondatrice et première supérieure des Sœurs aveugles de Saint-Paul, 341. — La faiblesse de sa santé et l'exaltation de sa foi, 342. — Rappelée du couvent, elle subvient par son travail aux besoins de sa famille, 343. — Elle crée un ouvroir pour les jeunes filles, 344. — Son œuvre est patronnée par le docteur Ratier, médecin du collège Rollin, 345. — M. Édouard Pélicier lui confie les deux premières filles aveugles, 347. — Patience et douceur d'Anne Bergunion, 349. — Ses projets pour l'extension de son œuvre, 350. — L'abbé de la Bouillerie, vicaire général du diocèse de Paris, donne l'habit à la supérieure des Sœurs de Saint-Paul dans la nouvelle maison de Vaugirard, 352. — Par l'acquisition d'un terrain appartenant à l'Infirmerie de Marie-Thérèse, elle fonde définitivement la communauté des Sœurs aveugles, 355. — Sa maladie et sa mort, 357. — Voyez *Sœurs aveugles de Saint-Paul*.

Bienfaisance (La). — Ce qu'elle est chez les femmes du monde, 3. — La bienfaisance anonyme, 5.

Bixio (Maurice). — Directeur de la compagnie des Petites-Voitures, il fournit à chacune des cinq maisons des Petites Sœurs des Pauvres une

voiture et un cheval harnaché et
nourri, 51.

Bonhomme (L'abbé). — Il réunit en
communauté, sous le nom de congrégation de Notre-Dame du Calvaire, des femmes qui se dévouent
aux faibles et aux malheureux, 416.

Bosco (Dom). — Religieux italien, se
voue à la jeunesse abandonnée, 156.

Bouruet (Hector). — Un des promoteurs de l'œuvre de l'Hospitalité
de nuit à Paris, 464.

Braille (Louis). — Inventeur d'un
système d'écriture à l'usage des
aveugles, 384.

C

Calonne (Mlle Bertha de). — Aveugle
et sourde, 395. — Son éducation
chez les Sœurs aveugles de Saint-
Paul, 396.

Calvaire (Les Dames du), 213. —
Mme veuve Garnier, née Jeanne-
Françoise Chabot, fonde la léproserie
des Dames du Calvaire, 214. — But
de l'œuvre : l'adoption des femmes
incurables par des femmes veuves,
222. — Elle est approuvée par
M. de Bonald, archevêque de Lyon,
224. — Les Bains-Romains. — Le
règlement, 225. — Le clos de La
Sarra, 227. — Installation définitive, 230. — Mort de Mme Garnier,
233. — Mme veuve Jousset, secon-
dée par Mme veuve Lèchat, fonde
à Paris l'infirmerie des cancérées,
234. — Acquisition d'un ancien
ouvroir à Grenelle, trop exigu et
exposé aux inondations de la Seine,
236. — L'abbé Raymond, aumônier du petit hospice, 238. —
Grâce à la générosité des dames donatrices, une nouvelle maison hospitalière est construite rue Lourmel, 240. — Bonne distribution des
bâtiments, 241. — Le logement
des dames résidentes, 243. — Les
filles de service, 244. — Le dortoir,
antichambre de la mort, 246. —
Aspect lamentable des malades,
246. — Implacable lenteur de la

marche du *lupus vorax*, 249. —
La lèpre, 580. — L'éléphantiasis,
253. — La cancérée bretonnante,
256. — Les consolations, 259. —
La prière, 260. — Origine du cancer d'après la tradition musulmane,
261. — Une visite à l'hospice à
l'heure du pansement, 263. — Admirable dévouement des femmes
du monde devenues Dames du Calvaire, 266. — Les consultations
gratuites, 268. — Préférence va-
niteuse des cancérées pour les
dames haut titrées, 269. — Le
triage du linge contaminé est fait
par les dames elles-mêmes, 270. —
La femme du monde sœur hospitalière, 270. — Voyez *Garnier* (Mme
veuve).

Catherinettes (Les), religieuses hospitalières au douzième siècle. —
Obligations auxquelles elles étaient
tenues par vœu spécial, 461.

Chabot (Jeanne-Françoise). — Voyez
Garnier (Mme veuve).

Charité (La). — Sa source, 6. —
A Paris, cent vingt-six maisons
recueillent plus de dix mille enfants
pauvres, 147. — Les Filles de la
Charité, 147. — Les grandes œuvres
de la charité décrites par M. Edmond Rousse dans un rapport fait
à l'Académie française sur les prix
de vertu, 531. — Ce que deviendrait Paris si l'on fermait les établissements d'assistance et de charité, 533. — Tout gouvernement
a pour devoir de respecter la charité privée, quel que soit le costume qu'elle revêt, quel que soit le
principe au nom duquel elle s'exerce,
534. — Le grand moteur de la
charité, c'est la foi, 535. — Exemples de la charité des gens du
monde, 535. — Les œuvres inspirées par la foi profitent même aux
incrédules : c'est la foi qui a guidé
l'abbé de l'Épée dans la fondation
de l'Institut des Sourds-Muets,
jusque-là exclus de la communion
des fidèles, 539. — Notre temps
est aussi fertile en bonnes œuvres

que nul autre : nombre de fondations de charité ne remontent pas
au delà d'un demi-siècle, 543. —
L'administration municipale fait
fausse route en substituant le devoir professionnel au dévouement
de la charité religieuse, 544. —
Les accidents causés par l'inexpé-
rience des infirmières laïques, 545.
— Les hôpitaux libres, 546. — La
religion sur le champ de bataille,
546. — En quoi consiste la liberté,
548. — Les œuvres charitables
sont alimentées aussi bien par
l'obole de la pauvreté que par les
dons de la fortune, 549. — Deux
quêteuses chez une femme galante,
550. — C'est par millions que l'on
compte les offrandes annuelles de la
charité privée à Paris, 551. — Ingratitude de ceux qui reçoivent l'aumône, satisfaction de ceux qui la donnent, 552. — La bienfaisance de
Paris suffirait seule à lui garder
place au premier rang des capitales
de l'Europe, 555.

CLÉMENT (Victor). — Délégué au
XVᵉ arrondissement pendant la Commune, il assure l'approvisionnement de la maison des frères de
Saint-Jean-de-Dieu de la rue Lecourbe, 123.

COCHIN (Augustin). — Tant qu'il vécut, il fut l'âme de la charité de
Paris, 128.

COMBY (Le docteur). — Médecin des
enfants malades dans la maison
d'hospitalité de la rue de Crimée,
519, 524.

CONGRÉGATIONS RELIGIEUSES (Les). —
Comment elles se recrutent, 13. —
Le principe qui les anime et les
soutient, 39.

D

DANJAN (Mme Julie). — L'auteur lui
dédie le présent ouvrage, I.

DES CARS (Le comte Amédée). — Un
des promoteurs de l'œuvre de l'Hospitalité de nuit à Paris, 464. —
S'est chargé de la surveillance de
la maison du boulevard de Vaugirard, 478.

DOUAY (Le général Félix). — Il se
retire dans la maison des frères de
Saint-Jean-de-Dieu à Paris, 110.

DUTROY (M.). — Un des promoteurs
de l'œuvre de l'Hospitalité de nuit
à Paris, 464.

E

ENFANTS SCROFULEUX (Les), 117. —
Voyez Saint-Jean-de-Dieu (Les
Frères de).

F

FAVRE (Mlle Camille). — Pour venir
en aide au dénuement des femmes, elle verse 120,000 francs dans
la caisse de la Société philanthropique, 517. — Son testament,
584.

FIGARO (Le). — Sommes qu'il a reçues
et distribuées en bonnes œuvres
dans l'espace de dix ans, 4. —
Pendant le rigoureux hiver de
1879, il provoque des souscriptions,
ouvre des chauffoirs publics, meuble
un vaste local pour l'Hospitalité de
nuit au boulevard Voltaire, et,
quand l'hiver est apaisé, on peut, à
l'aide de ce mobilier et d'un legs
de M. Beaudenom de Lamaze, fonder
une troisième maison d'Hospitalité
de nuit rue de Laghouat, 475. —
Relevé des souscriptions faites par
le Figaro de 1871 à 1882, 557.

FILLES DE LA CHARITÉ (Les) — Le
nombre de leurs maisons à Paris,
147. — Leur dévouement, 148. —
Insuffisance de leurs asiles pour
recueillir toutes les misères, 149.
— Les instituts de femmes s'occupent de préférence des jeunes filles,
153.

FOUCAUT. — Invente un système d'écriture capable de mettre les aveugles en relation avec les voyants,
385.

FOURET (M. René), l'un des directeurs
de la librairie Hachette. — En qualité de délégué de la Société phi-

lanthropique près de la maison de la rue Saint-Jacques, il adresse le soir une courte allocution aux pensionnaires réunies, 513.

FOURNEL (Victor). — Auteur de *Paris charitable*, 532.

FRANÇOIS (Le frère), de la congrégation de Saint-Jean-de-Dieu. — Sa modestie, ses connaissances chirurgicales, 108.

G

GARNIER (M. Ch.), ancien juge au tribunal de commerce. — Il est chargé de la surveillance de la maison d'hospitalité de nuit de la rue de Tocqueville, 475.

GARNIER (Mme veuve), née Jeanne-Françoise Chabot. — Fondatrice de la léproserie des Dames du Calvaire, 214. — Son caractère et son éducation, 214. — Vices du système actuel d'éducation publique, 215. — Mlle Chabot épouse un petit commerçant et devient veuve à l'âge de vingt-trois ans, 217. — La perte de son mari et de ses deux enfants la conduit à se consacrer aux bonnes œuvres des paroisses de Lyon, 218. — Sa première malade : une lépreuse? 219. — Marie « la Brûlée », 222. — Quêteuse éloquente et infatigable, 223. — Elle soumet son projet à M. de Bonald, qui l'approuve, 224. — Le siège de l'œuvre est transféré aux Bains-Romains, 225. — Mme Garnier rédige elle-même le règlement de la maison, 225. — Ambitionnant d'avoir un véritable hospice, elle fait l'acquisition du clos de La Sarra, 227. — Tentative inutile pour retirer du vice une fille de mauvaise vie, 229. — Le cardinal-archevêque de Lyon exige de Mme Garnier mourante la remise de la croix pastorale de saint François de Sales, 232. — Voyez *Calvaire* (Les *Dames du*).

GIRARD (Mme). — Première assistante de Mme veuve Garnier dans l'œuvre des Dames du Calvaire, 228.

GUIBERT (Le cardinal), archevêque de Paris. — Il invite la charité à venir en aide aux orphelins de la Commune, 164. — Lettre pastorale de Mgr l'archevêque de Paris pour recommander l'œuvre des orphelins qu'il a adoptés, 566. — Voyez *Roussel* (L'abbé).

H

HACHETTE ET Cie, libraires à Paris. — Les chefs de la maison consentent un sacrifice de 11,000 francs pour céder à l'Hospitalité de nuit leurs magasins et ateliers du boulevard de Vaugirard, 473.

HAMELIN (M.). — Fondateur d'un orphelinat de jeunes filles dans le quartier de la Glacière, dirigé aujourd'hui par son fils, M. Émile Hamelin, 477.

HOCHON (Mme Louise), une des dames sociétaires de l'œuvre des Jeunes Poitrinaires de Villepinte. — Elle consacre une somme importante à la fondation d'un asile pour les petites filles malingres, 329. — Voyez *Jeunes Poitrinaires* (L'œuvre des).

HOCHON-LEFUEL (Fondation). — Ainsi appelée du nom de sa fondatrice, Mme Hochon, fille d'Hector Lefuel, architecte du Louvre, 329.

HORNY (Mme). — Directrice de la maison d'Hospitalité de nuit de la rue Saint-Jacques, 505, 513.

HOSPITALITÉ DE NUIT (L'). — C'est une œuvre laïque, 457. — La charité est un bienfait pour celui qui l'exerce, 458. — L'hospitalité chez les Grecs, 459. — Au douzième siècle, deux asiles temporaires à Paris : l'hôpital Saint-Anastase et Saint-Gervais et l'hôpital Sainte-Catherine, 460. — Leur réunion à l'administration centrale des hôpitaux pendant la Révolution, 461. — La charité administrative et la charité privée, 462. — Le comité catholique de Paris ressuscite l'œuvre de l'Hospitalité de nuit,

463. — Les promoteurs, le conseil d'administration, 464. — M. Lecour, chef de la première division de la préfecture de police, fait introduire dans le règlement un article de l'ancienne règle des Catherinettes qui limite l'hospitalité à trois nuits consécutives, 466. — Acquisition de la ferme de Monceau, 467. — Les statuts de l'Hospitalité de nuit, 469. — Inauguration et rapide accroissement de l'œuvre, 470. — Les grands magasins de Paris rivalisent de zèle pour aider l'Hospitalité, 472. — M. Beaudenom de Lamaze envoie au comité directeur une somme de 15,000 francs pour la fondation d'une nouvelle maison d'hospitalité à Paris, 472. — La librairie Hachette consent un sacrifice de 11,000 francs pour céder à l'Hospitalité de nuit ses magasins et ateliers du boulevard de Vaugirard, 473. — Deux nouveaux dons, dus à la générosité de M. Beaudenom de Lamaze, assurent l'existence de la nouvelle maison, 474. — Rigueur exceptionnelle de l'hiver de 1879, 474. — Le *Figaro* provoque des souscriptions, ouvre des chauffoirs publics, meuble un vaste local pour l'Hospitalité de nuit au boulevard Voltaire, et, quand l'hiver est apaisé, on peut, à l'aide de ce mobilier et du legs de M. Beaudenom de Lamaze, installer une troisième maison rue de Laghouat, 475. — L'œuvre de l'Hospitalité de nuit est reconnue comme établissement d'utilité publique, 475. — L'autorité disciplinaire est confiée à des capitaines retraités et décorés, et l'autorité morale à trois vice-présidents, 477. — Disposition des maisons d'hospitalité, 479. — Le dortoir des hommes, 480. — La réception des pensionnaires, 480. — — L'inscription et les papiers d'identité, 482. — Les bons de pain et les bons de fourneaux, 483. — Règlement intérieur de l'Hospitalité de nuit, 581. — La lecture du règlement, 484. — La prière, 484. — L'appel, le coucher, la pouillerie, les lavabos, 485. — La provenance des hospitalisés, 486. — Indulgence du règlement pour les hommes de bonne volonté, 490. — Nombre considérable d'hospitalisés appartenant aux professions libérales, 491. — Le vestiaire et les chaussures, 492. — Les fainéants, 493. — Plus de provinciaux et d'étrangers que de Parisiens, plus de jeunes gens que de vieillards, 494. — Intérêt que la population parisienne porte à l'œuvre, 495. — M. Meissonier réserve pour les pauvres de la commune de Poissy le cinquième du produit des entrées à l'exposition particulière de ses tableaux et abandonne le reste à l'Hospitalité de nuit, 498.

HOSPITALITÉ DU TRAVAIL (L'). — Les œuvres de charité permanentes et les œuvres transitoires, 407. — Les vagabonds de Paris et les carrières d'Amérique, 408. — La misère de province à Paris, 410. — Situation dure pour l'homme, atroce pour la femme, 411. — Premier refuge temporaire établi à Auteuil, sous la direction des religieuses de Notre-Dame du Calvaire, 416. — La maison est à la fois une infirmerie, une école, un hospice et un ouvroir, 417. — Le livre des garnis, 419. — La pouillerie, le bain, 421. — Le dortoir, 422. — Les pensionnaires des couvents riches viennent en aide à l'œuvre, 423. — Les filles-mères, 424. — Le placement des femmes reçues en hospitalité, 427. — La maison d'Auteuil complète pour les convalescentes l'œuvre des hôpitaux et de l'hospice du Vésinet, 428. — Bienfaisante intervention de la préfecture de police pour placer à l'Hospitalité du travail les femmes trouvées errantes sur la voie publique, 430. — Les pérégrinations d'une aveugle-née, 432 — Le règlement, 436. — Exiguïté des locaux, 438. — Les ateliers, 439. — Les antécédents des pensionnaires de l'ouvroir, 440. —Les sorties, les expulsions, 442. — Les amies, 443. — Loyauté et prudence de la supérieure dans le placement des servantes et des ouvrières, 444. — Les institutrices, 445. — Bons effets produits par le séjour à la maison d'Auteuil, 446. — La reconnaissance est le signe certain de la persévérance dans le bien, 447. — Nombre des pensionnaires; les dépenses et les recettes, 448.— Nourriture saine et abondante, 449. — Subvention ministérielle, 450. — L'œuvre de l'Hospitalité devant le conseil municipal, 451. — La création d'une blanchisserie permettrait à l'œuvre de se suffire à elle-même, 452. — Neuf religieuses seulement pour un labeur sans trêve, 453. — La bureaucratie administrative est impuissante à remplacer le dévouement inspiré par les conceptions supérieures de la foi, 454.

HOTTINGUER (Mme). — Elle a fondé, à l'asile de nuit de la rue Saint-Jacques, une rente perpétuelle pour la création du dortoir des mères de famille, 507.

J

JAMET (Marie-Catherine). — L'inspiratrice de Jeanne Jugan dans l'institution des Petites Sœurs des Pauvres, 29. — La Bonne-Mère, 37. —Elle fonde une maison à Rennes, 37; une autre à Dinan, 38.

JAY DE BEAUFORT (M. le comte DE). — Il donne bénévolement des leçons de stylographie à l'Institut des Jeunes-Aveugles et chez les Sœurs aveugles de Saint-Paul, 387. — Fondateur de la Société d'assistance aux pauvres mutilés, 497.

JEAN DE DIEU (Jean Ciudad). — Sa naissance, 81, — Son esprit d'aventure : berger, puis soldat, 82. — Ce qu'était la guerre au seizième siècle, 84. — Jean, chassé de l'armée, reprend la garde des troupeaux, 84. — Enrôlé de nouveau, il assiste au siège de Vienne, 85. — De retour en Espagne, il exerce divers petits métiers et enfin se fait libraire à Grenade, 87. — Atteint de folie, il est enfermé dans un hôpital d'aliénés, 88. — Traitement qu'on lui fait subir, 89. — Pour accomplir un vœu, il va en pèlerinage à Notre-Dame-de-Guadalupe, où la Vierge lui indique sa mission, 90. — Retourné à Oropesa, il fait l'apprentissage de la bienfaisance, 91. — Il fonde son premier hôpital, 93. — Jean fut un réformateur en matière d'hospitalité pour les malades, 94. — Il adopte le nom de Jean de Dieu, 95. — Il recrute de nombreux disciples, recueille d'abondantes aumônes et construit un hôpital-modèle, 96. — Il meurt, épuisé par les fatigues et les austérités, 98. — Sa canonisation, 99. — Voir Saint-Jean-de-Dieu (Les Frères de).

JEUNES POITRINAIRES (L'œuvre des), 273. — L'abbé de Soubiran organise à Castelnaudary la communauté des Sœurs de Marie Auxiliatrice, destinée à recueillir les servantes sans place, 278.—Transfèrement de l'œuvre à Toulouse, 279. — Après la guerre de 1870 et la Commune de 1871, les Sœurs de Marie Auxiliatrice s'établissent à Paris, 281. — La maison de la rue de Maubeuge, 282. — L'école, 283. — Le pensionnat, 284. — Les institutrices sans emploi, 285. — Le chômage des jeunes ouvrières, 286. — La première phtisique, 292. — Par suite de l'insuffisance de ses ressources, l'Assistance publique ne peut accueillir les phtisiques, 293. — Les Sœurs de Marie Auxiliatrice prennent la résolution d'ouvrir un asile pour les jeunes filles poitrinaires, 294. — Grâce à la générosité des premières donatrices, on loue quatre pavillons à

Livry, 297. — Quelques gens de bien forment entre eux une société immobilière et achètent le château de Villepinte, dans la banlieue de Paris, 298. — Le cabinet de consultation à Paris, 299. — L'infirmerie de Villepinte, 302. — L'illusion des phtisiques, 305. — Emploi de la journée, 306. — Les catégories de malades, 307. — Les donateurs, 308. — Dévouement et charité de certaines femmes du monde, 309. — La chambre des agonisantes, 310. — Le logement délabré des religieuses, 313. — Leur vie active, leur recrutement, 314. — Leur douceur à l'égard des malades, 315. — Les guérisons, 317. — Le parloir et les visites des parents, 318. — Inconvénients des visites et des sorties, 319. — Les pensionnaires, 320. — Les demoiselles de magasin, 321. — La ferme de Villepinte, 322. — Un prix Montyon parmi les pensionnaires, 323. — L'ancienne grange de la ferme est convertie en asile pour les petites filles malingres, sous le nom de Fondation Hochon-Lefuel, 328. — Excellente disposition des salles et des dortoirs, 329. — Propreté des enfants, 330. — Instruire en amusant, 331. — Le plein air et le jardin, 331. — Les résultats obtenus à Villepinte permettent d'affirmer que l'on peut modifier le tempérament des enfants de constitution viciée, 333. — Le parc, 334. — Le lac et le canotage, 336. — Le manque de place, l'asile futur, 337. — Appel à la bienfaisance, 339.

Jousset (Mme veuve). — Fonde à Paris l'infirmerie des cancérés, 234. — Après la mort de Mme Lechat, elle accepte la direction de la maison de la rue Lourmel à Grenelle, 240.

Jugan (Jeanne). — Première quêteuse des Petites Sœurs des Pauvres, 20. — Les débuts de son œuvre, 22. — Ses progrès, 24. —

Mémoire relatif à Jeanne Jugan, adressé à la Commission des prix Montyon par les membres du conseil municipal de Saint-Servan, 559. — Son dévouement récompensé par l'Académie française, 26. — Sa mort, 40. — Extension de son œuvre, 41.

Juge (L'abbé). — Il accepte les fonctions d'aumônier de la communauté des Sœurs aveugles de Saint-Paul, 353. — Il est arrêté pendant la Commune et incarcéré comme otage à la Grande-Roquette, 360. — Sa délivrance, 361. — Voyez Sœurs aveugles de Saint-Paul.

L

Lamaze (Maison). — Voyez Beaudenom de Lamaze.

Lamourous (Mlle de). — Fondatrice de l'asile de la Miséricorde, 350.

Lechat (Mme veuve). — Supérieure de l'infirmerie des cancérées, fondée à Paris par Mme Jousset, 235.

Lecour (M.), chef de la première division de la préfecture de police. — Administrateur remarquable, il met son expérience de la charité publique au service des promoteurs de l'œuvre de l'Hospitalité de nuit, 464. — Il fait introduire dans le règlement un article de la règle des Catherinettes qui limite l'hospitalité à trois nuits consécutives, 466. — Auteur de la Charité à Paris, 532.

Legrand (Le docteur Eugène). — Médecin de l'infirmerie des cancérées de la rue Lourmel à Paris, 246, 264.

Lelong (M. Théodore), directeur de la blanchisserie de Courcelles. — Il se charge de blanchir gratuitement le linge de l'Hospitalité de nuit de la rue de Tocqueville, 472.

Le Pailleur (L'abbé). — Créateur réel de l'institution des Petites Sœurs des Pauvres, 31. — Son portrait, 33. — Son abnégation et sa charité, 33. — Il limite l'œuvre aux vieillards indigents, 35.

LETURC (M. Paul). — Un des promoteurs de l'œuvre de l'Hospitalité de nuit à Paris, 464. — Il est secrétaire de l'œuvre, 478.

LIVOIS (M. le baron DE). — Président du conseil d'administration de l'œuvre de l'Hospitalité de nuit, 464. — Il s'est réservé le rôle de visiteur dans les trois maisons de Paris, 478.

M

MAGALON (Le capitaine DE). — Il reconstitue l'œuvre de saint Jean de Dieu, 104.

MAISON DE SANTÉ (La), 101. — Voyez *Saint-Jean-de-Dieu* (Les Frères de).

MAISONS DE CHARITÉ A PARIS. — Leur aspect, 11. — Leurs pensionnaires, 12.

MARIE AUXILIATRICE (LES SŒURS DE). — Voyez *Jeunes Poitrinaires* (L'œuvre des).

MASSABO (M.). — Fondateur de l'œuvre de l'Hospitalité de nuit à Marseille, 463.

MEISSONIER (M.), de l'Académie des des Beaux-Arts. — Il réserve pour les pauvres de la commune de Poissy le cinquième des entrées à l'exposition particulière de ses tableaux et abandonne le reste à l'Hospitalité de nuit, 498.

MONTMORENCY (Mathieu DE). — Il reconstitue, avec le concours de M. de Pastoret, la Société philanthropique, 502.

MORTEMART (Le marquis DE). — Sous sa présidence on inaugure, dans une maison de la rue Saint-Jacques, le premier asile de nuit pour les femmes, 504. — Il assiste à la consultation des enfants malades dans la maison de la rue de Crimée, 520.

N

NAST (M.). — Il prend l'initiative de la création d'un asile de nuit pour les femmes, 303. — La salle de bains de l'asile de la rue Saint-Jacques a été disposée d'après ses instructions, 514.

NOTRE-DAME DU CALVAIRE (Congrégation de). — La direction de l'œuvre de l'Hospitalité du travail à Auteuil leur est confiée, 416. — Elles sont également chargées de la direction de la maison Camille Favre, rue de Crimée, asile de nuit pour les femmes et dispensaire pour les enfants malades, 518.

O

ORPHELINAT DES APPRENTIS (L'). — Fondé par l'abbé Roussel, 156. — L'Œuvre de la première communion, première dénomination de l'Orphelinat des Apprentis, 161. — Le premier atelier, 163. — La guerre et la Commune, 164. — Développement des ateliers, 165. — Les dettes, 167. — M. de Villemessant, directeur du journal *le Figaro*, avec le concours de M. Saint-Genest, un de ses rédacteurs, ouvre une souscription qui obtient un plein succès, 167. — La maison d'Auteuil, 169. — Le parloir, la récréation, le costume, 171. — La gymnastique, 172. — Énergie physique des enfants, 174. — Les nouveaux, les évasions, 175. — Indulgence de la discipline, fréquence des récréations, 176. — Provenance des enfants recueillis par l'abbé Roussel, 177. — Le voyou parisien, 178. — La criminalité héréditaire, 179. — Exemple d'atavisme, 180. — Un volontaire, 182. — Le gamin de Paris auxiliaire des voleurs adultes, 183. — Admissions demandées par les juges du petit parquet, 183. — La préfecture de police sollicite parfois l'admission des petits vagabonds, 185. — Exclusion absolue des condamnés, 186. — Difficulté de garder les enfants récalcitrants amenés par leurs parents, 186. —

Influence de l'appel aux bons sentiments, 187. — Surveillance exercée par les bienfaiteurs, 188. — Le marchand de mouron, le jeune anthropophage, 188. — Affection des enfants pour l'abbé Roussel, 189. — Les ateliers, 191. Age des enfants adoptés, 193. — Le jardinage, 194. — Les cordonniers, 195. — Les tailleurs, les menuisiers, les forgerons, les cuisiniers, les mouleurs, 196. — L'imprimerie, établissement considérable, 197. — Il a renoncé aux bénéfices de l'exploitation des travaux faciles des prisons, afin d'assurer à ses pupilles les profits certains d'une profession honorable, 199. — Les dépenses et les recettes, 200, 526, 577. — Prodiges d'économie, 201. — Les bains froids, 201. — Résultats de l'éducation donnée à l'orphelinat, 202. — Égoïsme des parents, 204. — Influence néfaste de la famille, 206. —Projet de dessaisir de la puissance paternelle les parents des enfants physiquement ou moralement délaissés, 208.—Exiguïté des locaux et insuffisance des ressources, 209. — Appel à la bienfaisance des mères de famille, 210.—Les anciens pupilles devenus patrons doivent venir en aide à la maison qui les a sauvés de la misère et de l'ignorance, 211. — Services que l'Orphelinat des Apprentis est appelé à rendre, 212. — Voyez *Roussel* (L'abbé).

P

Pastoret (M. de). — Il reconstitue, avec le concours de Mathieu de Montmorency, la Société philanthropique, 502.

Payen (L'asile). — Situé à Grenelle, fondé et entretenu par Mlle Payen, fille du célèbre chimiste, 237.

Pélicier (Édouard), secrétaire adjoint de la Société de patronage des Jeunes-Aveugles. — Il confie à Anne Bergunion les deux premières filles aveugles, 347.

Petite-Roquette (La). — C'est l'antichambre de la Grande-Roquette, 150. — Les petits vagabonds en police correctionnelle, 151. — Physionomie des enfants qui ont séjourné dans la maison de correction, 184.

Petites Sœurs des Pauvres (Les), 17. — Naissance de l'institution à Saint-Servan, 20. — Jeanne Jugan, première quêteuse, 20. — Catherine Jamet et Virginie Trédaniel apportent une sorte de règle monastique, 30. — L'abbé Le Pailleur, premier directeur, 31. — Les Petites Sœurs vivent uniquement d'aumônes, 32. — Agrandissement de la maison de Saint-Servan, 34. — Accroissement de la communauté, 36. — Fondation d'une maison à Rennes, 37; à Dinan, 38; à Nantes, 39. — Congrégation autorisée, 41. — Cinq maisons à Paris : leur population, 42. — Le costume des sœurs, 43. — La quête, seul moyen de subvenir aux besoins de leurs pensionnaires, 45. — Fatigues des sœurs quêteuses, 47. — Les aumônes en argent et les aumônes en nature, 48. — Le pain, 49. — Les voitures des quêteuses sont fournies par Maurice Bixio, 51. — Les marchés, la desserte des restaurants, 52. — Le Louvre, Brébant, admirables de charité, 53. — Le marc de café recherché avec prédilection, 53. — La cuisine, 55. — Un jour de gala, 55. — La basse-cour, 56. — Utilisation du travail des vieillards, 58. — Les décrépits, les gâteux, les paralytiques, 59. — D'où viennent les vieillards et les vieilles recueillis dans les maisons des sœurs, 60. — Douceur de la discipline, 63. —Les sorties, 63. — La séparation des sexes, 65. — Grand nombre des postulants, 65. — La fête de la supérieure à la maison de l'avenue de Breteuil, 67. — Les grands infirmes, 70. — Vie austère des sœurs, 71. —Propreté des maisons, 72. —

Vétusté de la maison de la rue Saint-Jacques, 73. — Insuffisance du linge, et surtout des draps de lit, 75. — Insuffisance des maisons des Petites Sœurs des Pauvres à Paris, 77. — Avenir de l'œuvre, 78.

PREMIÈRE COMMUNION (Œuvre de la). — Première dénomination de l'Orphelinat des Apprentis, 161. — Voyez *Orphelinat des Apprentis.*

R

RATIER (Le docteur), médecin du collège Rollin. — Il réunit et instruit chez lui un certain nombre d'enfants aveugles, 345. — Il encourage Anne Bergunion dans son projet de donner plus d'extension à l'œuvre de protection des jeunes filles aveugles, 351.

RAYMOND (L'abbé). — Aumônier de l'hospice des cancérées, 258. — Son attitude à la bataille de Champigny, 258.

ROUSSEL (L'abbé). — Sort réservé aux enfants abandonnés, 149. — Nécessité d'ouvrir des refuges aux petits garçons, 154. — L'abbé Roussel fonde l'Orphelinat des Apprentis, 156. — Les débuts de l'œuvre, 157. — Acquisition d'une villa à Auteuil, 159. — L'Œuvre de la première communion, 161. — Caractère de l'abbé Roussel, 162. — Au lieu de confier l'apprentissage de ses élèves à des patrons étrangers, il crée dans sa maison un atelier de cordonnerie, 163. — Développement des ateliers à la suite de la guerre et de la Commune, 165. — Mémoire relatif à l'abbé Roussel, adressé au secrétaire perpétuel de l'Académie française, 570, — Le prix Montyon, 166. — Les dettes : l'abbé est sauvé de sa détresse par une souscription ouverte au journal *le Figaro*, 167. — Influence exercée sur les enfants par l'appel aux bons sentiments, 187. — Affection des pupilles pour leur bienfaiteur, 189. — Il ajoute à l'Orphelinat d'Auteuil une maison

pour les petites filles à Billancourt et une colonie agricole pour les garçons à Fleix (Dordogne). — Voyez *Orphelinat des Apprentis.*

ROUSSE (Edmond), membre de l'Académie française. — Il décrit la vaste action de la charité, dans un rapport sur les prix de vertu, 531.

RUMFORD, chimiste. — Inventeur des soupes économiques, 502.

S

SAINT-DIDIER (La baronne DE). — Elle préside l'œuvre des Saints-Anges, qui prend les orphelines dès la deuxième année et les garde jusqu'à l'âge de vingt et un ans, 526.

SAINT-JEAN-DE-DIEU (Les Frères de). — Origine de la congrégation, 81. — Son extension, 96. — Son rayonnement en Italie et en France, 100. — Dispersion de l'ordre à la suite du décret du 15 février 1790, 101. — En 1819, le capitaine de Magalon reconstitue l'œuvre de saint Jean de Dieu, 104. — Progrès de la congrégation, 104. — Elle se consacre spécialement au traitement des aliénés, 105. — Les frères fondent une maison de santé à Paris, 105. — Le frère François, 108. — Le général Félix Douay dans la maison de la rue Oudinot, 110. — Les frères ouvrent à Vaugirard une maison pour le traitement des enfants infirmes, 119. — Pendant le siège de Paris, ils se font infirmiers militaires, 120. — Reconstruction de la maison de la rue Lecourbe, 121. — Pendant la Commune, l'asile est approvisionné par le délégué au XVe arrondissement, 123. — Conditions d'admission, 123. — La charité pourvoit aux charges de la maison, 124. — Origine de l'infirmité des enfants rachitiques ou scrofuleux, 126. — Le buste d'Augustin Cochin, 128. — Bonne distribution de la maison, 129. — Abondance du régime alimentaire, 129. — L'enseignement, 130. — Aspect lamentable des enfants dans les classes, 131. — Douceur de la discipline, 131. — La musique, 134. — Les métiers, 135. — Les bains, 137. — L'infirmerie, 138. — Occupations des petits malades, 139. — La lecture, 139. — Les paralytiques, 140. — Aspect hideux des malades, 141. — Dévouement du frère Simon, 143. — La fête de saint Jean de Dieu dans la maison de Vaugirard, 143. — Les cellules des frères, 144.

Saint-Servan. — Berceau de l'institution des Petites Sœurs des Pauvres, 18.

Saints-Anges (Œuvre des). — Voyez *Saint-Didier*.

Sauzier (M. Th.), ancien notaire. — Il est chargé de la surveillance de la maison d'Hospitalité de nuit de la rue de Laghouat, 478.

Serry (Mme de). — Auteur du *Manuel des œuvres* (institutions religieuses et charitables de Paris), 532.

Sizeranne (Maurice de la). — Ancien élève de l'Institut des Jeunes-Aveugles, fondateur et directeur de deux journaux : l'un, *le Louis Braille*, composé en écriture nocturne ; l'autre, *le Valentin Haüy*, imprimé en caractères ordinaires, 400.

Société philanthropique (La). — Ses origines et sa destruction, 501. — Sa reconstitution sous l'impulsion de Pastoret et de Mathieu de Montmorency, 502. — Les soupes économiques de Rumford, 502. — Œuvres dont l'initiative est due à la Société philanthropique, 503. — M. Nast, un des membres les plus actifs de la Société, crée un asile de nuit pour les femmes, 503. — Inauguration de l'asile de la rue Saint-Jacques sous la présidence du comte de Mortemart, 504. — Disposition de la maison, 504. — Le loyer, 505. — La directrice, 505. — Les réceptions, 506. — Les accouchées, 507. — Les institutrices, 508. — Le groupe aristocratique des pensionnaires, 509. — Les servantes, 509. — Gros contin-

gent de femmes de la province, 510. — La visite de propreté, 510 — Le lit de camp, 511. — Indulgence pour les admissions, 511. — Les recommandations de la directrice, 513. — Allocution du délégué de la Société aux pensionnaires réunies, 513. — La soupe, 513. — La salle de bains, 514. — Le vestiaire, les défroques, les vêtements d'enfants, 515. — Visite de M. Émile Thomas à l'asile de la rue Saint-Jacques, suivie d'un don de 200,000 francs, 516. — Mlle Camille Favre verse une somme de 120,000 francs dans la caisse de l'œuvre, 217. — Ces largesses permettent d'acheter deux maisons : l'une rue Labat, l'autre rue de Crimée, 517. — Prééminence des infirmières congréganistes sur les infirmières laïques, 519. — Les maladies des enfants des classes pauvres, 520. — Dangers d'une alimentation défectueuse, 521. — Les scrofuleux, 522. — Le traitement, 524. — Les dispensaires d'adultes, 524. — Nécessité de multiplier les dispensaires d'enfants, 525. — Les enfants vagabonds, 527. — Résultats précieux à espérer de l'action combinée de l'Hospitalité de nuit et de la Société philanthropique, 528.

Sœurs aveugles de Saint-Paul (Les). — Anne Bergunion, fondatrice et première supérieure de l'œuvre, 341. — Difficultés de l'existence pour les jeunes aveugles congédiés après le terme de l'hospitalité administrative, 346. — M. Édouard Pélicier confie à Anne Bergunion deux jeunes filles aveugles, 347. — Défauts du caractère des aveugles, 347. — Occupations des aveugles, 349. — Anne Bergunion devient supérieure de la communauté des Sœurs de Saint-Paul, 352. — L'abbé Juge accepte les fonctions d'aumônier, 353. — La communauté se transporte à Bourg-la-Reine, mais ne tarde pas à s'apercevoir que l'éloignement diminue l'afflux des aumônes, 354. — — Elle fait l'acquisition d'un terrain appartenant à l'Infirmerie de Marie-Thérèse à Paris, 355. — Maladie et mort d'Anne Bergunion, 357. — Pendant le siège de Paris, la maison est transformée en ambulance, 359. — Pendant la Commune, elle est envahie par les fédérés, les religieuses sont dispersées et l'abbé Juge incarcéré comme otage, 360. — Délivrance et dénuement, 361. — Suppression de la subvention accordée par la préfecture de la Seine, 362. — La maison de la rue Denfert-Rochereau, 363. — Les sœurs aveugles, 364. — Les cellules, 365. — Le noviciat, 366. — Le réfectoire est une cave humide, 367. — La nourriture n'est pas assez tonique pour combattre l'anémie, souvent congénitale, 368. — L'atelier, 369. — Aveugles-nées et aveugles par accident, 370. — Passion des aveugles pour la musique, 375. — Un seul genre d'ouvrage : le tricot, 377. — Impossibilité pour la femme aveugle de subvenir à ses besoins, 378. — Les systèmes d'écriture à l'usage des aveugles, 584. — Une composition de style, 388. — Les songes de l'aveugle, 390. — Remarquable sensibilité du tact, 391. — Adresse des jeunes filles aveugles dans les exercices de gymnastique, 392. — La cécité héréditaire, 393. — Lutte contre les familles, 393. — Éducation . de jeunes filles de bonne · naissance, 394. — Bertha de Calonne, aveugle et sourde, 395. — L'infirmerie, 398. — Rareté des livres spécialement imprimés pour les aveugles,

398. — L'atelier typographique, 399. — Les journaux pour les aveugles, 400. — Les livres qu'il faudrait imprimer pour leur instruction et leur délassement, 401. — Insuffisance des ressources, dévouement et charité des dames auxiliaires, 402 — Nécessité de secourir et de développer l'œuvre, 404.

SOUBIRAN (L'abbé DE). — Il essaye sans succès d'établir à Castelnaudary un béguinage sur le modèle de celui de la ville de Gand, 276. — Il y organise la communauté des Sœurs de Marie Auxiliatrice, destinée à recueillir les servantes sans place, 278. — Il transfère l'œuvre à Toulouse, 279. — Voyez *Jeunes Poitrinaires* (L'œuvre des).

SPIRITUALISME ET MATÉRIALISME, 8. — Œuvres inspirées par le spiritualisme, 9. — Rapports du spiritualisme avec la charité, 10.

T

THOMAS (Émile). — A la suite d'une visite faire à l'asile de la rue Saint-Jacques, il lègue à la Société philanthropique une somme de 200,000 francs, 516. — En reconnaissance de cette largesse, l'asile reçoit l'appellation de Maison Émile Thomas, 577.

TRÉDANIEL (Virginie). — Première assistante des Petites Sœurs des Pauvres, 29. — Elle crée une maison à Nantes, 39.

V

VILLEMESSANT (H. DE), directeur du journal *le Figaro*. — Sa générosité envers les Petites Sœurs des Pauvres, 46. — Il ouvre une souscription pour sauver l'œuvre de l'abbé Roussel, 167

FIN DE LA TABLE ANALYTIQUE.

10,836. — Imprimerie A. Lahure, rue de Fleurus, 9, à Paris.

www.ingramcontent.com/pod-product-compliance
Lightning Source LLC
Chambersburg PA
CBHW071141270326
41929CB00012B/1832